同等学力人员申请硕士学位
全国统一考试

经济学

学科综合水平
考试精要及重点题库汇编

全国同等学力统考命题研究组 组编

北京理工大学出版社
BEIJING INSTITUTE OF TECHNOLOGY PRESS

版权专有　侵权必究

图书在版编目（CIP）数据

经济学学科综合水平考试精要及重点题库汇编／全国同等学力统考命题研究组组编. —北京：北京理工大学出版社，2018.9（2023.3 重印）

ISBN 978-7-5682-6339-9

Ⅰ.①经…　Ⅱ.①全…　Ⅲ.①经济学-硕士-水平考试-自学参考资料　Ⅳ.①F0

中国版本图书馆 CIP 数据核字（2018）第 211333 号

出版发行 ／ 北京理工大学出版社有限责任公司
社　　址 ／ 北京市海淀区中关村南大街 5 号
邮　　编 ／ 100081
电　　话 ／（010）68914775（总编室）
　　　　　 （010）82562903（教材售后服务热线）
　　　　　 （010）68944723（其他图书服务热线）
网　　址 ／ http://www.bitpress.com.cn
经　　销 ／ 全国各地新华书店
印　　刷 ／ 三河市良远印务有限公司
开　　本 ／ 787 毫米×1092 毫米　1/16
印　　张 ／ 21.25　　　　　　　　　　　　　　　　　责任编辑 ／ 王俊洁
字　　数 ／ 530 千字　　　　　　　　　　　　　　　　文案编辑 ／ 王俊洁
版　　次 ／ 2018 年 9 月第 1 版　2023 年 3 月第 7 次印刷　责任校对 ／ 周瑞红
定　　价 ／ 69.90 元　　　　　　　　　　　　　　　　责任印制 ／ 边心超

图书出现印装质量问题，请拨打售后服务热线，本社负责调换

百分百系列编委会成员

（按姓氏拼音排序）

陈能军： 中国人民大学经济学博士，经济学博士后，从事高校经济管理领域教学科研工作多年，精研同等学力历年真题，讲课脉络清晰，教学方法新颖，辅导效果突出，深受学员好评。

黄卫平： 中国人民大学教授，博士生导师，中国世界经济学会理事、中国－欧盟研究会理事、中美经济学教育交流委员会执行主任。国际经济关系、国际经济学、发展经济学为其主要研究领域。

李自杰： 对外经济贸易大学国际商学院副教授，经济学博士，对外经济贸易大学海尔商学院执行副院长。企业理论、产权理论、管理经济学和管理理论为其主要研究领域。

刘　刚： 中国人民大学商学院副教授，商学院院长助理，MBA项目中心主任，管理学博士，中国企业管理研究会常务理事。企业战略与文化、市场营销、供应链管理与物流、危机管理、产业竞争、艺术市场为其主要研究领域。

吕随启： 北京大学经济学院金融学系副主任，中国金融研究中心副主任，经济学博士，副教授，主要研究领域为金融学。

宋　华： 中国人民大学商学院教授，经济学博士，日本京都大学博士后，中国物流学会理事，南开大学现代物流研究中心兼职研究员。物流与供应链管理、企业战略管理为其主要研究领域。

孙　杰： 北京外国语大学英语语言文学硕士，学苑教育英语研究小组核心成员。擅长在职人员英语考试语法、完形、翻译等题型，参与编辑同等学力申请英语应试教材。

王　蕙： 中国青年政治学院杰出的青年教师，英语语言学硕士，京城著名在职英语"王牌组合"的"二王"之一。著有多部在职英语教科书及辅导用书。

王利平： 中国人民大学商学院教授，管理学博士。先后出版《管理学原理》《经济管理基础》《商业企业经营学》《现代企业管理基础》等专著和教材。管理理论、企业理论、企业战略管理、连锁经营管理为其主要研究领域。

闫相国： 中国人民大学管理学硕士、北京大学心理学硕士，《广州日报·求学指南》专家顾问团成员，主要研究方向为企业战略管理和公司财务管理。

前　言

经济学学科综合水平考试是同等学力人员申请硕士学位的全国统一性考试。考试内容涵盖社会主义经济理论、西方经济学、国际经济学、财政学和货币银行学五部分内容。

进行学科综合水平考试旨在加强国家对授予同等学力人员硕士学位的宏观质量控制、规范管理，是国家组织的对申请硕士学位的同等学力人员进行专业知识结构与水平认定的重要环节。国务院学位委员会办公室颁布的考试大纲也经历了从1998年的第一版到2009年的第四版共三次修订。最新大纲修订除西方经济学部分没有变动外，国际经济学和财政学部分略有改动，社会主义经济理论和货币银行学部分则进行了较大的调整。

为了帮助广大考生更好地复习和备考，我们特邀相关方面的教授、专家在第一时间根据新大纲的变化共同编写了此书。

本书在编写上具有如下特点：

（1）**标准严谨**：严格按照最新版（第四版）大纲编写。

（2）**专业权威**：由北京大学、中国人民大学等知名学府的教授、专家主持编写。

（3）**准确指导**：按大纲考试要求对各学科考点进行精编，对大纲中的习题进行精解，有效突出考试重点和难点，可帮助考生充分理解和把握各学科的考试要求，达到事半功倍的效果。

（4）**体例新颖**：本书设计新颖、重点突出、条理清楚，可帮助考生在最短的时间内快速提高考试成绩。

本书在编写过程中，得到了学苑教育（www.xycentre.com）的大力支持，在此我们表示感谢，同时对参与本书编写的老师及编辑人员表示由衷的感谢。

我们衷心希望广大考生通过对本书的学习，在考试中取得优异的成绩。由于编写时间有限，书中难免会有一些缺点或纰漏，希望广大考生和相关领域的专家及老师给予批评和指正，以帮助我们不断改进和提高。

编　者

学苑教育简介

学苑教育自1997年建立以来，作为全国最早的在职研究生考试培训机构，以其优异的师资团队和完善的教学服务，20余年来帮助数万名考生通过了在职研究生考试，顺利获得硕士、博士学位。教研中心拥有自己的专职教师队伍、专业教学研发团队和自行研发出版的学员用书，同时与数百位国内外管理专家以及多家国内外知名的管理培训机构建立了紧密的合作关系，共同推出了各个系列的培训课程及图书，并在此基础上打造了学苑教育在线（www.xycentre.org）等多个服务性培训网络平台。学员和社会的认可，愈发证明学苑教育已成为在职培训领域中的领跑者。

我们将始终以"智力服务于中国，提高企业与个人整体竞争力"为目标，用我们恒久不变的真诚与努力，与您共同"启迪广袤思维，追求卓越表现，迈向成功之路"。

目 录

同等学力经济学学科报考指南及考试形式、试卷结构……………………… 1
经济学学科综合水平全国统一考试样卷 ……………………………………… 3

第1部分　社会主义经济理论

导　论 ………………………………………………………………………… 6
第一章　社会主义经济制度的本质特征 …………………………………… 9
第二章　社会主义市场经济理论 …………………………………………… 15
第三章　向社会主义市场经济体制的渐进过渡 …………………………… 21
第四章　社会主义企业制度与国有企业改革 ……………………………… 28
第五章　国有企业治理结构的创新 ………………………………………… 38
第六章　社会主义市场经济条件下的分配制度 …………………………… 44
第七章　社会主义经济增长与经济发展 …………………………………… 49
第八章　社会主义市场经济条件下的经济结构调整 ……………………… 55
第九章　社会主义对外经济关系 …………………………………………… 62
第十章　社会主义市场经济条件下的政府调节 …………………………… 69

第2部分　西方经济学

第一章　需求和供给 ………………………………………………………… 80
第二章　效用论 ……………………………………………………………… 90
第三章　生产和成本论 ……………………………………………………… 98
第四章　市场理论 …………………………………………………………… 107
第五章　生产要素市场 ……………………………………………………… 117
第六章　一般均衡论和福利经济学 ………………………………………… 123
第七章　市场失灵和微观经济政策 ………………………………………… 131
第八章　宏观经济活动与宏观经济学 ……………………………………… 137
第九章　简单国民收入决定理论 …………………………………………… 143
第十章　产品市场和货币市场的一般均衡 ………………………………… 150

· 1 ·

第十一章	宏观经济政策	156
第十二章	总需求和总供给分析	164
第十三章	经济增长	168
第十四章	通货膨胀理论	174
第十五章	宏观经济学的意见分歧	179

第3部分　国际经济学

| 导　论 | | 186 |

第4部分　财政学

第一章	财政职能	222
第二章	财政支出规模与结构	229
第三章	财政投资支出和社会保障支出	238
第四章	税收原理	247
第五章	税收制度	256
第六章	国债理论与管理	261
第七章	国家预算与预算管理体制	265
第八章	财政平衡与财政赤字	269

第5部分　货币银行学

第一章	货币供求理论	274
第二章	利率理论	284
第三章	通货膨胀与通货紧缩	290
第四章	金融中介体系	295
第五章	金融市场	300
第六章	金融监管体系	307
第七章	货币政策	311
第八章	汇率理论	318
第九章	国际货币体系	322
第十章	内外均衡理论	327

同等学力经济学学科报考指南及考试形式、试卷结构

考试介绍

同等学力人员申请硕士学位是我国目前开展非全日制培养研究生的主要方式之一。同等学力人员申请硕士学位全国统一考试,是国务院学位委员会为保证我国学位授予的总体质量,规范同等学力人员申请硕士学位工作而设立的国家水平考试。

根据《中华人民共和国学位条例》的规定,具有研究生毕业同等学力的人员,都可以按照《国务院学位委员会关于授予具有研究生毕业同等学力人员硕士、博士学位的规定》的要求与办法,向学位授予单位提出申请。授予同等学力人员硕士学位是国家为同等学力人员开辟的获得学位的渠道。这对于在职人员业务素质的提高和干部队伍建设都能起到积极的作用。申请人通过了学位授予单位及国家组织的全部考试,并通过了学位论文答辩后,经审查达到了硕士学位学术水平者,可以获得硕士学位。

报名条件

报名参加同等学力人员申请硕士学位全国统一考试的考生,必须是已通过学位授予单位资格审查的硕士学位申请人,即考生应具备以下资格:

1. 已获得学士学位,并在获得学士学位后工作 3 年以上;或虽无学士学位但已获得硕士或博士学位;或通过教育部留学服务中心认证的国(境)外学士、硕士或博士学位获得者。

2. 申请人在教学、科研、专门技术、管理等方面有关材料已提交学位授予单位,并经学位授予单位审查确定具有申请硕士学位资格。

报名时间

各地报名时间详见学苑教育(www.xycentre.com)网站的考试动态栏目。

考试报名采用网上报名与现场确认相结合的办法。报考者在规定的网上报名时间内,通过互联网登录有关省级主管部门指定的网站,填写、提交报名信息;然后在规定的现场确认时间内,持经学位授予单位审查通过的《同等学力人员申请硕士学位全国统一考试资格审查表》(简称《考试资格审查表》)到指定地点现场照相、缴费、确认报名信息。

网上报名时间为 3 月上旬。各省级主管部门确定所辖考区网上报名具体时间和网址后,于 3 月 6 日之前传送"教育部学生服务与素质发展中心"(以下简称"中心"),由"中心"汇总后于 3 月 9 日在"学信网"网站(tdxl.chsi.com.cn)向社会公布。①

现场确认时间原则上在每年 3 月网上报名前完成,各省级主管部门根据本地区情况确

---

① 因每年考试安排可能略有变化,此处所涉时间仅作参考。

定具体现场确认时间,并在网上报名阶段告知考生。

考生一般应在接受其硕士学位申请的学位授予单位所在省(自治区、直辖市)参加报名和考试。如有特殊情况,需申请在工作单位所在地参加报名和考试,必须经接受其硕士学位申请的学位授予单位和其工作单位所在地省级主管部门同意,方可报名和考试。

考试时间

每年的考试时间一般为5月底(周六、周日),上午9:00至11:30为外国语水平考试,考试时间为150分钟;下午14:30至17:30为学科综合水平考试,考试时间为180分钟。

考试科目

同等学力人员申请硕士学位全国统一考试,分外国语水平考试和学科综合水平考试两个科目。

考试题型

一、试卷满分及考试时间

试卷满分为100分,考试时间为180分钟。

二、答题方式

闭卷、笔试。

三、试卷题型结构

1. 单项选择题:8小题,每小题2分,共16分。
2. 名词解释:4小题,每小题3分,共12分。
3. 简述题:4小题,每小题8分,共32分。
4. 论述与计算题:2小题,每小题20分,共40分。

内容比例

1. 社会主义经济理论,约25%;
2. 西方经济学,约25%;
3. 国际经济学,约15%;
4. 财政学,约15%;
5. 货币银行学,约20%。

试题难易比例

1. 容易题,约40%;
2. 中等难度题,约40%;
3. 难题,约20%。

考试大纲

《同等学力人员申请硕士学位经济学学科综合水平全国统一考试大纲及指南(第四版)》,国务院学位委员会办公室,高等教育出版社,2009年2月。

经济学学科综合水平全国统一考试样卷

一、单项选择题（每小题2分，共16分）

1. 在国际收支平衡表中，外国捐赠者对我国组织或个人的捐赠应列入_____。
   A. 资本账户
   B. 经常账户
   C. 金融账户
   D. 错误与遗漏

2. 假定在某一产量水平上厂商的平均成本达到了最小值，这一定意味着_____。
   A. 边际成本等于平均成本
   B. 厂商获得了最大利润
   C. 厂商获得了最小利润
   D. 厂商的超额利润为零

3. 在分析比较纳税人的税收负担时，经济学家们通常考虑以下税率形式_____。
   ①定额税率　②名义税率　③实际税率　④关税税率　⑤边际税率　⑥平均税率
   A. ①②③④
   B. ②④⑤⑥
   C. ②③④⑤
   D. ②③⑤⑥

4. 基础货币是指_____。
   A. 流通中现金
   B. 流通中现金+活期存款
   C. 流通中现金+定期存款
   D. 流通中现金+商业银行存款准备金

5. 根据国际费雪效应，一国通货膨胀率上升将会伴随着该国名义利率和货币对外价值的变化，其变化分别为_____。
   A. 提高/降低
   B. 降低/提高
   C. 降低/不变
   D. 不变/降低

6. _____不属于国际金本位体系的特点。
   A. 多种渠道调节国际收支的不平衡
   B. 黄金充当国际货币
   C. 严格的固定汇率制度
   D. 国际收支的自动调节机制

7. 按照最适课税理论，最适所得税税率应该呈现倒"U"形，这意味_____。
   A. 中等收入者的边际税率可适当高些，低收入者的边际税率可适当低些
   B. 中等收入者的边际税率可适当高些，低收入者与高收入者的边际税率可适当低些
   C. 中等收入者的边际税率可适当低些，高收入者的边际税率可适当高些
   D. 高收入者的边际税率可适当高些，低收入者和中等收入者的边际税率可适当低些

8. 如果利率和收入的组合点出现在 *IS* 曲线的右上方、*LM* 曲线的左上方的区域中，则表明_____。
   A. 投资小于储蓄且货币供给小于货币需求

B. 投资大于储蓄且货币需求小于货币供给
C. 若利率和收入都能按供求情况自动得到调整，则利率下降，收入下降
D. 若利率和收入都能按供求情况自动得到调整，则利率下降，收入上升

二、名词解释（每小题3分，共12分）

1. 产权
2. 进口配额
3. 税收中性
4. 理性预期假设

三、简述题（每小题8分，共32分）

1. 简述国际生产折衷理论。
2. 什么是"特里芬难题"？
3. 简述泰勒规则的基本内容。
4. 公共需要的基本特征是什么？

四、论述与计算题（每小题20分，共40分）

1. 试述体制转轨中的国有企业治理结构创新。
2. 已知某厂商的生产函数为 $Q = L^{2/5}K^{3/5}$，劳动的价格为 $P_L = 2$，资本的价格为 $P_K = 3$。试问：

（1）产量为10时，最低成本支出的大小和 L 与 K 的使用数量；

（2）总成本为60元时，厂商的均衡产量和 L 与 K 的使用数量；

（3）什么是边际收益递减规律？该生产函数的要素报酬是否受该规律支配，为什么？

第1部分
社会主义经济理论

导 论

> **大纲重、难点提示**

本部分的重点和难点问题是社会主义经济理论在中国的发展阶段、发展过程以及在分析方法上与西方经济理论的异同点。

大·纲·习·题·解·答

一、单项选择题

1. 我国社会主义经济理论几十年来发生了重大进展，根本原因在于时代的变迁，其具体表现为（　　）。
①市场化。②工业化。③城镇化。④现代化。⑤国际化。
　A．①②③④　　　　　　　　　B．①②③
　C．①②⑤　　　　　　　　　　D．①②④⑤

答案要点：本题正确选项为 C。解析：我国社会主义经济理论几十年来发生了重大进展，根本原因在于时代的变迁，其具体表现为市场化、工业化和国际化。本题源自《社会主义经济理论》导论18页。

2. 我国社会主义经济理论随着市场化、工业化和国际化的不同阶段的发展，所呈现出不同的特点是（　　）。
① 20 世纪 80 年代初期以放权让利为主线的社会主义经济理论讨论状况。
② 20 世纪 90 年代初期以计划与市场关系为主线的社会主义经济理论讨论状况。
③ 21 世纪初的以市场经济取代计划经济为主体的社会主义经济理论讨论状况。
④ 以产权制度改革为主线的社会主义经济理论讨论状况。
　A．①②③④　　　　　　　　　B．①②④
　C．①②③　　　　　　　　　　D．①③④

答案要点：本题正确选项为 B。解析：我国社会主义经济理论随着市场化、工业化和国际化的不同阶段的发展，所呈现出的特点是，①20 世纪 80 年代初期以放权让利为主线的社会主义经济理论讨论状况；②20 世纪 90 年代初期以计划与市场关系为主线的社会主义经济理论讨论状况；③以产权制度改革为主线的社会主义经济理论讨论状况。本题源自《社会主义经济理论》导论18页。

3. 自改革开放以来社会主义经济理论的重要特征是（　　）。
①从只关注生产关系到同时十分关注资源配置。②从封闭式的一花独放到开放性的百家争鸣。③从纯理论推导到十分重视理论联系实际。④从单调的分析方法到多元化的分析方法。⑤马克思主义经济学唯物辩证法。

A. ①②③④⑤ B. ①②④
C. ①②③④ D. ①③④⑤

答案要点：本题正确选项为 C。解析：自改革开放以来社会主义经济理论的重要特征主要表现在，①从只关注生产关系到同时十分关注资源配置；②从封闭式的一花独放到开放性的百家争鸣；③从纯理论推导到十分重视理论联系实际；④从单调的分析方法到多元化的分析方法。本题源自《社会主义经济理论》导论 19 页。

4. 马克思主义经济学的分析方法是（ ）。
A. 实体分析法 B. 形式主义分析法
C. 个体分析法 D. 整体主义分析法

答案要点：本题正确选项为 D。解析：经济学分析的逻辑起点不应该是经济人而应该是社会人。在社会人假设的基础上，马克思主义经济学形成了整体主义分析方法。本题源自《社会主义经济理论》导论 20 页。

二、简述题

1. 请简要比较马克思主义经济学与西方经济学的分析方法。

答案要点：（1）马克思主义经济学从唯物辩证法和历史唯物主义出发，认为经济学的研究对象是特定生产方式之下的社会生产关系，而不是物的关系；马克思主义经济学分析的逻辑起点是社会人；在社会人假设的基础上，马克思主义经济学形成了整体主义分析方法。

（2）西方经济学的理论前提是资源的稀缺性以及人的自利本性；研究对象是社会如何配置稀缺资源；西方经济学的逻辑起点是经济人；西方经济学遵循的分析方法是个体主义成本收益分析方法。

（3）马克思主义经济学的分析方法和西方经济学的分析方法都有其存在的价值，又都有一定的局限性。因此，要吸收双方合理的成分，拒绝两者的极端，走一条整体主义与个体主义方法论相结合的"中国道路"。

2. 简述直面现实的经济学分析方法。

答案要点：（1）坚持直面现实的研究态度和方法。也就是说，当理论与现实相冲突时，让理论服从现实，而不是让现实适合理论。如果现有的理论不足以回答所隐含的问题，那么就需要我们反思理论本身，直至根据现实修正理论。

（2）理论联系实际是适应时代要求的经济学创新的基本原则。为此，一方面，应反对脱离实际的理论，这会导致"八股"式的空泛经济学；另一方面，也应排斥完全抛弃理论的经验主义。

（3）理论联系实际首先要反对教条主义和本本主义。把马克思主义经济学或者西方经济学教条化，都会导致中国经济学的发展走入死胡同。

（4）直面现实的经济学分析方法要求实现经济学的现代化。中国经济学的现代化实际上包含着国际化与本土化的双重含义，即在吸收西方经济学的过程中注意中国的国情，在解答我国实践中面临的各种问题时注意吸收西方经济学中反映市场经济一般运行规律的理论与先进的分析方法。

（5）直面现实的经济学分析方法要求经济学具有开放性。首先是学术思想来源的开放性；其次是学术队伍的开放性；最后是学术观点的开放性。

（6）直面现实的经济学分析方法要求摆脱传统经济学重规范轻实证、重定性轻定量、重演绎轻归纳、重结论轻证明的旧轨迹，实现经济学分析方法的创新。

三、论述题

试述改革开放以来社会主义经济理论发展的基本脉络。

答案要点：我国社会主义经济理论几十年来发生了重大进展，根本原因在于时代的变迁。

第一，市场化。我国长期以来实行的是高度集权的计划经济体制，资源配置通行的是等级规则。党的十一届三中全会以来，我国开始了市场取向的改革，资源配置的等级规则逐步让位于产权规则。

第二，工业化。伴随着市场化进程，我国开始大规模地推进工业化进程，并通过大量引进国外资本、技术和管理经验来加快这个过程。

第三，国际化。在传统计划经济体制下，我国基本上走的是一条闭关锁国、自我发展的道路，直到确立了"一个中心、两个基本点"的基本路线，我国把对外开放作为基本的国策，特别是在加入WTO（世界贸易组织）之后，我国参与经济全球化的步伐明显加快。

伴随着市场化、工业化、国际化的不同阶段，社会主义经济理论的主流发展倾向也呈现出不同的特点。

第一阶段：20世纪80年代初期以放权让利为主线的社会主义经济理论讨论状况。

第二阶段：20世纪90年代初期以计划与市场关系为主线的社会主义经济理论讨论状况。

第三阶段：以产权制度改革为主线的社会主义经济理论讨论状况。

自改革开放以来，社会主义经济理论取得了许多丰硕的成果，呈现出以下几个方面的重要特征。

第一，从只关注生产关系到同时十分关注资源配置。随着市场化进程的不断加深，社会主义经济理论除了继续关注生产方式和与其相适应的生产关系外，更加关注一个社会如何配置稀缺资源，包括生产什么、生产多少、如何生产等问题。

第二，从封闭性的一枝独秀到开放性的百家争鸣。经济学界除了用发展的眼光看待马克思主义经济学，使其具有与时俱进的理论品质之外，还开始引进西方经济学的某些流派，以改进我国社会主义经济理论的分析范式。

第三，从纯理论推导到十分重视理论联系实际。随着改革的不断深入，我国经济学界在邓小平的建设有中国特色的社会主义理论指导下，在经济学的研究中十分重视理论联系实际，直面经济改革与发展中遇到的重大问题。

第四，从单一的分析方法到多元化的分析方法。为了更好地研究我国在改革与发展中面临的各种问题，经济学界开始把规范分析与实证分析相结合、把定性分析与定量分析相结合、把静态分析与动态分析相结合。

第一章 社会主义经济制度的本质特征

大纲重、难点提示

本章的重点和难点问题包括社会主义理论的发展脉络和本质特征以及社会主义制度在我国的发展过程与各个阶段。

大纲习题解答

一、单项选择题

1. 在批判性地继承空想社会主义理论的基础上建立了科学社会主义理论的是（　　）。
   A. 马克思和恩格斯　　　　　　B. 列宁
   C. 斯大林　　　　　　　　　　D. 毛泽东
   答案要点：本题正确选项为 A。解析：科学社会主义理论是马克思和恩格斯创立的。马克思和恩格斯在批判性地继承空想社会主义理论的基础上建立了科学社会主义理论。本题源自《社会主义经济理论》第一章第一节 22 页。

2. 马克思、恩格斯对未来社会基本经济特征进行了分析和概括，其主要思想是指（　　）。
   ①自由人的联合体和个人自由全面的发展。②以生产资料公有制代替私有制。③大力发展公有经济，限制民营经济的发展。④尽快发展生产力，实现共同富裕。⑤消灭商品生产，对全部生产实行有计划的调节。⑥在共产主义两个阶段中分别实行按劳分配和按需分配。
   A. ①③④⑤⑥　　　　　　　　B. ①②③④⑥
   C. ①②④⑤⑥　　　　　　　　D. ①②③④⑤⑥
   答案要点：本题正确选项为 C。解析：马克思、恩格斯对未来社会基本经济特征进行了分析和概括，其主要思想为，①自由人的联合体和个人自由全面的发展；②以生产资料公有制代替私有制；③尽快发展生产力，实现共同富裕；④消灭商品生产，对全部生产实行有计划的调节；⑤在共产主义两个阶段中分别实行按劳分配和按需分配。本题源自《社会主义经济理论》第一章第一节 23 页。

3. 马克思和恩格斯设想的未来共产主义社会的基本目标是（　　）。
   A. 实现个人自由全面的发展　　　B. 以生产资料公有制代替私有制
   C. 尽快发展生产力，实现共同富裕　D. 实行按劳分配和按需分配
   答案要点：本题正确选项为 A。解析：消灭阶级和阶级对立，实现个人自由全面的发展，是马克思和恩格斯设想的未来共产主义社会的基本目标，这一目标贯穿在他们全部的理论之中。本题源自《社会主义经济理论》第一章第一节 23 页。

4. 中国特色的社会主义经济理论主要包括（　　）。

①社会主义初级阶段的理论。②社会主义本质和所有制关系的理论。③计划经济向市场经济的转型理论。④社会主义市场经济的理论。⑤社会主义收入分配的理论。⑥对外开放的理论。⑦以人为本的科学发展理论。⑧经济改革的理论。

A. ①②③④⑤⑥⑦　　　　　　　B. ①②③⑤⑥⑦⑧
C. ①②④⑤⑥⑦⑧　　　　　　　D. ①③④⑤⑥⑦⑧

答案要点：本题正确选项为 C。解析：中国特色的社会主义经济理论主要包括，①社会主义初级阶段的理论；②社会主义本质和所有制关系的理论；③经济改革的理论；④社会主义市场经济的理论；⑤社会主义收入分配的理论；⑥对外开放的理论；⑦以人为本的科学发展理论。本题源自《社会主义经济理论》第一章第二节 26 页。

5. 社会主义初级阶段是指我国生产力落后、商品经济不发达条件下建设社会主义必然要经历的特定阶段，这一科学判断一方面表明我国的社会性质，说明（　　）。

①我国已进入社会主义社会。②我国已进入共产主义社会。③我国社会主义还处在不发达阶段。④我国已进入社会主义社会的发达阶段。

A. ①②　　　B. ②③　　　C. ③④　　　D. ①③

答案要点：本题正确选项为 D。解析：这一科学判断一方面表明我国的社会性质，说明，①我国已进入社会主义社会；②我国的社会主义社会还处在不发达阶段。本题源自《社会主义经济理论》第一章第二节 26 页。

6. 邓小平在 1992 年南方讲话中，对社会主义本质的概括是（　　）。

①解放生产力。②发展生产力。③调整生产关系。④消灭剥削。⑤消除两极分化。⑥共同富裕。

A. ①②③④⑤⑥　　　　　　　B. ①②③⑥
C. ①②④⑤⑥　　　　　　　　D. ①②④⑤

答案要点：本题正确选项为 C。解析：社会主义的本质，是解放生产力，发展生产力，消灭剥削，消除两极分化，最终达到共同富裕。本题源自《社会主义经济理论》第一章第二节 26 页。

7. 邓小平提出的"三个有利于"标准不包括（　　）。

A. 是否有利于发展社会主义社会生产力
B. 是否有利于增强社会主义国家的综合国力
C. 是否有利于满足人民日益增长的需要
D. 是否有利于提高人民的生活水平

答案要点：本题正确选项为 C。解析："三个有利于"标准是指，是否有利于发展社会主义社会生产力，是否有利于增强社会主义国家的综合国力，是否有利于提高人民的生活水平。本题源自《社会主义经济理论》第一章第二节 27 页。

8. 社会主义市场经济的收入分配结构是（　　）相结合。

①劳动标准与所有权标准。②劳动标准与产权标准。③按劳分配与按生产要素分配。④按劳分配与按需分配。

A. ①②③④　　　B. ①②③　　　C. ①②④　　　D. ①③

答案要点：本题正确选项为 D。解析：劳动标准与所有权标准相结合，按劳分配与按生产要素分配相结合，使得多种分配方式相互渗透，相互影响，相互补充，形成适合我国社会主义市场经济的收入分配结构。本题源自《社会主义经济理论》第一章第二节 27 页。

9. 我国的公有制经济是指（　　）。

①国有经济。②集体经济。③合作经济。④混合所有制中的国有成分和集体成分。

A. ①②③④　　　　　　　　　　B. ①②③
C. ①②④　　　　　　　　　　　D. ①③

答案要点：本题正确选项为 C。解析：我国公有制经济包括国有经济、集体经济以及混合所有制中的国有成分和集体成分。本题源自《社会主义经济理论》第一章第三节 29 页。

10. 在我国改革开放过程中，出现了多种公有制的实现形式，主要是指（　　）。

①合作经济。②股份制。③股份合作制。④集体经济。⑤国有经济。⑥混合所有制经济。

A. ①②③④⑤⑥　　　　　　　　B. ①②③④⑤
C. ②③④⑤⑥　　　　　　　　　D. ①②③⑥

答案要点：本题正确选项为 D。解析：在我国改革开放过程中，出现了多种公有制的实现形式，主要是合作经济、股份制、股份合作制和各种混合所有制经济等。本题源自《社会主义经济理论》第一章第三节 30 页。

二、名词解释

1. 社会主义初级阶段：指我国在生产力落后、商品经济不发达的条件下建设社会主义必然要经历的特定历史阶段，即从我国进入社会主义到基本实现社会主义现代化的整个历史阶段。它包含两层含义：第一，我国已经进入了社会主义社会；第二，我国的社会主义社会还处在不发达阶段。

2. 三个有利于标准：是否有利于发展社会主义生产力，是否有利于增强社会主义国家的综合国力，是否有利于提高人民的生活水平。

3. 集体经济：指由部分劳动群众共同占有生产资料的一种公有形式的经济。

4. 混合所有制经济：指由不同性质的所有制经济组合而成的一种经济形式。随着以公有制为主体、多种所有制经济共同发展的所有制结构的形成和发展，各种所有制经济相互交融、参股、持股，从而形成一种新的所有制形态。

三、简述题

1. 简述马克思和恩格斯关于未来社会主义的基本经济特征。

答案要点：马克思主义经典作家在揭示社会主义取代资本主义客观规律的基础上，预测了未来社会的基本经济特征，这些特征主要是：

（1）自由人的联合体和个人自由全面的发展。

在未来社会，每个社会成员都能获得自由全面的发展。

（2）以生产资料公有制代替私有制。

生产资料私有制不适应生产社会化发展，造成了阶级对立和生产的无政府状态。公有制取代私有制是生产社会化发展的客观要求。消灭私有制是生产力发展的客观要求，也是建立未来自由人联合体的根本途径。

（3）尽快发展生产力，实现共同富裕。

生产力是决定人类社会发展的最根本力量，是衡量社会进步的基本尺度。未来社会中，生产力的发展不仅是提高社会成员物质生活水平的基础，而且是社会成员获得全面自由发展的条件。

（4）消灭商品生产，对全部生产实行有计划的调节。

在马克思主义经典作家看来，商品经济是与私有制相联系的。一旦消灭了私有制，实现生产资料的社会占有，商品生产将退出历史舞台，整个社会生产由计划调节。

（5）在共产主义的两个阶段分别实行按劳分配和按需分配。

马克思在《哥达纲领批判》中，第一次把共产主义划分为两个阶段，在低级阶段只能实行按劳分配，在高级阶段实行按需分配。

2. 简述社会主义初级阶段理论的含义及意义。

答案要点：我国处于社会主义初级阶段这一论断包含两层含义。一是我国已经进入社会主义社会；二是我国的社会主义社会还处在不发达阶段。要全面地把握社会主义初级阶段的这两层含义，既要明确我国社会的性质，坚持社会主义方向，又要正视而不能超越初级阶段。社会主义初级阶段理论为我们反对"左"和右的两种错误倾向提供了强大的思想理论武器。

必须从社会主义初级阶段的实际出发，以此作为我们制定路线、方针、政策的依据。确认我国处于并将长期处于社会主义初级阶段，是我们建设中国特色社会主义的理论和实践的出发点和立足点。在中国，要真正建设社会主义，就必须从中国实际出发，而最大的实际就是中国现在正处于并将长期处于社会主义初级阶段。

3. 如何正确认识社会主义初级阶段公有制经济与非公有制经济之间的关系？

答案要点：公有制为主体、多种所有制经济共同发展是我国社会主义初级阶段的一项基本经济制度。

坚持公有制为主体，促进非公有制经济发展，统一于社会主义现代化建设的进程中，不能把这两者对立起来。

我国的各种所有制经济都有自己的特点，都有自己独特的功能和优势，同时也具有各自的劣势和局限性，在现阶段生产力状况下，它们都有其适宜发挥优势的领域和范围，因此，应根据其各自的特点合理配置各种所有制形式，使它们能够在功能上相互补充。多种所有制经济之间的相互竞争，有利于提高各种所有制经济的效率，有利于促进技术的进步，也有利于促进所有制结构的调整。竞争在所有制形式的选择上也发挥着优胜劣汰的作用。股份制为不同所有制经济的融合发展提供了企业组织形式。

四、论述题

1. 阐述中国特色的社会主义经济理论。

答案要点：十一届三中全会后，我国把马克思主义的基本原理与中国具体实践相结合，并在总结社会主义实践经验教训和其他国家成败得失的基础上，逐步形成有中国特色的社会主义经济理论。其主要内容包括：

（1）关于社会主义初级阶段的理论。

①社会主义初级阶段包含两层含义：一是我国已经进入社会主义社会；二是我国的社

会主义社会还处在不发达阶段。

②我国处于并将长期处于社会主义初级阶段。

③社会主义初级阶段的理论为建设有中国特色的社会主义奠定了基础。我国从初级阶段这一基本国情出发，制定了基本路线和基本纲领，阐明了基本矛盾和基本经济制度，提出了社会发展的总体战略和体制改革的目标、原则，解决了我国在新的历史条件下社会主义建设的性质、任务、动力、战略和前途等问题。

(2) 关于社会主义本质和所有制关系的理论。

社会主义的本质，是解放生产力，发展生产力，消灭剥削，消除两极分化，最终达到共同富裕。

(3) 关于经济体制改革的理论。

形成了一套包括改革性质、改革目标、改革内容、改革方式、改革战略、改革成效的评价标准等在内的经济改革理论。

(4) 关于社会主义市场经济的理论。

社会主义与市场经济的关系问题是社会主义经济理论的核心问题，也是改革中的核心问题。中国改革的目标是市场经济和社会主义相结合，建立社会主义市场经济体制就是使市场机制在国家宏观调控下在资源配置中起决定性作用。

(5) 关于社会主义收入分配的理论。

收入分配标准由单一劳动标准改变为劳动标准和所有权标准相结合。按劳分配与按生产要素分配相结合，多种分配方式相互渗透、相互影响、相互补充，形成适合我国社会主义市场经济的收入分配结构。

(6) 关于对外开放的理论。

把对外开放作为一项长期的基本国策。

(7) 关于以人为本的科学发展理论。

科学发展观进一步明确了我国经济社会发展的本质目标、基本内涵、总体思路、模式选择和根本动力，是我们党对社会主义市场经济条件下经济社会发展规律的科学认识，是指导发展的世界观和方法论的集中体现，是马克思主义发展理论的重大创新。

2. 试述社会主义初级阶段的基本经济制度。

答案要点：社会主义初级阶段的基本经济制度是以公有制为主体、多种所有制经济共同发展。具体而言：

(1) 以公有制为主体是指在社会主义初级阶段基本经济制度中，公有制经济要居主体地位。即公有制经济不仅要保持量的优势——公有资产在社会总资产中占优势，还要更注重质的提高，也就是通过不断提高公有制经济的控制力、影响力，发挥其对国民经济发展的导向作用。

公有制经济包括国有经济、集体经济以及混合所有制经济中的国有成分和集体成分。其中，国有经济是公有制经济结构中占比最大的部分，控制着国民经济的命脉，因此，有效发挥国有经济的主导作用对于发挥社会主义制度优越性和促进国民经济的稳定发展具有重要意义。现阶段，发展国有经济的总原则是：坚持有进有退，有所为有所不为，集中力量，加强重点，提高整体素质。集体所有制经济是由部分劳动群众共同占有生产资料的一种公有形式，作为公有制经济的重要组成部分，集体所有制经济对于消除两极分化、实现共同富裕有重要作用。混合所有制经济是由不同性质的所有制经济组合而成的一种经济形式，对于其中的国有和集体成分我们也应十分重视。

（2）多种所有制经济共同发展是指在社会主义初级阶段，发展多种形式的公有制经济的同时，也要发展多种形式的非公有制经济。在我国现阶段，非公有制经济包括个体经济、私营经济和外资经济等形式。非公有制经济不仅能够创造大量的就业机会，提供多样化的产品和服务，而且同市场经济兼容性较强，特别是在很多竞争性领域，都表现出较强的经济活力。因此，非公有制经济在国民经济中也发挥着不可替代的作用。

我国的多种所有制经济都有自己的特点，都有自己独特的功能和优势，同时也具有各自的劣势和局限性，在现阶段生产力状况下，它们都有其适宜发挥优势的领域和范围，因此，应根据其各自的特点合理配置各种所有制形式，使它们能够在功能上相互补充。多种所有制经济之间的相互竞争，有利于提高各种所有制经济的效率，有利于促进技术进步，也有利于促进所有制结构的调整优化。

第二章 社会主义市场经济理论

大纲重、难点提示

本章的重点和难点问题是在分析一般市场经济的基础上，分析社会主义市场经济及体制框架。

大纲习题解答

一、单项选择题

1. 市场经济是指由市场机制配置资源的经济。市场经济具有的基本特征是（ ）。
①资源配置遵循产权规则。②经济主体独立自主的分散决策。③经济主体独立自主的集中决策。④自由和平等竞争。⑤价格协调的微观决策。
    A. ①②③④⑤   B. ①②③④   C. ②③④⑤   D. ①②④⑤

答案要点：本题正确选项为 D。解析：市场经济是指由市场机制配置资源的经济。其基本特征有：①资源配置遵循产权规则；②经济主体独立自主的分散决策；③自由和平等竞争；④价格协调的微观决策。本题源自《社会主义经济理论》第二章第一节 32 页。

2. 提出了计划经济为主、市场调节为辅的改革思想是（ ）。
    A. 1950—1953 年　　　　　　B. 1978—1983 年
    C. 1987—1992 年　　　　　　D. 1992—1997 年

答案要点：本题正确选项为 B。解析：1978 年至 1983 年，提出了以计划经济为主、市场调节为辅的改革思想。本题源自《社会主义经济理论》第二章第二节 33 页。

3. 提出了有计划商品经济理论的思想是（ ）。
    A. 1950—1953 年　　　　　　B. 1978—1983 年
    C. 1984—1987 年　　　　　　D. 1992—1997 年

答案要点：本题正确选项为 C。解析：1984 年至 1987 年，提出了有计划商品经济理论。本题源自《社会主义经济理论》第二章第二节 33 页。

4. 提出了社会主义商品经济理论的思想是（ ）。
    A. 1950—1953 年　　　　　　B. 1978—1983 年
    C. 1987—1992 年　　　　　　D. 1992—1997 年

答案要点：本题正确选项为 C。解析：1987 年至 1992 年，提出了社会主义商品经济理论。本题源自《社会主义经济理论》第二章第二节 33 页。

5. 提出了社会主义市场经济理论的思想是（ ）。
    A. 1950—1953 年　　　　　　B. 1978—1983 年
    C. 1987—1992 年　　　　　　D. 1992 年以后

答案要点：本题正确选项为 D。解析：1992 年以后，提出了社会主义市场经济理论。本题源自《社会主义经济理论》第二章第二节 33 页。

6. 我国渐进式改革取得成功的主要原因是（   ）。

①把社会主义基本经济制度与市场经济结合起来。②按照"三个有利于"标准来判断改革的成效。③坚持以公有制经济为主、其他经济成分并在。④处理好改革、发展与稳定之间的关系。⑤适时地推进政治体制改革。[考前 29 天重点习题集（每日一题）]

    A. ①②③④⑤   B. ①②③④
    C. ②③④⑤   D. ①②④⑤

答案要点：本题正确选项为 D。解析：我国渐进式改革取得成功的主要原因是，第一，把社会主义基本经济制度与市场经济结合起来，在公有制为主体的条件下大力发展非公有制经济，在按劳分配为主的条件下采用多种分配方式，从而既坚定不移地推进市场化进程，又使社会主义制度适应现阶段的生产力发展水平。第二，按照"三个有利于"标准来判断改革的成效，即是否越来越发展社会主义生产力，是否越来越增强社会主义国家的综合国力，是否越来越提高人民的生活水平。第三，处理好改革、发展与稳定之间的关系，在稳定与发展中积极推进计划经济向市场经济体制的过渡。第四，随着经济体制改革的不断深入，适时地推进政治体制改革，包括政府职能的转变，推行政治民主化等。本题源自《社会主义经济理论》第二章第二节 35 页。

7. 我国的国有企业改革在不断推进所有制结构调整、积极发展多种所有制经济的同时，经历了（   ）。

①放权让利的改革阶段。②分类改革阶段。③试行股份制，建立现代企业制度的阶段。④国有经济战略性调整阶段。

    A. ①②③④   B. ①③④   C. ②③④   D. ①②④

答案要点：本题正确选项为 B。解析：我国的国有企业改革在不断推进所有制结构调整、积极发展多种所有制经济的同时，大体上经历了三个阶段，一是放权让利的改革阶段；二是试行股份制，建立现代企业制度的阶段；三是国有经济战略性调整阶段。本题源自《社会主义经济理论》第二章第二节 36 页。

8. 以国有经济战略性调整为核心内容的国有企业改革包括（   ）。

①实施国有企业的分类改革战略。②改革国有资产管理体制。③制定放权让利制度。④建立规范化的现代企业制度。⑤实现公司治理结构的创新。⑥完善企业的技术创新机制。⑦以改革促管理。⑧理顺政府与企业间的关系。

    A. ①②③④⑤⑥⑦⑧   B. ①②③④⑤⑥⑦
    C. ①②④⑤⑥⑦   D. ①③④⑤⑥⑦⑧

答案要点：本题正确选项为 C。解析：以国有经济战略性调整为核心内容的国有企业改革的内容主要包括，第一，实施国有企业的分类改革战略；第二，改革国有资产管理体制；第三，对于大型竞争性国有企业应按照国际惯例进行股份制改造，建立规范化的现代企业制度；第四，实现公司治理结构的创新；第五，完善企业的技术创新机制，迎接知识经济时代的挑战；第六，以改革促管理。本题源自《社会主义经济理论》第二章第二节 36 页。

9. 建立规范化的现代企业制度，主要是解决（　　）。

①分类改革。②政企分开。③产权关系明晰化。④技术创新。

A. ①②③④　　　　B. ①③④　　　　C. ②③　　　　D. ①②④

答案要点：本题正确选项为 C。解析：建立规范化的现代企业制度，主要是解决政企分开问题和产权关系明晰化问题。本题源自《社会主义经济理论》第二章第二节 36 页。

10. 建立健全现代市场体系的条件，除了产权明晰、具有硬的预算约束等特征之外，还必须具备的条件是（　　）。

①营造平等竞争的市场环境。②理顺政企关系。③进一步开放市场。④深化流通体制改革，发展现代流通方式。

A. ①②③④　　　　B. ①③④　　　　C. ②③　　　　D. ①②④

答案要点：本题正确选项为 B。解析：优化市场环境的核心是完善市场机制。市场机制的完善除了市场主体必须产权明晰、具有硬的预算约束等特征之外，还必须具备以下条件，一是营造平等竞争的市场环境；二是进一步开放市场，构建一个健全统一、开放、竞争、有序的现代市场体系；三是深化流通体制改革，发展现代流通方式。本题源自《社会主义经济理论》第二章第二节 36 页。

11. 社会主义市场经济的所有制基础是指（　　）的所有制结构。

A. 以公有制为主体、限制民营经济发展

B. 以公有制为主体、多种所有制经济共同发展

C. 以公有制为主体、集体经济为辅

D. 以公有制为主体、大力发展集体经济

答案要点：本题正确选项为 B。解析：公有制为主体、多种所有制经济共同发展的所有制结构构成了社会主义市场经济的所有制基础。本题源自《社会主义经济理论》第二章第二节 34 页。

二、名词解释

1. 市场：指商品交换的场所、渠道和纽带。

2. 市场经济：指由市场机制配置资源的经济，它与一个社会的经济制度性质无关。

3. 市场机制：指在市场交易关系中形成的以价格、供求和竞争三位一体的互动关系为基础的经济运行和调节的一套有机系统。

4. 增量改革：指在不率先触动既得利益格局的前提下，在边际上推进市场取向的改革，也就是说，在等级规则作用较小的边际上，选择具有帕累托改进意义的利益调整方式进行体制改革，逐渐向市场经济体制过渡。

5. 渐进式改革：我国实行的改革方式，是在工业化和社会主义宪法制度基础上进行的市场化，是按渐进的方式推进改革。我国没有从理论出发，而是根据我国的具体国情，选择了一条自上而下的渐进式改革道路，逐渐从一个高度集权的计划经济体制向市场经济体制过渡。

三、简述题

1. 简述传统计划经济体制的基本特征及运行特点。

答案要点：在决策结构上，实行中央集权控制；在动力结构上，忽视物质利益刺激，

实行平均主义的分配；在信息结构上，实行指令性计划的纵向传递；在所有制结构上，追求"一大二公"，实行"穷过渡"。

在传统体制下，生产什么、生产多少、怎样生产都是由计划控制的。企业主要根据非价格信号了解各种资源和产品相对稀缺程度的变化，并采取相应的调节方式。

（1）企业对瞬时出现的情况做出如下反应：一是使产量与当前最稀缺的资源相适应；二是实行强制替代——由短缺引起的投入组合的改变；三是根据可得到的投入品决定产出构成。

（2）在追求高增长率目标的驱使下，从上而下存在强烈的数量冲动。为完成产值指标，企业对短缺资源的需求总是不可被满足的。

（3）由于不承担投资决策的责任，却能从投资中获益，因此企业会通过低估预算成本、与上级讨价还价等争取投资资源，引起投资紧张。

2. 简述市场经济的基本特征。

答案要点：市场经济是以市场配置资源或调节经济的经济形态，它不反映一个社会的基本经济制度属性。其特征为：

（1）资源配置遵循产权规则。通过产权的界定和保护来确立排他性产权，资源配置的权力与行为人拥有的资产量成正比。这对于市场机制有效协调微观决策至关重要。

（2）决策分散化。市场经济中，经济决策是由各个独立的经济主体自主进行的。他们独立决策，并对决策的后果承担责任。

（3）自由和平等竞争。市场经济是契约经济，它承认经济主体具有契约自由，所有从事市场交易的行为人的地位和机会在法律上都是平等的。他们在共同的规则和法律约束下自由地参与市场竞争，他们具有择业自由、消费选择自由、交易自由等。

（4）价格协调微观决策。资源配置的核心问题是如何把有限的资源配置到最有效的领域和商品生产上。价格作为显示资源稀缺程度的信号是由市场供求关系决定的，它能够自动协调微观决策。

3. 简述渐进式改革的特点，并阐述渐进式改革在我国取得成功的原因。

答案要点：中国的改革是在社会主义宪法制度的约束下进行的，或者说是在社会主义宪法制度的基础上进行的，改革的目标是建立和完善社会主义市场经济体制，这就决定了中国的改革只能是渐进式的改革。渐进式改革方式具有以下特点：

第一，利用已有的组织资源推进市场取向的改革。改革的推动者与组织者是由一个权力中心和层层隶属的行政系列构成的，权力中心根据下级传递上来的改革需求形成方案，然后通过各级党政系统贯彻实施。

第二，增量改革，就是在基本不触动原来的既得利益格局的前提下，在经济的增量改革部分率先引入市场机制。

第三，先试点，后推广，以便在改革的不可逆转性与改革的稳定性之间找到平衡点。

我国渐进式改革取得成功的原因：

第一，把社会主义基本经济制度与市场经济结合起来，在公有制为主体的条件下大力发展非公有制经济，在按劳分配为主体的条件下采用多种分配方式，从而既坚定不移地推进市场化改革，又使社会主义制度适应现阶段生产力水平。

第二，按照"三个有利于"标准来判断改革的成效。

第三，处理好改革、发展与稳定之间的关系，在稳定和发展中积极推进向市场经济体制的过渡。

第四，随着经济体制改革的不断深入，适时地推进政治体制改革，包括政府职能转变、政治民主化等。

四、论述题

1. 我国对计划与市场关系的认识经历了哪几个主要阶段？

答案要点：主要阶段如下。

第一阶段（1978—1983年）：计划经济为主，市场调节为辅。

中国的经济改革是在"计划经济为主，市场调节为辅"（十二大确立）的指导下进行的。在这一原则中，直接的指令性的计划仍被看作社会主义制度的本质和整个经济运行的基础，市场调节只是从属的、次要的；计划与市场的关系是一种互相对立的"板块"式结合的关系。

第二阶段（1984—1987年）：有计划商品经济。

1984年10月，中共十二届三中全会通过的《中共中央关于经济体制改革的决定》中提出了有计划商品经济理论。这一理论最重要的突破有两点：一是突破了把社会主义和商品经济对立起来的传统观念，第一次肯定了社会主义经济是商品经济，把商品经济当作了社会主义经济的内在属性。二是突破了把指令性计划当作社会主义计划经济根本特征的传统观念，肯定了指导性计划也是计划的一种形式，因而从根本上动摇了传统计划经济的基础。

第三阶段（1987—1992年）：社会主义商品经济。

1987年10月，中共十三大报告在有计划商品经济理论基础上对于社会主义市场机制问题进行了新的概括和说明，提出了"国家调节市场，市场引导企业"的经济运行模式，并明确指出社会主义商品经济与资本主义商品经济的区别不在于市场与计划的多少，而在于所有制的不同，社会主义市场体系不仅包括商品市场，还包括生产要素市场，这是对社会主义经济中市场机制作用认识的一次突破。

第四阶段（1992年至今）：社会主义市场经济。

中共十四大明确提出，我国经济体制改革的目标是建立社会主义市场经济体制，使市场在社会主义国家宏观调控下对资源配置起基础性作用。1993年11月，中共十四届三中全会通过决议，全面系统地阐明了建立社会主义市场经济的基本框架和战略部署，中国的经济改革进入了以建立社会主义市场经济为目标的新的历史阶段。

2. 阐述社会主义市场经济体制的基本特征。

答案要点：社会主义市场经济体制的基本特征主要表现在以下两个方面。

第一，公有制为主体、多种所有制经济共同发展的所有制结构构成了社会主义市场经济的所有制基础。

（1）必须毫不动摇地巩固和发展公有制经济。在我国现阶段，公有制经济包括国有经济、集体经济以及混合所有制中的国有成分和集体成分。其中，国有经济控制国民经济命脉，对于发挥社会主义制度优越性、增强国民实力具有关键性作用。集体经济也是公有制经济的重要组成部分，对于消除两极分化、实现共同富裕有积极作用。

（2）必须毫不动摇地鼓励、支持和引导非公有制经济的发展。在我国现阶段，非公有制经济包括个体经济、私营经济和外资经济等形式。非公有制经济可以充分调动社会各方面积极因素，在社会经济发展的多个领域均具有重要的促进作用，因此，应给予鼓励和支持，并进行正确引导。

（3）坚持公有制为主体，促进非公有制经济发展，统一于社会主义现代化建设的进程中。在社会主义市场经济条件下，公有制与非公有制经济之间的关系是相互促进、相互融合、相互渗透的协调发展的关系，而不是相互割裂、相互排斥的关系，更不是相互对立的。因此，各种所有制经济完全可以在市场竞争中发挥各自优势，相互促进，在社会主义现代化建设进程中共同发展。

第二，按劳分配为主、多种分配方式并存的分配制度是社会主义市场经济的分配方式。

按劳分配是社会主义经济中个人消费品分配的基本原则。然而，在社会主义初级阶段，受所有制结构等多个因素制约，马克思设想的按劳分配原则纯粹实现的条件并不具备，所以社会主义市场经济的分配方式是按劳分配为主、多种分配方式并存。

3. 试述应如何建设社会主义市场经济体制。

答案要点：（1）深化国有企业改革，重塑市场竞争主体。

实施分类改革战略；改革国有资产管理体制；股份制改造；公司治理结构创新；完善技术创新机制；以改革促管理。

（2）健全现代市场体系。

市场体系是各类市场及市场要素总和构成的有机整体，包括产品市场和生产要素市场。一个统一开放、竞争有序的市场体系是建立社会主义市场经济体制，使市场在资源配置中起决定性作用的必要前提条件。

（3）加强和完善宏观调控。

国家宏观调控既是社会主义市场经济的内在要求，也是其有效运行的重要条件。理顺政府与企业之间的关系；明确经济政策目标，优化政策工具，提高政策效率；建立精简、高效和廉洁的政府服务体系；提高政府政策的透明度，加强监督；政府依法行政，依法治国；实行国民待遇和非歧视性原则。

（4）深化分配制度改革，健全社会保障制度。

我国分配体制改革的核心问题是建立起按劳分配为主、多种分配方式并存的分配制度。

分配制度改革要体现公平与效率，在初次分配和再分配过程中都要正确处理好公平与效率之间的关系，再分配更加注重公平。

第三章 向社会主义市场经济体制的渐进过渡

大纲重、难点提示

本章的重点和难点问题包括社会主义市场经济体制过渡的方式和路径、制度变迁的方式以及地方政府的问题。

大纲习题解答

一、单项选择题

1. 华盛顿共识最初是由（　　）提出来的。
   A. 亚当·斯密　　　　　　　　　　B. 斯蒂格利茨
   C. 约翰·威廉姆森　　　　　　　　D. 凯恩斯

   答案要点：本题正确选项为 C。解析：华盛顿共识最初是由曾担任世界银行经济学家的约翰·威廉姆森提出来的。本题源自《社会主义经济理论》第三章第一节 38 页。

2. "华盛顿共识"的核心内容是（　　）。
   A. 私有产权条件下的资本与市场的全面开放
   B. 开展税制改革，降低税率，扩大税基
   C. 实现贸易自由化，开放市场
   D. 对国有企业实施私有化

   答案要点：本题正确选项为 A。解析："华盛顿共识"的核心内容是私有产权条件下的资本与市场的全面开放，它显然秉承了亚当·斯密的自由竞争经济思想，因此被称为"新自由主义的政策宣言"。本题源自《社会主义经济理论》第三章第一节 39 页。

3. "北京共识"不包括（　　）。
   A. 创新的价值　　　　　　　　　　B. 建立持续、均衡、稳定发展的大环境
   C. 实现贸易自由化，开放市场　　　D. 自主发展

   答案要点：本题正确选项为 C。解析："北京共识"包含了三个重要的原理，①创新的价值。创新是中国经济发展的发动机和持续进步的手段。②努力建造一个有利于持续、均衡与稳定发展的大环境。③自主发展理论。本题源自《社会主义经济理论》第三章第一节 39 页。

4. "华盛顿共识"所提出的改革方案是激进式改革，其主要内容是（　　）。
   ①在政治上实行民主化。②在税收制度上开展税制改革。③在经济上全盘推行国有企业的私有化。④在经济政策上采用休克疗法。
   A. ①②③④　　　　　　　　　　　B. ①③④
   C. ②③　　　　　　　　　　　　　D. ①②④

答案要点：本题正确选项为 B。解析："华盛顿共识"所提出的一揽子改革方案是激进式改革，其主要内容体现在三个方面，一是在政治上实行民主化，所谓民主化就是多党制；二是在经济上全盘推行国有企业的私有化；三是在经济政策上采用休克疗法。本题源自《社会主义经济理论》第三章第一节 40 页。

5. 我国自上而下的渐进式改革的特点是（　　）。
①利用已有的组织资源推进市场取向的改革。②增量改革。③"推倒重来"的改革方式。④先试点，后推广。
　A. ①②③④　　　　　　　　　　　B. ①③④
　C. ②③　　　　　　　　　　　　　D. ①②④

答案要点：本题正确选项为 D。解析：中国的渐进式改革是指在工业化和社会主义宪法制度的基础上进行的市场化改革，强调利用已有的组织资源推进市场取向的改革。其特征包括：①利用已有的组织资源推进市场取向的改革；②增量改革，即在不率先触动既得利益格局的前提下，在边际上推进市场取向的改革；③先试点，后推广。本题源自《社会主义经济理论》第三章第一节 40 页。

6. 我国渐进式改革的路径不包括（　　）。
　A. 供给主导型制度变迁方式　　　　B. 需求主导型制度变迁方式
　C. 中间扩散型制度变迁方式　　　　D. 需求诱致型制度变迁方式

答案要点：本题正确选项为 B。解析：我国渐进式改革的路径是指供给主导型制度变迁方式、中间扩散型制度变迁方式和需求诱致型制度变迁方式三种。本题源自《社会主义经济理论》第三章第二、三、四节 41、43、46 页。

7. 在给定的条件下，地方政府从事自发的制度创新的途径是（　　）。
①先买票，后上车。②做了再说。③领导批示或题词。④做了不说。⑤先上车，后买票。⑥先做不说。
　A. ①③⑤⑥　　B. ①②⑤⑥　　C. ②③④⑤　　D. ②③⑤⑥

答案要点：本题正确选项为 D。解析：在给定的条件下，地方政府通常采取以下途径从事自发的制度创新，①"先做不说"；②"做了再说"；③领导批示或题词，由"地下"转入"地上"；④"先上车，后买票"。本题源自《社会主义经济理论》第三章第三节 45 页。

8. 人们在给定的约束条件下，为确立能导致自身利益最大化的制度安排和权利界定而自发组织实施制度创新，是指（　　）制度变迁方式。
　A. 供给主导型　　　　　　　　　　B. 中间扩散型
　C. 需求诱致型　　　　　　　　　　D. 需求主导型

答案要点：本题正确选项为 C。解析：需求诱致型制度变迁方式是指人们在给定的约束条件下，为确立预期能导致自身利益最大化的制度安排和权利界定而自发组织实施制度创新。即个人和企业在给定的约束条件下，为确立能导致自身利益最大化的制度安排和权利界定而自发组织实施制度创新，个人和企业是这种制度变迁的"第一行动集团"。本题源自《社会主义经济理论》第三章第四节 47 页。

9. 当利益独立化的地方政府成为沟通权力中心制度供给意愿与微观主体制度创新需求的中介环节时，就有可能突破权力中心设置的制度创新进入壁垒，从而使权力中心的垄断租金最大化与保护有效率的产权结构之间达成一致,化解"诺思悖论",这是(　　)制度变迁方式。

A. 供给主导型　　　　　　　　B. 中间扩散型
C. 需求诱致型　　　　　　　　D. 需求主导型

答案要点:本题正确选项为 B。解析:当利益独立化的地方政府成为沟通权力中心制度供给意愿与微观主体制度创新需求的中介环节时,就有可能突破权力中心设置的制度创新进入壁垒,从而使权力中心的垄断租金最大化与保护有效率的产权结构之间达成一致,化解"诺思悖论",这就是中间扩散型制度变迁方式。本题源自《社会主义经济理论》第三章第四节 47 页。

二、名词解释

1. **"华盛顿共识"与"北京共识"**:"华盛顿共识"最初是由曾担任世界银行经济学家的约翰·威廉姆森提出来的。"华盛顿共识"的核心内容是私有产权条件下的资本与市场的全面开放,又称之为"新自由主义的政策宣言"。随着我国改革开放所取得的成就日益为国际社会所公认,作为直接挑战"华盛顿共识"并建立在中国经验基础上的"北京共识"愈益为国内外学术界所广泛关注。"北京共识"包含三个重要的原理:一是创新的价值;二是努力建造一个有利于持续、均衡与稳定发展的大环境;三是自主发展理论。

2. **等级规则**:指首先构建一个层层隶属的金字塔形的等级构架,再界定每一个行为人在这个等级构架中所处的位置,然后再进一步界定与这个等级位置相适应的资源配置权力。一个人所处的等级位置越高,资源配置的权力就越大。

3. **产权规则**:指一个人拥有资源配置权力的大小与其所拥有的资产数量正相关,即拥有的资产越多,所拥有的资源配置权力就越大。

4. **供给主导型制度变迁方式**:在一定的宪法秩序和行为的伦理道德规范下,权力中心提供新的制度安排的能力和意愿是决定制度变迁的主导因素,而这种能力与意愿主要取决于一个社会的各既得利益集团权力结构与力量的对比。

5. **宪法秩序**:指用以界定国家的产权和控制的基本结构,它包括确立生产、交换和分配的一整套政治、社会和法律的基本规则,它为集体选择确立了原则,从而是制定规则的规则。

6. **"诺思悖论"**:指一个能促进经济持续快速增长的有效率产权制度依赖于国家对产权进行有效的界定与保护,但受双重目标的驱动,国家在界定与保护产权过程中受交易费用和竞争的双重约束,会对不同的利益集团采取歧视性的政策,从而会容忍低效率产权结构的长期存在和导致经济衰退。

7. **中间扩散型制度变迁方式**:当利益独立化的地方政府成为沟通权力中心的制度供给意愿与微观主体的制度创新需求的中介环节时,就有可能突破权力中心设置的制度创新进入壁垒,从而使权力中心的垄断租金最大化与保护有效率的产权结构之间达成一致,化解"诺思悖论"。这样一种有别于供给主导型与需求诱致型的制度变迁方式,有学者称之为中间扩散型制度变迁方式。

8. **需求诱致型制度变迁方式**:当建立在排他性产权基础上的微观主体成为制度变迁的"第一行动集团"时,个人或一群人在给定的约束条件下,为确立预期能导致自身利益最大化的制度安排和权利界定而自发组织实施制度创新。需求诱致型制度变迁方式与市场经济的内在要求具有一致性。

三、简述题

1. 比较激进式改革与渐进式改革的差异。

答案要点：激进式改革方式的基本内容，第一，政治民主化——多党制；第二，经济上全面推行国有企业的私有化；第三，经济政策上采取休克疗法———揽子改革方案，在很短时间内由市场价格替代计划价格，让转制后的企业马上接受价格机制的考验，从而使市场机制在资源配置中起基础性作用。

中国的改革是在社会主义宪法制度的约束下进行的，或者说是在社会主义宪法制度的基础上进行的，改革的目标是建立和完善社会主义市场经济体制，这就决定了中国的改革只能是渐进式的改革。渐进式改革方式具有以下特点：

第一，利用已有的组织资源推进市场取向的改革。改革的推动者与组织者是由一个权力中心和层层隶属的行政系列构成的，权力中心根据下级传递上来的改革需求形成方案，然后通过各级党政系统贯彻实施。

第二，增量改革，就是在基本不触动原来的既得利益格局的前提下，在经济的增量改革部分率先引入市场机制。

第三，先试点，后推广，以便在改革的不可逆转性与改革的稳定性之间找到平衡点。

2. 简述供给主导型制度变迁方式的特征。

答案要点：供给主导型制度变迁方式即由权力中心推进的强制性制度变迁。在一定的宪法秩序和行为伦理道德规范下，权力中心提供新的制度安排的能力和意愿是决定制度变迁的主导因素，而这种能力与意愿主要取决于一个社会的各既得利益集团的权力结构和力量对比。

供给主导型制度变迁方式的特征：

（1）政府主体是决定制度变迁方向、速度、次序和方式的主导力量。

（2）政府主体是由一个权力中心和层层隶属关系的行政系统构成的。权力中心凭借行政命令、法律规范和利益刺激，自上而下地规划、组织和实施制度创新。

（3）潜在制度收益的出现会诱发微观主体的制度需求，但只有当权力中心的制度收益大于成本时，实际的适度变革才能发生。政府主体和微观主体制度创新目标函数和约束条件是不同的，两主体之间难免产生利益摩擦。

（4）在不确定性和制度供给不足的条件下，为了控制风险，权力中心为制度创新设置了严格的进入壁垒，微观主体只有得到权力中心的认可或授权才能进行制度创新。

（5）通过建立为社会广泛接受的意识形态，减少新规则实施中的阻力，降低制度变迁的交易费用。

3. 试分析供给主导型制度变迁方式中的"诺思悖论"。

答案要点：按新制度经济学的解释，政府或国家在界定和保护产权的过程中通常追求双重目标——社会总产出最大化与统治集团垄断租金最大化。在最大化统治集团垄断租金的所有权结构与降低交易费用、促进经济增长的有效率体制之间，存在持久的冲突。

"诺思悖论"是指一个能促进经济持续快速发展的有效率产权制度依赖于国家对产权进行有效的界定与保护，但受双重目标的驱动，国家在界定与保护产权过程中受交易费用和竞争的双重约束,会对不同的利益集团采取歧视性政策,从而会容忍低效率产权结构的长期存在和导致经济衰退。

"诺思悖论"在供给主导型制度变迁方式中表现为制度变迁方式与制度选择目标之间的冲突。在供给主导型制度变迁的框架内,完成向市场经济的过渡时,将因难以解开"诺思悖论"而面临一系列难以逾越的障碍。

从理论上说,微观主体的独立化使得微观主体存在制度需求,但这种制度需求能否转变为现实的制度安排,取决于能否获得制度创新的特许,或者能否凭借讨价还价的能力突破壁垒,因而自下而上的制度变迁同样面临障碍。

基于上述认识,在自上而下的渐进改革条件下,解开"诺思悖论"的突破口可能介于个体的自愿牟利行为和完全由权力中心控制之间的集体行动。实施这一集体行动的主体是组织——指在既定制度规则下寻求自身利益最大化的政治、经济、教育等团体。

随着放权让利改革和分灶吃饭体制的实施,拥有较大资源配置权的地方政府成为同时追求经济利益最大化的政治组织。

当利益独立化的地方政府能够成为沟通权力中心的制度供给意愿与微观主体的制度创新需求的中介环节时,可能突破权力中心设置的制度创新壁垒,从而使权力中心的垄断租金最大化与保护有效率的产权结构之间达成一致,化解"诺思悖论"。这种变迁方式被称为中间扩散型制度变迁方式。

四、论述题

1. 阐述我国向社会主义市场经济体制过渡的方式与路径。

答案要点: 向社会主义市场经济体制过渡的方式是渐进式改革。渐进式改革(如中国)不是对社会主义制度的否定,也不是对原来经济体制的细枝末节的修补,而是一场全新的革命,是要从根本上改变束缚生产力发展的传统经济体制,建立充满生机的社会主义市场经济体制。其特点有:

(1) 利用已有的组织资源推进市场取向的改革。

(2) 增量改革。

(3) 先试点,后推广,即先在局部范围内取得改革的经验,然后再在全局范围内推广改革经验。

路径:

(1) 供给主导型制度变迁方式:由权力中心推进的强制性制度变迁,是指在一定的宪法秩序和行为规范下,权力中心提供新的制度安排的能力与意愿是决定制度变迁的主导因素,而这种能力和意愿主要取决于一个社会各既得利益集团的权力结构与力量的对比。

(2) 中间扩散型制度变迁方式:当利益独立化的地方政府成为沟通权力中心制度供给意愿与微观主体制度创新需求的中介环节时,就有可能突破权力中心设置的制度创新壁垒,从而使权力中心的垄断租金最大化与保护有效率的产权结构之间达成一致,化解"诺思悖论",这就是中间扩散型制度变迁方式。

(3) 需求诱致型制度变迁方式:指人们在给定的约束条件下,为确立能导致自身利益最大化的制度安排和权利界定而自发组织实施制度创新。个人和企业是这种制度变迁的"第一行动集团"。

2. 阐述中间扩散型制度变迁方式的主要特征,并分析地方政府在我国市场化进程中的主要功能。

答案要点:中间扩散型制度变迁方式的主要特征。

(1) 供给主导型制度变迁方式中的"诺思悖论"。"诺思悖论"是指一个能促进经济持续快速增长的有效率产权制度依赖于国家对产权进行有效的界定与保护,但受双重目标的驱动,国家在界定与保护产权过程中受交易费用和竞争的双重约束,会对不同的利益集团采取歧视性政策,从而会容忍低效率产权结构的长期存在和导致经济衰退。

(2) 在自上而下的渐进改革条件下,解开"诺思悖论"的突破口可能介于个体的自愿牟利行为和完全由权力中心控制之间的集体行动。实施这一集体行动的主体是组织——指在既定制度规则下寻求自身利益最大化的政治、经济、教育等团体。当利益独立化的地方政府能够成为沟通权力中心的制度供给意愿与微观主体的制度创新需求的中介环节时,可能突破权力中心设置的制度创新壁垒,从而使权力中心的垄断租金最大化与保护有效率的产权结构之间达成一致,化解"诺思悖论"。这种变迁方式被称为中间扩散型制度变迁方式。

地方政府在我国市场化进程中的主要功能:

(1) 地方政府成为中间扩散型制度变迁方式中的"第一行动集团"。随着放权让利改革战略和财政分灶吃饭体制的推行,地方政府具有独立的行为目标和行为模式,从而在向市场经济的渐进式过渡中扮演着主动谋取潜在制度净收益的"第一行动集团"的角色。

财政包干体制的实施,不仅改变了政府行为,而且形成了地方之间的竞争,与财政收入相联系的 GDP(国内生产总值)成为考核地方官员的一个重要指标。行政性放权,同时也意味着地方政府具有了自己控制资源和配置资源的权力,因而具有实现自己利益的手段。地方政府因此具有了发展本地经济的强烈冲动。处在转型期的地方政府官员被称为政治企业家,即具有政治家与企业家的双重功能。地方官员作为权力中心的行政代理人,按照等级规则行事,但他们通过谋取经济上的发展来达到政治家的目的——升迁。

(2) 非平衡改革战略下的潜在制度收益与地方政府对制度创新进入权的竞争。地方政府作为纵向制度安排的行政代理人,既有动机也有能力为谋取有利于本地经济的制度安排而与权力中心讨价还价。地方政府可通过多种竞争途径获得垄断租金的制度创新进入权,获取试点权或优先权等。

(3) 地方政府可以通过不同途径从事自发的制度创新,并取得事后追认。

(4) 地方政府在界定和保护产权时更偏重于效率,并通过追求效率获取垄断租金,从而有助于化解制度创新中的"诺思悖论"。地方政府起到了扩散新制度规则的功能,主要是确立排他性的产权。

(5) 地方政府与企业之间的合作博弈。

3. 分析我国的渐进式改革所存在的主要问题以及进一步改革的方向。

答案要点:我国渐进式改革过程中的制度变迁方式产生了如下的负效应。

第一,政治家、企业家行为规范的模糊化导致腐败现象日趋严重。

第二,地方政府官员对 GDP 的盲目追求导致对资源、环境、社会等问题的忽视,导致地方可持续发展能力下降。

第三，地方与地方之间竞争的加剧，产生了所谓的"诸侯经济"现象。

第四，"先试点，后推广"的改革方式导致获得试点权的企业和地方因能持续地获得垄断性租金而获得优先发展机会，导致不同阶层、不同地区收入差距扩大。

上述负效应的最基本的根源是渐进式改革条件下等级规则和产权规则的冲突，或者说反映了新旧体制并存条件下的政治与经济的矛盾。化解冲突进而减少负效应的根本出路在于进一步解放思想、深化改革，特别是进一步深化产权制度改革和政治体制改革。

第四章 社会主义企业制度与国有企业改革

◆ 大纲重、难点提示

本章的重点和难点问题包括所有制理论的核心问题，社会主义经济制度的基础是什么、所有制结构是怎样的、实现形式如何等。

大纲习题解答

一、单项选择题

1. 所有权是指确定物的最终归属，表明主体对确定物的独占和垄断的财产权利，是同一物上不依赖于其他权利而独立存在的财产权利。它体现为（　　）。

①占有权能。②使用权能。③收益权能。④处分权能。

A. ①③④　　　　　　　　　　　　B. ①②

C. ①②③④　　　　　　　　　　　D. ①②③

答案要点：本题正确选项为 C。解析：所有权是指确定物的最终归属，表明主体对确定物的独占和垄断的财产权利，是同一物上不依赖于其他权利而独立存在的财产权利。它体现为占有权能、使用权能、收益权能和处分权能。本题源自《社会主义经济理论》第四章第一节 50 页。

2. 行为人对财产加以控制的可能性是指（　　）。

A. 占有权能　　　　　　　　　　　B. 使用权能

C. 收益权能　　　　　　　　　　　D. 处分权能

答案要点：本题正确选项为 A。解析：占有权能是指人对财产直接加以控制的可能性，是所有者与他人之间因对财产进行实际控制而产生的权利义务关系。本题源自《社会主义经济理论》第四章第一节 50 页。

3. 人与人之间因利用财产而产生的权利义务关系是指（　　）。

A. 占有权能　　　　　　　　　　　B. 使用权能

C. 收益权能　　　　　　　　　　　D. 处分权能

答案要点：本题正确选项为 B。解析：使用权能是指不改变财产的所有和占有性质，依其用途而对其加以利用的可能性，是人与人之间因利用财产而产生的权利义务关系。本题源自《社会主义经济理论》第四章第一节 50 页。

4. 人们因获取追加财产而产生的权利义务关系是指（　　）。

A. 占有权能　　　　　　　　　　　B. 使用权能

C. 收益权能　　　　　　　　　　　D. 处分权能

答案要点：本题正确选项为 C。解析：收益权能是指获取基于所有者财产而产生的经济利益的可能性,是人们因获取追加财产而产生的权利义务关系。本题源自《社会主义经济理论》第四章第一节 50 页。

5. 反映的是人在变更财产的过程中所产生的权利义务关系的是(   )。
  A. 占有权能   B. 使用权能   C. 收益权能   D. 处分权能

答案要点:本题正确选项为 D。解析:处分权能是指为法律所保障的实施旨在改变财产的经济用途或状态的行为的可能性,它所反映的是人在变更财产的过程中所产生的权利义务关系。本题源自《社会主义经济理论》第四章第一节 50 页。

6. 公共产权的代理人是(   )。
  A. 企业   B. 地方政府
  C. 集体   D. 国家

答案要点:本题正确选项为 D。解析:公共产权的国家代理制即为国家所有制。本题源自《社会主义经济理论》第四章第二节 51 页。

7. 公共产权的特征体现为(   )。
①产权具有不可分性。②使用权的非排他性。③外部性。④使用权的排他性。⑤剩余索取权的不可转让性。
  A. ①②③④   B. ①②④⑤
  C. ①②③⑤   D. ②③④⑤

答案要点:本题正确选项为 C。解析:公共产权一般具有以下主要特征,①产权具有不可分性;②使用权的非排他性;③外部性;④剩余索取权的不可转让性。本题源自《社会主义经济理论》第四章第二节 51 页。

8. 产权明晰化的相关条件是(   )。
①产权的排他性。②产权的可分割性。③产权的可转让性。④产权的有效保护。⑤产权的不可分割性。
  A. ①②③④   B. ①②④⑤
  C. ①②③⑤   D. ②③④⑤

答案要点:本题正确选项为 A。解析:产权明晰化的相关条件是,①产权的排他性;②产权的可分割性;③产权的可转让性;④产权的有效保护。本题源自《社会主义经济理论》第四章第二节 54 页。

9. 产权保护的社会机制是指(   )。
①暴力或暴力威胁。②价值体系或意识形态。③社会公德。④习俗、惯例。⑤由国家及其代理人制定的规则和法令。
  A. ①②③④   B. ①②④⑤
  C. ①②③⑤   D. ②③④⑤

答案要点:本题正确选项为 B。解析:产权保护的社会机制主要有以下几种类型,一是暴力或暴力威胁;二是价值体系或意识形态;三是习俗、惯例;四是由国家及其代理人制定的规则和法令。本题源自《社会主义经济理论》第四章第二节 54 页。

10. 提供准公共物品的国有企业具有的特点是(   )。
①盈利目标服从于社会福利最大化目标。②非营利性。③存在信息不对称。④垄断程

度高。⑤服务公开化。

A. ①②③　　　B. ①②④　　　C. ①③⑤　　　D. ①③④

答案要点：本题正确选项为D。解析：提供准公共物品的国有企业具有以下特点，第一，社会目标在这类企业经营中占据绝对支配地位，即企业在经营活动中，盈利目标服从于社会福利最大化目标。第二，垄断程度高。为了确保规模经济效益、范围经济效益及提高生产效率，在同一行业中一般只允许一家或少数几家企业提供准公共物品，即存在严格的"进入壁垒"。第三，在银行等由多数企业构成的行业中存在信息不对称。本题源自《社会主义经济理论》第四章第四节56页。

11. 政府通过对自然垄断性国有企业的控制来达到的目标是（　　）。
①优化资源配置。②公正、透明、效率。③提高企业的资源利用效率。④控制收入的再分配。⑤实现企业财务的稳定化。

A. ①②③⑤　　　B. ①②④⑤　　　C. ①③④⑤　　　D. ②③④⑤

答案要点：本题正确选项为C。解析：政府通过对自然垄断性国有企业的控制来达到以下目标，第一，优化资源配置。第二，提高企业的资源利用效率。第三，控制收入的再分配。第四，实现企业财务的稳定化。本题源自《社会主义经济理论》第四章第四节58页。

12. 国有企业股份制改造的基本思路是指（　　）。
①在政资分开的基础上实行政企分开。②国有股股权分散化。③公司结构扁平化。④公司产权独立化。⑤企业内部治理结构高效化。

A. ①②③⑤　　　　　　　　　B. ①②④⑤
C. ①③④⑤　　　　　　　　　D. ②③④⑤

答案要点：本题正确选项为B。解析：国有企业股份制改造的基本思路是，①在政资分开的基础上实行政企分开；②国有股股权分散化；③公司产权独立化；④企业内部治理结构高效化。本题源自《社会主义经济理论》第四章第五节60页。

13. 国有资产的第一层次授权经营所要解决的问题是（　　）。

A. 企业内部治理结构高效化
B. 国有股股权分散化
C. 公司产权独立化
D. 在政资分开的基础上实行政企分开

答案要点：本题正确选项为D。解析：国有资产的第一层次授权经营所要解决的问题是通过在国家层面上把政府职能与资本职能分开来构造出政企分离的制度性条件，使代理国家行使国有企业所有权的主体行为资本化。本题源自《社会主义经济理论》第四章第五节60页。

14. 国有资产的第二层次授权经营所要解决的问题是（　　）。

A. 企业内部治理结构高效化
B. 国有股股权分散化
C. 公司产权独立化
D. 在政资分开的基础上实行政企分开

答案要点：本题正确选项为 B。解析：国有资产的第二层次授权经营所要解决的问题是建立一批竞争性的控股公司，实现国有股的收益权与控股权相分离，为企业产权独立化创造必要的条件。本题源自《社会主义经济理论》第四章第五节 61 页。

15. 国有资产的第三层次授权经营所要解决的问题是（　　）。
A．企业内部治理结构高效化
B．国有股股权分散化
C．公司产权独立化
D．在政资分开的基础上实行政企分开

答案要点：本题正确选项为 C。解析：国有资产的第三层次授权经营所要解决的问题是公司产权独立化。公司产权独立化后，具有独立法人资格的企业拥有法人财产权，从而可为现代企业制度的确立创造出基本的条件。本题源自《社会主义经济理论》第四章第五节 62 页。

16. 国有资产的第四层次授权经营所要解决的问题是（　　）。
A．企业内部治理结构高效化
B．国有股股权分散化
C．公司产权独立化
D．在政资分开的基础上实行政企分开

答案要点：本题正确选项为 A。解析：国有资产的第四层次授权经营的目的在于，通过委托人为代理人设置最优化的激励和约束机制，完善股份公司内部治理结构，提高资产的运行效率。本题源自《社会主义经济理论》第四章第五节 62 页。

二、名词解释

1. 所有权：指确定物的最终归属，表明主体（所有者）对确定物的独占和垄断的财产权利，是同一物上不依赖于其他权利而独立存在的财产权利。

2. 占有权能：指行为人对财产直接加以控制的可能性，是所有者与他人之间因对财产进行实际控制而产生的权利义务关系。

3. 使用权能：指不改变财产的所有和占有性质，依其用途而对其加以利用的可能性，是人与人之间因利用财产而产生的权利义务关系。

4. 收益权能：指获取基于所有者财产而产生的经济利益的可能性，是人们因获取追加财产而产生的权利义务关系。

5. 处分权能：指为法律所保障的实施旨在改变财产的经济用途或状态的行为的可能性，它所反映的是人在变更财产的过程中所产生的权利义务关系。

6. 产权：一种通过社会强制而实现的对某种经济物品的多种用途进行选择的权利。产权是一组权利，它包括使用权、收益权、转让权。

7. 产权制度：指既定产权关系和产权规则结合而成的且能对产权关系实现有效的组合、调节和保护的制度安排。

8. 自然人企业制度：按照财产的组织形式和所承担的法律责任，企业的组织形式可分为自然人企业和法人企业。自然人企业制度主要包括独资企业和合伙企业两种形式。

9. 法人企业制度：按照财产的组织形式和所承担的法律责任，企业的组织形式可分为自然人企业和法人企业。法人企业制度的典型形态是公司制，主要包括股份有限公司和有限责任公司。

10. **股份公司**：由一定人数以上的股东所发起组织、全部资本被划分为若干等额股份、股东就其所认购的股份对公司承担有限责任、股票可以在社会上公开发行和自由转让的公司。

11. **公共物品**：指那些消费不具有排他性和可耗竭性，但收费存在困难的产品。

12. **基础产业**：具有自然垄断特性的基础产业，包括基础工业和基础设施两部分。

13. **竞争性国有企业**：指那些国家投资建成的、基本不存在进入与退出障碍、同一产业部门内存在众多企业、企业产品基本上具有同质性和可分性、以利润为经营目标的国有企业。这些国有企业大部分分布在制造业、建筑业、商业、服务业等领域。

三、简述题

1. 为什么马克思认为财产所有权是所有制关系的法律体现？

答案要点：马克思从两层含义上论述所有制范畴：一是作为经济关系的所有制范畴，二是作为法律关系的所有制范畴。经济关系的所有制体现的是经济主体对客观生产条件的占有关系，这种占有关系体现在生产、分配、交换和消费过程之中。法律关系的所有制体现的是一种意志关系和法权关系，它表示的是占有主体对占有的对象具有一种任意支配的权利。

一定的生产方式产生一定的占有方式，经济上的占有关系产生后，便会有法律上的所有权与之相适应。所有制上的独占或垄断必然在法律上表现为财产归属的确定性，同时也表现为否定该主体以外的任何人对同一财产的独占，即所有权是所有制的法律形态。

所有制的性质和内容决定所有权的性质和内容。所有制关系的变动必然反映到作为上层建筑的法律制度上来，使所有权的法律制度和所有权关系相互适应，而所有权制度的变化又反过来为所有制关系的变化创造一定的条件。所以，财产所有权是所有制关系的法律体现。

2. 什么是产权？产权明晰化的含义是什么？

答案要点：产权是一种通过社会强制而实现的对某种经济物品的多种用途进行选择的权利。产权是一组权利，它包括使用权、收益权、转让权。

首先，产权明晰化是产权归属明确。产权是一种排他性的权利，归属明确意味着产权主体对所拥有的财产价值具有排他性的所有权。

其次，通过法律制度充分界定当事人能够做什么或不能做什么的行为边界，并对产权实施有效保护。

最后，明确产权关系，即以资产来界定当事人占有稀缺资源的权利。

因此，产权模糊通常产生两种情况：一是如果产权归属不明确，没有人对该资产的价值具有排他性的所有权，必然产生搭便车行为；二是产权的保护是低效率或无效的，即法律制度不能充分界定当事人能够做什么或不能做什么的行为边界，主体的各项权利得不到有效保护。

3. 国有产权与市场经济的冲突主要表现在哪些方面？

答案要点：市场交易的本质是产权交易。从国有产权的属性和市场经济对初始权利安排的要求可以发现，国有产权与市场经济的冲突集中体现在两方面：

一是所有权主体的非人格化资本行为与要求企业以盈利为目标经营国有资产之间的

冲突。

二是剩余索取权的不可转让性与要求企业产权具有可交易性之间的冲突。

4. 为什么产权关系明晰化有助于提高国有企业的效率？

答案要点：（1）产权关系明晰化有助于明确界定交易界区。

市场交易的本质是产权的交换。如果产权界定不清楚，就会模糊交易界区，不会有真正的市场及市场交易行为。产权关系通过法律等制度明晰化，就可以确立和保护排他性的产权，使产权所有者能够享有合法权益，交易者就能够进行市场上的公平交易，可以与其他交易者缔结具有法律保障的契约关系。

（2）产权关系明晰化有助于规范交易行为。

产权关系明晰化有助于明确财产的归属，使产权所有者权益获得有效保护，同时由于界定了实际占有主体和对所拥有的财产界定了其明确的权限，这样就有助于制定公平而有效的交易规则，从而有效地约束和规范行为人的交易行为。

（3）产权关系明晰化有助于交易者形成稳定的收益预期。

权利义务关系的明晰化和对称性，可以使行为人在行使产权时形成稳定的预期，使其根据预期收益最大化来支配和处分产权，从而优化激励与约束机制。

（4）产权关系明晰化有助于提高合作效率。

产权关系明晰化使得交易者谈判、交易的对象明确，交易费用因此而降低，从而提高了合作的效率。

（5）产权关系明晰化有助于提高资源配置效率。

排他性产权的确立，使自由、公平的市场交易成为可能；产权的可分离性，可使人们根据情况选择不同权能组合方式，由不同主体行使不同权能，从而获得分工带来的好处；产权的可转让性，使得资源能够自由流动，促进资源配置效率的提高。

5. 法人资产制度有哪些主要特征？

答案要点：现代企业制度的核心是建立法人资产制度。公司作为独立的法人对法人财产拥有法人财产权。法人资产制度具有以下特征：

（1）企业具有独立的法人资格。企业只有在法律上成为民事权利和义务的主体，才能独立地承担财产责任。

（2）出资者承担有限责任。以出资额为限对企业的债务承担有限责任。

（3）股票自由转让。这种转让并不影响公司财产的完整性和独立运行，不会对公司产生约束。这是股东行使所有权的一种方式。

（4）界定经营者与公司的关系。企业法人代表机构只能由出资者选出并代表出资者的根本利益，由对外代表公司、对内执行业务的常设机构来代表，股份公司中是董事会。经营者在法人代表机构的授权下具体执行经营业务。

（5）合理有效的所有权约束。

（6）有高素质的企业家队伍。

（7）必要的外部约束。一是市场约束（包括产品市场、资本市场、经理市场的有效竞争），对经营者经营行为进行约束；二是法律约束，通过法律体系建立法律规范。

四、论述题

1. 试述马克思的所有制理论。

答案要点：（1）财产所有权是所有制关系的法律体现。

马克思从两层含义上论述所有制范畴：一是作为经济关系的所有制范畴，二是作为法律关系的所有制范畴。经济关系上的所有制体现的是经济主体对客观生产条件的占有关系，这种占有关系体现在生产、分配、交换和消费过程之中。法律关系上的所有制体现的是一种意志关系和法权关系，它表示的是占有主体对占有的对象具有一种任意支配的权利。

（2）所有权及其权能。

所有权：指所有者对确定物的独占和垄断的财产权利，是同一物上不依赖于其他权利而独立存在的财产权利。所有权概括和赋予了所有者能够实际拥有的占有、使用、收益和处分的权能。

占有权能：指行为人对财产直接加以控制的可能性，是所有者与他人之间因对财产进行实际控制而产生的权利义务关系。占有可以由所有者占有，也可由非所有人占有。

使用权能：指不改变财产的所有和占有性质，依其用途而对其加以利用的可能性，是人与人之间因利用财产而产生的权利义务关系。

收益权能：指获取基于所有者财产而产生的经济利益的可能性，是人们因获取追加财产而产生的权利义务关系。占有财产的目的在于获取经济利益，收益权能是所有权在经济上的实现形式。

处分权能：指为法律所保障的实施旨在改变财产的经济用途或状态的行为的可能性，它反映的是人在变更财产的过程中所产生的权利义务关系。

（3）所有权各项权能的分离。

所有权是一组财产权利的结合体。所有权的各项权能，可以由同一主体行使，也可以由不同主体行使。所有权的各项权能可以发生不同程度的分离。这种分离大体上可分为两类：

第一类是资本的法律所有权与经济所有权的分离。这种分离是伴随借贷资本运动而出现的。

第二类是资本职能与管理、监督职能的分离。

2. 为什么必须深化国有产权制度改革？

答案要点： 为了实现向社会主义市场经济体制的过渡，就必须通过深化国有企业改革，培养出自主经营、自负盈亏的市场竞争主体。

（1）只有通过深化国有企业改革，才能为体制模式与增长方式的转变提供必要的微观基础。

（2）只有通过深化国有企业改革，才能为体制模式的转换创造必要的市场条件。

（3）只有通过深化国有企业改革，才能实现宏观控制方式的转轨。

为了建立社会主义市场经济体制，建立起公平竞争的市场秩序，尽快改变国有企业的低效率状况，就必须通过深化产权制度改革，明晰产权关系，使国有企业成为真正自主经营、自负盈亏的市场竞争主体。

产权是一种通过社会强制而实现的对某种经济物品的多种用途进行选择的权利。也就是说，产权不是一种而是一组权利，它包括使用权、收益权、转让权。产权制度指既定产权关系和产权规则结合而成的且能对产权关系实现有效的组合、调节和保护的制度安排。

根据科斯定理,在交易费用大于零的条件下,权利的初始安排与资源配置效率有关,即产权对于提高资源配置的效率来说是非常重要的。为了建立完善的社会主义市场经济体制,提高国有企业的效率,就必须明确产权关系,即以资产来界定当事人占有稀缺资源的权利。

产权关系明晰化有助于提高国有企业的效率,表现在:

第一,产权关系明晰化有助于明确界定交易界区。排他性产权的确立是市场机制有效协调微观决策的必要条件。

第二,产权关系明晰化有助于规范交易行为。产权关系明晰化有助于明确财产的最终归属,保护所有者的权益,从而有助于制定公平而有效率的交易规则,有效地约束和规范行为人的交易行为。

第三,产权关系明晰化有助于稳定交易者的收益预期。权利义务关系的明晰化与对称性,可使行为人在行使产权时具有稳定的收益预期,他将全面权衡成本与收益的关系,以效用最大化原则来支配和处分产权,从而优化激励与约束机制。

第四,产权关系明晰化有助于提高合作效率。产权制度通过降低达成人与人之间合作的交易费用来提高合作效率。

第五,产权关系明晰化有助于提高资源的配置效率。排他性产权的确立,使公平、自由的市场交易成为可能;产权的可分离性,可使人们在拥有和行使这些权利时实行专业化分工,获取由分工带来的收益增量;产权的可转让性,使资源根据市场需求的变化在全社会自由流动,提高资源配置效率。

3. 试述国有企业分类改革的战略。

答案要点:根据国有企业提供产品的性质和所处行业的差别,可以分为竞争性企业和非竞争性企业。非竞争性企业又可分为提供公共物品的企业和从事基础工业、基础设施的垄断性企业。我们应根据企业的不同类型采取不同的改革战略。

(1) 提供公共物品的企业选择国有国营模式。

公共物品是指那些消费不具有排他性并且收费存在困难的产品。为保证公共物品的最优供给,只能由政府来提供。公共物品可分为纯公共物品和准公共物品。前者包括国防、公安系统、公共道路等,后者包括新闻广播、邮政电信、城市自来水和煤气等。公共物品的性质决定了要保证最优的供给,必须由政府来提供。对于纯公共物品,政府应免费提供。对于准公共物品,可以收取一定的费用。国有企业分类改革主要是提供准公共物品企业的改革。

提供准公共物品的企业,垄断程度高,社会目标在这类企业中应占据绝对支配地位,因而实行国有国营模式。

(2) 自然垄断性国有企业选择国有国控模式。

存在自然垄断的行业具有这样的特征:存在规模报酬递增,因此进入该行业的企业,生产成本具有随生产规模扩大而逐步下降的特征,这样企业就有把生产规模扩大到独占市场的产能。这种由生产技术的性质所决定的垄断,即自然垄断。

基础产业就具有自然垄断的特征。基础产业包括基础工业和基础设施。基础工业是指能源(包括电力)工业和基本原材料(包括重要矿产资源、钢材、石油化工材料等)工业。基础设施主要包括交通运输、机场、港口、通信、水利等设施。在我国现阶段，基础产业还不适宜完全按市场化的标准改造成为完全以盈利为目的的市场主体，应选择国有国控模式。

国有国控模式与国有国营模式的区别在于：在国有国控模式中政府不再是经营者，同时在很多企业中也不是唯一的所有者（允许其他投资主体投资，占有主体可以多元化），但国有资本具有控制力。

根据不同垄断性企业的情况，实行所有权与经营权不同程度的分离。在此情况下，政府实施所有权约束，并设置必要的进入许可规则来维持垄断，以保证规模效益。

(3) 竞争性国有企业进行股份制改造。

竞争性国有企业是指那些由国家投资建成、基本不存在进入与退出障碍、同一产业内存在众多企业、企业产品基本上具有同质性和可分性、以利润为经营目标的国有企业。

这类企业应改造成为股份公司，使之成为产权明晰、政企分开、产权主体多元化、管理科学、所有者承担有限责任、自负盈亏的法人组织。

进行股份制改造就需要明确产权关系。包括：①通过明确企业的债权债务关系、注册资本及其相应的权益，界定产权的归属主体；②产权主体行为满足经济人假设——产权主体追求利润最大化；③明确产权主体的权责及责任；④使企业产权具有排他性；⑤形成有效的激励和约束机制，使不同利益主体相互制衡；⑥对产权实施有效的法律保护。

(4) 国有小企业完全放开。

宜完全放开的国有小企业一般具有这样一些特点：企业规模小、竞争性程度高、市场需求变化快、产业的重要性程度低、传统上国家对其控制的力度低、国家对其承担的风险大于其上交的收益等。放开的形式是多样的，可以承包、租赁、拍卖或转让股权、改组、联合、兼并等。对长期资不抵债的企业可实施破产。

4. 阐述国有企业股份制改造的基本思路。

答案要点：为了在公有制为主体的条件下实现产权关系的明晰化，使竞争性国有企业成为自主经营、自负盈亏的市场竞争主体，可通过四个层次的授权经营模型对竞争性国有企业进行股份制改造。

(1) 第一层次的授权经营：在政资分开的基础上实行政企分开。

第一层次的授权要解决的问题是：构造出政企分开的制度性条件，使代理国家行使所有权的主体行为资本化。就是使主体以保值和增值为目标，并建立能有效监控行使所有权的行为主体的激励和约束机制，为法人财产制度的建立创造条件。具体包括：①政府职能分解。所有权、行政权、调控权分离。所有权由国有资产委员会代行使，行政权归政府行政部门，调控权归政府职能部门。②国有资产管理委员会脱离政府系统。③确定国有资产管理委员会的职能。④全国人大对国有资产管理委员会的监控。

(2) 第二层次的授权经营：国有股股权分散化。

第二层次的授权所要解决的问题是：建立一批竞争性的控股公司，实现国有股的收益权与控股权的分离。

控股公司是专职从事国有资产经营活动的金融性投资公司，其主要职责是经营国有股权。通过持有次级控股公司或竞争性国有企业的股份，代理国家操作国有股权。

(3) 第三层次的授权经营：公司产权独立化。

国有资产管理委员会与股份公司之间建立经营国有资产的第三层次委托代理关系，用公司法规范责权利关系。国有股的收益权与控股权分离后使国有股具有可转让性。公司产权独立后，具有独立法人资格的股份公司拥有法人财产权。

(4) 第四层次的授权经营：企业内部治理结构高效化。

这一层次授权的目的在于，通过委托人为代理人设置最有效的激励和约束机制，完善股份公司的治理结构，提高资产的运行效率。关键是明确股东大会、董事会、监事会、经理的职责，建立合理的决策、执行和监督体系。

第五章 国有企业治理结构的创新

大纲重、难点提示

本章的重点和难点问题包括国有企业治理结构的概念和内容、国有企业治理结构的创新。

大纲习题解答

一、单项选择题

1. 企业治理的核心是（　　）。
   A. 企业治理结构的主体　　　　　　B. 股东至上主义企业治理模式
   C. 激励与约束经理人的行为　　　　D. 最优企业所有权安排

   答案要点：本题正确选项为 C。解析：企业治理的核心是激励与约束经理人的行为。本题源自《社会主义经济理论》第五章第一节 64 页。

2. 降低代理成本的途径除在充分获取代理人行为信息的基础上，根据边际代理成本等于边际约束成本的原则设计最优的激励约束机制，有助于降低代理成本之外，还可以通过市场制度的健全来实现，其途径是（　　）。
   ①经理劳务市场的竞争对代理人行为的约束。②产品市场的竞争对代理人行为的约束。③技术市场的竞争对代理人行为的约束。④资本市场的竞争对代理人行为的约束。
   A. ①②③　　　　B. ②③④　　　　C. ①③④　　　　D. ①②④

   答案要点：本题正确选项为 D。解析：通过市场制度的健全来实现降低代理成本的途径有，①经理劳务市场的竞争对代理人行为的约束；②产品市场的竞争对代理人行为的约束；③资本市场的竞争对代理人行为的约束。本题源自《社会主义经济理论》第五章第一节 66 页。

3. 以下对于降低代理成本的方法表述不正确的是（　　）。
   A. 通过合同关系约束代理人
   B. 对代理人行为进行密切监督
   C. 产品市场的竞争对代理人行为的约束
   D. 通过市场制度的不断健全

   答案要点：本题正确选项为 C。解析：产品市场的竞争对代理人行为的约束是通过市场制度的健全来实现降低成本的途径。本题源自《社会主义经济理论》第五章第一节 66 页。

4. 下列选项中体现共同治理的是（　　）。
   A. 股东至上逻辑　　　　　　　　　B. 资本雇佣劳动逻辑
   C. 利益相关者合作逻辑　　　　　　D. 职工利益最大化逻辑

答案要点：本题正确选项为 C。解析：在"利益相关者合作逻辑"中，公司的目标是为利益相关者服务。贯彻了"利益相关者合作逻辑"的治理结构就是"共同治理"机制，它强调决策的共同参与和监督的相互制约。本题源自《社会主义经济理论》第五章第三节 71 页。

5. 一个完整的相机治理程序应包括（   ）。
①事前监督阶段。②债权人监督。③事中监督阶段。④事后监督阶段。
A. ①②③ B. ②③④
C. ①③④ D. ①②④

答案要点：本题正确选项为 C。解析：相机治理机制是指如果不存在事前的法律规定，企业所有权分配的支配权的让渡就必须依靠产权主体之间的自愿谈判来完成，这套制度就是相机治理机制。其基本程序是：①事前监督阶段；②事中监督阶段；③事后监督阶段。本题源自《社会主义经济理论》第五章第四节 72 页。

6. 一个完整的相机治理机制所包含的要素是（   ）。
①相机治理主体。②相机治理客体。③相机治理信号及信号系统。④相机治理程序。
A. ①②③ B. ②③④ C. ①③④ D. ①②④

答案要点：本题正确选项为 C。解析：一个完整的相机治理机制包含三个要素，一是能够利用该机制的人，即相机治理的主体；二是相机治理信号及信号系统；三是相机治理程序。本题源自《社会主义经济理论》第五章第四节 72 页。

二、名词解释

1. 企业治理结构：指一种契约制度，它通过一定的治理手段合理配置剩余索取权和控制权，以使企业内的不同利益主体形成有效的自我约束和相互制衡机制。

2. 道德风险：指由于信息不对称，从事经济活动的人在最大限度地增进自身效用时做出不利于他人的行动。

3. 刺激一致性约束：由于代理人是合同的接受者，机制所提供的刺激必须能诱使代理人自愿地选择根据他们所属类型而设定的合同。

4. 参与约束：这种约束是对代理人的行为提出一种理性化假设。它要求代理人接受合同所得到的效用不少于其保留效用，做到了接受这个合同比拒绝合同在经济上更合算，这就保证了代理人参与机制设计博弈的利益动机。

5. 代理成本：在所有权与控制权相分离的条件下，由于委托人与代理人的效用函数不完全一致，代理制的引入必然会诱发一定的代理成本。它包括：①向代理人支付薪金、奖金等费用；②代理人为追求非货币物品而导致的成本上升和利润减少；③由代理人的决策与使委托人利润最大化的最佳决策之间存在的差异所导致的企业效率的损失。

6. 企业所有权：作为企业治理结构客体的企业所有权首先表现为剩余索取权。剩余索取权与控股权合称为企业所有权。

7. 内部人控制：指国有企业的经营者在经济转型过程中逐渐掌握了大部分控制权，并且这种控制权的获得往往是通过与职工"合谋"完成的。内部人控制不符合我国实际。

8. 行政干预下的经营者控制：我国的国有企业改革主要是通过政企关系的市场化和契约化来实现权责利的再分配，政府赋予经营者很大的经营权，并监控经营者的行为，从而形成了行政干预下的经营者控制型企业治理结构。

9. 企业共同治理：贯彻了"合作逻辑"的治理结构就是"共同治理"机制，它强调决策的共同参与与监督的相互制约。具体地说，就是董事会、监事会中要有股东以外的利益相关者的代表，如职工代表、银行代表等。

10. 相机治理结构：企业所有权安排形式的多样化从动态的角度看就是它的状态依存性，也就是说，相对于不同的企业经营状态，对应着不同的企业所有权安排。如果不存在事前的法律规定，企业所有权分配的支配权的让渡就必须依靠产权主体之间的自愿谈判来完成。这套制度就是相机治理机制。

三、简述题

1. 什么是代理问题？简述委托代理关系下的激励约束机制的设计。

答案要点：在委托人与代理人目标函数不一致及信息不对称的条件下，产生了代理问题。拥有公司控制权的经理人员作为出资人的代理人，除追求更高的货币收益外，还力图通过对非货币物品的追求实现尽可能多的非货币收益，如在职消费等。代理人利用授权追求非货币收益，使委托人的利益可能因此受损。

道德风险是代理问题的一个突出表现。所谓道德风险，是指由于信息不对称，从事经济活动的人在最大限度地增进自身效用时做出不利于他人的行动。

为控制道德风险，需要设计一套对代理人的激励约束机制。

由于委托人与代理人之间的信息分布具有不对称性，设计激励约束机制面临的问题之一就是：除非通过支付货币或某种控制工具作为刺激和代价，否则委托人就不能了解代理人所属类型的信息。因此，获得代理人行为的信息是设计最优激励约束机制的重要条件。委托人主要通过对利润指标的度量、利用股票市场的度量和直接的行为度量等来了解代理人行为的信息。

为使委托人的期望收益最大化，最优化的激励约束机制的设计必须同时满足刺激一致性约束和个人理性约束或参与约束两个约束条件。

刺激一致性约束是指机制所提供的刺激必须要能让使用权的代理人自愿地选择根据他们所属的类型而设定的合同。

个人理性约束或参与约束是指代理人在接受合同时能得到的最大期望效用不能小于不接受合同时能得到的最大期望效用，代理人"不接受合同时能得到的最大期望效用"由他面临的其他市场机会决定。

如果机制设计满足刺激一致性约束，该机制就具有可操作性；如果可操作的机制设计满足了个人理性约束，那么它就是可行的，并可使激励约束机制处于最优状态。

2. 什么是代理成本？如何降低代理成本？

答案要点：在所有权与控制权分离的条件下，由于代理人与委托人效用函数的不同，从而导致一定的代理成本。包括：①向代理人支付的薪金、奖金等；②代理人追求非货币物品所导致的成本上升和利润减少；③由代理人决策与其委托人利益最大化的最佳决策之间存在的差异所导致的企业效率的损失。

代理成本的大小与监督和约束的难易程度及委托人与代理人利益的一致程度有关。合同越是完整，代理成本就越低，但带来的约束成本就越高。代理成本与约束成本存在此消彼长的关系。理论上，委托人应使成本控制在代理成本和约束成本之和最小的水平上。

为控制代理成本，要在充分获取代理人行为信息的基础上，根据边际代理成本等于边际约束成本的原则设计最优的激励约束机制，进而降低总代理成本。此外，可以通过市场制度的完善降低代理成本：

（1）经理市场的竞争对代理人行为的约束。
（2）产品市场的竞争对代理人行为的约束。
（3）资本市场的竞争对代理人行为的约束。

3. 简述行政干预下的经营者控制型治理结构的特征及存在的主要问题。

答案要点：我国企业改革主要是通过政企关系的市场化和契约化来实现"权责利"的再分配，政府赋予经营者很大的经营权，并监控经营者的行为，在这种情况下，形成了有别于内部人控制的行政干预下的经营者控制型企业治理结构。

行政干预下的经营者控制型企业治理结构具有如下特征：

（1）通过企业主管部门与经营者之间一对一的谈判确定企业所有权的分配，经营者的自主权由政府直接授予。
（2）经营者一旦获得授权，便可独立行使决策权，政府则通过晋升、收入奖励和精神鼓励等激励经营者。
（3）经营者作为企业法人代表，在企业所有权的分配中处于支配地位。
（4）由企业主管部门充当经营者的监督者，以保护国有产权。
（5）政府监督经营者的主要手段是任免经营者和参与或干预企业重大决策。

这种治理结构存在的主要问题：

（1）对经营者只有激励没有相应的惩罚手段。
（2）只有单向权威没有多边制约。
（3）个人决策、集体负责的后果是企业内部没有真正的风险承担者。
（4）信息资源及其衍生的决策和监督资源的浪费，债权人、职工的合法权益被忽视。

四、论述题

1. 从人力资本产权的特征阐述企业治理结构主体的多样性。

答案要点：产权有别于物权，产权的行使将受到某种限制。行为人在支配归其所有的人力资本以追求利益最大化时将会面临约束，这意味着人力资本与其所有者并不是完全不可分离的。人的机会主义倾向转变为机会主义行为要受到约束。在一定的社会约束下，他不得不理性地选择与他人合作。人的社会本质决定了人力资本行使的受限制性，它与产权的内涵是一致的，从而决定了：

（1）人力资本具有一定程度的可抵押特征。
（2）人力资本的专用性和团队特征。人力资本一定程度的可抵押性仅仅说明人力资本的所有者有可能分享企业所有权，但并非说明其一定能获得这种权利。若使这种可能性变成现实性，还要取决于影响合约各方谈判力的一系列条件，而人力资本的专用性和团队特征是最重要的条件。

人力资本的专用性特征是指工作中的有些人才具有某种专门技术、工作技巧或拥有某些特定信息。

人力资本的专用性是人力资本所有者参与企业治理的重要依据，因为专用性人力资本的积累会影响将来的谈判力，从而可能改变既定的利益状态。

（3）企业的本质在于它是一种团队生产或长期合约的集合，而企业的团队本质又表现为人力资本与非人力资本之间的相互依赖性。

企业所有权的现实分配要取决于人力资本与非人力资本所有者之间的谈判，谈判能力的大小与他们的资产专用性程度及在企业中的相对重要性有关。

2. 阐述利益相关者合作逻辑的基本含义。国有企业治理结构创新如何体现共同治理的原则？

答案要点：利益相关者合作逻辑与股东至上逻辑的根本区别在于，公司的目标是为利益相关者服务，而不仅仅是追求股东的利益最大化。

公司是利益相关者相互之间缔结的契约网，利益相关者投入企业物质资本和人力资本，目的在于获取个人生产无法获得的合作收益。合作逻辑并不否认每个产权主体的自利追求，而是强调理性的产权主体把公司的适应能力看作自身利益的源泉。因此一个体现和贯彻合作逻辑的治理结构必须让每个产权主体都有参与企业所有权分配的机会。企业所有权现实的分配结构是产权主体相互谈判的结果。

贯彻合作逻辑的治理结构就是共同治理机制，它强调决策的共同参与与监督的相互制约。具体说，就是董事会、监事会要有股东以外的利益相关者代表。

共同治理模式的核心是经济民主化。它包括两个并行的机制：董事会和监事会。董事会中的共同治理机制确保产权主体有平等的机会参与公司重大决策；监事会中的共同治理机制则是确保各个产权主体平等地享有监督权，从而实现相互制衡。

在国有企业的治理结构创新中，通过以下方式体现"共同治理"的原则：①建立董事会中的共同治理机制，建立职工董事制度和银行董事制度；②建立监事会中的共同治理机制，职工和银行代表以适当的方式进入监事会。

3. 阐述相机治理机制的基本含义以及基本程序。

答案要点：所谓相机治理，就是相对于不同的企业经营状态，对应着不同的企业所有权安排。

不同的经营状态反映了不同的利益分配格局，当其中某一利益相关者的权益遭到严重侵害时，他必然要求改变既定利益格局，进行企业所有权分配的再谈判。相机治理机制的构建目的就是确保在非正常经营状态下，有适当的制度帮助受损失的利益相关者完成其再谈判的意愿。

如果不存在事前的法律规定，企业所有权分配的支配权的让渡就必须依靠产权主体之间的自愿谈判来完成。这套制度就是相机治理机制。

相机治理机制主要是通过控制权的争夺来改变既定利益格局。一般说来，相机治理机制旨在对企业决策者的行为进行外在约束。

相机治理机制的基本原理：当一个企业在营运过程中，由于主客观原因，显露出企业经营陷入危机的信号，并暗示某些利益相关者未来的权益将受到侵害时，为实现权益保全，这些利益相关者可通过相机治理程序（事前、事中、事后监督），要求重新分配控制权（如改组董事会、更换经理人员等）。可见一个完整的相机治理机制包含三个要素：能够利用该机制的人（即相机治理的主体）、相机治理信号及信号系统、相机治理程序。

一个完整的相机治理程序包括三个阶段：

（1）事前监督阶段——通过项目评估，防止逆向选择。

（2）事中监督阶段——监督企业营运和经营者的行为，控制道德风险。

（3）事后监督阶段——根据财务状况判断企业未来，针对不同的信号采取惩罚性或纠正性措施，防止财务危机。

第六章 社会主义市场经济条件下的分配制度

大纲重、难点提示

本章的重点和难点问题是社会主义分配制度以及分配的公平和效率。

大纲习题解答

一、单项选择题

1. 社会主义市场经济的分配制度是（　　）。

   A. 以按劳分配为主体，是体现社会主义经济关系的分配原则

   B. 以按需分配为主体，是体现社会主义经济关系的分配原则

   C. 以按要素分配为主体，是体现社会主义经济关系的分配原则

   D. 以按市场分配为主体，是体现社会主义经济关系的分配原则

   答案要点：本题正确选项为 A。解析：按劳分配是马克思对未来社会个人消费品分配原则的理论概括，按劳分配为主体，是体现社会主义经济关系的分配原则。本题源自《社会主义经济理论》第六章第一节 74 页。

2. （　　）是社会主义公有制中个人消费品分配的基本原则，它体现了社会主义公有制的经济关系和社会主义阶段劳动的社会性质。

   A. 按劳分配　　　B. 按需分配　　　C. 按要素分配　　　D. 按市场分配

   答案要点：本题正确选项为 A。解析：按劳分配是马克思对未来社会个人消费品分配原则的理论概括，是社会主义公有制中个人消费品分配的基本原则，它体现了社会主义公有制的经济关系和社会主义阶段劳动的社会性质。本题源自《社会主义经济理论》第六章第一节 74 页。

3. 现阶段我国的分配制度是（　　）。

   A. 按劳分配为主体，按需分配为补充

   B. 按劳分配为主体，其他分配方式为补充

   C. 适当缩小按劳分配范围，逐步扩大其他分配方式

   D. 按劳分配为主，多种分配方式并存

   答案要点：本题正确选项为 D。解析：现阶段我国的分配制度是按劳分配为主，多种分配方式并存。本题源自《社会主义经济理论》第六章第一节 74 页。

4. 社会保障是指国家和社会通过立法对国民收入进行分配和再分配，为社会成员特别是生活有特殊困难的个人或家庭提供基本生活保障的一种制度，一般是指（　　）。

   ①社会保险。②社会救济。③失业保险。④社会优抚。⑤社会福利。

   A. ①②③④　　　B. ②③④⑤　　　C. ①③④⑤　　　D. ①②④⑤

答案要点：本题正确选项为 D。解析：社会保障是指国家和社会通过立法对国民收入进行分配和再分配，为社会成员特别是生活有特殊困难的个人或家庭提供基本生活保障的一种制度。这一制度一般由社会保险、社会救济、社会优抚和社会福利等组成。本题源自《社会主义经济理论》第六章第三节 79 页。

5. 我国收入分配不公的根源是生产条件分配不公，解决措施不包括（   ）。
   A. 规范制度，强化约束，防止市场化分离中各种代理人控制公有财产条件进而控制公有剩余
   B. 统一制度安排，实行统一税收制度
   C. 消除市场分割，促进生产条件在不同部门之间的均衡分配
   D. 加强对弱势群体权利的保护，改善他们的收入状况

答案要点：本题正确选项为 B。解析：我国收入分配不公的解决措施包括，①规范制度，强化约束，防止市场化分离中各种代理人控制公有财产条件进而控制公有剩余；②统一制度安排，实行统一国民待遇；③消除市场分割，促进生产条件在不同部门之间的均衡分配；④加强对弱势群体权利的保护，增加对他们人力资本的投资，改善他们的收入状况。本题源自《社会主义经济理论》第六章第四节 81 页。

二、名词解释

1. 按劳分配：按劳分配是社会主义公有制经济中个人消费品分配的基本原则，它以劳动为尺度，在对劳动者创造的产品做了必要的扣除之后，按照劳动者提供的劳动量分配个人消费品，多劳多得，少劳少得，不劳动者不得食。

2. 微观收入分配过程：社会主义市场经济条件下，收入分配过程被分为微观收入分配和宏观收入调节两个相对独立的过程。微观收入分配过程是通过市场机制的作用实现的。在市场经济条件下，微观收入分配过程按照社会必要劳动时间来确定和分配价值，在这一过程中，企业取得收入的多少，既取决于其单个产品生产上是否符合以及在多大程度上符合社会必要劳动时间标准，也取决于该部门生产总量是否符合以及在多大程度上符合第二种社会必要劳动时间标准。

3. 宏观收入调节过程：指建立在微观收入分配过程基础上并独立于这一分配过程的再分配过程。它要考虑社会各个方面利益的平衡和社会整体、长远发展需要，对不同部门、不同领域、不同社会成员之间的收入分配关系进行调节，促进社会公平和社会和谐。

4. 基本公共服务均等化：主要是指全体公民享有基本公共服务的机会均等、结果大体相等，同时尊重社会成员的自由选择权。实行基本公共服务均等化，是弥补市场失灵、促进社会公平的重要制度安排，也是发展社会主义市场经济的内在要求。

5. 社会保障：指国家和社会通过立法对国民收入进行分配和再分配，为社会成员特别是生活有特殊困难的个人或家庭提供基本生活保障的一种制度。这一制度一般由社会保险、社会救济、社会优抚和社会福利等组成。

三、简述题

1. 简述马克思设想的按劳分配的基本含义。

答案要点：按劳分配是社会主义公有制经济中个人消费品分配的基本原则，它集中体现了社会主义公有制经济关系和社会主义阶段劳动的社会性质。在社会主义公有制条件

下，一方面，生产资料由劳动者共同占有，人们在生产资料占有上处于平等的地位，任何人都不能凭借生产资料的占有而占有和支配他人的劳动成果，劳动成为获取社会产品的唯一根据，因此按劳分配是公有制在分配领域中的实现形式。另一方面，由于存在旧的分工，劳动能力还是劳动者个人的"天然"特权。劳动者创造的产品在做了各项必要的扣除后，必须以劳动者提供的劳动量为尺度分配个人消费品。按劳分配是体现社会主义经济关系的分配原则，是对各种剥削制度的否定。

马克思设想的按劳分配，是不存在商品货币关系和市场机制的，因此不需要经过价值形式实现，因为劳动具有直接社会劳动的性质；是通过劳动券形式，在社会范围内直接按劳动标准进行按劳分配。

2. 在社会主义市场经济条件下生产条件的分配与收入分配之间的关系如何？

答案要点：收入或产品的分配取决于生产条件的分配。生产条件包括生产的物质条件即客观生产条件和生产的劳动力条件即主观生产条件。在我国现阶段，客观生产条件在社会成员之间的分配涉及公有制生产条件的分配和非公有制生产条件的分配。客观生产条件的多种所有制形式，相应要求多种分配方式与此相适应。

从主观生产条件看，劳动力以何种形式参与生产，直接影响收入分配的结果。在社会主义初级阶段，劳动者与生产资料分离的情况并没有完全消除，因为私营经济的存在意味着生产的一些物质条件依然以资本的形式掌握在一部分社会成员手里，另有部分社会成员仅仅拥有劳动力条件，主观生产条件采取劳动力商品的形式并通过劳动力的买卖与生产资料相结合。对于劳动力的拥有者来说，收入分配是建立在劳动力商品等价交换基础上的。公有制经济中客观生产条件和主观生产条件的占有是有差别的，尽管客观生产条件是公有的，但由于存在旧的社会分工，社会不得不承认，劳动者有不同等的个人天赋，从而有不同等的工作能力，这是天然特权。在这种情况下，收入分配只能建立在劳动者等量劳动相交换的基础上。结果是，在社会主义市场经济中，不仅存在着建立在劳动力商品等价交换基础上的收入分配方式，而且存在着建立在劳动者等量劳动相交换基础上的分配方式，两种方式交织在一起，相互渗透、相互影响。此外，在生产的物质条件和劳动力条件都由个人直接占有和控制的个体经济中，劳动者利用自己的生产资料进行劳动生产，其收入的多少直接取决于生产的物质条件的好坏和劳动者自身的劳动技能和劳动熟练程度即主观生产条件的状况。

生产条件分配还有一个生产条件在不同生产部门之间的分配问题。生产条件总要通过一定的渠道和机制分配于不同的生产部门和领域，其分配渠道和分配机制的不同，同样影响收入分配的方式和收入分配的结果。在分配过程中，各种生产要素和资产都有了自己的价格，在这种情况下，要素所有者和资产所有者以要素价格形式参与收入分配，从而导致收入分配的多样化。

3. 如何理解按劳分配与按要素分配相结合？

答案要点：实行按劳分配与按生产要素分配相结合，是社会主义市场经济的客观要求，也是社会主义市场经济收入分配制度的一个重要特点。按劳分配，是社会主义公有制在收入分配关系上的体现，按生产要素分配则体现了市场经济的一般原则。在社会主义市场经济中，按劳分配与按生产要素分配是结合在一起的，这种结合包含两层含义。

首先，按劳分配与按生产要素分配相结合是收入分配的劳动标准与所有权标准相结合。按劳分配的实质就是以劳动为尺度进行收入（或消费资料）的分配，劳动者取得的收入与其提供的劳动量成比例。因此，按劳分配中通行的是劳动标准。与之不同，按生产要素分配中通行的则是所有权标准，要素所有者依据其对生产要素的所有权参与收入分配。从社会范围来看，按劳分配与按要素分配结合，其实质就是两个不同分配标准即劳动标准与所有权标准的结合。

其次，按劳分配与按生产要素分配相结合是按劳分配的实现形式与按要素分配的实现形式的结合。在社会主义市场经济条件下，按劳分配和按生产要素分配都要借助于价格机制来实现。对于非公有制经济来说，要素的市场配置过程，既是所有权的交易过程，同时也是所有权的实现过程，在这里按要素分配就是按所有者提供的要素和要素的价格来分配，这种分配是建立在等价交换基础上的。社会主义市场经济条件下，等量劳动相交换不仅不能脱离等价交换，而且必须借助于等价交换来实现。

在社会主义市场经济中，实行按劳分配与按生产要素分配相结合，使得我国多种所有制经济中的收入分配方式能够相互渗透、相互影响、相互补充，这有助于形成适合我国经济发展的收入分配结构。

四、论述题

1. 在社会主义市场经济中微观收入分配与宏观收入调节有何不同？

答案要点：主体、原则、机制和范围不同。

（1）微观收入分配过程是通过市场机制的作用实现的。市场机制特别是竞争机制把各个生产商品的不同个别劳动时间统一为社会必要劳动时间，把不同的个别价值统一为社会价值，并以此为基础进行等价交换。

通过市场机制实现的资源配置过程与微观收入分配过程是联系在一起的，在这一过程中，任何人要参与收入的分配，都必须以提供生产过程所需要的要素为前提。因此，通常情况下，企业按社会必要劳动时间取得的收入要在要素所有者之间进行分配。

从理论上讲，在企业成为市场主体的条件下，企业按社会必要劳动标准获得的收入在做了必要的扣除后，才能在不同劳动者之间进行按劳分配。每个劳动者取得收入的多少，不仅取决于个人劳动的情况，而且取决于企业联合劳动效率的高低。

（2）宏观层次的收入调节过程是建立在微观收入分配过程基础上并独立于这一分配过程的再分配过程。这一过程既是收入分配过程的继续，同时也是对微观收入分配过程的补充和纠正。在微观收入分配的基础上进行的宏观收入调节，要考虑社会各个方面利益的平衡和社会整体、长远发展的需要，对不同部门、不同领域、不同社会成员之间的收入分配关系进行调节，促进社会公平和社会和谐。

宏观收入分配的调节一般从两个方面来进行：一方面通过税收等形式把高收入者收入的一部分转移到国家手里；另一方面，通过国家预算支出保障非生产领域发展的需要，以及利用转移性支付和社会保障制度等为低收入者提供收入保障。其调节的过程和机制是：利用所得税把高收入者的一部分收入集中起来，形成国家预算资金，作为社会范围内收入分配和调节的资金来源，再通过转移性支付、政府公共服务和社会保障机制等形式作为非生产性领域收入来源，为低收入者提供收入保障。所得税制度、政府公共服务、转移性支付制度和社会保障制度构成宏观收入调节制度的基础。

为有效调节收入分配，促进社会公平正义，政府应按均等化原则提供公共服务，这包括就业服务和基本生活保障等"基本民生性服务"，义务教育、公共卫生和基本医疗、公共文化等"公共事业性服务"，公益性基础设施和生态环境保护等"公益基础性服务"，生产安全、消费安全、社会安全、国防安全等"公共安全性服务"方面等。所谓基本公共服务均等化，主要是指全体公民享有基本公共服务的机会均等、结果大体相等，同时尊重社会成员的自由选择权。

2. 如何理解和实现在社会主义市场经济条件下收入分配中的公平？

答案要点：公平有初次分配中的公平和再分配中的公平之分。初次分配中的公平与生产条件的分配相联系，并由生产条件的分配决定。再分配中的公平与社会各方面利益的平衡相联系。在我国社会主义市场经济运行中，既要重视再分配中的公平与效率，也要重视初次分配中的公平与效率。

在社会主义市场经济条件下，由于存在多种经济形式，客观生产条件差别造成收入分配的差别是不可避免的。现实的公平又不能完全否认客观生产条件差别引起的收入差别，重要的是在促使生产者和劳动者的权利与其所提供的劳动相对称或成比例的同时，使人们具有同样积累的机会，避免生产条件在一些社会成员中的过度集中和垄断以及由此产生的收入分配的巨大差别。

从主观生产条件看，在任何生产中，劳动力始终是生产的一个要素，但劳动力以何种形式参与生产，直接影响收入分配的结果。在社会主义市场经济中，不同要素所有者之间存在权利差异，在这种条件下，权利配置的不公必然导致交易的不公和收入分配结果的不公。要避免这种情况，促进收入的公平分配，需要避免权利界定和配置的倾斜，避免权利主体力量的失衡，否则就谈不上收入的公平分配。

生产条件的分配还涉及生产条件在不同生产部门之间的分配问题。在市场经济条件下，社会劳动在各部门之间的分配即资源的配置过程与收入分配过程是联系在一起的，资源能否均衡配置，直接影响收入能否在各部门之间均衡分配。显然，只有在资源在各部门之间均衡配置的情况下，才能实现收入在不同部门之间进而在不同部门的社会成员之间的均衡和公平分配。

可见，在社会主义市场经济条件下，生产条件能否在双重意义上公平分配是能否实现收入公平分配的决定性因素。不能把公平的实现完全寄托在再分配过程的调节上，而忽略生产条件分配不公对收入分配的影响，否则由于过度依赖再分配调节，必然会产生新的问题，甚至造成新的收入分配不公和效率的损失。

解决我国收入差距过大和收入分配不公，必须构建收入公平分配的微观基础，从根本上解决我国生产条件分配不公的问题。

第一，规范制度，强化约束。

第二，统一制度安排，实行统一国民待遇。

第三，消除市场分割，促进生产条件在不同部门之间的均衡分配。

第四，加强对弱势群体的权利保护，增加对他们人力资本的投资，改善他们的收入状况。

总之，要通过初次分配和收入再分配，促进社会收入分配公平。

第七章 社会主义经济增长与经济发展

大纲重、难点提示

本章的重点和难点问题是社会主义经济增长方式和科学发展观。

大纲习题解答

一、单项选择题

1. 人均GDP或GNP不能完全反映一国的经济发展水平的原因不包括（　　）。
   A. 人均GDP或GNP不能充分反映国民生产总值的分配情况
   B. GDP或GNP的计算标准各国不同
   C. 人均GDP或GNP不能充分反映生产产品和劳务带来的福利和副作用
   D. 人均GDP或GNP不能充分反映一国人民的生活质量

答案要点：本题正确选项为B。解析：人均GDP或GNP不能完全反映一国的经济发展水平的原因是：①人均GDP或GNP不能充分反映国民生产总值的分配情况；②尽管一国的总产出可能很快，但如果人口增长率相当于或大于产出增长率，那么人口增长率就会成为阻碍发展的重要变量；③由于官方汇率高估或统计资料不全，人均GDP或GNP缺乏国际可比性；④人均GDP或GNP不能及时反映所生产的产品和劳务的类型或从使用这些产品和劳务中得到的福利情况；⑤人均GDP或GNP不能充分反映一国人民的生活质量。本题源自《社会主义经济理论》第七章第一节82页。

2. 平衡增长战略即"大推进"战略，是由（　　）最早提出的。
   A. 艾伯特·赫希曼
   B. 斯蒂格利茨
   C. 约翰·威廉姆森
   D. 拉格纳·纳克斯和保罗·罗森斯坦·罗丹

答案要点：本题正确选项为D。解析：平衡增长战略即"大推进"战略，是由拉格纳·纳克斯和保罗·罗森斯坦·罗丹最早提出的。本题源自《社会主义经济理论》第七章第一节83页。

3. 制度是影响经济的一个重要变量，经济增长主要被看作制度变迁的结果，制度通过（　　）等环节来影响经济增长。
   ①所有权。②产权。③国家。④意识形态。
   A. ①②③④　　B. ②③④　　C. ①③④　　D. ①②④

答案要点：本题正确选项为B。解析：当把制度作为决定经济增长最为重要的变量时，则经济增长主要表现为制度变迁的结果。具体来说，制度是通过产权、国家、意识形态环节影响经济增长的。本题源自《社会主义经济理论》第七章第二节 86 页。

4. 制度是指"一系列被制定出来的规则、守法程序和行为的伦理道德规范，它旨在约束追求主体福利或效用最大化的个人行为"。制度的三种类型不包括（　　）。
　　A. 宪法秩序　　　　　　　　　　B. 国际秩序
　　C. 制度安排　　　　　　　　　　D. 行为的伦理道德规范
　　答案要点：本题正确选项为 B。解析：制度的三种类型包括宪法秩序、制度安排和行为的伦理道德规范。本题源自《社会主义经济理论》第七章第二节 85 页。

5. 可持续发展理论的基本原则不包括（　　）。
　　A. 持续性原则　　　　　　　　　B. 公平性原则
　　C. 共同性原则　　　　　　　　　D. 绿色环保原则
　　答案要点：本题正确选项为 D。解析：可持续发展理论的基本原则包括持续性原则、公平性原则和共同性原则。本题源自《社会主义经济理论》第七章第三节 88 页。

6. 科学发展观的内涵是指（　　）。
①以人为本、促进人的全面发展是科学发展观的本质和核心。②全面、协调和可持续发展是科学发展观的基本内容。③统筹兼顾是科学发展观的根本要求。④科学发展观是发展观的重大创新。
　　A. ①②③　　　　　　　　　　　B. ②③④
　　C. ①③④　　　　　　　　　　　D. ①②④
　　答案要点：本题正确选项为 A。解析：科学发展观的内涵包括，①以人为本、促进人的全面发展是科学发展观的本质和核心；②全面、协调和可持续发展是科学发展观的基本内容；③统筹兼顾是科学发展观的根本要求。本题源自《社会主义经济理论》第七章第三节 89 页。

7. 中国实施可持续的发展战略面临的问题是（　　）。
①资源与环境承载力的制约。②可持续发展的观念上的偏差。③产业结构调整没有得到很好的解决。④可持续发展战略实施机制的缺陷。
　　A. ①②③④　　　　　　　　　　B. ②③④
　　C. ①③④　　　　　　　　　　　D. ①②④
　　答案要点：本题正确选项为 D。解析：中国实施可持续发展战略面临的问题包括，①资源与环境承载力的制约；②可持续发展的观念上的偏差；③可持续发展战略实施机制的缺陷。本题源自《社会主义经济理论》第七章第三节 89 页。

8. 科学发展观的本质和核心是（　　）。
　　A. 全面、协调和可持续发展　　　B. 以人为本、促进人的全面发展
　　C. 科学创新　　　　　　　　　　D. 统筹兼顾
　　答案要点：本题正确选项为 B。解析：以人为本、促进人的全面发展是科学发展观的本质和核心。本题源自《社会主义经济理论》第七章第三节 89 页。

9. 科学发展观的基本内容是（　　）。
　　A. 全面、协调和可持续发展　　　B. 以人为本、促进人的全面发展
　　C. 科学创新　　　　　　　　　　D. 统筹兼顾

答案要点：本题正确选项为 A。解析：全面、协调和可持续发展是科学发展观的基本内容。本题源自《社会主义经济理论》第七章第三节 90 页。

10. 邓小平认为，实施"分三步走"经济发展战略的重点不包括（　　）。
   A. 农业　　　　　　　　　　B. 能源和交通
   C. 国防军事　　　　　　　　D. 教育和科学

答案要点：本题正确选项为 C。解析：邓小平认为，实施"分三步走"经济发展战略的重点，"一是农业，二是能源和交通，三是教育和科学"。本题源自《社会主义经济理论》第七章第四节 91 页。

二、名词解释

1. 经济增长：一般指更多的产出，通常用人均国民生产总值（GNP）或人均国内生产总值（GDP）的增长速度来表示。

2. 经济发展：既包括更多的产出，同时也包括产品生产和分配所依赖的技术和体制安排上的变革，如经济结构的变化、一个社会的平等化状况、就业状况、教育水平等。

3. 国民生产总值（GNP）：一个国家的所有常住居民在一定时期（通常是一年）内生产的以货币表现的全部最终产品和劳务的总和。

4. 国内生产总值（GDP）：一个国家在一定时期（通常是一年）内，在其领土范围内，本国居民与外国居民生产的以货币表现的全部最终产品和劳务总和。

5. 绿色 GDP：1993 年联合国有关统计机构提出了生态国内生产总值"EDP"的概念，即绿色 GDP，也就是在 GDP 的基础上减掉创造 GDP 所消耗的资源价值，然后再减掉创造 GDP 所造成污染的治理成本。

6. 制度：一系列被制定出来的规则、守法程序和行为的伦理道德规范，旨在约束追求主体福利或效用最大化的个人行为。制度包括三种类型：宪法秩序、制度安排和行为的伦理道德规范。

7. 宪法秩序：指用以界定国家的产权和控制的基本结构，它包括确立生产、交换和分配的一整套政治、社会和法律的基本规则，它为集体选择确立了原则，从而是制定规则的规则。

8. 制度安排：指在宪法秩序下约束特定行为模式和关系、界定交换条件的一系列具体的操作规则。它包括成文法、习惯法和自愿性契约。

9. 行为的伦理道德规范：它来源于人们对现实的理解和意识形态，是与对现实契约关系的正义或公平的判断相连的，它对于赋予宪法秩序和制度安排的合法性是至关重要的。

10. 经济增长方式转变：指经济增长从主要依靠生产要素的数量扩张向主要通过提高投入生产要素的使用效率来实现，即从粗放型增长方式向集约型增长方式的转变。

11. 经济发展模式：指在一定时期内国民经济发展战略及其生产力要素增长机制、运行原则的特殊类型，包括经济发展的目标、方式、发展重心、步骤等一系列要素。

12. 可持续发展：指人类发展观的重大进步，它强调经济、社会、资源和环境保护的协调发展。可持续发展的核心是发展，但要求在严格控制人口、提高人口素质和保护环境、资源永续利用的前提下实现经济和社会的发展。

三、简述题

1. 简述经济增长与经济发展的不同含义。

答案要点：经济增长是产出的增加，主要是用人均 GNP（国民生产总值）或人均 GDP（国内生产总值）的增长率来表示。

经济发展不仅包括更多的产出，而且也包括产品生产和分配所依赖的技术和体制安排上的变革，如结构变革、收入分配状况的改善、受教育水平的提高和生活环境的改善等。

2. 为什么人均 GDP 或 GNP 不能完全反映一国的经济发展水平？

答案要点：人均 GDP 或 GNP 并不能完全反映一国的经济发展水平。因为：①它没有反映分配情况；②人口增长率如果与产出增长率相当或大于产出增长率，可能影响发展，特别是人口基数大的国家；③汇率因素及"非市场"的产品和劳务影响，使其往往缺乏国际可比性；④没有反映获得产出的代价，如环境污染等，也没有反映社会福利状况；⑤不能反映生活质量。（作为经济总量指标，人们批评最多的一般是以下几点：它不能衡量社会成本，不能衡量增长的代价和方式，不能衡量效益、质量和实际国民财富，不能衡量资源配置的效率，也不能衡量分配，更不能衡量诸如社会公正、快乐和幸福等价值判断。）

3. 为什么说经济增长方式的转变必须依赖于体制创新？

答案要点：（1）经济增长方式的转变是指经济增长从主要依靠生产要素的数量扩张、生产的外延扩大转向主要通过提高投入生产要素的使用效率来实现，即从粗放型增长方式向集约型增长方式转变。

（2）经济增长方式与经济体制之间是互为条件、相互制约的。粗放型经济增长方式是同我国经济发展的一定阶段和高度集中的计划经济体制相适应的。

经济增长方式转变的一个重要标志是由技术进步率对经济增长率的贡献率来评价和衡量的，而技术的进步即技术创新在很大程度上取决于体制创新。

体制或制度因素之所以影响经济增长、制约经济增长方式的转变，是因为体制的变化具有既改变收入分配，又改变经济中使用资源效率的潜在可能性。体制的这一功能与体制影响人们的选择行为有关。①体制为社会经济活动的参与者设置了行为规则（包括正式的，如宪法、成文法、契约制度；非正式的，如习惯等），从而为追求利益最大化的行为人规定了约束条件。约束条件的改变，影响人们的选择行为。②体制创新可通过建立新的激励或动力机制，激发行为人参与交易活动和进行技术创新的动机，推动经济增长。③有助于形成适应经济发展的伦理道德规范，当行为的伦理道德规范有助于克服经济活动中的机会主义行为或搭便车行为时，它就能以较低的激励成本调动行为人的积极性，推动经济增长。④影响信息和资源的可获得性。

可见，体制不仅决定经济增长的绩效，而且决定着经济增长方式。

4. 简述可持续发展的基本原则。

答案要点：（1）持续性原则（Sustainability）。持续性原则即坚持人的发展与自然生态运动和谐发展，并最终服务于人的原则。持续性原则的核心思想是人类的经济建设和社会发展不能超越自然资源与生态环境的承载能力。主张建立在保护地球自然系统基础上的发展。

（2）公平性原则（Fairness）。可持续发展强调每一时代的发展应该追求两方面的公平：一是本代人的公平，即代内平等。可持续发展要满足全体人民的基本需求和给全体人民机会以满足他们要求较好的生活的愿望。要给世界以公平的分配和公平的发展权，要把消除贫困作为可持续发展进程特别优先的问题来考虑。二是代际间的公平，即世代平等。要认识到人类赖以生存的自然资源是有限的。本代人不能因为自己的发展与需求而损害人类世世代代满足需求的条件——自然资源与环境。要给世世代代以公平利用自然资源的权利。

（3）共同性原则（Common）。可持续发展作为全球发展的总目标，体现了在国际发展事务中发展中国家与发达国家具有共同的责任和义务，世界各国应力求平等合作、共同协调发展的思想。它所体现的公平性原则和持续性原则，是应该共同遵从的。这标志着发展中国家在维护国家主权、争取平等共同发展方面的历史性胜利。

四、论述题

1. 试述制度创新推动经济增长的机理。

答案要点：制度是指一系列被制定出来的规则、守法程序和行为的伦理道德规范，它旨在约束追求主体福利或效用最大化的个人行为。制度可分为三种类型：一是宪法秩序。宪法是用以界定国家的产权和控制的基本结构，它包括确立生产、交换和分配的一整套政治、社会和法律的基本规则。二是制度安排。它是在宪法秩序下约束特定行为模式和关系、界定交换条件的一系列具体的操作规则，包括成文法、习惯法和自愿性契约。三是行为的伦理道德规范。

制度是影响经济增长的一个重要变量，经济增长主要被看作制度变迁的结果。制度通过产权、国家和意识形态等环节影响经济增长。

（1）产权。产权是一种通过社会强制而实现的对某种经济物品的多种用途进行选择的权利。刺激经济增长的动力大小与一定的产权结构直接相关。有效率的产权有助于减少未来的不确定性（它使人们在与别人的交换中形成合理预期）和避免产生机会主义行为的可能性。产权不清晰会通过增加交易成本而限制经济增长。有效率的产权应是竞争性的或排他性的。

（2）国家。国家决定产权结构。①界定产权本身花费成本，但有效率的交易需明确界定产权；国家拥有"暴力潜能"，由国家界定和保护产权，可以降低交易费用。②国家通过界定产权，及时获得一切关于破坏产权行为的信息，并对破坏产权行为进行制裁，从而保护产权主体的利益。

（3）意识形态。意识形态关系到对不付费搭车问题的解决。成功的意识形态都必须解决搭便车问题，基本目标在于给各种集团以活力，使它们能对简单的、享乐主义和个人主义的成本和收益采取相反的行为，从而节约交易费用。

2. 试论科学发展观。

答案要点：我们党站在历史和时代的高度，着眼于实现全面建设小康社会的宏伟目标和推进中华民族伟大复兴，以邓小平理论和"三个代表"重要思想为指导，总结国内外在发展问题上的经验教训，吸收人类文明进步的成果，提出了坚持以人为本、全面协调可持续的科学发展观。

科学发展观的内涵：

（1）以人为本、促进人的全面发展是科学发展观的本质和核心。

以人为本，就是要以人为价值的核心和社会本位，把人的生存和发展作为最高发展目标。科学发展观把以人为本作为出发点和最终目的，这为实现人的全面发展创造了条件。

这是对传统"物本"思想的超越和提升。

(2) 全面、协调和可持续发展是科学发展观的基本内容。

全面、协调和可持续发展是科学发展观的基本内容。体现了经济发展、社会发展和人的全面发展的统一，体现了经济社会和人口、资源、环境的统一，体现了物质文明、政治文明和精神文明的统一。

(3) 统筹兼顾是科学发展观的根本要求。

科学发展观是执政理念和指导思想。牢固树立和贯彻落实科学发展观，最重要的是在领导和管理经济和社会发展事务时，在制定发展战略、实行发展政策、采取发展措施时，做到总揽全局，全面规划，兼顾各方，协调发展。简言之，就是要"统筹兼顾"。要统筹城乡发展、统筹区域发展、统筹经济社会发展、统筹人与自然和谐发展、统筹国内发展和对外开放。

科学发展观的创新和意义：

科学发展观是指导发展的世界观和方法论的集中体现，不仅对丰富和完善发展观具有重大理论价值，而且为中国实现人民的发展权提供了根本指针。科学发展观为发展提供了价值观念、指明了价值目标；拓展了发展观的范围、完善了发展观的理论基础；指明了发展观的实现途径。

（注："全面建设小康社会"的提法已变为"全面建成小康社会"，本书中再有类似提法不再赘述。）

3. 试述经济增长与经济发展的不同含义及可持续发展的基本原则。

答案要点：经济增长是指更多的产出，它通常用人均国民生产总值或人均国内生产总值的增长速度来表示。经济发展既包括更多的产出，同时也包括产品生产和分配所依赖的技术和体制安排上的变革，如经济结构的变化，一个社会的平等化状况、就业状况、教育水平，等等。

一个国家在追求经济增长的同时更要注重经济发展的质量。因而必须要运用可持续发展的思路来指导经济的发展。可持续发展理论是人类发展观的重大进步，它强调经济、社会、资源和环境保护的协调发展。可持续发展的核心是发展，但要求在严格控制人口、提高人口素质、保护环境、资源永续利用的前提下实现经济和社会的发展。整体来说，可持续发展的原则包括：

(1) 持续性原则。它指强调人的发展与自然生态运动和谐发展，并最终服务于人的原则。这要求人类自身的繁衍、人类的经济活动及社会活动的总的物质消耗不能超过自然资源和生态环境的承载能力，不能破坏自己的生存条件。

(2) 公平性原则。它指既要维护当代人的公平发展，也要维护代际间的公平发展的原则。换言之，每一时代的社会发展，既应力求满足当代人的发展需求，又不能对子孙后代人的发展造成危害，并应为子孙后代人留下可能的发展空间，坚持经济和社会发展的长期战略，注意理好社会发展过程中经济发展与自然资源储备、短期利益与长期利益、本代人发展与后代人发展、阶段性发展与持续性发展、内源性发展与派生性及一体性发展的协调统一关系。

(3) 共同性原则。它指在国际发展事务中发展中国家与发达国家具有共同的责任和义务，世界各国应力求平等合作、共同协调发展的原则。

第八章 社会主义市场经济条件下的经济结构调整

大纲重、难点提示

本章的重点和难点问题是社会主义二元经济结构。

大纲习题解答

一、单项选择题

1. 二元经济结构是指以（　　）为主的现代部门与以（　　）为主的传统部门并存，传统部门比重大，现代部门发展不足以及城乡差距十分明显的经济结构。

   A. 高科技产业、低端制造业　　　　B. 资本密集型、劳动密集型
   C. 城市工业、农村农业　　　　　　D. 先进产业、落后产业

   答案要点：本题正确选项为C。解析：二元经济结构是指以城市工业为主的现代部门与以农村农业为主的传统部门并存，传统部门比重过大，现代部门发展不足以及城乡差距十分明显的经济结构。它是发展中国家国民经济体系的共有特征。本题源自《社会主义经济理论》第八章第一节93页。

2. 二元经济结构体现了一国特别是发展中国家城乡经济或者农业和非农业两部门经济的差异程度。这种差异程度一般可以用（　　）指标来衡量。
   ①二元相关系数。②比较劳动生产率。③二元对比系数。④二元反差指数。

   A. ①②③　　　　　　　　　　　　B. ①②④
   C. ①③④　　　　　　　　　　　　D. ②③④

   答案要点：本题正确选项为D。解析：二元经济结构体现了一国特别是发展中国家城乡经济或者农业和非农业两部门经济的差异程度。这种差异程度一般可以用比较劳动生产率、二元对比系数和二元反差指数这三个指标来衡量。本题源自《社会主义经济理论》第八章第一节93页。

3. 一个部门的产值比重（或收入比重）与在此部门就业的劳动力比重的比率是指（　　）。

   A. 二元相关系数　　　　　　　　　B. 二元对比系数
   C. 比较劳动生产率　　　　　　　　D. 二元反差指数

   答案要点：本题正确选项为C。解析：比较劳动生产率是指一个部门的产值比重（或收入比重）与在此部门就业的劳动力比重的比率。它反映每1%的劳动力在该部门创造的产值比率，大致能客观地反映一个部门当年劳动生产率的高低。一般来说，农业比较劳动生产率小于1，而非农业比较劳动生产率大于1。比较劳动生产率越高，表明本部门的产值与劳动力比值越大。本题源自《社会主义经济理论》第八章第一节93页。

4. 在二元经济结构中农业比较劳动生产率与非农业比较劳动生产率的比率，是指（　　）。
  A. 二元相关系数　　　　　　　　B. 二元对比系数
  C. 比较劳动生产率　　　　　　　D. 二元反差指数

答案要点：本题正确选项为 B。解析：二元对比系数是指二元经济结构中农业比较劳动生产率与非农业比较劳动生产率的比率。二元对比系数理论上处于 0 到 1 之间。二元对比系数与二元经济结构的强度呈反方向变动，这就是说，二元对比系数越小，二元性越大；反之，二元对比系数越大，二元性越小。本题源自《社会主义经济理论》第八章第一节 93 页。

5. 工业或非农业产值比重与劳动力比重之差的绝对值是指（　　）。
  A. 二元相关系数　　　　　　　　B. 二元对比系数
  C. 比较劳动生产率　　　　　　　D. 二元反差指数

答案要点：本题正确选项为 D。解析：二元反差指数是指工业或非农业产值比重与劳动力比重之差的绝对值。二元反差指数的取值范围理论上也处于 0 到 1 之间。与二元对比系数相反，二元反差指数与二元经济结构的强度成正向关系。本题源自《社会主义经济理论》第八章第一节 93 页。

6. 中国二元经济结构的特征主要表现在（　　）。
①农业严重落后于工业和其他产业，农业劳动生产率低下。②城乡差距、地区差距扩大。③城乡收入差距拉大。④城乡贫困差距加大。⑤城乡消费水平悬殊。
  A. ①②③④　　　　　　　　　　B. ①②④⑤
  C. ①③④⑤　　　　　　　　　　D. ①②③⑤

答案要点：本题正确选项为 D。解析：中国二元经济结构特征主要表现在以下几个方面，①农业严重落后于工业和其他产业，农业劳动生产率低下；②城乡差距、地区差距扩大；③城乡收入差距拉大；④城乡消费水平悬殊。本题源自《社会主义经济理论》第八章第一节 94 页。

7. 从我国二元经济结构演变的历程看，形成我国二元经济结构的原因主要有（　　）。
①赶超型经济发展战略所引起的生产率水平差异。②传统经济体制造成的城乡分割。③政策缺失造成城乡差距加大。④非农产业发展政策扩大了二元差距。
  A. ①②③④　　　　　　　　　　B. ①②④
  C. ①③④　　　　　　　　　　　D. ①②③

答案要点：本题正确选项为 B。解析：从我国二元经济结构演变的历程看，形成我国二元经济结构的原因主要有以下三个方面，第一，赶超型经济发展战略所引起的生产率水平差异；第二，传统经济体制造成的城乡分割；第三，非农产业发展政策扩大了二元差距。本题源自《社会主义经济理论》第八章第一节 94 页。

8. 促进我国农村剩余劳动力进一步转移的对策是（　　）。
①加快农村城市化进程。②支持乡镇企业的发展，实现农村剩余劳动力的"就地转移"。③完善农村教育制度。④人口外迁。⑤逐步废除二元户籍制度。
  A. ①②③④⑤　　B. ①②④⑤　　C. ①③④⑤　　D. ①②③⑤

答案要点：本题正确选项为 D。解析：促进我国农村剩余劳动力进一步转移的对策有，①加快农村城市化进程；②支持乡镇企业的发展，实现农村剩余劳动力的"就地转移"；③完善农村教育制度；④逐步废除二元户籍制度。本题源自《社会主义经济理论》第八章第一节 95 页。

9. 依据一般分工或特殊分工形式，可将国民经济分为顺次发展的三次产业，即（　　）。
   A. 第一产业为农业，第二产业为工业或制造业，第三产业为服务业
   B. 第一产业为工业或制造业，第二产业为服务业，第三产业为农业
   C. 第一产业为农业，第二产业为服务业，第三产业为工业或制造业
   D. 第一产业为服务业，第二产业为农业，第三产业为工业或制造业

答案要点：本题正确选项为 A。解析：依据一般分工或特殊分工形式，可将国民经济分为顺次发展的三次产业，即第一产业为农业，第二产业为工业或制造业，第三产业为服务业。本题源自《社会主义经济理论》第八章第二节 96 页。

10. 按照产业中投入资源的密集程度，可将产业分成（　　）。
    ①劳动密集型产业。②资本密集型产业。③技术密集型产业。④资源密集型产业。⑤知识密集型产业。
    A. ①②③④⑤   B. ①②④⑤
    C. ①③④⑤   D. ①②③⑤

答案要点：本题正确选项为 D。解析：按照产业中投入资源的密集程度，可将产业分成劳动密集型产业、资本密集型产业、技术密集型产业和知识密集型产业。本题源自《社会主义经济理论》第八章第二节 96 页。

11. 产业结构是一个动态的范畴。影响一国产业结构调整的因素主要有（　　）。
    ①社会需求。②技术进步。③国际环境。④制度安排。⑤资源供给。
    A. ①②③④⑤   B. ①②④⑤
    C. ①③④⑤   D. ①②③⑤

答案要点：本题正确选项为 B。解析：产业结构是一个动态的范畴。影响一国产业结构调整的因素主要包括社会需求、技术进步、制度安排和资源供给。本题源自《社会主义经济理论》第八章第二节 96 页。

12. 产业结构调整的出发点和立足点是（　　）。
    A. 社会需求   B. 技术进步
    C. 制度安排   D. 资源供给

答案要点：本题正确选项为 A。解析：社会需求是产业结构调整的导向，是出发点和立足点。本题源自《社会主义经济理论》第八章第二节 96 页。

13. 产业结构调整的直接动力是（　　）。
    A. 社会需求   B. 技术进步
    C. 制度安排   D. 资源供给

答案要点：本题正确选项为 B。解析：技术进步是产业结构调整的直接动力。本题源自《社会主义经济理论》第八章第二节 96 页。

14. 产业结构调整的体制保障是（　　）。
   A. 社会需求　　　　　　　　　B. 技术进步
   C. 制度安排　　　　　　　　　D. 资源供给
   答案要点：本题正确选项为 C。解析：制度安排是产业结构调整的体制保障。本题源自《社会主义经济理论》第八章第二节96页。

15. 产业结构调整的物质基础是（　　）。
   A. 社会需求　　　　　　　　　B. 技术进步
   C. 制度安排　　　　　　　　　D. 资源供给
   答案要点：本题正确选项为 D。解析：资源供给是产业结构调整的物质基础。本题源自《社会主义经济理论》第八章第二节96页。

16. 目前，我国产业结构存在的主要问题是（　　）。
   ①产业结构层次较低。②产业发展水平低下。③产业结构虚高度化。④产业配置混乱。⑤产业集中度低。⑥地区产业结构趋同。
   A. ①②③④⑤⑥　　　　　　　　B. ①②④⑤⑥
   C. ①③④⑤⑥　　　　　　　　　D. ①②③⑤⑥
   答案要点：本题正确选项为 D。解析：产业结构是指国民经济内部各产业之间在再生产过程中形成的经济联系和数量比例关系。目前我国产业结构存在的主要问题有：①产业结构层次较低；②产业发展水平低下；③产业结构虚高度化；④产业集中度低；⑤地区产业结构趋同。本题源自《社会主义经济理论》第八章第二节97页。

17. 我国产业结构调整的原则是（　　）。
   ①坚持市场调节和政府引导相结合。②以工业化为主调整为以农业为主。③以自主创新提升产业技术水平。④坚持走新型工业化道路。⑤促进产业协调健康发展。
   A. ①②③④⑤　　　　　　　　　B. ①②④⑤
   C. ①③④⑤　　　　　　　　　　D. ①②③⑤
   答案要点：本题正确选项为 C。解析：我国产业结构调整的原则，一是坚持市场调节和政府引导相结合；二是以自主创新提升产业技术水平；三是坚持走新型工业化道路；四是促进产业协调健康发展。本题源自《社会主义经济理论》第八章第二节98页。

18. 我国产业结构调整的目标是（　　）。
   ①促进农业产业化和加快小城镇建设。②继续推进能源、交通和通信基础设施建设。③加快经济大湾区的建设。④加快工业产品结构调整和优化。⑤大力开拓第三产业，大量吸收劳动力就业。
   A. ①②③④⑤　　　　　　　　　B. ①②④⑤
   C. ①③④⑤　　　　　　　　　　D. ①②③⑤
   答案要点：本题正确选项为 B。解析：我国产业结构调整的目标是，①促进农业产业化和加快小城镇建设；②继续推进能源、交通和通信基础设施建设；③加快工业产品结构调整和优化；④大力开拓第三产业，大量吸收劳动力就业。本题源自《社会主义经济理论》第八章第二节98页。

二、名词解释

1. 二元经济结构：指以城市工业为主的现代部门与以农村农业为主的传统部门并存，

传统部门比重过大,现代部门发展不足以及城乡差距十分明显的经济结构。它是发展中国家经济体系的共有特征。

2. 二元对比系数:指二元经济结构中农业比较劳动生产率与非农业比较劳动生产率的比率。取值理论上处于0到1之间,与二元经济结构的强度呈反向关系。

3. 比较劳动生产率:指一个部门的产值比重(或收入比重)与在此部门就业的劳动力比重的比率。它反映每1%的劳动力在该部门创造的产值比重,大致能客观地反映一个部门当年劳动生产率的高低。

4. 二元反差指数:指工业或非农业产值比重与劳动力比重之差的绝对值。取值理论上处于0到1之间,与二元经济结构的强度呈正向关系。

5. 产业:指生产相似或相同产品的一系列企业。它有狭义和广义之分,狭义的产业是指一般分工形成的产业,广义的产业则是指在一般分工基础上由特殊分工形成的产业。

6. 产业结构:指国民经济内部各产业之间在再生产过程中形成的经济联系和数量比例关系。依据一般分工或特殊分工形式,可将国民经济分为顺次发展的三次产业,即第一产业为农业,第二产业为工业或制造业,第三产业为服务业。

7. 技术进步:指人们在生产中使用效率更高的劳动手段和工艺方法推动社会生产力发展的运动过程,是产业结构调整的动力。它对产业结构的影响具体表现在三个方面:一是不断开拓新的生产技术和形成新产业,二是推动传统产业的技术改造,三是推动产业结构的更新换代。

8. 后起者优势:指后起发展国家面临的外部环境相对较好,尤其是技术高度发达,这样它就可以跳过某些技术发展阶段,直接采用新技术。

三、简述题

1. 简述我国二元经济结构的特征及成因。

答案要点:我国二元经济结构的特征。

(1) 农业严重落后于工业和其他产业,农业劳动生产率低下。

(2) 城乡差距、地区差距扩大。

(3) 城乡收入差距拉大。

(4) 城乡消费水平悬殊。

我国二元经济结构形成的原因:

(1) 赶超型经济发展战略引起的生产率水平差异。以城市为基地的工业化战略主要通过工农业产品的价格"剪刀差"实现积累。

(2) 传统经济体制造成的城乡分割。把农民束缚在土地上,限制了农村剩余劳动力的转移。

(3) 非农产业发展政策扩大了二元差距。国家投资于资本密集、技术密集和知识密集产业,而对农业及与农业相关产业投入不足。

2. 简述影响产业结构调整的因素。

答案要点:产业结构是指国民经济内部各产业之间在再生产过程中形成的经济联系和数量比例关系。影响产业结构调整的因素:

(1) 社会需求。其表现为需求结构,包括中间需求和最终需求的结构、个人消费结构、消费与投资的比例和投资结构等，是产业结构调整的出发点、立足点和市场导向。

（2）技术进步。技术进步是产业结构调整的直接动力。

（3）制度安排。制度安排影响资源配置方式、产业结构调整的方向以及产业结构调整的状态。制度安排是产业结构调整的体制保障。

（4）资源供给。资源供给是指自然资源、人力资源和资金资源等的供给。资源供给是产业结构调整的物质基础。

四、论述题

1. 结合实际，讨论我国二元经济结构转换中农村剩余劳动力转移的对策。

答案要点：（1）我国农村剩余劳动力产生的根源。

造成我国农村剩余劳动力超量存在的基础是农村人口的超量存在和农村人口比例过大，而土地资源相对稀缺。农村产业结构不合理，非农经济发展滞后，导致农村内部就业条件相对不足等，都是导致我国农村剩余劳动力超量存在的重要原因。

然而，造成我国农村剩余劳动力超量存在的最重要根源则是计划经济体制下形成的二元经济结构。维系二元经济结构的制度性因素排除了劳动力在城乡之间自由流动的可能性，特别是剥夺了农民在城市定居和就业的权力；中国特色的以重工业为核心的工业化道路，鼓励发展的是资本密集型产业，结果，工业部门人均资本拥有量迅速上升，而同量资本吸纳的劳动就业人数越来越少。以上这些都是导致我国农村剩余劳动力超量产生和存在的根源。

（2）我国农村剩余劳动力转移的渠道。

主要有两种：一是就地转移，进入农村工业；二是转移到城镇就业。

总体而言，改革开放以来，我国农村剩余劳动力大规模地向非农产业转移，并从20世纪90年代中期以后向城镇转移的速度加快，从而在很大程度上促进了我国农村剩余劳动力问题的缓解。

（3）促进我国农村剩余劳动力进一步转移的对策。

一是加快农村城市化进程。城市化过程不仅是人口在地区之间的转移过程，而且也是劳动力由传统部门向现代部门转移，引发劳动生产率突变和提升的过程。

二是支持乡镇企业的发展。实现农村剩余劳动力的"就地转移"。

三是完善农村教育制度。发展农村教育，办好农村学校，是从根本上解决农村剩余劳动力转移的关键所在，是转移农村剩余劳动力、将人口压力转化为人力资源优势的重要途径。

四是逐步废除二元户籍制度。通过市场竞争实现劳动力在城市的优胜劣汰而不是人为设置转移障碍，实现农村剩余劳动力的自由转移。

2. 试论目前我国产业结构存在的主要问题及其对策。

答案要点：我国产业结构存在的主要问题。

（1）产业结构层次较低。第一产业比重高，三大产业结构不合理。

（2）产业发展水平低。

（3）产业结构虚高度化。这是指在基础产业发育不良、经济效益偏低的条件下，加工工业比重提升的经济现象。

（4）产业集中度低。

(5) 地区产业结构趋同。

对策：

(1) 产业结构调整应发挥我国的比较优势和竞争优势。

(2) 实行跨越式发展战略，大力发展信息产业，以产业结构升级带动产业结构的调整。

(3) 积极合理地引导外资的流向。

(4) 不断优化国有资产的配置。

3. 阐述技术创新与经济结构演进之间的关系。

答案要点：技术创新不仅会引起经济增长，使人均产出及生活水平不断提高，而且导致生产方法机械化和自动化的进步以及经济结构的演进。

发展来自创新。创新把新的生产条件或新的组合引进生产过程，使生产过程发生革命性变革。创新改变生产方式，引起生产结构、产业结构的变革。

技术创新与市场结构联系密切。竞争程度、企业规模和垄断力量是技术创新的制约因素。竞争程度产生技术创新的必要性（使创新者能在竞争中获得较多利润）；企业规模影响创新所开辟的市场前景的大小（规模愈大，开辟的市场会愈大）；垄断力量影响技术创新的持久性，垄断程度愈高，对市场的控制力愈强，创新就愈不容易被人模仿。

技术变化的第三阶段是创新的扩散或传播。这种扩散或传播引起产业技术条件的变化，引起产业联系的变化，引起产业结构的变化。

无论是技术创新的国内扩散还是国际传播，要使新技术得以实际运用，还需要一定的条件。

第九章 社会主义对外经济关系

大纲重、难点提示

本章的重点和难点问题是经济全球化趋势下的我国对外开放的历程与实践。

大纲习题解答

一、单项选择题

1. 对外贸易发展带来的利益有（　　）。
①出口的增长可以提高进口能力。②对外贸易的发展可以提高国内的资源配置效率。③对外贸易可以带来规模经济。④可以带动相关产业的发展，促进国内统一市场的形成。⑤可以带动外资流入的增加。⑥参与国际市场的竞争，降低成本、提高效率。
   A. ①②③④⑤⑥　　　　　　　　B. ①②④⑤⑥
   C. ①②③④⑤　　　　　　　　　D. ①②③⑤⑥

答案要点：本题正确选项为A。解析：对外贸易发展带来的利益有，①出口的增长可以提高进口能力；②对外贸易的发展可以提高国内的资源配置效率；③对外贸易可以带来规模经济；④可以带动相关产业的发展，促进国内统一市场的形成；⑤可以带动外资流入的增加；⑥参与国际市场的竞争，降低成本、提高效率。本题源自《社会主义经济理论》第九章第一节104页。

2. 经济全球化的基本途径有（　　）。
①商品流。②人员流。③技术流。④信息流。⑤资金流。
   A. ①②③④　　B. ①②④⑤　　C. ①②③⑤　　D. ①③④⑤

答案要点：本题正确选项为C。解析：经济全球化的基本途径有商品流、人员流、技术流和资金流。本题源自《社会主义经济理论》第九章第二节105页。

3. 改革开放初期，中国经济面临的主要约束是供给约束。经济成长面临（　　）。
①储蓄约束。②外汇约束。③吸收能力的约束。④资源配置约束。
   A. ①②③④　　　　　　　　　　B. ①②④
   C. ①②③　　　　　　　　　　　D. ①③④

答案要点：本题正确选项为C。解析：改革开放初期，中国经济面临的主要约束是供给约束。经济成长面临三种约束，即储蓄约束、外汇约束和吸收能力的约束。本题源自《社会主义经济理论》第九章第二节106页。

4. 我国对外开放的第一个阶段是（　　）。
   A. 东部沿海　　　　　　　　　　B. 沿海港口城市
   C. 经济特区　　　　　　　　　　D. 沿海经济开放区

第1部分　社会主义经济理论

答案要点：本题正确选项为 C。解析：对外开放区域从沿海到内地不断扩大。1979 年至 1980 年，这是我国对外开放的起步和试点阶段，先后试办深圳、珠海、汕头和厦门四个经济特区，作为我国对外开放的窗口和试验田。本题源自《社会主义经济理论》第九章第二节 107 页。

5. 我国对外开放的起步和试点阶段，先后试办深圳、珠海、汕头和厦门四个经济特区，作为我国对外开放的窗口和试验田，这是（　　）。

   A. 1979 年至 1980 年　　　　　　B. 1984 年至 1991 年
   C. 1988 年至 1990 年　　　　　　D. 1992 年以后

   答案要点：本题正确选项为 A。解析：对外开放区域从沿海到内地不断扩大。1979 年至 1980 年，这是我国对外开放的起步和试点阶段，先后试办深圳、珠海、汕头和厦门四个经济特区，作为我国对外开放的窗口和试验田。本题源自《社会主义经济理论》第九章第二节 107 页。

6. 我国先后试办深圳、珠海、汕头和厦门四个经济特区，作为我国对外开放的窗口和试验田，这是（　　）。

   A. 对外开放不断扩大阶段
   B. 对外开放的起步和试点阶段
   C. 对外开放进入全面铺开阶段
   D. 对外开放由量变走向质变阶段

   答案要点：本题正确选项为 B。解析：对外开放区域从沿海到内地不断扩大。1979 年至 1980 年，这是我国对外开放的起步和试点阶段，先后试办深圳、珠海、汕头和厦门四个经济特区，作为我国对外开放的窗口和试验田。本题源自《社会主义经济理论》第九章第二节 107 页。

7. 1984 年开放 14 个沿海港口城市，开放领域由南向北涉及我国 10 个沿海省份。1985 年，将长江三角洲、珠江三角洲和闽东南地区开辟为沿海经济开放区。1988 年至 1990 年，先后把开放区域扩大到辽东半岛、山东半岛，并建立海南经济特区和上海浦东新区，这是（　　）。

   A. 对外开放不断扩大阶段
   B. 对外开放的起步和试点阶段
   C. 对外开放进入全面铺开阶段
   D. 对外开放由量变走向质变阶段

   答案要点：本题正确选项为 A。解析：1984 年至 1991 年，是我国对外开放进入不断扩大的阶段。1984 年开放 14 个沿海港口城市，开放领域由南向北涉及我国 10 个沿海省份。1985 年，将长江三角洲、珠江三角洲和闽东南地区开辟为沿海经济开放区。1988 年至 1990 年，先后把开放区域扩大到辽东半岛、山东半岛，并建立海南经济特区和上海浦东新区。本题源自《社会主义经济理论》第九章第二节 107 页。

8. 1992 年之后，我国进一步开放 6 个沿江城市、13 个内陆边境城市和 18 个内陆省会城市，将对外开放扩展到沿边、沿江和内陆地区，从而在全国实现了对外开放的局面，这是（　　）。

A. 对外开放不断扩大阶段
B. 对外开放的起步和试点阶段
C. 对外开放进入全面铺开阶段
D. 对外开放由量变走向质变阶段

答案要点：本题正确选项为C。解析：从1992年开始，我国对外开放进入全面铺开阶段，全方位、多层次和宽领域的对外开放格局逐步形成。1992年之后，我国进一步开放6个沿江城市、13个内陆边境城市和18个内陆省会城市，将对外开放扩展到沿边、沿江和内陆地区，从而在全国实现了对外开放的局面。本题源自《社会主义经济理论》第九章第二节107页。

9. 2001年我国加入WTO以后，这是（　　）。
A. 对外开放不断扩大阶段
B. 对外开放的起步和试点阶段
C. 对外开放进入全面铺开阶段
D. 对外开放由量变走向质变阶段

答案要点：本题正确选项为D。解析：2001年我国加入WTO以后，对外开放从量变走向质变，我国的对外开放地域和行业全面拓宽，国内制度建设、政策透明度、市场规则、法律体系等与世界全面接轨。本题源自《社会主义经济理论》第九章第二节107页。

10. 我国对外开放格局的特点是（　　）。
①全方位。②多元化。③多形式。④多层次。⑤宽领域。
A. ①②③　　　　　　　　　　B. ①④⑤
C. ①③⑤　　　　　　　　　　D. ①③④

答案要点：本题正确选项为B。解析：从1992年开始，我国对外开放进入全面铺开阶段，全方位、多层次和宽领域的对外开放格局逐步形成。本题源自《社会主义经济理论》第九章第二节107页。

11. 我国对外开放进入全面铺开阶段，全方位、多层次和宽领域的对外开放格局逐步形成是（　　）。
A. 1979年至1980年　　　　　B. 1984年至1991年
C. 1988年至1990年　　　　　D. 1992年以后

答案要点：本题正确选项为D。解析：从1992年开始，我国对外开放进入全面铺开阶段，全方位、多层次和宽领域的对外开放格局逐步形成。1992年之后，我国进一步开放6个沿江城市、13个内陆边境城市和18个内陆省会城市，将对外开放扩展到沿边、沿江和内陆地区，从而在全国实现了对外开放的局面。本题源自《社会主义经济理论》第九章第二节107页。

12. 选择外向型发展战略，根本目的在于通过对外开放来突破（　　）的约束。
A. 经济封锁　　　　　　　　　B. 技术封锁
C. 工业化　　　　　　　　　　D. 获取资源

答案要点：本题正确选项为C。解析：选择外向型发展战略，根本目的在于通过对外开放来突破工业化的约束。对外贸易对于中国经济增长的作用体现在它配合了中国的工业化进程，或者说，工业化是对外贸易撬动中国经济增长的杠杆。本题源自《社会主义经济理论》第九章第三节108页。

二、名词解释

1. 经济开放：指经济体系通过产品、服务、技术、要素等的流动与外界发生联系。

2. 经济全球化：从广义上理解，经济全球化代表着经济活动从国内向全球范围扩张的过程以及随之而出现的种种经济、社会、政治、生活等诸多方面的改变过程。因此，从根本上说，经济全球化是经济活动全球扩张、融合的过程，是各国经济活动从国内走向全球，在全球范围内实现社会化的过程。

3. 外向型工业化战略：利用开放与全球产业结构调整和转移的趋势，基于劳动成本优势构建我国在开放背景下的工业化模式。工业化与对外贸易之间的联动关系，反映了我国外向型工业化战略的基本内涵，即利用进口和出口突破国内工业化过程在投入和产出两个方面受到的约束。

三、简述题

1. 简述现代经济从封闭走向开放的必然性。

答案要点：经济开放是指经济体系通过产品、服务、技术、要素等的流动与外界发生联系。

分工可以通过各种渠道促进劳动生产率的提高。分工中蕴藏着巨大好处，由分工而带来的生产效率的提高是经济长期增长的源泉。但是分工过程中同样内生出各种会阻碍分工发展的矛盾。为了解决分工和专业化的内生矛盾，交换成为一个必然选择，交换是解决专业化分工内生矛盾的必要手段。有效完成交换过程有计划机制和市场机制两种不同的选择。

从分工到生产率的增加，是经济增长的主线，也是现代社会永恒的主题。为了解决专业化分工内生的矛盾，必须借助于市场交换机制，并不断提高市场交换的效率，由此衍生出日益复杂的市场体系和围绕着市场交换机制的各种组织结构和制度安排。市场在本质上是开放的。经济理论和实践经验证明了市场在规模和流动性上存在"阈值效应"。只有达到一定规模和相当流动性之后，市场才能存在下去，市场的效率优势才能发挥出来。流动性过低、规模过小的市场，往往会因为一些偶然的冲击而消失，进而使分工无以为继。市场的本性及其与分工的互动关系，都决定了市场具有内在的开放冲动。

2. 贸易开放如何影响经济增长？

答案要点：对外开放意味着分工体系从国内跨越国界，意味着分工的深化和发展，这是提高劳动生产率，进而推动经济增长的关键。技术外溢、干中学、制度变迁等动态效应进一步强化对外开放对增长的推动作用。

理论上，对外开放对经济增长的推动作用，首先体现在它对生产过程的直接影响上，突破生产过程在一国内部面临的投入和市场两个方面的约束，分工的深化和市场的扩张又可以推动技术创新和生产效率的提高，改变投入－产出转化关系。对外开放进程还可以通过要素流动过程中的外溢效应、制度变迁效应等影响生产过程的背景条件，改变要素积累机制，引导国内的结构调整。

从实践上分析对外贸易的动态利益：①出口增长可以提高进口能力，有助于弥补落后国家的外汇缺口，提高资本设备的进口能力；②对外贸易的发展可以提高国内资源配置的效率；③对外贸易可以给相关企业带来规模经济；④贸易部门的发展可以带动相关产业的发展，提升国内产业部门之间的联系，促进国内统一市场的形成；⑤贸易品部门的发展可以带动外资流入的增加；⑥发展国际贸易和参与国际市场竞争，可以刺激国内贸易品部门不断改进技术、降低成本、提高效率。

当然，贸易开放推动经济增长并不是无条件的。一方面，贸易自身的发展依赖于国际市场的发展状况，因此外部条件会影响贸易的发展，进而影响贸易的作用。另一方面，贸易对经济增长的作用还取决于它如何影响经济增长的源泉。贸易能否推动经济增长，关键看贸易发展能否促成或配合有益于长期经济增长的制度变革和结构调整。

3. 简述经济全球化的基本含义。

答案要点：广义上，经济全球化代表着经济活动从国内向全球范围扩张的过程以及随之而出现的经济、社会、政治、生活等诸多方面的改变过程，是生产和再生产活动在全球范围内实现社会化的过程。

商品流、资金流、技术流和人员流是不同国家或地区间实现经济互动的四个基本途径。国家间的经济互动是以产业转移为纽带而发生的。

从资源流动和配置的过程看，经济全球化主要表现为贸易全球化、金融全球化和生产全球化。

4. 简述我国全方位、多层次开放格局的形成过程。

答案要点：改革开放以来，我国实行渐进开放，从"进口替代"转为"出口导向"，再到全面开放。我国通过试办经济特区、开放沿海港口城市和沿海经济技术开发区以及开放沿江、沿边、内陆省市开发区等，逐步形成了全方位、多层次的对外开放格局。

全方位：无论是资本主义国家，还是社会主义国家，无论是发达国家，还是发展中国家，都实行开放政策。

多层次：根据各地区的实际和特点，通过试办经济特区、沿海开放城市、经济技术开发区、沿边和沿江以及内陆省市开发区等不同开放程度的各种形式，形成全国范围内的对外开放。

多渠道开放：通过试办外资经济、对外贸易、引进技术和外资，发展国际劳务合作、国际旅游、跨国经营等，使国内经济面向世界，与世界经济接轨。

多领域开放：对国际商品市场、资本市场、技术市场、劳务市场开放，把开放从能源、交通等基础产业扩展到金融保险、房地产、科技、教育、服务等领域。

加入WTO，我国对外开放进入一个新阶段。通过一系列体制改革和更加趋于市场导向的政策措施改革，我国在市场准入、国内措施、外资待遇、服务贸易等领域的市场化改革进展迅速，对外开放全面深入。

5. FDI通过哪些渠道影响我国的经济增长？

答案要点：FDI是跨境资金流动影响我国经济的最重要形式。FDI对中国经济增长的推动作用主要表现为资本要素的累积。FDI已成为我国国内固定资产投资资金来源的重要组成部分。

从外资企业产值可以直观地看出FDI对中国经济增长的贡献。"三资"工业企业占工业总产值的比重呈逐年上升趋势。更为重要的是，外资企业可以带来先进的技术。20 世纪 90 年代，FDI 政策在促进产业的升级上取得了相当的成功，并提升了导向产业的比较优势。

对外开放进程中通过 FDI 所获得的外溢效应和贸易诱发的效果，主要表现在吸引先进国家或地区的 FDI 以及与先进国家或地区的贸易关系上。

FDI 的流入还直接带动我国技术引进和进口的增加。

外商投资企业（FIEs）对于推动我国的进出口贸易起到了重要的作用。通过 FIEs 带来 FDI 的大量引进，既可以获得带有技术含量的资本品，又为我国带来了大量的外汇储备。

四、论述题

1. 对外贸易如何影响我国工业化进程？

答案要点：开放和对外贸易突破我国工业化的约束，促成了我国外向型工业化战略：利用开放与全球产业结构调整和转移的趋势，基于劳动成本优势构建我国开放背景下的工业化模式。基于劳动成本优势这一共同基础，构建相互关联的外贸战略和工业化模式，这充分发挥了我国制造业的比较优势，使出口得到高速发展，国际分工发展和世界范围内制造业的转移使得中国工业在出口带动下迅速发展。

制成品出口拉动下的工业扩展。

重化工业阶段从投入和产出两方面依赖对外贸易，我国机械及运输设备在制成品出口中，成为第一大类出口产品。

顺应国际分工竞争格局变化和国际产业转移，建立和发展高新技术产业，推进我国工业化。

2. 我国外向型工业化战略的比较优势基础是什么？

答案要点：工业化与对外贸易之间的互动关系，反映了我国外向型工业化战略的基本内涵，利用进口和出口突破国内工业化过程在投入和产出两个方面受到的约束。在外向型战略下，我国工业结构和贸易结构都实现了动态变化。这种变化反映了我国在国际分工体系中地位的变化，以及我国实现劳动成本优势的形式的变化。

中国外向型工业化战略的演变过程始终是围绕着劳动成本优势展开的，这是不变的基础。变化的只是，随着国际市场竞争格局的变化和国际制造业结构的调整和转移，中国发挥和体现劳动成本优势的形式、产业载体和产品载体在不断变化。顺应国际市场竞争格局的变化和国际产业调整过程中的新机遇，中国通过调整工业化模式和对外贸易模式，实现了对外贸易和制造业的规模扩张和结构变化，由此带动了经济的高速增长。因此，通常所认为的中国外贸结构和工业结构的变化反映了中国比较优势的动态化，这样的观点是有偏差的。中国工业结构和外贸结构的变化更多的是反映了比较优势的实现手段和产业载体的变化。

3. 试述我国对外开放政策的演变。

答案要点：在中华人民共和国成立以后的 30 年中，我国基本上是闭关锁国、自我发展的。1982 年，中共十二大提出"一个中心、两个基本点"的基本路线，把对外开放作为基本路线的重要内容之一。

1984 年，《中共中央关于经济体制改革的决定》把对外开放作为长期的基本国策。

1992 年，中共十四大提出对外开放的三个主要目标和任务：①对外开放的地域要扩大，形成多层次、多渠道、全方位的对外开放格局；②利用外资的领域要拓宽；③积极开拓国际市场，促进对外贸易多元化，发展外向型经济，积极扩大我国企业对外投资和跨国经营。

2001 年我国加入 WTO，全方位提高了对外开放水平。

"十一五"规划纲要提出要在更大范围、更广领域、更高层次上参与国际经济技术合作和竞争，更好地促进国内发展和改革，切实维护国家经济安全。

十六届五中全会首次以官方文件形式明确了在经济全球化背景下对外开放战略的指导方针——互利共赢。

党的十七大报告指出，坚持对外开放的基本国策，完善内外联动、互利共赢、安全高效的开放型经济体系，形成经济全球化条件下参与国际经济合作和竞争新优势。

十七届五中全会在"十二五"规划中强调，实施互利共赢的开放战略，进一步提高对外开放水平，与国际社会共同应对全球性挑战，共同分享发展机遇。

十八大以来，我国加速提高对外开放水平，更加积极地融入全球发展。2013 年，习近平总书记提出的"一带一路"倡议得到了"一带一路"沿线国家的积极响应，成为新时期我国对外开放的重要进程。此外，2013 年 9 月，国务院发布《中国（上海）自由贸易试验区总体方案》，在上海开展金融服务、航运服务、专业服务、文化服务、社会服务领域的自贸区试点，为我国新一轮对外开放探路。2014 年，国务院常务会议正式批准设立广东、天津、福建第二批自贸区试点，四大自贸区的建设各有侧重点。

十九大报告强调，必须要主动参与和推动经济全球化进程，发展更高层次的开放型经济，并且要促进贸易和投资自由化、便利化，推动经济全球化朝着更加开放、包容、普惠、平衡、共赢的方向发展。

第十章 社会主义市场经济条件下的政府调节

◉ **大纲重、难点提示**

本章的重点和难点问题是政府的经济政策。

大·纲·习·题·解·答

一、单项选择题

1. 在发展中国家，导致市场失灵的原因主要有（　　）。
①外部性导致的市场失灵。②垄断导致的市场失灵。③市场不完全导致的市场失灵。④信息不完全导致的市场失灵。⑤分配不平等导致的市场失灵。⑥体制不完善导致的市场失灵。

　　A. ①②③④⑤　　　　　　　　　B. ①②④⑤⑥
　　C. ①②③⑤⑥　　　　　　　　　D. ②③④⑤⑥

答案要点：本题正确选项为 C。解析：在发展中国家，导致市场失灵的原因是多方面的，主要有，①外部性导致的市场失灵；②垄断导致的市场失灵；③市场不完全导致的市场失灵；④分配不平等导致的市场失灵；⑤体制不完善导致的市场失灵。既然市场机制并非尽善尽美，那么在市场失灵的场合政府对经济运行的调节就是必要的。本题源自《社会主义经济理论》第十章第一节114页。

2. "计划失灵"使东西方经济学家对国家干预主义进行了深刻的反思。国家干预主义之所以被人们怀疑，主要原因是（　　）。
①政府能否按全社会利益进行决策是值得怀疑的。②依靠政府干预来匡正市场机制会受到客观条件的限制。③政府对于纠正市场失灵的能力也是有限的。④政府对市场的干预会导致"租金"的产生，"租金"的存在又会诱发寻租行为。⑤政府干预并不是纠错行为。⑥政府干预的一个重要形式就是直接掌握投资决策权，但其经济效率是值得怀疑的。

　　A. ①②③④⑤　　　　　　　　　B. ①②④⑤⑥
　　C. ①②③④⑥　　　　　　　　　D. ②③④⑤⑥

答案要点：本题正确选项为 C。解析："计划失灵"使东西方经济学家对国家干预主义进行了深刻的反思。国家干预主义之所以被人们怀疑，主要有以下几个原因：①政府能否按全社会利益进行决策是值得怀疑的；②依靠政府干预来匡正市场机制会受到客观条件的限制；③政府对于纠正市场失灵的能力也是有限的；④政府对市场的干预会导致"租金"的产生，"租金"的存在又会诱发寻租行为；⑤政府干预的一个重要形式就是直接掌握投资决策权，但其经济效率是值得怀疑的。本题源自《社会主义经济理论》第十章第一节115页。

3. 政府之所以能在合适的条件下纠正市场失灵，就在于政府通过一定的程序或渠道获得某种授权，这种强制力使政府在纠正市场失灵方面具有某些优势。政府的干预优势主要表现在（　　）。

①征税权。②转嫁权。③禁止权。④处罚权。⑤由政府来纠正市场失灵可以节约交易费用。

A．①②③④⑤　　　　　　　　　　B．①②④⑤
C．①②③④　　　　　　　　　　　D．①③④⑤

答案要点：本题正确选项为 D。解析：政府之所以能在合适的条件下纠正市场失灵，就在于政府通过一定的程序或渠道获得某种授权，这种强制力使政府在纠正市场失灵方面具有某些优势。政府的干预优势主要表现在：①征税权；②禁止权；③处罚权；④由政府来纠正市场失灵可以节约交易费用。本题源自《社会主义经济理论》第十章第一节115 页。

4. 在现代市场经济条件下，政府的职能是多元的，概括地说可以分为（　　）。

①行政管理职能。②资源配置职能。③政府调节职能。④所有者职能。

A．①②③④　　　　　　　　　　　B．①②④
C．①②③　　　　　　　　　　　　D．①③④

答案要点：本题正确选项为 D。解析：在现代市场经济条件下，政府的职能是多元的，概括地说可以分为三类，①行政管理职能；②政府调节职能；③所有者职能（代表国家对国有企业行使所有权职能）。本题源自《社会主义经济理论》第十章第二节117 页。

5. 经济政策的基本目标又被称为最终目标，它是通过一定的价值判断及主导思想而提出的规范性概念。这些基本目标又大体上可分为（　　）。

①效率、增长、稳定。②收入公平。③经济福利。④分配公正。

A．①②③④　　　　　　　　　　　B．①②④
C．①②③　　　　　　　　　　　　D．①③④

答案要点：本题正确选项为 D。解析：经济政策的基本目标又被称为最终目标，它是通过一定的价值判断及主导思想而提出的规范性概念。这些基本目标又大体上可分为以下三类：①效率、增长、稳定；②经济福利；③分配公正。本题源自《社会主义经济理论》第十章第三节118 页。

6. 在社会主义市场经济条件下，我国经济政策的具体目标主要有（　　）。

①经济增长。②物价稳定。③充分就业。④产业结构高级化。⑤国际收支平衡。

A．①②③④⑤　　　　　　　　　　B．①②④⑤
C．①②③⑤　　　　　　　　　　　D．①③④⑤

答案要点：本题正确选项为 A。解析：在社会主义市场经济条件下，我国经济政策的具体目标主要有，①经济增长；②物价稳定；③充分就业；④产业结构高级化；⑤国际收支平衡。本题源自《社会主义经济理论》第十章第三节119 页。

7. 经济政策目标之间的冲突主要发生在哪些区域？（　　）

①经济增长与物价稳定之间的交替关系。②充分就业与物价稳定之间的交替关系。③收入与支出之间的平衡关系。④平等与效率之间的交替关系。⑤国内均衡与国外均衡之

间的交替关系。

　　A. ①②③④⑤　　　　　　　　B. ①②④⑤
　　C. ①②③⑤　　　　　　　　　D. ①③④⑤

　　答案要点：本题正确选项为 B。解析：经济政策的具体目标之间的冲突主要发生在，①经济增长与物价稳定之间的交替关系；②充分就业与物价稳定之间的交替关系；③平等与效率之间的交替关系；④国内均衡与国外均衡之间的交替关系。本题源自《社会主义经济理论》第十章第三节 120 页。

8. 经济政策手段是国家为了实现经济政策目标所采取的方法，是指（　　）。
　　①政策工具。②政策评估。③实施政策的方法。④政策落实。

　　A. ①②③④　　　　　　　　　B. ①②④
　　C. ①②③　　　　　　　　　　D. ①③

　　答案要点：本题正确选项为 D。解析：经济政策手段是国家为了实现经济政策目标所采取的方法，它包括政策工具和实施政策的方法。本题源自《社会主义经济理论》第十章第四节 121 页。

9. 经济政策手段是国家为了实现经济政策目标所采取的方法，它包括政策工具和实施政策的方法，其具体手段则包括（　　）。
　　①财政政策。②货币政策。③行政管制。④经济法制。⑤制度约束。

　　A. ①②③④⑤　　　　　　　　B. ①②④⑤
　　C. ①②③⑤　　　　　　　　　D. ①③④⑤

　　答案要点：本题正确选项为 A。解析：经济政策手段是国家为了实现经济政策目标所采取的方法，它包括政策工具和实施政策的方法。其具体手段则包括：①财政政策；②货币政策；③行政管制；④经济法制；⑤制度约束。本题源自《社会主义经济理论》第十章第四节 121 页。

10. 财政政策的核心是通过政府的收入和支出调节供求关系，实现一定的政策目标。这些手段主要包括（　　）。
　　①税收政策。②社会保障政策。③财政支出政策。④财政补贴政策。

　　A. ①②③④　　　　　　　　　B. ①②④
　　C. ①②③　　　　　　　　　　D. ①③④

　　答案要点：本题正确选项为 D。解析：财政政策的核心是通过政府的收入和支出调节供求关系，实现一定的政策目标。这些手段主要包括：第一，财政收入政策，或称税收政策；第二，财政支出政策；第三，财政补贴政策。本题源自《社会主义经济理论》第十章第四节 121 页。

11. 财政政策的核心是通过政府的收入和支出调节（　　）。
　　A. 供求关系　　　　　　　　　B. 资源配置
　　C. 产业结构　　　　　　　　　D. 政策公平

　　答案要点：本题正确选项为 A。解析：财政政策的核心是通过政府的收入和支出调节供求关系，实现一定的政策目标。本题源自《社会主义经济理论》第十章第四节 121 页。

12. 财政政策可以分为（　　）政策。
①扩张性。②稳定性。③渐进性。④紧缩性。⑤激进性。
A. ①②③　　　　　　　　　　B. ①②④
C. ①③　　　　　　　　　　　D. ①④
答案要点：本题正确选项为D。解析：财政政策可以分为扩张性的和紧缩性的两种。本题源自《社会主义经济理论》第十章第四节122页。

13. 货币政策的核心是中央银行通过金融系统和金融市场，调节国民经济中的货币供应量和利率，影响投资和消费活动，进而实现一定的政策目标。货币政策的调节工具主要有（　　）。
①法定存款准备金率。②中央银行再贴现率。③商业银行信用保障。④公开市场业务。
A. ①②③④　　　　　　　　　B. ①②④
C. ①③④　　　　　　　　　　D. ②③④
答案要点：本题正确选项为B。解析：货币政策的核心是中央银行通过金融系统和金融市场，调节国民经济中的货币供应量和利率，影响投资和消费活动，进而实现一定的政策目标。货币政策的调节工具主要有：①法定存款准备金率；②中央银行再贴现率；③公开市场业务。本题源自《社会主义经济理论》第十章第四节122页。

14. 行政管制手段是国家行政管理部门凭借政权的威力，通过发布命令、指示等形式来干预经济生活的手段。它主要有（　　）。
①信用管制。②进口管制。③外汇管制。④工资管制。⑤投资许可证制度。
A. ①②③④　　　　　　　　　B. ①②④⑤
C. ①③④⑤　　　　　　　　　D. ①②③④⑤
答案要点：本题正确选项为D。解析：行政管制手段是国家行政管理部门凭借政权的威力，通过发布命令、指示等形式来干预经济生活的手段。它主要包括信用管制、进口管制、外汇管制、工资管制和投资许可证制度等。本题源自《社会主义经济理论》第十章第四节122页。

15. 行政管制手段的特点是（　　）。
①强制性。②纵向隶属性。③经济利益一致性。④指导性。
A. ①②③④　　　　　　　　　B. ①②④
C. ①③④　　　　　　　　　　D. ①②③
答案要点：本题正确选项为D。解析：行政管制具有强制性、纵向隶属性、强调经济利益一致性等特点，但它忽视微观主体的利益，从而会影响效率。本题源自《社会主义经济理论》第十章第四节122页。

16. 经济法制手段的特点是（　　）。
①强制性。②隶属性。③约束性。④稳定性。
A. ①②③④　　　　　　　　　B. ①②④
C. ①③④　　　　　　　　　　D. ①②③
答案要点：本题正确选项为C。解析：经济法制手段是指国家依靠法律的强制力量来保证经济政策目标实现的手段。法律手段一般具有普遍的约束性、严格的强制性、相对的稳定性等特点。本题源自《社会主义经济理论》第十章第四节122页。

17. 实现长期化政策目标的手段，在一定的制度背景下发挥作用的，会直接影响政策目标的传导机制，甚至会影响政策目标的选择，这是（　　）。

　　A．财政政策手段　　　　　　　　B．货币政策手段
　　C．制度约束手段　　　　　　　　D．行政管制手段

　　答案要点：本题正确选项为C。解析：建立制度规范，以作为实现长期化政策目标的手段。经济政策总是在一定的制度背景下发挥作用的，制度的改变会直接影响政策目标的传导机制，甚至影响政策目标的选择。本题源自《社会主义经济理论》第十章第四节122页。

18. 国家行政管理部门凭借政权的威力，通过发布命令、指示等形式来干预经济生活的手段。这是（　　）。

　　A．财政政策手段　　　　　　　　B．货币政策手段
　　C．制度约束手段　　　　　　　　D．行政管制手段

　　答案要点：本题正确选项为D。解析：行政管制手段是国家行政管理部门凭借政权的威力，通过发布命令、指示等形式来干预经济生活的手段。本题源自《社会主义经济理论》第十章第四节122页。

19. 通过政府的收入和支出调节供求关系，实现一定的政策目标。这是（　　）。

　　A．财政政策手段　　　　　　　　B．货币政策手段
　　C．制度约束手段　　　　　　　　D．行政管制手段

　　答案要点：本题正确选项为A。解析：财政政策的核心是通过政府的收入和支出调节供求关系，实现一定的政策目标。本题源自《社会主义经济理论》第十章第四节121页。

20. 中央银行通过金融系统和金融市场，调节国民经济中的货币供应量和利率，影响投资和消费活动，进而实现一定的政策目标。这是（　　）。

　　A．财政政策手段　　　　　　　　B．货币政策手段
　　C．制度约束手段　　　　　　　　D．行政管制手段

　　答案要点：本题正确选项为B。解析：货币政策的核心是中央银行通过金融系统和金融市场，调节国民经济中的货币供应量和利率，影响投资和消费活动，进而实现一定的政策目标。本题源自《社会主义经济理论》第十章第四节122页。

21. 制度约束不包括（　　）。

　　A．国有资产制度　　　　　　　　B．税收制度
　　C．道德规范　　　　　　　　　　D．社会保障制度

　　答案要点：本题正确选项为C。解析：制度约束包括国有资产制度、税收制度、金融制度、社会保障制度等。本题源自《社会主义经济理论》第十章第四节122页。

22. 政府运用经济政策调节经济活动应有助于经济效率的提高，这是经济政策赖以存在的基本依据。这里的效率标准是（　　）。

　　①静态效率。②分配效率。③公平公正效率。④动态效率。⑤收入效率。

　　A．①②③④⑤　　B．①②④　　C．①③④　　D．①②③④

答案要点：本题正确选项为 B。解析：政府运用经济政策调节经济活动应有助于经济效率的提高，这是经济政策赖以存在的基本依据。这里的效率标准是：①静态效率；②分配效率；③动态效率。本题源自《社会主义经济理论》第十章第五节 124 页。

二、名词解释

1. "看不见的手"：指亚当·斯密提出的经济自由主义的政策思想，推崇市场机制的作用。他认为，如果竞争是充分的，则每个人在自身利益的驱动下自由选择，会形成一种自然秩序，市场机制作为一个自由体系具有自发实现人类经济生活平衡的功能。这种功能犹如一只看不见的手，促使每个人去实现并非属于他原来意图的目标。

2. 市场失灵：指市场竞争所实现的资源配置没有达到帕累托最优，或指市场机制不能实现某些合理的社会目标。

3. 物价稳定：非指各种商品和要素之间相对价格的稳定，而指全社会范围内价格总水平的稳定。我们通常借助价格指数来表示一般价格水平的变化。在实践中，消费物价指数 CPI 是最受各国政府关注的指标。

4. 充分就业：指每一个愿意工作的劳动者按其能够接受的工资全部获得就业机会的一种经济状态。

5. 经济政策手段：指政府为实现经济政策目标所采取的方法，包括政策工具和实施政策的方法。经济政策手段具体包括经济手段（财政政策手段、货币政策手段）、行政管制手段、经济法制手段和制度约束。

6. 财政政策手段：财政政策的核心是通过政府的收入和支出调节供求关系，实现一定的政策目标。这些手段主要包括：财政收入政策（或称税收政策）、财政支出政策、财政补贴政策。

7. 货币政策手段：货币政策的核心是中央银行通过金融系统和金融市场，调节国民经济中的货币供应量和利率，影响投资和消费活动，进而实现一定的政策目标。货币政策的调节工具主要包括：法定存款准备金率、中央银行再贴现率、公开市场业务。

8. 行政管制手段：指国家行政管理部门凭借政权的力量，通过发布命令、指令等形式来干预经济生活的手段，包括信用管制、进口管制、外汇管制、工资管制和投资许可证制度等。

9. 经济法制手段：指国家依靠法律的强制力量来保障经济政策目标实现的手段。

三、简述题

1. 简述政府干预的必要性。

答案要点：市场失灵需要政府干预来弥补市场缺陷。导致市场失灵的原因：①外部经济效应，外部经济与外部不经济既不可能通过市场价格表现出来，也不可能通过市场机制的自发作用得到纠正；②市场不完全、不完善；③垄断的存在；④由于信息不完全、未来具有不确定性，交易者要花费交易成本；⑤收入分配的不平等；⑥制度或体制方面的原因导致市场机制的扭曲；⑦对于未来长远问题，市场缺乏远见。上述失灵可分为三类：一是市场功能性缺陷；二是市场不完善；三是制度性原因。

由于存在市场失灵，需要政府干预以克服市场失灵，保证资源的有效配置，解决长期经济发展面临的问题。但是政府干预不能排斥和完全替代市场机制，市场机制在资源配置中起基础性作用。

政府之所以能在合适的条件下纠正市场失灵，就在于政府通过一定的程序或渠道获得某种授权，这种强制力使政府在纠正市场失灵方面具有某种优势。优势主要表现在：①征税权；②禁止权；③处罚权；④由政府来纠正市场失灵可以节约交易费用。

2. 简述政府在弥补市场失灵方面有哪些优势。

答案要点：政府之所以能在合适的条件下纠正市场失灵，就在于政府通过一定的程序或渠道获得某种授权，这种强制力使政府在纠正市场失灵方面具有某种优势。优势主要表现在：①征税权；②禁止权；③处罚权；④由政府来纠正市场失灵可以节约交易费用。

3. 简述如何界定适度政府干预。

答案要点：政府干预要适度。因为政府干预存在负面效应，干预不当，会妨碍市场机制作用的发挥，降低效率，影响经济发展。政府应在以下方面发挥作用：

第一，提供公共服务。包括对内、对外两方面的职能。对内职能主要包括从事道路、公共文化设施、公共卫生、学校等方面的建设和投资，保障社会治安，形成安全和谐的社会环境。对外职能包括国防建设，维护领土完整与国家主权，从事外交活动，争取一个有利于国内经济建设的和平国际环境。

第二，维护市场秩序。通过立法规范人们的行为，确定市场规则，创造公平竞争的市场秩序；通过公正司法和有效的行政管理，打击违法行为，维护经济主体的合法权益。

第三，直接参与某些经济活动。对那些私人部门不愿投资或无力承担的项目进行投资，兴办公共设施和基础设施。

第四，进行制度改革创新。改革不合理的体制，完善生产关系，使之适应生产力的发展。

第五，影响收入分配。通过税收和转移支付，以及生产要素相对价格的调整和财产所有权的调整，促进收入公平分配。

第六，发挥财政调节功能。

第七，影响对资源的利用。利用经济、法律和必要的行政手段，进行资源的保护、开发和合理利用。

第八，选择适当政策，实现一定的宏观经济目标（充分就业、经济增长等）。

第九，必要的行政控制。运用国家政权力量直接控制经济活动。这种直接控制，在社会主义市场经济条件下，必须限制在必要的范围内。

4. 简述经济政策的基本目标和具体目标。

答案要点：经济政策的目标包括基本目标和具体目标。经济政策的基本目标可以归结为经济稳定化、资源配置高效化和分配公平化。这些基本目标可分为三类：

第一，效率、增长、稳定。效率即资源的合理配置。经济政策的实施应有助于实现资源的优化配置。投入要素的增加和效率的提高是实现增长的途径。在促进增长的同时，应避免经济波动，促进就业、收入、物价的稳定。

第二，经济福利。效率、增长都服从于增进经济福利，或者说满足人们的物质文化生活需要，这包括生存需要、发展需要和文化需要。

第三，分配公平。收入分配要经过初次分配和再分配。初次分配，实行按劳分配和按要素分配相结合。结果可能会引起收入的重大差别。再分配必须以保障人们的基本生活条件为目的，避免社会矛盾激化。

具体目标是由基本目标引出来的，并作为实现基本目标条件的派生性目标。我国经济发展中，经济政策的具体目标包括：①经济增长；②物价稳定；③充分就业；④产业结构的高级化；⑤国际收支平衡。

经济政策的目标还可以分为纯经济目标、公共福利目标和准目标。

5. 经济政策的具体目标之间的冲突主要发生在哪些区域？

答案要点：经济政策目标体系是由不同的具体政策目标构成的，在这一体系中，有些目标具有独立性，而有些目标之间可能存在关联性，既可能是互补关系，也可能是交替关系，还有互补转向冲突以及因政策工具的运用引起的冲突等。在经济发展中，经济政策目标之间的冲突主要发生在以下区域：

第一，经济增长与物价稳定之间的交替关系。

为推动经济增长，要增加投资，这需要降低利率或降低实际工资率，降低利率需要增加货币供给量；降低实际工资率需要提高物价水平。这样必然同物价稳定相矛盾。而为控制物价上涨，实行银根紧缩，往往引起经济滑坡，造成衰退。

第二，充分就业与物价稳定之间的交替关系。

为实现充分就业的目标，通常实施扩张性的财政政策和扩张性的货币政策以刺激总需求，而这会导致物价水平的上涨；为抑制通货膨胀，需采取紧缩性的财政政策和紧缩性的货币政策，压缩投资规模，这又会导致失业率上升。这种交替关系可以用菲利普斯曲线表示。

第三，平等与效率之间的交替关系。

平等指社会成员收入均等化，效率指资源的有效配置。为实现效率，在分配上必须实行按贡献大小分配，而由于人们的劳动能力、经济条件和机会等方面存在差别，因而分配结果会导致收入差距扩大。而为缩小收入差距，实现收入分配均等，就需把高收入者的一部分收入转移到低收入者手里，这可能产生两方面的后果：一是高收入者因缺乏足够的刺激或动力影响效率的提高；二是低收入者可能形成对这种再分配收入的依赖，从而降低其努力提高效率的积极性。

第四，国内均衡与国际均衡之间的交替关系。

国内均衡主要是指国内实现充分就业和物价稳定的状态，国际均衡是指国际收支平衡。

实现充分就业会提高工资率和国内收入水平，这会通过两方面影响国际收支：①工资率的提高，提高了产品生产的成本，这会降低本国产品在国际市场上的竞争力，不利于国际收支平衡；②对商品需求增加，在物价稳定的情况下，不仅会使一部分原本用于出口的产品转而用于国内消费，而且会增加进口的压力。

为实现国际收支平衡，弥补赤字，就要：①增加出口，减少进口，以增加外汇储备；而外汇储备的增加，会引起货币供给量的增加，造成通货膨胀压力。②为消除国际收支赤字，抑制国内需求，这又不利于国内充分就业和物价稳定。

除以上冲突外，还有经济增长目标与环境保护目标之间的冲突，资源合理配置目标与地区、部门平衡发展目标之间的冲突，物价稳定与满足公共需要目标之间的冲突。

四、论述题

1. 阐述政府在社会主义市场经济条件下调节经济的必要性。

答案要点：首先，政府干预的必要性与市场失灵有关。市场失灵是指市场机制未能实现资源优化配置，未能达到帕累托最优。导致市场失灵的原因：①外部经济效应，外部经济与不经济不可能通过市场价格表现出来，也不可能通过市场机制的自发作用得到纠正；②市场不完全、不完善；③垄断的存在；④信息不完全；⑤不能保证收入的公平分配；

⑥制度或体制方面的原因导致市场机制的扭曲；⑦对于未来、长远问题，市场缺乏远见。上述失灵可分为三类：一是市场功能性缺陷；二是市场不完善；三是制度性原因。

其次，社会主义市场经济中存在各种矛盾，需要政府调节，协调各方面关系，巩固社会主义经济制度。

政府干预不是要取代市场，而是在纠正市场失灵的基础上为市场发挥其在资源配置中的基础性作用创造条件和环境。政府干预具有自身优势，这些优势使得政府调节有助于克服市场失灵。

（注：关于"市场在资源配置中起基础性作用"的提法已变为"使市场在资源配置中起决定性作用，更好发挥政府作用"，本书中再有类似提法不再赘述。）

2. 试述政府干预经济的政策手段选择。

答案要点：（1）经济政策手段及其构成。

经济政策手段是国家为实现经济政策目标所采取的方法，包括政策工具和实施政策的方法。经济政策手段具体包括经济手段（财政政策手段、货币政策手段）、行政管制手段、经济法制手段和制度约束。具体包括：

①财政政策手段。财政政策手段包括财政收入政策、财政支出政策和财政补贴政策。其核心是通过政府的收入和支出调节供求关系，实现一定的政策目标。

②货币政策手段。货币政策的核心是中央银行利用金融调节工具，通过金融系统和金融市场调节货币供给量和利率，影响投资和消费等经济活动，进而实现一定的政策目标。

③行政管制手段。行政管制手段是国家行政管理部门凭借政权的力量，通过发布命令、指令等形式来干预经济生活的手段，包括信用管制、进口管制、外汇管制、工资管制和投资许可证制度等。

④经济法制手段。经济法制手段是指国家依靠法律的强制力量来保障经济政策目标实现的手段。法律手段具有普遍的约束性、强制性、相对稳定性的特点。

⑤制度约束。制度约束包括国有资产制度、税制、金融制度、社会保障制度等。经济政策总是在一定的制度背景下发挥作用的，制度的改变会直接影响政策目标的传导机制，甚至影响政策目标的选择，因此，制度约束是实现长期化政策目标的手段。

（2）经济政策手段选择的原则。

对于同一目标，可以采取不同的政策手段。通过评估政策手段的效率，可得出有关政策选择的一般原则。

①目标变量对政策手段反应的大小。目标变量对某一给定政策手段做出反应，与决策者预期相一致的反应越大，说明该政策手段越有效。因此应选择力度较大的政策手段。

②根据政策手段显效的速度和结果。一般应选择较易实现政策目标及较快显示其效果的政策手段。

③政策手段对克服不合理经济现象所起作用的大小。一般应选择能对产生不合理经济现象的原因起直接作用的政策手段。

④资源成本的高低。政策手段的运用会导致一定的资源成本（如抑制通货膨胀，实行银根紧缩，可能导致经济滑坡、失业增加）。应选择能实现政策目标且花费的资源成本最小的政策手段。

⑤间接经济效应。任何政策手段的运用都可能产生间接经济效应，包括正的和负的。

应选择那些间接正效应大于间接负效应的政策手段。

⑥社会政治效应。应选择那些使社会政治利益最大化及社会政治成本最小化的政策手段。

⑦选择性和变动性。应选择那些以一种选择性方式实现政策目标的政策手段和具有可变动性的政策工具。

3. 试述政府干预经济的效率标准,从效率角度出发,政府在进行经济政策手段选择时应主要注意哪些问题?

答案要点:政府干预调节经济活动应有助于经济效率的提高。这里的经济效率包括:

(1) 静态效率。静态效率有两个必要条件:①既定资源条件下,使产出最大;②产品的组合不仅符合技术可能性,也满足社会全体人员的愿望——生产可能性曲线与无差异曲线的切点。

(2) 分配效率。如果收入分配在原则上具有公平性,则存在分配效率。

(3) 动态效率。避免通货膨胀,达到总供求平衡,使生产潜力得到发掘。

政府干预经济能否提高效率,涉及很多方面的问题。根据三个效率标准,政府在进行经济政策选择时,应注意如下问题:

(1) 一个功能齐全的市场机制更容易实现静态效率。政府因此一般不应干预微观主体的生产经营决策和消费决策,否则会影响静态效率。

(2) 提供各种公共物品是政府的责任。政府提供公共物品,既有助于提高效率,也有助于实现公平。

(3) 如果要实现静态效率,政府就应采取多种政策措施消除垄断的负效应及解除对竞争性市场结构的各种限制。

(4) 市场机制的自发作用尽管可以提高效率,但可能引起收入分配不公。如果政府缩小收入差距的社会成本小于获得的社会收益,则表明政府进行再分配的干预是有效的。

(5) 放任自流的市场经济通常会伴随经济波动,造成资源浪费。政府应利用政策工具避免经济过度波动。

(6) 市场机制难以达到经济的长期动态效率,政府适度干预有助于实现长期动态效率。

(7) 政府与微观主体活动之间的理想平衡将随时间而改变,这就需要进行跟踪调节,有效协调这种关系。

第2部分
西方经济学

第一章 需求和供给

> **大纲重、难点提示**
>
> 本章的重点和难点问题是微观经济学中的需求和供给的定义、变动以及均衡的概念。

大·纲·习·题·解·答

一、单项选择题

1. 需求反映了消费者的（　　）之间的对应关系。
   A. 供给量与价格　　　　　　　　B. 收入与支出
   C. 需求量与价格　　　　　　　　D. 偏好与需求

   答案要点：本题正确选项为C。解析：需求反映了消费者的需求量与价格之间的对应关系。本题源自《西方经济学》第一章第一节156页。

2. 消费者的需求量与商品价格之间呈反方向变动。这一规律被称为（　　）。
   A. 价格规律　　　　　　　　　　B. 需求规律
   C. 消费规律　　　　　　　　　　D. 供给规律

   答案要点：本题正确选项为B。解析：消费者的需求量与商品价格之间呈反方向变动。这一规律被称为需求规律。本题源自《西方经济学》第一章第一节156页。

3. 通常情况下，需求曲线是一条向（　　）倾斜的曲线。
   A. 右下方　　　　　　　　　　　B. 右上方
   C. 左下方　　　　　　　　　　　D. 左上方

   答案要点：本题正确选项为A。解析：考查需求曲线的形状。在其他条件不变的情况下，消费者的需求量与商品价格之间呈反方向变动。需求规律成立，意味着消费者的需求曲线向右下方倾斜。本题源自《西方经济学》第一章第一节156页。

4. "需求"是经济学中的重要概念，下列属于"需求"的是（　　）。
   A. 小郑月收入2 000元，准备2年内购置150万的房产
   B. 小周想买一盒巧克力，备好了钱但还没到超市去买
   C. 小黄月收入1.3万元，但最近没有购买计划
   D. 小王想购买一款智能手机，但手头拮据

   答案要点：本题正确选项为B。解析：需求是指在一段时间内在各种可能的价格水平下，消费者愿意并且能够购买的商品数量。需求必须既有意愿并且有支付能力。购买意愿是需求的基础，没有购买意愿就不会有需求。比如，苹果现在很便宜，1元一斤，但是你根本不愿意吃苹果，宁可吃香蕉或者喝果汁，那么，就算苹果再便宜你也不会买。对于苹果来说，你的需求就是零。能够购买的数量，即支付能力，是指消费者的实力。对于便宜的物品来说，这一点表现得不明显。可是对于贵的东西，比如钻戒、汽车、房子等，你虽

然很喜欢，但是没有那么多钱去买，所以你虽然有购买的意愿，却没有购买的能力，因此也不能形成实际的需求。只有你想买，并且有经济实力购买，才能够构成需求。选项A，小郑有购买房产的意愿，有一定的月收入，但是明显这个收入对于买房来说是远远不够的。选项C，小黄有一定的支付能力，但是没有任何购买计划，也就是缺少消费需求。选项D，小王有购买智能手机的意愿，但手头拮据，没有支付能力。这三项都不符合题意。选项B，小周想买一盒巧克力，备好了钱但还没到超市去买，符合需求的概念，故选B。本题源自《西方经济学》第一章第一节156页。

5. 需求规律说明（　　）。
A. 药品的价格上涨会使药品质量提高　　B. 计算机价格下降导致销售量增加
C. 丝绸价格提高，游览公园的人数增加　D. 羽毛球的价格下降，球拍的销售量增加

答案要点：本题正确选项为B。解析：需求规律是指在其他条件不变的情况下，某商品的需求量与商品价格之间呈反方向变动，即需求量随着商品本身价格的上升而减少，随商品本身价格的下降而增加。它表明某种商品价格与其需求量（即厂商的销售量）之间的关系。根据需求规律，选项B，计算机价格下降导致计算机销售量增加，正确。本题源自《西方经济学》第一章第一节156页。

6. 在某一时期内彩电的需求曲线向左平移，其原因可以是（　　）。
A. 彩电的价格上升　　　　　　　　B. 消费者对彩电的预期价格下降
C. 消费者的收入水平提高　　　　　D. 黑白电视机的价格上升

答案要点：本题正确选项为B。解析：考查需求量的变动和需求的变动。首先要熟知需求量的变动和需求的变动的区别：商品本身价格变动引起的是需求量的变动，需求量的变动表现为同一条需求曲线上的移动。商品本身价格不变而其他因素变化所引起的是需求的变动，需求的变动表现为需求曲线的移动。题目中是需求曲线发生平移，因而是非价格因素引起的，所以选项A错误。其次，彩电的需求曲线向左平移，说明彩电的需求在那段时间是减少的。选项C，消费者的收入水平提高会增加对彩电的需求。选项D，黑白电视机的价格上升会使替代品彩电的需求增加。因此选项C、D错误。选项B，消费者对彩电的预期价格下降，意味着消费者会等一段时间之后再买，从而使彩电当期的需求减少，故选B。本题源自《西方经济学》第一章第一节157页。

7. 若正常品需求曲线向下倾斜，可能导致该商品需求曲线D向右上移动至D'的因素包括（　　）。
①该商品价格下降。②替代品价格下降。③互补品价格上升。④消费者收入增加。⑤消费者对该商品的偏好增强。
A. ①②　　　　　　　　　　　　　B. ②③
C. ③④　　　　　　　　　　　　　D. ④⑤

答案要点：本题正确选项为D。解析：正常品需求曲线D向右上移动至D'，说明该正常品的需求上升。影响消费者的需求进而使需求曲线发生变动的因素有：①消费者对商品的偏好，消费者的偏好与商品需求之间呈同方向变动，偏好增强，需求增加；②消费者的收入水平，对于正常品而言，当消费者的收入水平提高时，消费者的需求增加；③相关商品的价格。如果两种商品之间是替代关系，另外一种商品价格上升将导致原商品需求增

加；如果两种商品具有互补关系，则另外一种商品价格上升将导致原商品需求减少。该商品价格下降会导致对该商品的需求量上升，但不会导致需求曲线的移动。本题源自《西方经济学》第一章第一节 157 页。

8. 通常情况下，需求曲线是一条向右下方倾斜的曲线，当需求曲线向右上方倾斜时，则该商品为（　　）。

　　A．正常商品　　　　　　　　　B．低档商品
　　C．吉芬商品　　　　　　　　　D．高档商品

答案要点：本题正确选项为 C。解析：考查需求曲线的形状。关于需求曲线需要指出的是，并不是所有消费者对所有商品的需求曲线都向右下方倾斜。与数量轴平行和垂直的需求曲线是需求规律的特例，而吉芬商品的需求曲线是向右上方倾斜的，它可以作为违反需求规律的一个例子。本题源自《西方经济学》第一章第一节 157 页。

9. 除了价格以外，影响消费者对一种商品需求量的其他因素还有（　　）。
①消费者的偏好。②消费者的收入水平。③相关商品的价格。④消费者的预期。⑤政府政策因素。

　　A．①②③④⑤　　　　　　　　B．②③⑤
　　C．①③④　　　　　　　　　　D．②④⑤

答案要点：本题正确选项为 A。解析：除了价格以外，影响消费者对一种商品需求量的其他因素还有：消费者的偏好、消费者的收入水平、相关商品的价格、消费者的预期以及政府政策因素等。本题源自《西方经济学》第一章第一节 157 页。

10. 当消费者的收入水平提高时，消费者对某商品的需求增加，则该商品为（　　）。

　　A．正常商品　　　　　　　　　B．低档商品
　　C．吉芬商品　　　　　　　　　D．高档商品

答案要点：本题正确选项为 A。解析：考查需求量与需求的变动。除了商品的价格以外，任意一个影响需求量的其他因素发生变动，消费者的需求都会发生变动。因此，对于正常品而言，当消费者的收入水平提高时，消费者的需求增加。本题源自《西方经济学》第一章第一节 157 页。

11. 当消费者的收入水平提高时，消费者对某商品的需求减少，则该商品为（　　）。

　　A．正常商品　　　　　　　　　B．低档商品
　　C．吉芬商品　　　　　　　　　D．高档商品

答案要点：本题正确选项为 B。解析：考查需求量与需求的变动。除了商品的价格以外，任意一个影响需求量的其他因素发生变动，消费者的需求都会发生变动。因此，对于低档商品而言，当消费者的收入水平提高时，消费者的需求减少。本题源自《西方经济学》第一章第一节 157 页。

12. 如果两种商品之间是替代关系，另外一种商品价格上升将导致原商品的需求（　　）。

　　A．增加　　　　　　　　　　　B．不变
　　C．减少　　　　　　　　　　　D．无需求

答案要点：本题正确选项为 A。解析：考查需求量与需求的变动。相关商品的价格变动时，如果两种商品之间是替代关系，另外一种商品价格上升将导致原商品需求增加。本

第2部分 西方经济学

题源自《西方经济学》第一章第一节158页。

13. 如果两种商品之间是互补关系，另外一种商品价格上升将导致原商品的需求（ ）。
    A. 增加   B. 不变
    C. 减少   D. 无需求

答案要点：本题正确选项为C。解析：考查需求量与需求的变动。相关商品的价格变动时，如果两种商品具有互补关系，则另外一种商品价格上升会导致原商品需求减少。本题源自《西方经济学》第一章第一节158页。

14. 导致需求变动的因素是价格以外的经济量，主要是指（ ）。
    ①消费者收入。②消费者偏好。③政府政策。④其他商品的价格。
    A. ①②③④   B. ①②③
    C. ①②④   D. ①③④

答案要点：本题正确选项为C。解析：考查需求变动的影响因素。导致需求变动的因素是价格以外的经济量，其中包括消费者收入、消费者偏好、其他商品的价格等。本题源自《西方经济学》第一章第一节157页。

15. 如果所有单个消费者的需求曲线都向右下方倾斜，那么市场需求曲线一定向（ ）倾斜。
    A. 右上方   B. 右下方
    C. 左上方   D. 左下方

答案要点：本题正确选项为B。解析：考查市场需求曲线的形状。如果所有单个消费者的需求曲线都向右下方倾斜，那么市场需求曲线一定向右下方倾斜。本题源自《西方经济学》第一章第一节158页。

16. 供给反映了生产者对商品的（ ）之间的对应关系。
    A. 供给量与价格   B. 收入与支出
    C. 需求量与价格   D. 偏好与需求

答案要点：本题正确选项为A。解析：供给反映了生产者对商品的供给量与价格之间的对应关系。本题源自《西方经济学》第一章第二节158页。

17. 在其他条件不变的情况下，生产者的供给量与商品价格之间呈同方向变动。这一规律被称为（ ）。
    A. 价格规律   B. 需求规律
    C. 消费规律   D. 供给规律

答案要点：本题正确选项为D。解析：考查供给规律。在其他条件不变的情况下，随着商品价格的升高，生产者愿意并且能够提供的商品数量增加；相反，随着商品价格的降低，生产者愿意并且能够提供的商品数量减少。生产者的供给量与商品价格之间呈同方向变动。这一规律被称为供给规律。本题源自《西方经济学》第一章第二节158页。

18. 如果供给规律成立，通常情况下，供给曲线是一条向（ ）倾斜的曲线。
    A. 右下方   B. 右上方
    C. 左下方   D. 左上方

答案要点：本题正确选项为B。解析：考查供给曲线的形状。如果供给规律成立，通常情况下，生产者的供给曲线是一条向右上方倾斜的曲线。本题源自《西方经济学》第一章第二节 159 页。

19. 除了商品本身的价格以外，影响供给量的因素还有（　　）。
①生产技术水平。②投入品的价格。③相关商品的价格。④生产者的预期。⑤政府政策因素。

A. ①②③④⑤　　　　　　　　　　B. ②③⑤
C. ①③④　　　　　　　　　　　　D. ②④⑤

答案要点：本题正确选项为 A。解析：考查供给量的影响因素。除了商品本身的价格以外，生产技术水平、投入品的价格、相关商品的价格、生产者的预期以及政府政策等因素也对供给量产生影响。本题源自《西方经济学》第一章第二节 159 页。

20. 如果所有单个生产者的供给曲线都向右上方倾斜，那么市场供给曲线一定向（　　）倾斜。

A. 右下方　　　　　　　　　　　　B. 右上方
C. 左下方　　　　　　　　　　　　D. 左上方

答案要点：本题正确选项为 B。解析：考查市场供给曲线的形状。如果所有单个生产者的供给曲线都向右上方倾斜，那么市场供给曲线一定向右上方倾斜。本题源自《西方经济学》第一章第二节 160 页。

21. 在市场经济中，当鸡蛋的供给量小于需求量时，解决鸡蛋供求矛盾的下列办法中最有效的办法是（　　）。

A. 实行定量供给　　　　　　　　　B. 宣传吃鸡蛋会导致胆固醇升高
C. 让鸡蛋的价格自由升高　　　　　D. 进口鸡蛋

答案要点：本题正确选项为 C。解析：考查均衡价格。如果价格高于均衡价格，那么市场需求量小于市场供给量，市场会出现供大于求的现象，于是供给者的竞争将导致价格下降；反之，如果价格低于均衡价格，那么市场的需求量大于市场供给量，市场会出现供小于求的现象，于是消费者的竞争将导致价格上升。因此，只要竞争性市场上的价格具有伸缩性，那么市场将最终处于均衡状态。本题源自《西方经济学》第一章第三节 161 页。

22. 关于均衡价格的正确说法是（　　）。

A. 需求等于供给时的价格　　　　　B. 供给量等于需求量时的价格
C. 供给曲线与需求曲线交点上的价格　D. 供给价格等于需求价格时的价格

答案要点：本题正确选项为 C。解析：一种商品的市场价格是该市场上供求双方相互作用的结果，当供求力量达到一种平衡时，价格处于相对稳定状态。此时，所决定的市场价格就被称为均衡价格。本题源自《西方经济学》第一章第三节 160 页。

23. 在其他条件不变的情况下，关于供求的描述，正确的是（　　）。

A. 需求变动引起均衡价格反方向变动　B. 需求变动引起均衡数量反方向变动
C. 供给变动引起均衡价格反方向变动　D. 供给变动引起均衡数量反方向变动

答案要点：本题正确选项为 C。解析：需求变动引起均衡价格和均衡数量同方向变动；供给变动引起均衡价格反方向变动，引起均衡数量同方向变动。本题源自《西方经济学》第一章第三节 161 页。

24. 需求的价格弹性是指（　　）。
   A. 一种商品的需求量变动对另一种商品价格变动的反应程度
   B. 需求量变动对价格变动的反应程度
   C. 价格变动对需求量变动的反应程度
   D. 需求量变动对收入变动的反应程度

答案要点：本题正确选项为 B。解析：考查需求价格弹性的定义。需求价格弹性的定义：需求的价格弹性反映了相应于价格的变动，需求量变动的敏感程度。这与需求量变动对价格变动的反应程度是同样的意思，所以选项 B 正确。选项 A 表示的是需求的交叉价格弹性，选项 D 表示的是需求的收入弹性。本题源自《西方经济学》第一章第四节 162 页。

25. 生产者为提高收益，对某种产品，能够采用提价的方法，这种产品（　　）。
   A. 富有弹性　　　　　　　　　B. 缺乏弹性
   C. 单位弹性　　　　　　　　　D. 以上都不对

答案要点：本题正确选项为 B。解析：考查弹性系数与商品的分类。需求缺乏弹性时，生产者的收益与价格同方向变动，它随价格提高而增加，随价格降低而减少。本题源自《西方经济学》第一章第四节 163 页。

26. 生产者为提高收益，对某种产品，能够采用降价的方法，这种产品（　　）。
   A. 富有弹性　　　　　　　　　B. 缺乏弹性
   C. 单位弹性　　　　　　　　　D. 以上都不对

答案要点：本题正确选项为 A。解析：考查弹性系数与商品的分类。需求富有弹性时，生产者的收益与价格反方向变动，它随价格提高而减少，随价格降低而增加。本题源自《西方经济学》第一章第四节 163 页。

27. 当一种商品需求富有弹性时，需求价格弹性系数（　　）。
   A. $e_{x,p} > 1$　　　　　　　B. $0 < e_{x,p} < 1$
   C. $e_{x,p} = 1$　　　　　　　D. $e_{x,p} = 0$

答案要点：本题正确选项为 A。解析：考查弹性系数与商品的分类。当 $e_{x,p} > 1$ 时，称需求富有弹性。本题源自《西方经济学》第一章第四节 163 页。

28. 当一种商品需求缺乏弹性时，需求价格弹性系数（　　）。
   A. $e_{x,p} > 1$　　　　　　　B. $0 < e_{x,p} < 1$
   C. $e_{x,p} = 1$　　　　　　　D. $e_{x,p} = 0$

答案要点：本题正确选项为 B。解析：考查弹性系数与商品的分类。当 $0 < e_{x,p} < 1$ 时，称需求缺乏弹性。本题源自《西方经济学》第一章第四节 163 页。

29. 当一种商品需求具有单位弹性时，需求价格弹性系数（　　）。
   A. $e_{x,p} > 1$　　　　　　　B. $0 < e_{x,p} < 1$
   C. $e_{x,p} = 1$　　　　　　　D. $e_{x,p} = 0$

答案要点：本题正确选项为 C。解析：考查弹性系数与商品的分类。当 $e_{x,p} = 1$ 时，称需求具有单位弹性。本题源自《西方经济学》第一章第四节 163 页。

30. 下面哪种曲线表示收入与某一商品的需求量之间的关联性？（　　）
   A. 预算线　　　　　　　　　　B. 价格 – 消费曲线
   C. 收入 – 消费曲线　　　　　　D. 恩格尔曲线

答案要点：本题正确选项为 D。解析：考查需求的收入弹性。恩格尔曲线描述收入增加与商品需求量变动之间的关系。它反映在商品价格和其他因素不变时收入的变化引起需求量怎样的变化。恩格尔曲线是一条联系收入变化和某一商品消费量变化的曲线。本题源自《西方经济学》第一章第四节 163 页。

31. 需求量变动的百分比除以收入变动的百分比是指（　　）。
    A. 需求的收入弹性　　　　　　　B. 需求的交叉价格弹性
    C. 供给的价格弹性　　　　　　　D. 需求的价格弹性

答案要点：本题正确选项为 A。解析：考查需求的收入弹性。需求的收入弹性度量了相应于消费者收入的变动，需求量变动的敏感程度。其弹性系数定义为需求量变动的百分比除以收入变动的百分比。本题源自《西方经济学》第一章第四节 163 页。

32. 需求量变动的百分比除以另外一种商品价格变动的百分比是指（　　）。
    A. 需求的收入弹性　　　　　　　B. 需求的交叉价格弹性
    C. 供给的价格弹性　　　　　　　D. 需求的价格弹性

答案要点：本题正确选项为 B。解析：考查需求的交叉价格弹性。需求的交叉价格弹性反映了相应于其他商品价格的变动，消费者对某种商品需求量变动的敏感程度。其弹性系数定义为需求量变动的百分比除以另外一种商品价格变动的百分比。本题源自《西方经济学》第一章第四节 163 页。

33. 下列能够反映所购买的一种商品的均衡数量与消费者收入水平之间的关系的是（　　）。
    A. 洛伦兹曲线　　　　　　　　　B. 无差异曲线
    C. 供给曲线　　　　　　　　　　D. 恩格尔曲线

答案要点：本题正确选项为 D。解析：考查恩格尔曲线的定义。恩格尔曲线是指能够反映所购买的一种商品的均衡数量与消费者收入水平之间的关系的曲线。洛伦兹曲线也译为"劳伦兹曲线"，是指在一个总体（国家、地区）内，以"最贫穷的人口计算起一直到最富有人口"的人口百分比对应各个人口百分比的收入百分比的点组成的曲线。无差异曲线是用来表示两种商品或两组商品的不同数量的组合给消费者提供的效用是相同的曲线。供给曲线是以几何图形表示商品的价格和供给量之间的函数关系，是根据供给表中的商品的价格与供给量组合在平面坐标图上所绘制的一条曲线。本题源自《西方经济学》第一章第四节 163 页。

34. 如果价格下降 10% 能使消费者总支出增加 1%，则这种商品的需求量对价格表现为（　　）。
    A. 富有弹性　　　　　　　　　　B. 具有单位弹性
    C. 缺乏弹性　　　　　　　　　　D. 其弹性不能确定

答案要点：本题正确选项为 A。解析：考查需求的价格弹性。价格下降，需求量上升，需求量的变化率大于价格的变化率，称为富有弹性。我们先假设，需求量的变动百分率为 A，在价格下降之前，其单位价格为 P。市场需求量为 Q，消费者购买总支出为 $P \times Q = PQ$。如果，商品价格为 1，当商品价格下降 10% 之后，其单位价格为 $1-10\% = 0.9$。市场需求量为 AQ（需求变动率×需求量），购买者总支出则为 $0.9 \times AQ$。因为，价格下降

10%能使买者总支出增加1%，那么 $0.01 = 0.9 × AQ/PQ - 1$ 或者 $0.9AQ = 1.01PQ$。即 $A = 1.01/0.9 = 1.1222$，也就是说，需求量增加了12.22%。而需求弹性系数为 $12.22\%/10\% = 1.2222 > 1$。因此，如果价格下降10%能使买者总支出增加1%，则这种商品的需求量对价格富有弹性。本题源自《西方经济学》第一章第四节 163 页。

35. 已知X、Y两种商品的交叉价格弹性为 -0.4，则这两种商品是（　　）。
　　A. 独立品　　　　B. 替代品　　　　C. 互补品　　　　D. 不能确定
答案要点：本题正确选项为C。解析：考查需求的交叉价格弹性。需求的交叉价格弹性反映了相对于其他商品价格的变动，消费者对于某种商品需求量变动的敏感程度，其弹性系数定义为需求量变动的百分比除以另外一种商品价格变动的百分比。交叉价格弹性大于零，即是替代品，交叉价格弹性等于零，即是不相关，交叉价格弹性小于零，即是互补品。本题源自《西方经济学》第一章第四节 163 页。

36. 从甲地到乙地汽车票原价为 10 元，火车的乘客为 12 万，当汽车的票价由原先的 10 元减至 8.5 元时，火车乘客的人数减至 10.56 万，则火车乘客与汽车票价的交叉价格弹性为多少？（　　）
　　A. 1.2　　　　B. 0.6　　　　C. 0.8　　　　D. 0.4
答案要点：本题正确选项为C。解析：火车乘客与汽车票价的交叉价格弹性为需求量变动的百分比除以另外一种商品价格变动的百分比。即 $[(10.56 - 12)/12] / [(8.5 - 10)/10] = 0.8$。本题源自《西方经济学》第一章第四节 163 页。

二、名词解释

1. 需求：指消费者在一定时期内在各种可能的价格水平下愿意而且能够购买的该商品的数量。必须具备愿意和购买能力两个特征。

2. 需求规律：在其他条件保持不变的情况下，随着商品价格的升高，消费者愿意并且能够购买的商品数量减少；相反，随着商品价格的降低，消费者愿意并且能够购买的商品数量增加。即消费者的需求量与商品价格之间呈反方向变动。这一规律被称为需求规律，也称需求定律或者需求法则。

3. 供给：指在一个特定时期内生产者在各种可能的价格下愿意而且能够提供的该商品的数量。必须具备愿意和生产能力两个特征。

4. 供给规律：在其他条件保持不变的情况下，随着商品价格的升高，生产者愿意并且能够提供的商品数量增加；相反，如果随着商品价格的降低，生产者愿意并且能够提供的商品数量减少。即生产者的供给量与商品价格之间呈同方向变动。这一规律被称为供给规律，也称供给定律或者供给法则。

5. 均衡价格：一种商品的市场价格是该市场上供求双方相互作用的结果。当供求力量达到一种平衡时，价格或价格机制处于相对稳定状态。此时，所决定的市场价格就被称为均衡价格，而供求相等所决定的数量被称为均衡数量。

6. 比较静态分析：比较分析不同均衡状态的方法。当影响需求或供给的因素发生变动时，该市场的均衡状态也随之变动，形成新的均衡。对此进行的分析就是均衡的比较静态分析。

7. 需求的价格弹性：反映了相应于价格的变动，需求量变动的敏感程度，用弹性系数加以衡量，被定义为需求量变动的百分比除以价格变动的百分比。在实践中，可以由点弹性或弧弹性来衡量弹性系数的大小。

8. 需求的收入弹性：反映了相应于消费者收入的变动，需求量变动的敏感程度。其弹性系数定义为需求量变动的百分比除以收入变动的百分比。利用收入弹性可以对商品进行分类。

9. 需求的交叉弹性：反映了相应于其他商品价格的变动，消费者对某种商品需求量变动的敏感程度。其弹性系数定义为需求量变动的百分比除以其他商品价格变动的百分比。交叉弹性系数可以大于零、等于零或小于零，它表明两种商品之间分别呈替代、不相关或互补关系。

10. 供给的价格弹性：反映了相应于商品价格的变动，该商品供给量变动的敏感程度，定义为供给量变动的百分比除以价格变动的百分比。

11. 支持价格：政府干预市场的价格政策，指政府制定的价格位于市场均衡价格之上的政策，后果是供给大于需求。为了解决这一问题，政府应增加库存或扩大外需。

12. 限制价格：政府干预市场的价格政策，指政府制定的价格低于市场均衡价格的政策，后果是供给小于需求。为此，政府往往需要配额、票证等辅助措施。限制价格常常造成黑市交易。

三、简述题

1. 分析并说明引起需求变动的因素是什么。

答案要点：需求表示在其他条件不变的情况下，消费者在一定时期内对应于各种可能的价格愿意而且能够购买的商品的数量。如果价格之外的任何因素发生变动，消费者的需求就会发生变动。这些因素主要包括以下几个方面：

（1）消费者的收入。对于正常物品而言，当消费者的收入水平提高时，消费者的需求增加；而对于低档商品而言，当消费者的收入水平提高时，则会使得需求减少。

（2）消费者的偏好。偏好是消费者对商品的喜好程度。消费者的偏好与商品需求之间呈同方向变动关系。

（3）相关商品的价格。如果两种商品之间是替代品，另外一种商品价格上升将导致原商品需求增加；如果两种商品具有互补关系，则另外一种商品价格上升将导致原商品需求减少。

除了这些因素之外，消费者的预期、政府政策等也会对商品的需求产生影响。

2. 引起供给变动的因素是什么？它们是如何影响供给的？

答案要点：供给表示在其他条件不变的情况下，生产者在一定时期内对应于各种可能的价格愿意而且能够提供的商品的数量。除了商品的价格以外，影响供给量的其他因素发生变动，生产者的供给就会发生变动。这些因素主要包括：

（1）生产技术水平。生产技术水平的提高会提高产量，从而使得供给增加。

（2）生产过程中投入品的价格。投入品价格提高，商品的供给减少。

（3）相关商品的价格。如果一个厂商生产两种在原料上具有竞争性的商品，那么相关商品价格提高将导致一种商品供给减少；相反，如果另一种商品是一种连带的副产品，相关商品价格提高将导致一种商品的供给增加。

此外，厂商的目标、对未来的预期以及政府的政策等也会对一种商品的供给产生影响。

3. 运用供求分析说明"谷贱伤农"的道理何在？为什么20世纪70年代石油输出国组织要限制石油产量？

答案要点："谷贱伤农"是指农产品获得丰收不仅不能使农民从中获益，可能还会因农产品价格下降而导致收入降低。一般来说，市场对农产品需求的价格弹性很小，即农产品的需求是缺乏弹性的。当农产品的价格下降以后，需求量的增加幅度难以弥补价格下降对收入的影响，从而使农民的总收益下降。

同样的道理，由于石油为各国的重要能源，其需求价格弹性较小。在石油的需求没有变化的情况下，石油输出国组织限制石油的供给，会使得石油的价格上涨。由于各国对石油的需求缺乏弹性，因而石油价格上涨将使石油输出国组织的总收益增加。若不限制石油供给，供给增加，将导致石油价格下降，而供给量的增加不能弥补价格下降对收益所造成的损失。故而石油输出国组织要限制石油产量。

四、计算与证明

若市场需求曲线为：$Q = 20 - 3P$。求价格 $P = 2$ 时需求价格的点弹性值，并说明怎样调整价格才能使得总收益增加。

答案要点：根据需求价格弹性系数的定义有：$e = -\dfrac{\dfrac{dQ}{Q}}{\dfrac{dP}{P}} = -\dfrac{dQ}{dP} \cdot \dfrac{P}{Q}$

当价格 $P = 2$ 时，需求量 $Q = 14$。点弹性 $e = \dfrac{-\dfrac{dQ}{Q}}{\dfrac{dP}{P}} = -\dfrac{dQ}{dP} \cdot \dfrac{P}{Q} = -(-3) \cdot \dfrac{2}{14} = \dfrac{3}{7}$。

因为需求点弹性小于1，所以需求缺乏弹性，即需求量变化的敏感程度不及价格变化的敏感程度，厂商应提高价格。因为价格上升较多，由此产生的需求量的下降并不明显，于是二者的乘积即总收益增加。

（或：由于需求价格弹性系数小于1，因而需求是缺乏弹性的，故提高价格将会使得总收益增加。）

第二章 效用论

大纲重、难点提示

本章的重点和难点问题是序数效用的概念、消费者均衡的实现条件以及替代效应和收入效应。

大纲习题解答

一、单项选择题

1. 某消费者逐渐增加某种商品的消费量,直到达到了效用最大化,在这个过程中,该商品的( )。
   A. 总效用和边际效用不断增加　　　B. 总效用不断下降、边际效用不断增加
   C. 总效用不断增加、边际效用不断下降　D. 总效用和边际效用不断下降

   答案要点:本题正确选项为 C。解析:考查基数效用论的假设。基数效用论假定,消费者消费一定数量的商品或劳务所获得的满足程度可以用基数加以衡量;每单位商品或劳务给消费者带来的满足程度并不相同,随着消费商品数量的增加,消费者从增加的消费数量中所获得的效用增加量逐渐减少。本题源自《西方经济学》第二章第一节 167 页。

2. 总效用曲线达到顶点时( )。
   A. 边际效用曲线达到最大点　　　B. 边际效用为零
   C. 边际效用为正　　　　　　　　D. 边际效用为负

   答案要点:本题正确选项为 B。解析:考查边际效用递减规律。根据基数效用论的基本假定,边际效用随着消费数量的增加而递减,即边际效用服从递减规律,当总效用曲线达到顶点时,边际效用为零。本题源自《西方经济学》第二章第一节 167 页。

3. 序数效用论认为,商品效用的大小( )。
   A. 取决于它的使用价值　　　　　B. 取决于它的价格
   C. 不可比较　　　　　　　　　　D. 可以比较

   答案要点:本题正确选项为 C。解析:考查序数效用论。商品效用是指消费者从消费该商品所获得的满意程度。序数效用论认为,商品效用的大小不可比较。本题源自《西方经济学》第二章第一节 168 页。

4. 如果消费者消费 15 个面包获得的总效用是 100 个效用单位。消费 16 个面包获得的总效用是 106 个效用单位。则第 16 个面包的边际效用是( )效用单位。
   A. 108 个　　　B. 100 个　　　C. 106 个　　　D. 6 个

   答案要点:本题正确选项为 D。解析:考查边际效用。$MU = \Delta TU/\Delta Q = (106 - 100)/(16 - 15) = 6$。源自《西方经济学》第二章第一节 167 页。

5. 以下对基数效用论的观点表述错误的是（　　）。
   A. 效用能用基数度量　　　　　　B. 边际效用递减规律无法验证
   C. 涉及不同需求效用的比较　　　D. 基数效用论取代序数效用论

   答案要点：本题正确选项为 D。解析：由于基数效用论涉及对不同需求效用的比较，所以序数效用论放弃了基数效用论中的效用可计量的假设，而改用效用之间可以排序的假设，即序数效用论。本题源自《西方经济学》第二章第一节 168 页。

6. 以下哪种情况指的是边际效用？（　　）
   A. 小明吃了第二个面包，满足程度从 10 个效用单位增加到了 15 个效用单位，增加了 5 个效用单位
   B. 小明吃了 2 个面包，共获得满足 15 个效用单位
   C. 小明吃了 4 个面包后再不想吃了
   D. 小明吃了 2 个面包，平均每个面包带给小明的满足程度为 7.5 个效用单位

   答案要点：本题正确选项为 A。解析：考查边际效用的定义，根据定义，边际效用为增加一单位商品的消费量所增加的效用满足量。选项 A 表示增加一单位的面包消费量，增加了 5 个效用单位的满足量，符合边际效用的定义。选项 B 描述的是总效用，选项 D 描述的是平均效用。本题源自《西方经济学》第二章第一节 167 页。

7. 假定其他条件不变，如果某种商品（非吉芬商品）的价格下降，根据效用最大化原理，消费者会（　　）这种商品的购买。
   A. 增加　　　　　　　　　　　　B. 减少
   C. 不改变　　　　　　　　　　　D. 增加或减少

   答案要点：本题正确选项为 A。解析：假定其他条件不变，如果某种商品（非吉芬商品）的价格下降，根据效用最大化原理，消费者会增加对这种商品的购买。本题源自《西方经济学》第二章第一节 167 页。

8. 一般来说，无差异曲线的形状是（　　）。
   A. 向右上方倾斜的曲线
   B. 向右下方倾斜的曲线
   C. 是一条垂直线
   D. 是一条水平线

   答案要点：本题正确选项为 B。解析：考查无差异曲线。无差异曲线表示给消费者带来相同满足程度的不同的商品组合描述出来的轨迹，无差异曲线向右下方倾斜。本题源自《西方经济学》第二章第二节 170 页。

9. 无差异曲线为斜率不变的直线时，表示相结合的两种商品是（　　）。
   A. 可以替代的　　　　　　　　　B. 完全替代的
   C. 互补的　　　　　　　　　　　D. 互不相关的

   答案要点：本题正确选项为 B。解析：考查无差异曲线。无差异曲线为斜率不变的直线时，表示相结合的两种商品是完全替代的。本题源自《西方经济学》第二章第二节 170 页。

10. 无差异曲线上任一点上商品 X 和 Y 的边际替代率等于它们的（　　）。
    A. 价格之比　　　　　　　　　　B. 数量之比
    C. 边际效用之比　　　　　　　　D. 边际成本之比

答案要点：本题正确选项为 C。解析：考查边际替代率。商品的边际替代率与两种商品的边际效用之间的关系可以概括为：$MRS_{1,2} = MU_1/MU_2$。表明，第一种商品对第二种商品的边际替代率与其自身的边际效用成正比，与另一种商品的边际效用成反比。本题源自《西方经济学》第二章第二节170页。

11. 下列关于无差异曲线的说法哪一个是不正确的？（　　）
    A. 无差异曲线上的每一点代表了两种商品不同数量的组合
    B. 同一无差异曲线上的任一点所代表的效用水平都相同
    C. 在同一平面有无数条无差异曲线
    D. 任意两条无差异曲线可以相交

答案要点：本题正确选项为 D。解析：考查无差异曲线的定义和基本特征。无差异曲线是给消费者带来相同满足程度的不同商品的各种数量组合描述出来的轨迹，所以选项 A、B 都正确。无差异曲线有四个基本特征：①无数条，离原点越远的无差异曲线代表的效用水平越高；②无差异曲线向右下方倾斜；③无差异曲线不能相交；④无差异曲线凸向原点。选项 C 正确，选项 D 错误，两条不同的无差异曲线相交违背了"非饱和性"的假设。本题源自《西方经济学》第二章第二节169页。

12. 在给定的预算线坐标图上，决定预算线变动的因素包括（　　）。
    A. 价格弹性和商品的相对价格
    B. 消费者收入和商品的相对价格
    C. 消费者偏好和商品的相对价格
    D. 消费者收入和商品边际替代率

答案要点：本题正确选项为 B。解析：本题考查预算约束线。预算线表示在消费者的收入和商品的价格给定的条件下，消费者的全部收入所能购买到的两种商品的各种组合。所以决定预算线变动的因素就是商品的价格和消费者的收入。本题源自《西方经济学》第二章第三节171页。

13. 按照序数效用理论，消费者均衡实现的前提条件不包括（　　）。
    A. 价格不变　　　　　　　　　　B. 收入不变
    C. 边际效用不变　　　　　　　　D. 偏好不变

答案要点：本题正确选项为 C。解析：消费者均衡的前提条件是"三不变"，即价格不变、收入不变、偏好不变。本题源自《西方经济学》第二章第四节172页。

14. 在一定的收入和价格条件下，消费者所购买的各种物品的边际效用之比等于它们的价格之比，是指（　　）。
    A. 商品的边际替代率　　　　　　B. 边际效用递减规律
    C. 消费者均衡的必要条件　　　　D. 消费者需求曲线

答案要点：本题正确选项为 C。解析：消费者均衡的必要条件是指在一定的收入和价格条件下，购买各种物品使总效用达到极大值或者使消费者得到最大的满足，即消费者所购买的各种物品的边际效用之比等于它们的价格之比。本题源自《西方经济学》第二章第四节173页。

15. 实现了消费者均衡的是（　　）。
   A. $MU_A/P_A > MU_B/P_B$
   B. $MU_A/P_A < MU_B/P_B$
   C. $MU_A/P_A = MU_B/P_B$
   D. 以上三个公式都不对

   答案要点：本题正确选项为C。解析：考查消费者均衡的条件。当实现消费者均衡时，$MU_A/P_A = MU_B/P_B$。本题源自《西方经济学》第二章第四节173页。

16. 收入和一种消费品价格不变，另一种消费品价格变化时，连接消费者诸均衡点的线称为（　　）。
   A. 需求曲线
   B. 价格－消费扩展线
   C. 恩格尔曲线
   D. 收入－消费扩展线

   答案要点：本题正确选项为B。解析：价格－消费扩展线是指在一种商品的价格水平和消费者收入水平为常数的情况下，另一种商品价格变动所对应的两种商品最佳购买组合点组成的轨迹。也就是当某一种物品的价格改变时的消费组合。本题源自《西方经济学》第二章第五节174页。

17. 消费品价格不变，而消费者的收入变化时，连接消费者诸均衡点的线称为（　　）。
   A. 需求曲线
   B. 价格－消费扩展线
   C. 恩格尔曲线
   D. 收入－消费扩展线

   答案要点：本题正确选项为D。解析：收入－消费扩展线是在消费者的偏好和商品的价格不变的条件下，与消费者的不同收入水平相联系的消费者效用最大化的均衡点的轨迹。换句话说，收入－消费扩展线是在给定前提下由于收入变化，预算线与无差异曲线的切点的轨迹。本题源自《西方经济学》第二章第五节173页。

18. 某一种商品价格发生变化而收入不变，导致预算线的位置发生了变化，从而引起预算线与无差异曲线的切点即消费者均衡点移动，那么连接这些消费者均衡点的曲线称为（　　）。
   A. 需求曲线
   B. 恩格尔曲线
   C. 价格－消费扩展线
   D. 收入－消费扩展线

   答案要点：本题正确选项为C。解析：考查价格－消费扩展线。由于一种商品价格发生变化，导致预算线的位置发生了变化，从而引起了预算线与无差异曲线的切点及消费者均衡点移动，那么连接这些消费者均衡点的曲线就是价格－消费扩展线。价格－消费扩展线表示，消费者偏好和收入不变时与一种商品价格变化相联系的两种商品在不同价格下的效用最大化的各种组合。本题源自《西方经济学》第二章第五节174页。

19. 在消费者收入不变的条件下，由一种商品价格变动引起的消费者实际收入的变动所导致的两种商品消费数量的变动被称为（　　）。
   A. 替代效应
   B. 边际效应
   C. 收入效应
   D. 基数效应

   答案要点：本题正确选项为C。解析：在消费者收入不变的条件下，由一种商品价格变动引起的消费者实际收入的变动所导致的两种商品消费数量的变动被称为收入效应。本题源自《西方经济学》第二章第六节 176 页。

20. 在保持效用不变的条件下，由一种商品价格变动从而两种商品的相对价格变动而引起的一种商品对另一种商品的替代被称为（　　）。

　　A．替代效应　　　　　　　　　　B．边际效应
　　C．收入效应　　　　　　　　　　D．价格效应

　　答案要点：本题正确选项为 A。解析：在保持效用不变的条件下，由一种商品价格变动从而两种商品的相对价格变动而引起的一种商品对另一种商品的替代被称为价格变动的替代效应。本题源自《西方经济学》第二章第六节 176 页。

21. 由商品的价格变动所引起的实际收入水平的变动，进而由实际收入水平变动所引起的商品需求量的变动被称为（　　）。

　　A．替代效应　　　　　　　　　　B．边际效应
　　C．收入效应　　　　　　　　　　D．价格效应

　　答案要点：本题正确选项为 C。解析：由商品的价格变动所引起的实际收入水平的变动，进而由实际收入水平变动所引起的商品需求量的变动被称为收入效应。本题源自《西方经济学》第二章第六节 176 页。

22. 若一种商品的消费量随着消费者收入的增加而减少，一般来说，该商品是（　　）。

　　A．正常品　　　　　　　　　　　B．奢侈品
　　C．必需品　　　　　　　　　　　D．劣质品

　　答案要点：本题正确选项为 D。解析：如果商品的收入效应是负的，即当消费者收入水平提高时，对这种商品的需求量反而减少，这种商品被称为劣质品（低档商品）。本题源自《西方经济学》第二章第六节 177 页。

23. 提高工资会使个人的劳动时间（　　）。

　　A．增加　　　　　　　　　　　　B．减少
　　C．不变　　　　　　　　　　　　D．以上情况皆有可能

　　答案要点：本题正确选项为 D。解析：考查劳动的收入效应与替代效应。工资变化对劳动时间的影响有收入效应和替代效应两种。收入效应是指增加工资使劳动者收入增加，对"闲暇"这个奢侈品的需求量增加，于是劳动量减少；替代效应是指工资增加后，"闲暇"这个奢侈品的价格增加了，于是劳动者对它的需求量减少，用劳动替代闲暇。所以提高工资后劳动时间是增加还是减少要看哪个效应更大。本题源自《西方经济学》第二章第六节 176 页。

24. 下列哪种商品的需求曲线是向右上方倾斜的（　　）。

　　A．奢侈品　　　　　　　　　　　B．吉芬商品
　　C．必需品　　　　　　　　　　　D．高档汽车

　　答案要点：本题正确选项为 B。解析：吉芬商品的需求随着价格的上升而提高，故需求曲线向右上方倾斜。本题源自《西方经济学》第二章第六节 178 页。

25. 吉芬商品表现为（　　）。

　　A．需求收入弹性和需求价格弹性都是正值
　　B．需求收入弹性为负，需求价格弹性为正

C. 需求收入弹性为正，需求价格弹性为负
D. 需求收入弹性和需求价格弹性都是负值

答案要点：本题正确选项为 B。解析：吉芬商品是一种特殊的低档商品。吉芬商品的特性就是用收入效应和替代效应来解释的。那么既然吉芬商品是收入越高，买得越少，越会去买替代品。那么根据弹性的公式，需求收入弹性＝需求变动的百分比/收入变动的百分比，那么当收入增加，需求就会减少，那么需求变动就是负值，而收入变动就是正值。所以其需求收入弹性为负。需求价格弹性＝需求变动的百分比/价格变动的百分比，当吉芬商品的价格上涨，即消费者的收入下降，则购买吉芬商品的需求增加，所以，需求与价格是同方向变动，即当价格上涨时，吉芬商品的需求增加，根据弹性公式，在价格增加，需求也增加的时候，需求价格弹性为正值。本题源自《西方经济学》第二章第六节 177 页。

二、名词解释

1. **效用**：指消费者在消费商品或劳务时所感受到的满足程度总和。效用取决于消费的欲望以及这种商品或劳务满足消费者欲望的能力。效用有总效用和边际效用之分。边际效用量的大小在消费者的消费决策中具有重要作用。

2. **边际效用递减规律**：边际效用是指增加一单位商品的消费量所增加的效用满足量。对一个特定的消费者而言，根据基数效用论的基本假定，边际效用随着消费数量的增加而递减，即边际效用服从递减规律。

3. **消费者均衡**：指在其他条件不变的情况下，消费者在既定的收入约束条件下实现效用最大化并将保持不变的一种状态。在既定的收入约束条件下，当消费者每单位货币支出的边际效用都等于货币的边际效用时，消费者处于均衡状态，消费者均衡点即为无差异曲线和预算线的切点。

4. **预算约束线**：指在消费者收入和商品价格既定的条件下，消费者的全部收入所能购买到的两种商品的不同数量的各种组合。预算约束线方程为：$p_1 x_1 + p_2 x_2 = m$。预算约束线限定了消费者能够选择的商品的范围。

5. **无差异曲线**：表示给消费者带来相同满足程度的不同的商品组合描述出来的轨迹。其代数表达式为 $u(x_1, x_2) = u_0$。在通常情况下，无差异曲线具有以下特点：①任意两条无差异曲线都不会相交；②无差异曲线有无数条，每一条代表着一个特定的效用等级，并且离原点越远，所代表的效用等级就越高；③无差异曲线向右下方倾斜；④无差异曲线凸向原点。

6. **商品的边际替代率**：在效用水平保持不变的条件下，消费者增加一单位第一种商品的消费可以代替的第二种商品的消费数量，被称为第一种商品对第二种商品的边际替代率。用公式表示为：$MRS_{1,2} = \left. \dfrac{-\Delta x_2}{\Delta x_1} \right|_{u = u_0}$。其几何意义是无差异曲线斜率的绝对值。随着第一种商品数量的增加，边际替代率呈递减趋势。

7. **替代效应**：在保持效用不变的条件下，由一种商品价格变动从而两种商品的相对价格变动而引起的一种商品对另一种商品的替代被称为替代效应。

8. **收入效应**：在消费者货币收入不变的条件下，由一种商品价格变动引起的消费者

实际收入的变动所导致的两种商品消费数量的变动称为价格变动的收入效应。

三、简述题

1. 为什么消费者的需求曲线向右下方倾斜？试利用基数效用论加以说明。

答案要点：消费者的需求曲线向右下方倾斜是由需求曲线背后的消费者行为所决定的。在基数效用论下，它取决于边际效用递减规律。

基数效用论假设消费者消费一定数量的商品组合所获得的效用是可以用基数加以度量的，并且在其他条件不变的情况下，增加一单位商品的消费所增加的效用满足是递减的，即边际效用服从递减规律。据此，追求效用最大化的消费者在选择消费商品时，都会以货币的边际效用为标准，衡量增加商品消费的边际效用，以便获得最大满足。

消费者效用最大化的条件是 $\frac{MU}{P} = \lambda$。它表示为了获得最大效用，消费者在购买任意一种商品时，应使每单位货币购买该商品所带来的边际效用都相同，恰好等于一单位货币的边际效用。

随着商品价格的提高，消费的商品数量减少，以便用于购买商品的每单位货币的边际效用与持有货币时相同。这说明，价格与消费者的需求量之间呈反方向变动，即消费者的需求曲线向右下方倾斜。

2. 对正常物品而言，为什么消费者的需求曲线向右下方倾斜？请运用收入效应和替代效应加以说明。

答案要点：所谓正常物品，是指随着消费者收入增加，消费数量增加的商品。正常物品的需求曲线通常向右下方倾斜。这一点可以借助于收入效应和替代效应加以说明。

一种商品的价格变化对商品的需求量的影响可以分解为替代效应和收入效应两个部分。在保持效用不变的条件下，由一种商品价格变动从而两种商品的相对价格变动而引起的一种商品对另一种商品的替代被称为替代效应；在消费者货币收入不变的条件下，由一种商品价格变动引起的消费者实际收入的变动所导致的两种商品消费数量的变动被称为价格变动的收入效应。价格变动对商品需求量的影响取决于替代效应和收入效应的大小及其方向，即总效应＝替代效应＋收入效应。

当一种正常商品的价格下降时，一方面，消费者倾向于以价格下降的某种商品代替较昂贵的另外一种商品，从而使得该商品的需求量增加，即替代效应为正值；另一方面，随着该商品价格的下降，消费者实际收入增加导致消费量增加，价格下降的收入效应也是正值。因此，价格下降的总效应大于0，即商品价格下降导致需求量增加，因而正常物品的需求曲线向右下方倾斜。

3. 何为吉芬商品？其需求曲线形态如何？试利用收入效应和替代效应加以说明。

答案要点：吉芬商品是以经济学家吉芬的名字命名的一种特殊商品。吉芬商品是一种特殊的低档商品。随着价格的上升，市场对这类商品的需求量增加，即这类商品的需求曲线向右上方倾斜。其原因可以用替代效应和收入效应加以说明。

假定商品 X_1 为吉芬商品，而商品 X_2 为正常商品。当第一种商品 X_1 的价格下降时，一方面，消费者倾向于以价格下降的商品 X_1 代替较昂贵的另外一种商品 X_2，从而使得该商品 X_1 的需求量增加，替代效应为正值；另一方面，随着该商品价格的下降，消费者实际收入增加，导致消费者减少该商品的需求量，收入效应为负值。不仅如此，其收入效应的绝对值大于了替代效应的绝对值，从而使得商品价格下降的总效应为负值。结果，价格下降，商品的需求量减少。因此，吉芬商品的需求曲线向右上方倾斜。

由此可见，对吉芬商品而言，不仅替代效应与收入效应的变动方向相反，而且收入效应超过替代效应。这就是吉芬商品的需求曲线呈现向右上方倾斜的原因。

第三章 生产和成本论

大纲重、难点提示

本章的重点和难点问题是短期和长期生产函数、短期和长期成本曲线以及生产要素的最优组合。

大·纲·习·题·解·答

一、单项选择题

1. 生产要素（投入）和产出水平的关系称为（ ）。
   A. 生产函数　　　　　　　　　B. 生产可能性曲线
   C. 总成本曲线　　　　　　　　D. 平均成本曲线

   答案要点：本题正确选项为 A。解析：生产函数表示，在技术水平不变的情况下，厂商在一定时期内使用可能的生产要素组合与它们所能生产的最大产量之间的关系。本题源自《西方经济学》第三章第一节 179 页。

2. 增加一单位的劳动投入量所能生产的总产出的增加量是（ ）。
   A. 平均产量　　　　　　　　　B. 边际成本
   C. 边际产量　　　　　　　　　D. 平均成本

   答案要点：本题正确选项为 C。解析：边际产量是增加一单位的劳动投入量所能生产的总产出的增加量，表示为，$MP_L = \Delta TP/\Delta L = \Delta y/\Delta L$。本题源自《西方经济学》第三章第二节 181 页。

3. 产量的增加量除以生产要素的增加量的值等于（ ）。
   A. 平均产量　　　　　　　　　B. 边际成本
   C. 边际产量　　　　　　　　　D. 平均成本

   答案要点：本题正确选项为 C。解析：边际产量是增加一单位的劳动投入量所能生产的总产出的增加量，表示为，$MP_L = \Delta TP/\Delta L = \Delta y/\Delta L$。本题源自《西方经济学》第三章第二节 181 页。

4. 如果是连续地增加某种生产要素，在总产量达到最大时，边际产量曲线（ ）。
   A. 与纵轴相交　　　　　　　　B. 经过原点
   C. 与平均产量曲线相交　　　　D. 与横轴相交

   答案要点：本题正确选项为 D。解析：在技术水平不变的条件下，连续不断地把等量的某一种可变生产要素投入到另一种或几种数量不变的生产要素上，当这种可变生产要素的投入量超过某一特定值时，增加一单位该要素的投入量所带来的产量增加量是递减的，即边际产量在可变生产要素增加到一定数值之后是递减的。因此，在总产量达到最大时，边际产量曲线与横轴相交。本题源自《西方经济学》第三章第二节 182 页。

5. 每单位劳动投入量所能生产的产出量是指（　　）。

A. 总产量　　　　　　　　　　B. 边际产量

C. 平均产量　　　　　　　　　D. 最小产量

答案要点：本题正确选项为 C。解析：以劳动作为变动投入，劳动的平均产量是指每单位劳动投入量所能生产的产出量，即 $AP_L = TP/L = y/L$。本题源自《西方经济学》第三章第二节 180 页。

6. 在生产要素的投入三阶段中，劳动的边际水平超过平均水平，因而理性的厂商不会把劳动投入量确定在这一领域。这一领域是（　　）。

A. 第一阶段　　　　　　　　　B. 第二阶段

C. 第三阶段　　　　　　　　　D. 不存在

答案要点：本题正确选项为 A。解析：在第一阶段，平均产量呈上升趋势，劳动的边际产量大于劳动的平均产量。这意味着，劳动的边际水平超过平均水平，因而理性的厂商不会把劳动投入量确定在这一领域。本题源自《西方经济学》第三章第二节 182 页。

7. 下列说法中正确的是（　　）。

A. 生产要素的边际技术替代率递减是规模报酬递减规律造成的

B. 生产要素的边际技术替代率递减是边际报酬递减规律造成的

C. 规模报酬递减是边际报酬递减造成的

D. 边际报酬递减是规模报酬递减造成的

答案要点：本题正确选项为 B。解析：边际报酬递减规律是指随着可变生产要素的连续等量的投入，增加一单位生产要素所带来的总产量的增加量是递减的；而边际技术替代率递减是指在维持产量水平不变的条件下，增加一单位的某种生产要素所需要放弃的另外一种生产要素的数量。由于边际报酬递减规律的原因，随着某种生产要素的连续等量的增加，所带来的总产量的增加量是减少的，那么在维持产量水平不变的情况下，所需要放弃的另外一种生产要素的数量是递减的。本题源自《西方经济学》第三章第三节 183 页。

8. 在边际产量发生递减时，如果要增加同样数量的产品，应该（　　）。

A. 增加变动生产要素的投入量　　B. 减少变动生产要素的投入量

C. 停止增加变动生产要素　　　　D. 同比例增加各种生产要素

答案要点：本题正确选项为 A。解析：当边际产量发生递减时，如果要增加同样数量的产品，就需要更多的劳动力或者资源（变动生产要素）的投入。因为原来的劳动力和资源水平已经不能满足生产需求了，需要增加投入量来维持原来的生产水平。本题源自《西方经济学》第三章第三节 184 页。

9. 在技术水平不变的条件下，生产同一产量的所有生产要素的各种不同组合描述出的轨迹是（　　）。

A. 长期成本曲线　　　　　　　B. 短期成本曲线

C. 等成本曲线　　　　　　　　D. 等产量曲线

答案要点：本题正确选项为 D。解析：等产量曲线表示在技术水平不变的条件下，生产同一产量的所有生产要素的各种不同组合所描述出的轨迹。等产量曲线可以表示为：

$\bar{y} = f(L, K)$。本题源自《西方经济学》第三章第三节 182 页。

10. 等产量曲线的基本特征不包括（　　）。
   A. 等产量曲线有无数多条，每一条代表着一个产量，并且离原点越远，产量就越小
   B. 任意两条等产量曲线不相交
   C. 等产量曲线向右下方倾斜
   D. 等产量曲线凸向原点

   答案要点：本题正确选项为 A。解析：等产量曲线的基本特征包括，①等产量曲线有无数多条，每一条代表着一个产量，并且离原点越远，产量就越大；②任意两条等产量曲线不相交；③等产量曲线向右下方倾斜；④等产量曲线凸向原点。本题源自《西方经济学》第三章第三节 183 页。

11. 某项资源用于某种用途而放弃的机会所带来的成本是（　　）。
   A. 社会成本   B. 显性成本
   C. 隐性成本   D. 机会成本

   答案要点：本题正确选项为 D。解析：机会成本是指某项资源用于某种用途而放弃的机会所带来的成本，它是由其他机会所能得到的最高收益加以衡量的。本题源自《西方经济学》第三章第五节 188 页。

12. 厂商在要素市场上购买或租用生产要素投入所需要的实际支出是（　　）。
   A. 社会成本   B. 显性成本
   C. 隐性成本   D. 机会成本

   答案要点：本题正确选项为 B。解析：显性成本是指厂商在要素市场上购买或租用生产要素投入所需要的实际支出。本题源自《西方经济学》第三章第五节 188 页。

13. 短期内，完全竞争厂商只能通过对（　　）的调整来实现最大利润。
   A. 生产规模   B. 价格
   C. 全部生产要素   D. 产量

   答案要点：本题正确选项为 D。解析：在短期内，厂商来不及对所有的生产要素做出调整，因而某些生产要素数量保持不变，要实现利润最大化就只能增加产量。本题源自《西方经济学》第三章第六节 189 页。

14. 假定某企业全部成本函数为 $TC = 30\,000 + 5Q - Q^2$，Q 为产出数量。那么 TVC 为（　　）。
   A. 30 000   B. $5Q - Q^2$
   C. $5 - Q$ D. $30\,000/Q$

   答案要点：本题正确选项为 B。解析：考查总可变成本的定义。成本函数中，常数项 30 000 为不变成本（也叫固定成本）；与产量有关的项，即 $5Q - Q^2$ 为总可变成本，所以选项 B 正确。选项 C 为平均可变成本，选项 D 为平均不变成本。本题源自《西方经济学》第三章第六节 190 页。

15. 短期平均成本曲线呈 "U" 形的原因是（　　）。
   A. 生产规模
   B. 价格与产量

C. 全部生产要素的投入
D. 短期生产函数的边际报酬递减规律的作用

答案要点：本题正确选项为 D。解析：短期平均成本曲线呈"U"形是因为边际报酬递减规律的作用。边际报酬递减规律是指在其他条件不变时，随着一种可变要素投入量的连续增加，它所带来的边际产量先是递增的，达到最大值以后再递减。本题源自《西方经济学》第三章第六节 190 页。

16. 假如一个完全竞争厂商接到的订单价格小于平均成本，但大于平均可变成本，它就应该（　　）。

A. 停止生产　　　　　　　　　　B. 生产且有利润
C. 亏损但继续生产　　　　　　　D. 生产且利润为零

答案要点：本题正确选项为 C。解析：平均成本是平均不变成本与平均可变成本之和，并且当产量增加到一定程度之后，平均成本主要由平均可变成本所决定。因为固定成本是不可变的，生产不生产都是存在的，只要平均收益大于可变成本，就应该继续生产，如果不生产，亏损会更严重。本题源自《西方经济学》第三章第六节 190 页。

17. 长期平均成本曲线呈"U"形的原因是（　　）。

A. 规模收益　　　　　　　　　　B. 外部经济与外部不经济
C. 规模经济和规模不经济　　　　D. 边际报酬递减

答案要点：本题正确选项为 C。解析：长期平均成本曲线的"U"形特征主要是由长期生产中的规模经济和规模不经济所决定的。当企业的长期平均成本随着产量的增加而下降，就说明存在着规模经济；当企业的长期平均成本随着产量的增加而增加，就说明存在着规模不经济。本题源自《西方经济学》第三章第七节 193 页。

二、名词解释

1. 边际产量：指增加一单位的劳动投入量所能生产的总产出的增加量。用公式表示为：$MP_L = \dfrac{\Delta y}{\Delta L}$。

2. 边际收益递减规律：又称边际报酬递减规律或边际产量递减规律，指在短期中，在技术水平不变的条件下，连续不断地把等量的某一种可变生产要素投入到生产上，当该生产要素投入的数量超过某一特定值时，增加一单位该要素的投入量所带来的产量增加量是递减的，即边际产量在可变要素增加到一定数值之后是递减的。

3. 等产量曲线：指在技术水平不变的条件下，生产同一产量的所有生产要素的各种不同组合描述出来的轨迹。等产量曲线的基本特征：①有无数条，每一条代表着一个产量，并且离原点越远，产量就越大；②任意两条等产量曲线不相交；③向右下方倾斜；④凸向原点。其中，等产量曲线凸向原点由边际技术替代率递减规律所决定。

4. 边际技术替代率：表示在保持产量不变的条件下，增加一单位的某种生产要素投入量所能代替的另外一种生产要素的投入数量，即一种生产要素对另一种生产要素的替代能力。用公式表示为：$MRTS_{L,K} = -\dfrac{dK}{dL} = \dfrac{MP_L}{MP_K}$。其几何意义是等产量曲线斜率的绝对值。

5. 边际技术替代率递减规律：在短期中，如果单一要素投入服从边际产量递减规律，那么随着劳动数量的增加，劳动的边际产量递减，而同时劳动替代资本使得资本数量减少，从而资本的边际产量递增。这就是说，边际技术替代率是递减的。由于边际技术替代率是等产量曲线斜率的绝对值，故边际技术替代率递减规律与等产量曲线凸向原点相一致。

6. 等成本方程：厂商使用生产要素需要支付费用，它是厂商实现利润最大化目标需要考虑的另一个约束。厂商的成本可表示为：$c = r_L L + r_K K$。如果成本既定，该式给出了厂商花费相同成本的所有不同的要素组合，被称为等成本方程。

7. 生产要素最优组合：在生产技术和要素价格不变的条件下，生产者在成本既定时实现产量最大或在产量既定时实现成本最小目标时所使用的各种生产要素的数量组合。为此，厂商将在既定的等成本方程和等产量线上寻求最优的产量组合点。无论是既定成本下的产量最大还是既定产量下的成本最小，以利润最大化为目标的厂商都将把生产要素的数量选择在每单位成本购买的要素所能生产的边际产量相等之点。

8. 规模经济与规模不经济：规模经济与规模不经济用来说明厂商产量变动从而规模变动与成本之间的关系。对于一个生产厂商而言，如果产量扩大一倍，生产成本的增加低于一倍，则生产存在着规模经济；如果产量增加一倍，而成本增加大于一倍，则生产存在着规模不经济。

9. 规模收益递增、不变和递减：作为规模经济与规模不经济的一种特殊的情况，如果产量的增加是借助于生产要素的同比例扩大实现的，那么相应地可定义规模收益的概念。①若产量增加的比例大于生产要素增加的比例，则称生产是规模收益递增的；②若产量增加的比例等于生产要素增加的比例，则称生产是规模收益不变的；③若产量增加的比例小于生产要素增加的比例，则称生产是规模收益递减的。

10. 平均成本：指厂商平均每生产一单位产品所消耗的成本。用公式表示为：$AC = \dfrac{TC}{y}$。在短期，厂商的平均成本呈现"U"形。在长期，规模经济的状况将决定厂商的长期平均成本曲线的形状。

11. 边际成本：指厂商增加一单位产量所增加的成本量。用公式表示为：$MC = \dfrac{\Delta TC}{\Delta y} = \dfrac{\Delta VC}{\Delta y}$。在短期内，由于边际产量递减规律的作用，厂商的边际成本呈现"U"形。在长期内，规模经济的状况将决定厂商的长期边际成本曲线的形状。

12. 长期平均成本曲线：指在长期中厂商平均每单位产量花费的总成本。长期平均成本曲线是基于长期总成本曲线而得到的。在生产由规模经济到规模不经济阶段，长期总成本曲线呈现"U"形，是所有短期平均成本曲线的包络线。这是因为对应于每一产量，厂商在长期内把生产要素调整到最优组合点，从而在这一产量下实现的平均成本最小。

三、简述题

1. 单一和多种生产要素的合理投入区是如何确定的？其间平均产量、边际产量各有什么特点？

答案要点：在生产技术水平和其他要素投入量不变的条件下即短期生产中，厂商只使用一种可变生产要素，由于边际产量递减规律的作用，可变投入的边际产量和平均产量呈现图2.3.1的形式。这时，理性的生产者会把这种可变的生产要素投入量限定在一个合理的投入区间内，这就是生产要素的合理投入区。

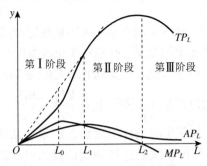

图 2.3.1　总产量、平均产量和边际产量曲线

边际产量曲线与平均产量曲线相交于平均产量曲线的最大值点，此时的可变投入量为 L_1；边际产量等于 0 的可变要素投入量为 L_2。在 L_1 的左边，可变生产要素投入 L 的边际产量超过平均产量，这意味着总产量仍有增加的幅度，因此，理性的厂商会增加投入。而当可变投入量超过 L_2，可变投入的边际产量为负值时，增加该要素投入会使得总产量减少，因而在这一阶段，厂商会减少投入量。由此可见，L_1 与 L_2 之间的区域限定了厂商的合理投入范围。

在可变要素的合理投入区内，平均产量和边际产量为正值，但都呈现递减趋势，同时边际产量低于平均产量。

多种生产要素的合理投入区详见本章简述题的第 3 题"生产要素最优组合是如何确定的"。

2. 为什么边际技术替代率是递减的？

答案要点：边际技术替代率是指在产量保持不变的条件下，增加一单位某种生产要素可以代替的另外一种生产要素的数量。通常，由于生产过程中投入的生产要素是不完全替代的，随着一种生产要素数量的增加，该要素对另外一种要素的边际技术替代率是递减的。

边际技术替代率出现递减趋势是边际产量递减规律发挥作用的结果。首先，在产量保持不变的条件下，随着一种要素的增加，另一种要素会减少。其次，增加投入的边际产量递减，而减少的那种投入的边际产量递增。最后，一种要素对另外一种要素的边际技术替代率与其本身的边际产量成正比，而与另外一种要素的边际产量成反比。综合上述三个方面，会得出边际技术替代率递减的结论。

3. 生产要素最优组合是如何确定的？它与厂商的利润最大化有何关系？

答案要点：生产要素最优组合是指在生产技术和要素价格不变的条件下，生产者在成本既定时实现产量最大或在产量既定时实现成本最小目标时所使用的各种生产要素的数量组合。

在多种生产要素投入变动（比如两种）的情况下，生产要素的最优组合表现为等产量曲线与等成本方程的切点。在成本既定的条件下，生产要素投入量需要满足的条件为：$\left\{ MRTS_{L,K} = \dfrac{r_L}{r_K};\ r_L \cdot L + r_K \cdot K = c \right\}$ 或 $\left\{ \dfrac{MP_L}{r_L} = \dfrac{MP_K}{r_K};\ r_L \cdot L + r_K \cdot K = c \right\}$。在产量既定的条件下，生产要素投入量需要满足的条件为：$\left\{ MRTS_{L,K} = \dfrac{r_L}{r_K};\ f(L, K) = y \right\}$ 或

$$\left\{\frac{MP_L}{r_L}=\frac{MP_K}{r_K}; f(L, K)=y\right\}.$$

这些条件说明，无论是既定成本下的产量最大还是既定产量下的成本最小，寻求生产要素最优组合的厂商都将把生产要素的数量选择在每单位成本购买的要素所能生产的边际产量相等之点。同时，生产要素最优组合也是厂商利润最大化的选择。下面以成本既定的情形为例。如果每单位成本获得的边际产量不相等，比如 $\frac{MP_L}{r_L}>\frac{MP_K}{r_K}$，这时把用于 K 的一单位成本用于购买 L 将会在保持成本不变的条件下增加总产量，从而增加利润。因此，对应于特定的价格，厂商会在生产扩展曲线上选择相应的投入组合即生产要素最优组合。

4. 试说明短期总产量曲线与短期总成本曲线之间的关系。

答案要点：在短期内，产量曲线与成本曲线存在着对偶关系。如果说短期总产量曲线是由边际收益递减规律所决定的，那么短期总成本曲线则是由短期总产量曲线所决定的。以只有一种要素可以变动的影响为例。短期边际成本和平均成本与边际产量和平均产量曲线之间的关系可以表示为：$MC=\frac{r_L}{MP_L}$ 和 $AVC=\frac{r_L}{AP_L}$，即厂商的边际成本与可变投入的边际产量之间呈反方向变动；平均变动成本与平均产量之间呈反方向变动。这就意味着，在边际产量递减规律成立的条件下，随着劳动投入量的增加，边际产量和平均产量先增后减，从而边际成本和平均成本随产量的增加一定是先减后增的，即边际成本和平均成本曲线呈现 "U" 形。

不仅如此，由于平均产量曲线与边际产量曲线相交于平均产量曲线的最大值点，因而平均成本曲线一定与边际成本曲线相交于平均成本曲线的最低点。

总成本曲线随着产量的增加而递增。由于边际成本是先减后增的，且反映了总成本增加的速度，因而总成本曲线在边际成本递减阶段，增长速度越来越慢；相反，总成本曲线在边际成本递增阶段，增长速度加快。

四、计算与证明

1. 已知企业的生产函数为 $y=5L-L^2$，其中 L 为雇佣工人的数量。求企业劳动投入的合理区域。

答案要点：由于生产要素投入的合理区域为从边际产量曲线与平均产量曲线相交于平均产量曲线的最大值点到边际产量为 0 的点的区域，由生产函数可以求得厂商的平均产量和边际产量，

$$AP_L=\frac{y}{L}=5-L \tag{1}$$

$$MP_L=\frac{dy}{dL}=5-2L \tag{2}$$

当平均产量与边际产量相交时，决定最低的劳动投入量，即：

$$AP_L=MP_L \tag{3}$$

将式（1）、式（2）代入式（3）可得，$5-L=5-2L$，进而可得：

$$L=0 \tag{4}$$

当边际产量为零时，决定了劳动投入量的最大值，

得 $5-2L=0$,故 $L=\frac{5}{2}$,即该厂商的合理投入区为 $\left[0,\frac{5}{2}\right]$,

或企业劳动投入的合理区域为 $0 \leqslant L \leqslant \frac{5}{2}$。

2. 厂商的生产函数为 $y = AL^\alpha K^\beta$,生产要素 L 和 K 的价格分别为 r_L 和 r_K。
(1) 求厂商的生产要素最优组合。
(2) 如果资本的数量 $K=1$,求厂商的短期成本函数。
(3) 求厂商的长期成本函数。

答案要点:(1) 根据厂商生产要素最优组合的条件 $\frac{MP_L}{r_L} = \frac{MP_K}{r_K}$,该生产函数分别对 L、K 求偏导数得,$\frac{A\alpha L^{\alpha-1} K^\beta}{r_L} = \frac{A\beta L^\alpha K^{\beta-1}}{r_K}$。

所以,最优组合为:$\left(\frac{\alpha}{r_L}\right)K = \left(\frac{\beta}{r_K}\right)L$。

(2) 根据等成本方程 $c = r_L L + r_K K$ 和生产函数 $y = AL^\alpha K^\beta$,已知 $K = 1$,得 $y = AL^\alpha$,所以 $L = \left(\frac{y}{A}\right)^{\frac{1}{\alpha}}$,代入等成本方程得短期成本函数为:$c = r_L \left(\frac{y}{A}\right)^{\frac{1}{\alpha}} + r_K$。

(3) 在长期中,厂商可任意调整劳动力 L 和资本 K 的投入比例,使得在一定产量下成本最小化。根据厂商生产要素最优组合的条件 $\frac{MP_L}{r_L} = \frac{MP_K}{r_K}$,求得 $\left(\frac{\alpha}{r_L}\right)K = \left(\frac{\beta}{r_K}\right)L$,得 $K = \left(\frac{\beta r_L}{\alpha r_K}\right)L$,$L = \left(\frac{\alpha r_K}{\beta r_L}\right)K$,分别代入生产函数得:

$$\begin{cases} y = A\left(\frac{\alpha r_K}{\beta r_L}\right)^\alpha K^{\alpha+\beta} \\ y = A\left(\frac{\beta r_L}{\alpha r_K}\right)^\beta L^{\alpha+\beta} \end{cases}$$

进一步得:

$$\begin{cases} K = \left(\frac{y}{A}\right)^{\frac{1}{\alpha+\beta}} \left(\frac{\beta r_L}{\alpha r_K}\right)^{\frac{\alpha}{\alpha+\beta}} \\ L = \left(\frac{y}{A}\right)^{\frac{1}{\alpha+\beta}} \left(\frac{\alpha r_K}{\beta r_L}\right)^{\frac{\beta}{\alpha+\beta}} \end{cases}$$

将上式代入成本方程 $c = r_L L + r_K K$ 得长期成本函数:

$$c = \left[r_L \left(\frac{\alpha r_K}{\beta r_L}\right)^{\frac{\beta}{\alpha+\beta}} + r_K \left(\frac{\beta r_L}{\alpha r_K}\right)^{\frac{\alpha}{\alpha+\beta}}\right] \left(\frac{y}{A}\right)^{\frac{1}{\alpha+\beta}}$$

3. 证明:追求利润最大化的厂商必然会在生产扩展曲线上选择投入组合。

答案要点:厂商的利润 $\pi = TR - TC = PQ - TC$,将其对生产要素 L 和 K 分别求一阶导数并令其为零以寻求利润最大化的条件。$\frac{MP_L}{MP_K} = \frac{r_L}{r_K}$,此即厂商追求利润最大化的投入组合。

又因生产扩展曲线为一系列等成本线与等产量线的切点的连线，等产量线上任意一点切线的斜率为边际技术替代率 $MRTS_{L,K} = \dfrac{MP_L}{MP_K}$，而等成本线为：$c = r_L L + r_K K = c_0$，其斜率为 $\dfrac{r_L}{r_K}$。因此可得生产扩展线的方程为：$\dfrac{MP_L}{MP_K} = \dfrac{r_L}{r_K}$，与厂商追求利润最大化的投入组合相同。故追求利润最大化的厂商必然会在生产扩展曲线上选择投入组合。

第四章 市场理论

大纲重、难点提示
本章的重点和难点问题是分析各种市场达到均衡的条件。

大纲习题解答

一、单项选择题

1. 依照于厂商之间竞争的程度，市场可以被划分的类型不包括（　　）。
   A. 完全竞争市场　　　　　　　　B. 垄断市场
   C. 垄断竞争市场　　　　　　　　D. 不完全竞争市场

   答案要点：本题正确选项为 D。解析：依照于厂商之间竞争的程度，市场可以被划分为完全市场、垄断市场、垄断竞争市场和寡头市场四种类型。本题源自《西方经济学》第四章第一节 195 页。

2. 厂商增加一单位产品销售所获得的收入增加量是指（　　）。
   A. 总收益　　　　　　　　　　　B. 单位收益
   C. 平均收益　　　　　　　　　　D. 边际收益

   答案要点：本题正确选项为 D。解析：边际收益（MR）指厂商增加一单位产品销售所获得的收入增加量，表示为 $MR = \Delta TR/\Delta y$。本题源自《西方经济学》第四章第一节 195 页。

3. 如果厂商的平均收益曲线和边际收益曲线是一条重合的直线，那么（　　）。
   A. 厂商的平均收益 = 边际收益 > 市场价格
   B. 厂商的平均收益 = 边际收益 = 市场价格
   C. 厂商的平均收益 = 边际收益 < 市场价格
   D. 厂商的平均收益 > 边际收益 = 市场价格

   答案要点：本题正确选项为 B。解析：如果厂商是价格接受者，那么厂商的平均收益等于边际收益，都等于市场价格。即厂商的平均收益曲线和边际收益曲线是一条重合的直线。本题源自《西方经济学》第四章第一节 195 页。

4. 划分影响厂商竞争态势与竞争特性的因素是（　　）。
   ①市场中消费者的数量。②市场中生产者的数量。③商品的同质性。④市场进入或退出的自由程度。⑤信息的完全性。
   A. ①②③④⑤　　　　　　　　　B. ①②③⑤
   C. ①②④⑤　　　　　　　　　　D. ①②③④

   答案要点：本题正确选项为 A。解析：一般来讲，划分市场结构的依据包括，①市中消费者的数量；②市场中营销者的数量；③商品的同质性；④市场进入或退出的自由程度；⑤信息的完全性。本题源自《西方经济学》第四章第二节 196 页。

5. 完全竞争市场的特征是（　　）。

①市场上，厂商生产同质的产品。②市场上有众多的消费者和厂商，因而消费者和厂商都是市场价格的接受者。③市场上的消费者和厂商拥有完全信息。④厂商可以无成本地自由进入或退出市场。

A. ①③④　　　　　　　　　　B. ②③④
C. ①②④　　　　　　　　　　D. ①②③④

答案要点：本题正确选项为 D。解析：完全竞争市场的基本特征是，①市场上，厂商生产同质的产品；②市场上有众多的消费者和厂商，因而消费者和厂商都是市场价格的接受者；③市场上的消费者和厂商拥有完全信息；④厂商可以无成本地自由进入或退出市场。本题源自《西方经济学》第四章第二节 196 页。

6. 在（　　）上，厂商面临的市场需求曲线为一条水平直线。

A. 完全竞争市场　　　　　　B. 垄断市场
C. 垄断竞争市场　　　　　　D. 寡头市场

答案要点：本题正确选项为 A。解析：在完全竞争市场上，厂商面临的市场需求曲线为一条水平直线。本题源自《西方经济学》第四章第二节 196 页。

7. 具有以下特征的市场是（　　）。

①厂商生产同质的产品。②市场上有众多的消费者和厂商。③信息是完全的。④进入或退出市场是自由的。

A. 完全竞争市场　　　　　　B. 垄断市场
C. 垄断竞争市场　　　　　　D. 寡头市场

答案要点：本题正确选项为 A。解析：完全竞争市场的基本特征是，①市场上，厂商生产同质的产品；②市场上有众多的消费者和厂商，因而消费者和厂商都是市场价格的接受者；③市场上的消费者和厂商拥有完全信息；④厂商可以无成本地自由进入或退出市场。本题源自《西方经济学》第四章第二节 196 页。

8. 下列哪一种说法不是完全竞争市场的特征（　　）。

A. 市场上有众多的消费者和厂商，因而消费者和厂商都是市场价格的接受者
B. 市场上的消费者和厂商拥有完全信息
C. 厂商可以无成本地自由进入或退出市场
D. 市场上，厂商生产略有差别的产品

答案要点：本题正确选项为 D。解析：考查完全竞争市场的基本特征。完全竞争市场具有以下 4 个基本特征：①市场上，厂商生产同质的产品；②市场上有众多的消费者和厂商，因而消费者和厂商都是市场价格的接受者；③市场上的消费者和厂商拥有完全信息；④厂商可以无成本地自由进入或退出市场。完全竞争市场中，厂商生产的应该是同质的产品，所以选项 D 错误。本题源自《西方经济学》第四章第二节 196 页。

9. 在完全竞争市场上，厂商只有在价格高于平均可变成本最低点时才按价格等于平均成本的条件进行生产，故这一点也被称为（　　）。

A. 开始营业点 B. 成本临界点
C. 停止营业点 D. 收益临界点

答案要点：本题正确选项为 C。解析：在完全竞争市场上，厂商只有在价格高于平均可变成本最低点时才按价格等于平均成本的条件进行生产，故这一点也被称为厂商的关闭点或停止营业点。本题源自《西方经济学》第四章第二节 197 页。

10. 可用（　　）来描述一个养蜂主与邻近的经营果园的农场主之间的影响。
A. 外部不经济 B. 外部经济
C. 外部损害 D. 以上都不对

答案要点：本题正确选项为 B。解析：外在性，又称外部经济影响，是指一个经济行为主体的活动对另一个经济主体的福利所产生的效应，但这种效应并没有通过市场交易反映出来。外在性有正负之分，或称为外在经济和外在不经济（也称外部经济和外部不经济）。在很多时候，某个人（生产者或消费者）的一项经济活动会给其他社会成员带来好处，但他自己却不能由此而得到补偿，这种性质的外部影响就是外部经济。例如题目中，养蜂主养的蜜蜂可以帮助邻近果园的农场主种植的果树更好地传播花粉，但是农场主却无须付费来补偿养蜂人，这就属于外部经济。本题源自《西方经济学》第四章第二节 198 页。

11. 在（　　）上，厂商面临的市场需求曲线向右下方倾斜。
A. 完全竞争市场 B. 垄断市场
C. 垄断竞争市场 D. 寡头市场

答案要点：本题正确选项为 B。解析：垄断厂商面临的需求曲线即为市场需求曲线，它向右下方倾斜，故垄断厂商的边际收益曲线在平均收益曲线的下方。本题源自《西方经济学》第四章第三节 200 页。

12. 市场上只有一家厂商提供市场所需要的所有供给，而且该厂商所提供的产品没有相近的替代品。这是（　　）。
A. 完全竞争市场 B. 垄断市场
C. 垄断竞争市场 D. 寡头市场

答案要点：本题正确选项为 B。解析：垄断市场的特征是，市场上只有一家厂商提供市场所需要的所有供给，而且该厂商所提供的产品没有相近的替代品。本题源自《西方经济学》第四章第三节 200 页。

13. 在短期内，由于厂商来不及调整固定不变的要素投入，因而垄断厂商可以处于（　　）状态。
①获得超额利润。②盈亏临界。③正常利润。④亏损。
A. ①③④ B. ②③④ C. ①②④ D. ①②③④

答案要点：本题正确选项为 A。解析：在短期内，由于厂商来不及调整固定不变的要素投入，因而垄断厂商可以处于获得超额利润、正常利润和亏损的均衡状态。本题源自《西方经济学》第四章第三节 200 页。

14. 具有以下特征的市场是（　　）。
①厂商生产不同的产品。②市场只有唯一的厂商。③信息是不完全的。④进入或退出

市场是封锁的。

A. 完全竞争市场　　　　　　　B. 垄断市场
C. 垄断竞争市场　　　　　　　D. 寡头市场

答案要点：本题正确选项为 B。解析：垄断市场通常具有以下特征，①厂商生产不同的产品；②市场只有唯一的厂商；③信息是不完全的；④进入或退出市场是封锁的。本题源自《西方经济学》第四章第三节 200 页。

15. 依照于垄断厂商采用价格歧视的程度，价格歧视被划分为三级。如果垄断厂商按不同的购买量索要不同的价格，以至于每单位索要的价格恰好等于此时的需求价格。这种类型的价格歧视是（　　）。

A. 完全的价格歧视　　　　　　B. 绝对的价格歧视
C. 不完全价格歧视　　　　　　D. 分割市场

答案要点：本题正确选项为 A。解析：依照于垄断厂商采用价格歧视的程度，价格歧视被划分为三级。第一级价格歧视是指垄断厂商按不同的购买量索要不同的价格，以至于每单位索要的价格恰好等于此时的需求价格。这种类型的价格歧视又被称为完全的价格歧视。本题源自《西方经济学》第四章第三节 202 页。

16. 垄断竞争市场通常具有（　　）特征。
①行业中有大量的卖者和买者。②厂商提供有差异但彼此接近的替代品。③信息是完全的。④厂商进入或退出是自由的。

A. ①③④　　　　　　　　　　B. ②③④
C. ①②④　　　　　　　　　　D. ①②③④

答案要点：本题正确选项为 C。解析：垄断竞争市场通常具有以下特征，第一，行业中有大量的卖者和买者；第二，厂商提供有差异但彼此接近的替代品；第三，厂商进入或退出是自由的；第四，信息是不完全的。本题源自《西方经济学》第四章第四节 202 页。

17. 在（　　）上，厂商有两条需求曲线。

A. 完全竞争市场　　　　　　　B. 垄断市场
C. 垄断竞争市场　　　　　　　D. 寡头市场

答案要点：本题正确选项为 C。解析：垄断竞争厂商有两条需求曲线。其一是行业中所有厂商都采取相同行动时，单个厂商的需求曲线，也即市场份额曲线。其二是单个厂商单独采取行动时所面临的需求曲线。本题源自《西方经济学》第四章第四节 203 页。

18. 已知某完全垄断厂商的产品需求函数为 $P = 12 - 0.4Q$，总成本函数为 $TC = 0.6Q^2 + 4Q + 5$，可求得垄断者（　　）。

A. 所能实现的最大利润为 11　　　B. 实现利润最大化时的产量是 10
C. 实现利润最大化时的价格是 8　　D. 实现利润最大化时的边际成本是 16

答案要点：本题正确选项为 A。解析：考查垄断市场的相关计算。根据题目总成本函数可得 $MC = 1.2Q + 4$，总收益 $TR = PQ = 12Q - 0.4Q^2$，所以 $MR = 12 - 0.8Q$。利润最大化条件是 $MR = MC$，因此可得方程 $12 - 0.8Q = 1.2Q + 4$，解得 $Q = 4$。此时 $P = 12 - 0.4 \times 4 = 10.4$，$MC = 1.2 \times 4 + 4 = 8.8$，利润 $= TR - TC = (12 \times 4 - 0.4 \times 4^2) - (0.6 \times 4^2 + 4 \times 4 + 5) = 11$。本题源自《西方经济学》第四章第四节 204 页。

19. 寡头市场的特征是（   ）。

①市场上存在少数厂商。②少数寡头之间的行为相互依存。③寡头市场上的价格相对稳定，竞争可以是非价格形式。④市场上存在进入障碍。⑤信息是不完全的。

A. ①③④⑤   B. ①②③④
C. ②③④⑤   D. ①②③④⑤

答案要点：本题正确选项为 D。解析：寡头市场的特征，第一，市场上存在少数厂商；第二，少数寡头之间的行为相互依存；第三，寡头市场上的价格相对稳定，竞争可以是非价格形式；第四，市场上存在进入障碍；第五，信息是不完全的。本题源自《西方经济学》第四章第五节 204 页。

20. 寡头市场的需求曲线是（   ）。

A. 两条曲线   B. 一条直线
C. 向右下方倾斜   D. 一条折弯的曲线

答案要点：本题正确选项为 D。解析：寡头垄断条件下企业的需求曲线是一条由两部分组成的折弯的需求曲线。在寡头垄断条件下，在某一价格水平上，一家企业降价，其他企业也降价，使这家企业降价后的需求曲线成为一条弹性小的需求曲线；这家企业提价，其他企业不跟着提价，使这家企业提价后的需求曲线成为一条弹性较大的需求曲线。本题源自《西方经济学》第四章第五节 205 页。

21. 折弯的需求曲线模型是（   ）。

A. 古诺模型   B. 斯威齐模型   C. 卡特尔模型   D. 纳什模型

答案要点：本题正确选项为 B。解析：斯威齐模型中，因为厂商的需求曲线是折弯的，所以其边际收益曲线是间断的，故只要边际成本曲线的位置变动不超过边际收益曲线的垂直间断范围，就仍然可以在同样的产量水平与边际收益相等，即均衡产量和均衡价格不变，所以可以保持价格不变。本题源自《西方经济学》第四章第五节 205 页。

22. 经典的寡头分析模型是（   ）。

A. 古诺模型   B. 斯威齐模型   C. 卡特尔模型   D. 纳什模型

答案要点：本题正确选项为 A。解析：古诺模型通常被作为寡头理论分析的出发点，是经典的寡头分析模型。古诺模型是一个只有两个寡头厂商的简单模型，该模型也称作"古诺双寡头模型"或"古诺双头垄断模型"。该模型阐述了相互竞争而没有相互协调的厂商的产量决策是如何相互影响的，从而产生一个位于完全竞争和完全垄断之间的均衡结果。本题源自《西方经济学》第四章第五节 204 页。

二、名词解释

1. 总收益、平均收益和边际收益：总收益指厂商按一定价格出售一定数量的产出所获得的全部收入，$TR = p(y) \cdot y$；平均收益指厂商平均每单位产量所获得的收入，$AR = \dfrac{TR}{y} = p(y)$；边际收益指厂商增加一单位产品销售所获得的收入增加量，$MR = \dfrac{\Delta TR}{\Delta y}$。

2. 厂商利润最大化原则：利润最大化是厂商决策时所遵循的一般原则。它要求每增加一单位产品（或要素）所增加的收益等于由此带来的成本增加量，即边际收益等于边际成本，用公式表示为，$MR = MC$。

3. **完全竞争市场**：一种不受任何垄断因素和外在因素阻碍和干扰的市场结构，其基本特征有，①市场上厂商生产同质的产品；②市场上有众多的消费者，因而消费者和厂商都是市场价格的接受者；③市场上的消费者和厂商拥有完全信息；④厂商可以无成本地自由进入或退出市场。

4. **外在经济和外在不经济**：外在影响指某一经济主体的经济行为对社会上其他人的福利造成影响，但并不为此承担后果。外在经济指某一经济个体的一项经济活动给社会其他成员带来好处，但并未获得相应的补偿，即个人获得的利益小于该活动中所带来的全部利益，也就是该经济个体的经济活动带来了正的外在影响；外在不经济指某一经济个体的一项经济活动给社会其他成员带来成本，但并不需要自身去承担相应的全部成本，即个人所承受的成本小于该活动所带来的全部成本，也就是该经济个体的经济活动带来了负的外在影响。

5. **价格歧视**：也称价格差别，指相同的商品在垄断的情况下，对不同的消费者索取不同的价格的情况。依照于垄断厂商采用价格歧视的程度，价格歧视被划分为三级：第一级价格歧视是指垄断厂商按不同的购买量索要不同的价格，以至于每单位索要的价格恰好等于此时的需求价格。这种类型的价格歧视也被称为完全的价格歧视。第二级价格歧视是对完全价格歧视的一种近似，它是指垄断厂商按不同购买量分组，并对不同组别的消费者索要不同的价格。在这种价格歧视方式中，垄断厂商依照购买量由大到小的分组索要由低到高的价格。第三级价格歧视是指垄断厂商依照不同类型的消费者索要不同的价格。

6. **垄断竞争市场**：是竞争程度介于完全竞争市场和寡头市场之间的一种市场结构。这种市场结构主要具有以下特点：第一，行业中有大量的卖者和买者；第二，厂商提供有差异但彼此接近的替代品；第三，厂商进入或退出是自由的。

7. **寡头垄断厂商**：又称寡头垄断市场，指少数几家大厂商同时操纵、控制的市场。寡头市场具有以下一些特点：第一，市场上存在少数厂商，其单个厂商的产销量占整个市场相当大的份额，从而对市场价格具有明显的影响力；第二，少数寡头之间的行为相互依存；第三，寡头市场上的价格相对稳定，竞争可以是非价格形式；第四，市场上存在进入障碍。

8. **古诺模型**：经典的寡头分析模型是古诺双寡头模型。古诺模型可以在一个简单的情形中得到说明。假定两个面临同一市场的竞争厂商，它们生产无差异的产品，成本为0。最终，两个厂商各选择 $\frac{1}{n+1}$（此时 $n = 2$）即 $\frac{1}{3}$ 的产量，而且它们没有进一步变动产量的动力，从而使市场处于均衡状态。

9. **纳什均衡**：指如果其他参与者不改变策略，任何一个参与者都不会改变自己策略的一种状态。

三、简述题

1. 为什么说厂商均衡的一般原则是 $MR = MC$？

答案要点：经济学中假设理性厂商行为的目的是获取最大化的利润。为了获得最大化的利润，厂商在进行决策时都试图使得边际收益等于边际成本，即增加一单位投入量，厂商增加的收益等于增加的成本。经济学中称这一原则为利润最大化原则。利润最大化原则适用于所有以利润为目标的经济单位对所有决策变动进行的选择。下面以厂商的产量选择来说明这一点。

厂商增加产量，一方面会带来收益，另一方面也会形成成本。如果厂商多生产一单位产品所增加的收益大于生产这一单位产品所消耗的成本，即 $MR > MC$，那么生产该单位产品使得利润总额有所增加。因此，为使利润最大化，厂商就会把它生产出来，即在这种条件下，厂商会增加产量，直到二者相等为止。相反，如果多生产一单位产品所增加的收益小于生产这一单位产品所消耗的成本，即 $MR < MC$，就多生产这一单位产品而言，厂商是亏损的，因而为了增加利润，厂商会减少产量，直到 $MR = MC$。

由上述分析可以看出，只有在 $MR = MC$ 时，厂商才能获得最大化的利润。此时，厂商既不增加产量，也不减少产量。

2. 简要分析完全竞争厂商的短期（或长期）均衡。

答案要点：（1）短期均衡。在完全竞争市场上，由于每个厂商都是价格接受者，因而厂商的边际收益等于平均收益，都等于市场价格，即 $MR = AR = p$。按边际收益等于边际成本进行生产的利润最大化厂商选择最优产量的条件是 $MR = MC = p$。

对应于上述条件，完全竞争厂商可以处于获得超额利润、获得正常利润和亏损状态的均衡。当市场价格低于平均可变成本最低点时，厂商生产要比不生产损失更大，这是厂商的停止营业点。

对应于高于平均可变成本最低点的市场价格，厂商会在边际成本曲线上确定相应的供给量。因此，平均可变成本之上的边际成本曲线是厂商的短期供给曲线。并且由于边际产量递减规律的作用，厂商的边际成本曲线递增，因而厂商的供给曲线是向右上方倾斜的。

（2）长期均衡。在长期中，厂商将不断调整生产要素投入的数量，使得在每个产量下，生产规模都是最优的。因此，长期成本曲线将是厂商决策的依据。与短期中的行为一样，追求利润最大化的厂商选择最优产量的必要条件是长期边际收益等于长期边际成本。同时，由于长期内厂商没有固定成本与不变成本之分，因而当市场价格高于平均成本时，厂商才提供商品；否则，厂商退出该行业。

假定厂商的进入和退出不影响单个厂商的成本，则行业中厂商的进入或退出只影响到市场供给，从而影响到市场价格。

如果完全竞争行业中的厂商获得超额利润，那么势必会引起其他行业中厂商的进入。结果将使得市场价格降低到厂商的平均成本最低点为止。因此，在这种情况下，单个厂商的长期均衡条件是 $p = LMC = LAC$。所有厂商都不能获得超额利润。

3. 完全竞争市场的长期行业供给曲线是如何得到的？

答案要点： 完全竞争市场的长期行业供给曲线是以行业中单个厂商的长期供给曲线为基础的。

在长期中，完全竞争厂商将不断调整固定投入的数量，使得在每个产量下，生产规模都是最优的。以长期成本为决策基础，厂商在价格高于平均成本时，按价格等于边际成本来提供产量。同时，行业在长期中存在着其他厂商的进入或退出，这将导致单个厂商的长期均衡处于价格等于长期平均成本最低点。

其他厂商进入或者退出，不仅影响到市场供给，从而影响到市场价格，而且也对行业中厂商的成本产生影响。根据这一影响，完全竞争行业被划分为成本不变、递增和递减三种情况。

（1）成本不变行业：单个厂商的成本不随厂商的进入或退出而改变。最终结果只是厂商数目的增减而已。因此，成本不变行业的长期供给曲线是一条由厂商的长期平均成本曲线最低点决定的水平曲线。

（2）成本递增行业：假定最初厂商和行业均处于长期均衡状态。此时若出现行业的市场需求增加，结果将会导致市场价格提高，使得每个厂商都获得超额利润。超额利润驱使其他厂商进入。行业的外在不经济使得单个厂商的成本增加，因而当行业再次处于均衡状态时，厂商的平均成本最低点升高。这样，由厂商的长期平均成本最低点决定的行业长期供给曲线向右上方倾斜。

（3）成本递减行业：假设最初一个行业处于均衡状态，由于市场需求增加导致行业中的市场价格上升，从而行业中的厂商获得超额利润。这将引起其他厂商的进入。随着厂商的进入，一方面价格趋向于降低，另一方面外在经济也使得行业中厂商的长期平均成本曲线向下移动。市场价格再次与厂商的平均成本最低点相交，行业恢复到均衡状态。这时市场的均衡状态对应着更低的市场价格。结果该行业的长期供给曲线是一条向右下方倾斜的曲线。

4. 评述垄断竞争理论。

答案要点：垄断竞争市场是介于完全竞争市场和垄断市场之间的一种市场结构。这种市场结构主要具有以下特点：第一，行业中有大量的卖者和买者；第二，厂商提供有差异但彼此接近的替代品；第三，厂商进入或退出是自由的。

在垄断竞争市场上，由于产品差异，厂商可以在一定程度上控制自己产品的价格，所以，垄断竞争厂商面临一条向右下方倾斜的需求曲线。但在该市场上，代表性的垄断竞争厂商有两条需求曲线（D、d 两条曲线）。在 D 与 d 相交时，垄断竞争厂商选择的价格与市场价格一致，从而表明垄断竞争市场的供求均衡。

垄断竞争厂商将会依照收益曲线来决定最优的产量和价格。

在短期内，垄断竞争厂商在现有的生产规模下通过对产量和价格的同时调整，来实现利润最大化的状态。根据边际收益等于边际成本的原则，厂商依照 d 在 $SMC = MR$ 之点选择最优产量，并索要相应于 d 需求曲线上的价格。当厂商决定的产量及其相应的价格恰好达到 d 曲线和 D 曲线的交点 H 时，厂商才实现了短期均衡，并获得最大利润。如图 2.4.1 所示。

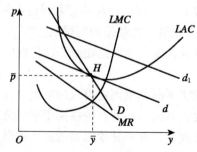

图 2.4.1 垄断竞争厂商的长期均衡

在长期内，垄断竞争厂商不仅可以调整生产规模，还可以进入或退出市场。在这种条件下，当 d 需求曲线与 LAC 曲线相切时，垄断竞争厂商处于长期均衡。垄断竞争厂商的长期均衡条件是 $MR = LMC = SMC$，并且 $AR = LAC = SAC$。

从垄断竞争厂商的长期均衡可以看到，由于厂商面临着向右下方倾斜的需求曲线，从而其生产的数量没有位于长期平均成本的最低点。这表明，厂商不仅没有利用既定生产规模的生产技术，而且也没有充分利用可能的生产规模来降低成本。从社会的角度来看，这在技术使用上是缺乏效率的。此外，由于其边际成本低于市场价格，从而其产量在社会净福利为最大的意义上也是缺乏效率的。因此，与完全竞争市场相比，其效率较低。另外，垄断竞争厂商为了强化其产品差异而采取的策略性行为也可能造成资源的浪费。但从另一方面来看，产品差异又有满足消费者不同需要的作用。同时，该市场的竞争也促使厂商降低成本。因此，垄断竞争市场又具有较高效率的一面。

5. 折弯的需求曲线模型是如何对寡头市场上的价格较少变动做出解释的？

答案要点：折弯的需求曲线模型又称为斯威齐模型，是用于寡头市场行为分析的一个理论模型。这一模型假定，对应于一个特定的价格，当一个寡头厂商提高价格时，其他厂商将不会跟随，但若它降低价格时，其他厂商也会如此。结果，单个厂商面临的需求曲线具有一个折弯点。

厂商根据边际收益等于边际成本的原则决定最优产量，并在需求曲线上索要价格。与通常厂商不同的是，折弯的需求曲线对应的边际收益曲线在折弯点处不连续。当边际成本恰好与边际收益在边际收益的断点处相等时，只要边际成本的变化不超过一定幅度，就不会影响厂商的均衡产量和价格。这样，该模型对寡头市场的价格稳定性给予了充分的说明。

折弯的需求曲线模型的缺陷是没有说明最初的价格是如何决定的。

6. 为什么说古诺模型的均衡是一个纳什均衡？

答案要点：博弈论的思想被广泛用于分析具有策略选择的经济行为，特别是分析寡头厂商的竞争行为。第二题中的"古诺模型"所表述的结果就是一个纳什均衡。

一般来说，假定两个寡头面临的市场需求为：$p = p(y_1 + y_2)$，每个厂商根据这一价格确定自身的边际收益，以便按边际收益等于边际成本的利润最大化原则确定产量。当两个寡头厂商各自生产市场总额 $\frac{1}{n+1}$（此时 $n=2$）即 $\frac{1}{3}$ 产量并且不再改变产量时，该市场处于均衡状态。均衡解可以通过求解两个厂商的反应函数：$y_1 = f_1(y_2)$ 和 $y_2 = f_2(y_1)$ 的公共解得到 $(\bar{y}_1, \bar{y}_2)$。这一公共解即为纳什均衡。在 B 不改变产量的条件下，A 不可能变更其产量。因此，$(\bar{y}_1, \bar{y}_2)$ 是一个 A 与 B 都不想首先打破的选择。

四、计算与证明

1. 已知垄断厂商面临的需求曲线是 $Q = 50 - 3P$。

(1) 求厂商的边际收益函数。

(2) 若厂商的边际成本等于 4，求厂商利润最大化的产量和价格。

答案要点：(1) 总收益 $TR = PQ = \dfrac{Q(50-Q)}{3} = \dfrac{50Q}{3} - \dfrac{Q^2}{3}$，对 Q 求导的边际收益函数

$MR = \dfrac{dTR}{dQ} = \dfrac{50}{3} - \dfrac{2Q}{3}$。

（2）根据厂商的利润最大化原则 $MR = MC$，又 $MC = 4$，则 $\dfrac{50}{3} - \dfrac{2Q}{3} = 4$，所以，$Q = 19$。代入需求函数中得到：$P = \dfrac{31}{3}$。

2. 已知垄断厂商的需求函数为 $Q = 50 - P$。
（1）求厂商的边际收益函数。
（2）当厂商的边际成本等于 20 时，求厂商利润最大化的产量和价格。
（3）说明垄断的价格歧视。

答案要点：（1）已知垄断厂商的需求函数为 $Q = 50 - P$，则 $P = 50 - Q$。厂商总收益 $TR = P \cdot Q = 50Q - Q^2$，则厂商边际收益函数为 $MR = 50 - 2Q$。

（2）根据厂商的边际成本 $MC = 20$，垄断厂商利润最大化的条件是 $MR = MC$，得 $20 = 50 - 2Q$，即 $Q = 15$，$P = 50 - Q = 35$。

（3）厂商对相同的商品制定不同销售价格的现象被称为价格歧视。价格歧视可以分为三种：第一级价格歧视、第二级价格歧视和第三级价格歧视。第一级价格歧视是指垄断厂商按不同的购买量索要不同的价格，以至于每单位商品索要的价格恰好等于此时的需求价格。第二级价格歧视是指垄断厂商按不同购买量分组，并对不同的组别索要不同的价格，如数量折扣。第三级价格歧视是指垄断厂商根据不同类型的消费者索要不同的价格。

第五章 生产要素市场

大纲重、难点提示

本章的重点和难点问题是要素市场价格的决定。

大纲习题解答

一、单项选择题

1. 反映生产要素市场和产品市场之间联系的是（ ）。

   A. 引致需求　　　B. 联合需求　　　C. 复合需求　　　D. 有效需求

   答案要点：本题正确选项为 A。解析：由消费者对产品的直接需求所引发的厂商对生产要素的需求被称为引致需求。引致需求反映了生产要素市场和产品市场之间的联系。生产者对生产要素的需求量在很大程度上取决于消费者对产品的需求量。本题源自《西方经济学》第五章第一节 211 页。

2. 当 $MRP < MFC$ 时，生产者的决策是（ ）。

   A. 增加生产要素投入数量　　　　　B. 减少生产要素投入数量
   C. 保持生产要素数量不变　　　　　D. 视企业利润目标而定

   答案要点：本题正确选项为 B。解析：本题考查生产者使用生产要素的原则。当边际收益产品（MRP）小于边际要素成本（MFC）时，每增加使用一个单位的要素给生产者带来的收益就会小于这个要素给生产者带来的成本。于是，生产者就会减少要素的投入，一直到边际收益产品等于边际要素成本时为止。本题源自《西方经济学》第五章第一节 211 页。

3. 根据完全竞争厂商的利润最大化条件，厂商对劳动的最优使用量满足边际产品价值等于要素价格的条件，此时厂商对劳动的需求曲线的形状为（ ）。

   A. 平行于横轴的一条直线

   B. 垂直于横轴的一条直线

   C. 自左上方向右下方倾斜的一条直线

   D. 一条向后弯曲的曲线

   答案要点：本题正确选项为 C。解析：根据厂商的利润最大化条件，厂商对劳动的最优使用量满足边际产品价值等于要素价格的条件，如果要素价格是变动的，那么要素的边际产品价值就是厂商对劳动这一要素的需求。注意到，劳动的边际产量服从递减规律，因而，厂商对劳动的需求曲线向右下方倾斜。本题源自《西方经济学》第五章第二节 212 页。

4. 关于生产要素的需求曲线的说法，正确的是（ ）。

A. 生产要素的需求曲线向右下方倾斜
B. 生产要素的需求曲线是一条水平线
C. 生产要素的需求曲线和边际要素成本曲线重合
D. 生产要素的需求和价格呈同方向变化

答案要点：本题正确选项为 A。解析：考查完全竞争厂商的要素需求曲线。如果所有单个厂商的要素需求曲线都向右下方倾斜，那么要素的市场需求曲线也如此。因此，生产要素的需求曲线也即 $MRP = VMP$ 时的曲线，向右下方倾斜。本题源自《西方经济学》第五章第二节 212 页。

5. 工资增加对劳动供给产生的收入效应导致（　　）。
A. 劳动供给减少 　　　　　　　B. 劳动供给增加
C. 闲暇时间减少 　　　　　　　D. 劳动供给人数增加

答案要点：本题正确选项为 A。解析：考查工资增加的收入效应。工资率提高也产生收入效应，工资增加的收入效应是指，由于工资上升，收入增加，收入效应的结果使得闲暇增加，消费者相对更加富有而追求闲暇，从而会减少劳动的供给。本题源自《西方经济学》第五章第三节 214 页。

6. 从短期看，在要素市场上，供给曲线具有后弯特征的生产要素是（　　）。
A. 数据 　　　　　　　　　　　B. 土地
C. 资本 　　　　　　　　　　　D. 劳动

答案要点：本题正确选项为 D。解析：本题考查劳动的供给曲线。根据劳动者的最优化行为，对应于一个特定的工资率，劳动者在效用最大化点上确定最优劳动供给量，从而得到劳动的供给曲线。劳动的供给曲线向后弯曲。土地的供给曲线是一条垂直线。而资本的供给曲线在短期内是垂直线，从长期来看才是一条后弯曲线。本题源自《西方经济学》第五章第三节 215 页。

7. 在一个以劳动时间为横轴，工资为纵轴的坐标系中，消费者的劳动供给曲线的形状为（　　）。
A. 平行于横轴的一条直线
B. 垂直于横轴的一条直线
C. 自左下方向右上方倾斜的一条直线
D. 一条向后弯曲的曲线

答案要点：本题正确选项为 D。解析：根据劳动者的最优化行为，对应于一个特定的工资率，劳动者在效用最大化点上确定最优劳动供给量，从而得到劳动的供给曲线。在工资水平较低时，工资率上升对劳动所产生的替代效应大于收入效应，因而人们愿意提供更多的劳动，减少闲暇消费；而当工资水平上升到一定程度以后，替代效应小于收入效应，因而人们增加闲暇时间的消费，而减少劳动时间。因此，劳动的供给曲线向后弯曲。本题源自《西方经济学》第五章第三节 215 页。

8. 在要素市场上，工资增加的替代效应是指（　　）。
A. 工作较短的时间可以获得同样的收入，劳动供给减少
B. 劳动者收入增加而追求闲暇，减少劳动供给

C. 宁愿工作更长的时间用劳动替代闲暇，增加劳动供给
D. 工作更长的时间可以获得更多的收入

答案要点：本题正确选项为 C。解析：考查工资增加的替代效应。工资增加的替代效应是指，由于工资上升，使得闲暇这种"商品"相对昂贵，消费者用劳动替代闲暇，劳动供给增加。工资增加的收入效应是指，由于工资上升，收入增加，消费者相对更加富有而追求闲暇，从而会减少劳动的供给。本题源自《西方经济学》第五章第三节 214 页。

9. 资本需求曲线和供给曲线交点决定（   ）。
A. 长期均衡   B. 均衡利息率
C. 短期均衡   D. 价格均衡

答案要点：本题正确选项为 B。解析：考查均衡利息率的决定。均衡利息率由资本市场上的供求双方的均衡所决定。在完全竞争市场上，资本的需求取决于资本的边际产品价值，而供给则由资本所有者的效用最大化行为所决定。资本的需求曲线和供给曲线的交点决定均衡利息率。本题源自《西方经济学》第五章第四节 216 页。

10. 如果产品市场和要素市场均处于完全竞争状态，且社会生产的规模报酬不变。则各要素的报酬之和正好等于社会生产的总产量，这是（   ）的结论。
A. 均衡要素理论   B. 欧拉定理
C. 资本供给理论   D. 要素市场理论

答案要点：本题正确选项为 B。解析：在完全竞争市场上，当所有的要素市场都处于均衡状态时，厂商对要素的均衡使用量所对应的边际产品价值恰好等于此时的要素价格。根据欧拉定理的结论，在厂商的生产处于规模收益不变状态时，要素按这一价格取得的收入恰好等于所有的产量（的价值）。因此，定理的结论表明，按要素的边际产量进行分配是合理的制度。本题源自《西方经济学》第五章第五节 217 页。

11. 如果厂商处于完全竞争的产品市场中，且要素 A 是其唯一的可变要素，则该厂商对要素 A 的需求曲线由以下（   ）给出。
A. VMP 曲线   B. MRP 曲线
C. MFC 曲线   D. 以上都不是

答案要点：本题正确选项为 A。解析：边际产品价值（VMP）是指在其他条件不变的前提下，厂商增加一单位要素投入所增加的产品的价值。它为一种投入品的边际产品（也就是额外一单位投入品所导致的额外产出）乘以产品的价格，即 $VMP = p \cdot MP$，表示在完全竞争条件下，厂商增加使用一个单位要素所增加的收益。本题源自《西方经济学》第五章第六节 218 页。

二、名词解释

1. 引致需求：由消费者对产品的直接需求所引发的厂商对生产要素的需求被称为引致需求。

2. 边际产品价值：增加一单位生产要素所增加的产量的价值，等于要素边际产量与产品价格的乘积，即 $VMP = p \cdot MP$。在完全竞争市场上，要素的边际产品价值反映了要素的边际收益，它是厂商对要素的需求曲线。由于边际产量服从递减规律，因而完全竞争厂商对要素的需求曲线向右下方倾斜。

3. 边际收益产品：在其他条件不变的情况下，厂商增加一单位生产要素所增加的收益，等于要素的边际产量与产品的边际收益之积，即 $MRP = MP \cdot MR$。在产品卖方垄断市场时，由于厂商出售既定产量可以索要的价格与厂商的产量有关，通常呈相反方向变动，因而，一种要素的边际产量为厂商增加的收益不等于原有的价格与边际产量之积，而是边际产量与边际收益之积。

4. 平均要素成本：厂商购买每单位生产要素平均支付的成本。在完全竞争市场上，平均要素成本等于该要素的市场价格。在生产要素市场买方垄断的条件下，平均要素成本曲线就是厂商面对的要素供给曲线。这时，平均要素成本随着要素使用量的增加而增加。

5. 边际要素成本：厂商增加一单位生产要素投入量所带来的成本增加量。在完全竞争市场上，由于生产要素价格不变，因而增加一单位要素的成本就等于该要素的价格。在要素的买方垄断市场上，厂商使用要素的边际要素成本高于要素的价格。

6. 向后弯曲的劳动供给曲线：根据劳动者的最优化行为，对应于一个特定的工资率，劳动者在效用最大化点上确定最优劳动供给量，从而得到劳动的供给曲线。在工资水平较低时，工资率上升对劳动所产生的替代效应大于收入效应，因而人们愿意提供更多的劳动，减少闲暇时间；而当工资水平上升到一定程度以后，其替代效应小于收入效应，因而人们会增加闲暇时间，而减少劳动时间。因此，劳动的供给曲线向（左）后方弯曲。

三、简述题

1. 简要说明完全竞争厂商对生产要素的需求曲线是如何得到的。

答案要点：与产品市场一样，完全竞争市场上有众多的厂商和众多的要素供给者，他们都按照既定的要素价格选择最优的要素使用量和供给量。在产品市场上，厂商也是完全竞争者，即产品的市场价格是厂商决策的依据。

就厂商而言，厂商选择要素使用量的原则是利润最大化，即要素的"边际收益"和"边际成本"必须相等。在完全竞争市场上，厂商使用要素的"边际收益"为该要素的边际产品价值，即边际产量与价格的乘积。这是因为，产量以不变的产品价格出售，即 $VMP = p \cdot MP$。

从要素的"边际成本"考察，由于厂商面对的要素价格由市场供求所决定，不随厂商使用要素数量的多少而改变，因此增加一单位的要素所增加的成本也等于该要素的价格。由此可以知道，厂商使用要素的利润最大化原则表现为：$VMP = p \cdot MP = r$。

对应于由市场所决定的要素价格 r，厂商选择利润最大化的要素使用量，因此要素的边际产品价值构成了厂商对该要素的需求曲线。由于要素的边际产量 MP 服从递减规律，在完全竞争市场上的产品价格保持不变，因而要素的边际产品价值 VMP 也随着要素使用量的增加而递减，即完全竞争厂商对生产要素的需求曲线向右下方倾斜。

2. 为什么劳动供给曲线向后弯曲？试用收入效应和替代效应加以说明。

答案要点：向后弯曲的劳动供给曲线是指随着劳动价格即工资率的提高，最初劳动的供给量逐渐增加，但当工资率上升到一定程度之后，劳动供给量反而逐渐减少的情况。

劳动的供给是消费者在既定时间约束条件下对获取收入和消费闲暇进行最优配置的结果。消费闲暇可以获得效用。不同的商品和闲暇时间的组合给消费者带来的效用满足可以由一系列的无差异曲线加以表示。在可以支出的时间不变的情况下，消费商品的收入来源为劳动收入,这样,只有当劳动者每单位时间获得的收入购买商品的边际效用与每单位收入用于闲暇获得的边际效用相等时,消费者才处于最优状态。因此,由消费者的效用最大化可以得到消费者的劳动供给曲线。

劳动供给曲线之所以出现向后弯曲的形状,源于工资率变动的替代效应和收入效应的强度。假定消费者消费的商品及闲暇都是正常物品;但与其他商品不同,当涉及闲暇这一特殊商品时,替代效应和收入效应方向相反。由于工资率反映了闲暇的机会成本或相对价格,在其他条件不变的情况下,随着工资率的提高,消费者消费闲暇的相对价格提高,因而替代效应的结果是消费者减少闲暇时间,而用收入购买的其他商品的消费予以替代,以便实现相同的效用满足。结果,闲暇时间减少,劳动时间增加。同时,工资率提高也产生收入效应,即工资率上升意味着劳动时间不变,消费者的收入水平提高。这样,随着工资率的提高,消费者会增加所有商品,包括闲暇的消费,即工资率提高的收入效应使得劳动时间减少。

由此可见,工资率上升的替代效应和收入效应对闲暇消费的影响是反方向的,因而二者的强度决定了劳动供给曲线的形状。当工资率的提高使人们富足到一定的程度以后,人们会更加珍视闲暇。因此,当工资率达到一定高度而又继续提高时,人们的劳动供给量不但不会增加,反而会减少,劳动供给曲线开始向后弯曲。

3. 试说明欧拉定理在要素收入分配理论中的含义。

答案要点:欧拉定理是一个数学结论,在经济学中的说法是,如果生产服从规模收益不变,那么每种生产要素按边际产量取得收入的总和恰好等于它们的总产量。用公式表示为:$Q = MP_L \cdot L + MP_K \cdot K$。这一结论对边际分配论具有很强的解释意义。在完全竞争市场上,当所有的要素市场都处于均衡状态时,厂商对要素的均衡使用原则是:边际产品价值恰好等于要素价格。因此,定理的结论表明,按要素的边际产量进行分配是合理的制度。但是,在规模报酬递增的情况下,产量会不够分配给各个生产要素之用,即 $Q < MP_L \cdot L + MP_K \cdot K$;而若在规模报酬递减的情况下,产量在分配给各个生产要素之后还会有剩余,即 $Q > MP_L \cdot L + MP_K \cdot K$。当所有的要素市场都处于不够或剩余时,为了使得各个生产要素都能得到它们的边际产品作为报酬,在经济社会中,应该有某种机构来补足缺额或取走剩余。

4. 以劳动市场为例,说明产品市场卖方垄断而要素市场买方垄断条件下的生产要素价格决定。

答案要点:如果产品市场卖方垄断,而要素市场买方垄断,从要素的边际收益方面考虑,边际收益产品(MRP)等于增加一单位产品生产所带来的边际收益 MR 乘以要素的边际产量 MP,它低于边际产品价值。从要素的边际成本方面考察,边际要素成本(MFC)高于表示要素供给曲线的价格。于是厂商根据 MRP = MFC 决定要素使用量,并在要素供给曲线上决定要素的价格。

与完全竞争市场相比,垄断厂商对要素的使用量少,且价格低。

四、计算与证明

在生产要素市场上,厂商的利润最大化原则是什么?证明你的结论。

答案要点:利润最大化要求任何经济活动的边际收益和边际成本都必须相等。这一点不仅适用于产品数量的决定,而且也适用于要素使用量的决定;不仅适用于完全竞争厂商，也适用于不完全竞争厂商。只不过对于不同的经济活动而言，其边际收益和边际成本的含义有所不同而已。

假定除了劳动这一要素之外，其他生产要素都不会发生变动。这样厂商的利润可以表示为：$\pi = TR - TC$。所以，厂商利润最大化的条件为：$\dfrac{d\pi}{dL} = \dfrac{dTR}{dL} - \dfrac{dTC}{dL} = 0$。

从厂商使用要素的边际收益方面来考察，当厂商增加一种生产要素（劳动）的投入数量时，带来产品的增加，从而又带来收益增加。因而，增加一单位要素投入所增加的总收益为：$MR \cdot MP = MRP$，即要素（劳动）的边际收益产品为 MRP。

从使用要素的边际成本方面考察，如果其他投入要素数量保持不变，则厂商的总成本取决于变动要素投入的数量。经济学中，增加一单位要素的边际成本被定义为边际要素成本，表示为：$\dfrac{dTC}{dL} = MFC$。

于是，厂商使用要素的利润最大化原则表示为：$MRP - MFC = 0$，即 $MRP = MFC$，否则，若 $MRP > MFC$，则意味着厂商增加一单位要素的投入量所增加的收益大于该要素增加的成本，因而厂商增加该单位要素会使得利润进一步增加。反之，若 $MRP < MFC$，减少投入将使得利润增加。总之，要素市场上利润最大化的一般原则是要素的边际收益产品等于边际要素成本。

特别是，如果厂商是产品市场上的完全竞争者，则产品的边际收益等于产品的价格，从而要素的边际收益产品等于边际产品价值；如果厂商是要素市场的完全竞争者，则要素的边际成本等于该要素的价格。

第六章 一般均衡论和福利经济学

● **大纲重、难点提示**

本章的重点和难点问题是一般均衡以及帕累托最优。

大纲习题解答

一、单项选择题

1. 只研究一个市场上出现的情况，而忽略其他市场，这种分析被称为（   ）。
   A. 局部均衡分析   B. 供给和需求分析
   C. 部门均衡分析   D. 一般均衡分析

   答案要点：本题正确选项为 A。解析：在其他条件不变的情况下考察单个经济单位或市场的分析是局部均衡分析，所得到的有关理论属于局部均衡论的范畴。本题源自《西方经济学》第六章第一节 220 页。

2. 同时分析经济中所有市场的相互依存关系，这种分析称为（   ）。
   A. 局部均衡分析   B. 供给均衡分析
   C. 部门均衡分析   D. 一般均衡分析

   答案要点：本题正确选项为 D。解析：将所有相互联系的各个市场看成一个整体加以研究而进行的分析就是一般均衡分析，相应的理论就是一般均衡理论。本题源自《西方经济学》第六章第一节 221 页。

3. 当最初的变化影响广泛分散到很多市场，每个市场只受到轻微的影响时，（   ）。
   A. 要求用一般均衡分析
   B. 一般均衡分析很可能推出错误的结论
   C. 局部均衡分析很可能推出错误的结论
   D. 局部均衡分析将提供合理可靠的预测

   答案要点：本题正确选项为 A。解析：将所有相互联系的各个市场看成一个整体加以研究而进行的分析就是一般均衡分析，相应的理论就是一般均衡理论。一般均衡理论的基本思想是考察所有市场同时均衡时相关经济变量之间的相互联系。由此可见，一般均衡的基本思想无非把局部均衡中的一个市场的均衡条件推广到多个市场。本题源自《西方经济学》第六章第一节 221 页。

4. 一般均衡的分析框架是由（   ）建立的。
   A. 希克斯   B. 阿罗
   C. 德布鲁   D. 瓦尔拉斯

   答案要点：本题正确选项为 D。解析：法国经济学家瓦尔拉斯早在 1874 年就建立了一套被后人称为瓦尔拉斯一般均衡论的分析框架。其基本思想如下：假定整个经济中有 k 种产品和 r 种生产要素。这样，整个经济中就有 k 种产品市场和 r 种生产要素市场。由此可见，一般均衡的基本思想无非把局部均衡中的一个市场的均衡条件推广到多个市场。本题源自《西方经济学》第六章第一节 221 页。

5. 被西方经济学界推崇为"福利经济学之父"的是（　　）。

  A. 霍布森　　　　　B. 庇古　　　　　C. 帕雷托　　　　　D. 埃奇沃斯

答案要点：本题正确选项为 B。解析：庇古是福利经济学的创始人，被称为"福利经济学之父"，主张国家应当关心贫穷问题，应当采取适当措施致力于福利的增加。

6. 一个社会要达到最高的经济效率，得到最大的经济福利，进入帕累托最优状态，必须（　　）。

  A. 满足交换的边际条件：$MRS_{X,Y}^{A} = MRS_{X,Y}^{B}$

  B. 满足生产的边际条件：$MRTS_{L,K}^{C} = MRTS_{L,K}^{D}$

  C. 满足生产和交换的边际条件：$MRS_{X,Y} = MRT_{X,Y}$

  D. 同时满足上述三个条件

答案要点：本题正确选项为 D。解析：一个社会要达到最高的经济效率，得到最大的经济福利，进入帕累托最优状态，必须，①满足交换的边际条件 $MRS_{X,Y}^{A} = MRS_{X,Y}^{B}$；②满足生产的边际条件 $MRTS_{L,K}^{C} = MRTS_{L,K}^{D}$；③满足生产和交换的边际条件 $MRS_{X,Y} = MRT_{X,Y}$。本题源自《西方经济学》第六章第四节 226 页。

7. 如果不使别人的境况变坏，就无法使任何一个人的境况变得更好，这种经济状态就称为（　　）。

  A. 帕累托最优　　　　　　　　B. 帕累托改进

  C. 经济效率　　　　　　　　　D. 一般均衡

答案要点：本题正确选项为 A。解析：帕累托最优标准是指没有人可以在不使得他人境况变坏的条件下使得自身境况得到改善，此时的状态被称为帕累托最优状态。本题源自《西方经济学》第六章第四节 225 页。

8. 如果既定的资源配置状态的改变，能够让一部分社会成员的状况改善，而其他人的状况并没有变坏，这就可以看作是一种资源配置状况的改善，这种经济状态就称为（　　）。

  A. 帕累托最优　　　　　　　　B. 帕累托改进

  C. 经济效率　　　　　　　　　D. 一般均衡

答案要点：本题正确选项为 B。解析：如果既定的资源配置状态的改变，能够让一部分社会成员的状况改善，而其他人的状况并没有变坏，这就可以看作是一种资源配置状况的改善，称为帕累托改进。本题源自《西方经济学》第六章第四节 225 页。

9. 符合帕累托最优状态的条件是（　　）。

①交换的帕累托最优：$MRS_{X,Y}^{A} = MRS_{X,Y}^{B}$。②生产的帕累托最优：$MRTS_{L,K}^{C} = MRTS_{L,K}^{D}$。③生产和交换的帕累托最优：$MRS_{X,Y} = MRT_{X,Y}$。④生产可能性曲线表示在技术水平和生产要素总量一定时，一个经济所能达到的最大产出组合。

  A. ①②③④　　　　　　　　　B. ①③④

  C. ①②④　　　　　　　　　　D. ②③④

答案要点：本题正确选项为 A。解析：符合帕累托最优状态的条件是，①交换的帕累托最优 $MRS_{X,Y}^A = MRS_{X,Y}^B$；②生产的帕累托最优 $MRTS_{L,K}^C = MRTS_{L,K}^D$；③生产和交换的帕累托最优 $MRS_{X,Y} = MRT_{X,Y}$；④生产可能性曲线表示在技术水平和生产要素总量一定时，一个经济所能达到的最大产出组合。本题源自《西方经济学》第六章第四节 226 页。

10. 在两个人（甲和乙）、两种商品（1 和 2）的经济中，达到交换的全面均衡的条件为（　　）。

A. 对甲和乙，$MRT_{1,2} = MRS_{1,2}$　　　　B. 对甲和乙，$MRS_{1,2} = P_1/P_2$

C. 对甲和乙，$MRS_{1,2}^{甲} = MRS_{1,2}^{乙}$　　　　D. 上述所有条件

答案要点：本题正确选项为 C。解析：达到均衡的条件是要让甲的边际替代率等于乙的边际替代率，由于在完全竞争市场上，所有的消费者面对相同的价格，因而这意味着所有消费者消费任意两种商品的边际替代率在均衡时都相等。本题源自《西方经济学》第六章第五节 227 页。

11. 交换符合帕累托最优标准的条件是（　　）。

A. 两个消费者消费两种商品的边际替代率相等

B. 两种生产要素生产两种产品的边际技术替代率相等

C. 产品的转换率与消费者的无差异曲线的斜率相等

D. 任意两个消费者消费任意两种商品时的边际替代率等于这两种商品在生产中的边际转换率

答案要点：本题正确选项为 A。解析：由于在完全竞争市场上，所有的消费者面对相同的价格，因而这意味着所有消费者消费任意两种商品的边际替代率在均衡时都相等。本题源自《西方经济学》第六章第五节 227 页。

12. 生产符合帕累托最优标准的条件是（　　）。

A. 两个消费者消费两种商品的边际替代率相等

B. 两种生产要素生产两种产品的边际技术替代率相等

C. 产品的转换率与消费者的无差异曲线的斜率相等

D. 任意两个消费者消费任意两种商品时的边际替代率等于这两种商品在生产中的边际转换率

答案要点：本题正确选项为 B。解析：在完全竞争市场上，由于所有生产者面对的生产要素价格都相同，因而经济处于均衡时，任意两个生产者使用任意两种生产要素的边际技术替代率都相同。本题源自《西方经济学》第六章第五节 227 页。

13. 产品混合最优符合帕累托最优标准的条件是（　　）。

A. 两个消费者消费两种商品的边际替代率相等

B. 两种生产要素生产两种产品的边际技术替代率相等

C. 产品的转换率与消费者的无差异曲线的斜率相等

D. 任意两个消费者消费任意两种商品时的边际替代率等于这两种商品在生产中的边际转换率

答案要点：本题正确选项为 D。解析：在完全竞争市场上，由于产量的价格等于其边际成本，因而两种产品的边际转换率等于相应的价格比。产品混合最优，经济体产出产品

的组合必须反映消费者的偏好。此时任意两种商品之间的边际替代率必须与这两种商品在生产中的边际转换率相同。本题源自《西方经济学》第六章第五节 227 页。

二、名词解释

1. 局部均衡和一般均衡：在其他条件不变的情况下考察单个经济单位或市场的分析是局部均衡分析，所得到的有关理论属于局部均衡论的范畴。相对应的，将所有相互联系的各个市场看成一个整体加以研究而进行的分析就是一般均衡分析，相应的理论就是一般均衡理论。

2. 瓦尔拉斯定律：对于任意价格，整个经济社会中所有成员用于购买商品和劳务的支出一定等于出售商品和劳务所得到的收入，即 $\sum_{i=1}^{k+r} p_i \cdot x_i = \sum_{i=1}^{k+r} p_i \cdot y_i$。这一恒等式对一般均衡问题的意义在于，它表明无论经济是否处于一般均衡状态，总有一种商品的价格可以由其他商品的价格表示，即当所有其他市场处于均衡状态时，另一个市场一定处于均衡。瓦尔拉斯定律成立，意味着一般均衡分析只能得到相对价格。

3. 帕累托最优状态：又称作经济效率，是指没有人可以在不使得他人境况变坏的条件下使得自身境况得到改善，此时的状态被称为帕累托最优状态。当经济系统的资源配置达到帕累托最优状态时，称此时的经济运行是有效率的。反之，不满足帕累托最优状态的经济运行就是缺乏效率的。

4. 交换符合帕累托最优的条件：在纯交换经济中，消费者通过交换获得最大满足。当任意两个消费者消费任意两种商品时的边际替代率都相等时，不可能在不影响他人福利的条件下使得另外一个人获得更大的福利。因此交换符合帕累托最优的条件是：$MRS_{1,2}^A = MRS_{1,2}^B$。在表示纯交换的埃奇沃斯框图中，当两个消费者的无差异曲线相切时，交换符合帕累托最优。

5. 生产符合帕累托最优的条件：当任意两种生产要素的边际技术替代率对任意两个使用这两种要素的生产者都相等时，生产符合帕累托最优。条件是：$MRTS_{L,K}^1 = MRTS_{L,K}^2$。在表示生产的埃奇沃斯框图中，当两种产品生产的等产量曲线相切时，生产符合帕累托最优。

6. 交换与生产同时符合帕累托最优的条件：如果经济中某种物品既可以用于生产，也可以用于消费，那么经济达到帕累托最优状态的条件是，任意两种商品对消费者而言的边际替代率等于这两种商品的边际转换率，即 $MRS_{1,2} = MRT_{1,2}$，此时，两种商品的产量转换曲线与消费者消费这两种商品的无差异曲线相切。

7. 产品转换率：同量生产要素既可以用来生产某一种产品，也可以用来生产其他的产品。产品的转换率就是社会放弃生产一个单位的商品 1 可以换来商品 2 的数量，即 $MRT = \left| \dfrac{\Delta X_2}{\Delta X_1} \right|$。

三、简述题

1. 简要说明瓦尔拉斯一般均衡论的基本思想。

答案要点：一般均衡分析是将所有相互联系的各个市场看成一个整体加以研究而进行的分析，它的基本思想是把单个市场的均衡条件推广到多个市场。一般均衡理论首先要解决的问题是是否存在一系列价格使所有市场同时处于均衡，即所谓的一般均衡存在性问题。

法国经济学家瓦尔拉斯在1874年建立的被后人称为瓦尔拉斯一般均衡论的分析框架如下：

假定整个经济中有 k 种产品和 r 种生产要素。这样，整个经济中就有 k 种产品市场和 r 种生产要素市场。

首先，从产品市场均衡进行考察。产品的需求来源于消费者。对特定商品而言，消费者的需求取决于该商品本身的价格、其他商品价格以及消费者的收入等。但消费者的收入又来源于生产要素的价格。这样，一种商品的市场需求取决于所有产品及要素的价格，即：

$$x_i = x_i(p_1, \cdots, p_k; p_{k+1}, \cdots, p_{k+r}), i = 1, \cdots, k$$

产品的供给来源于厂商。厂商的供给同样取决于该商品的价格、其他商品的价格和成本。而厂商的成本又决定于要素价格。这样，一种产品的市场供给也取决于各种价格，即：

$$y_i = y_i(p_1, \cdots, p_k; p_{k+1}, \cdots, p_{k+r}), i = 1, \cdots, k$$

当市场需求等于市场供给时，一种产品的市场处于均衡，即 $x_i = y_i, i = 1, \cdots, k$。

其次，从要素市场均衡进行考察。要素的需求是厂商的引致需求，它不仅取决于各种要素的价格，也与其他产品价格有关，为：

$$x_j = x_j(p_1, \cdots, p_k; p_{k+1}, \cdots, p_{k+r}), j = k+1, \cdots, k+r$$

要素的供给来源于消费者，并且是效用最大化的一个推广：

$$y_j = y_j(p_1, \cdots, p_k; p_{k+1}, \cdots, p_{k+r}), j = k+1, \cdots, k+r$$

当市场需求等于市场供给时，要素市场处于均衡，即 $x_j = y_j, j = k+1, \cdots, k+r$。

如果存在着产品价格 $p_1, \cdots, p_k$ 和要素价格 $p_{k+1}, \cdots, p_{k+r}$，使得上述 $k+r$ 个市场均衡条件成立，就意味着一般均衡存在。由此可见，一般均衡的基本思想无非把局部均衡中的一个市场的均衡条件推广到多个市场。

这一问题归结为 $k+r$ 个方程是否能得到 $k+r$ 个价格的问题。当初，瓦尔拉斯认为，这取决于这 $k+r$ 个方程是否独立。但就整个经济系统而言，无论价格有多高，所有的收入之和一定等于所有的支出之和，为：

$$\sum_{i=1}^{k+r} p_i x_i = \sum_{i=1}^{k+r} p_i y_i$$

这一恒等式被称为瓦尔拉斯定律。

由于瓦尔拉斯定律成立，不可能存在 $k+r$ 个相互独立的均衡价格。但取某种商品为"一般等价物"，则问题得到解决。据此，瓦尔拉斯一般均衡论断言，基于局部均衡分析的一般均衡价格存在。

2. 利用埃奇沃斯框图说明纯交换经济的一般均衡。

答案要点：纯交换经济是指只有交换而没有生产的经济。假定在这一经济中，有两个消费者交换两种商品。社会拥有的两种商品的数量分别为：$\omega_1 = \omega_{11} + \omega_{21}$ 和 $\omega_2 = \omega_{12} + \omega_{22}$。

假定两种商品的价格为 p_1 和 p_2。对于第一个消费者而言，他按照这一价格出售最初拥有的两种商品可以获得的全部收入构成了他的预算约束。

在埃奇沃斯框图中，消费者的预算约束线过初始点，而当消费者的无差异曲线与这一条预算约束线相切时，消费者则获得最大效用，即处于局部均衡。

类似的分析也适用于第二个消费者。很显然，当把两个消费者的均衡置于埃奇沃斯框图中时，两个消费者的预算约束线重合。在图中不难发现，只要第一种商品的市场处于均衡，那么第二种商品也一定处于均衡。由此决定的价格（事实上是相对价格）即为一般均衡价格。如图2.6.1所示。

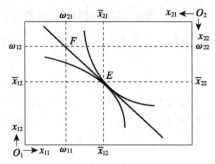

图2.6.1 纯交换经济的一般均衡

3. 什么是帕累托最优状态？其主要条件是什么？

答案要点：帕累托最优状态又称作经济效率，是指没有人可以在不使得他人境况变坏的条件下使自身境况得到改善，此时的状态被称为帕累托最优状态。当经济系统的资源配置达到帕累托最优状态时，称此时的经济运行是有效率的。

在不同的情况下，符合帕累托最优标准的条件有所不同。

（1）交换符合帕累托最优标准的条件：任意两个消费者对任意两种商品的边际替代率都相等，即 $MRS_{1,2}^A = MRS_{1,2}^B$。式中：1和2是任意两种商品；A和B是任意两个消费者。

（2）生产符合帕累托最优标准的条件：任意两种要素的边际技术替代率对任意两个使用这两种要素的生产者都相等，即 $MRTS_{L,K}^1 = MRTS_{L,K}^2$。式中：L和K是任意两种要素；1和2是任意两个生产者。

（3）生产和交换同时符合帕累托最优标准的条件：在生产过程中任何两种产品的边际转换率等于消费者对这两种商品的边际替代率，即 $MRS_{1,2} = MRT_{1,2}$。式中：1和2是任意两种产品。

当上述三个条件均得到满足时，整个经济就达到了帕累托最优状态，资源得到最优配置。

4. 为什么说完全竞争市场可以处于帕累托最优状态？

答案要点：一般均衡论的结论告诉我们，在完全竞争条件下，市场经济中存在一个价格体系，使得所有市场都处于均衡。如果这一价格恰好使得交换、生产以及交换与生产同时符合帕累托最优条件，则说明完全竞争市场处于帕累托最优状态。

首先，从交换的角度来看，对于任意一个消费者而言，对应于既定的市场价格，为了寻求效用最大化，他所选择的两种商品的最优数量处于边际替代率等于商品价格比的组合点上，即 $MRS_{1,2} = \dfrac{p_1}{p_2}$。由于在完全竞争市场上，所有的消费者面对相同的价格，因而这意味着所有消费者消费任意两种商品的边际替代率在均衡时都相等。

其次,从生产方面来看,为了获得最大化的利润,每个厂商都将把生产要素投入确定在最优组合点上,即生产要素的边际技术替代率等于要素价格比,即 $MRTS_{1,2} = \dfrac{r_1}{r_2}$。同样,由于所有生产者面对的生产要素价格都相同,因而经济处于均衡时,任意两个生产者使用任意两种生产要素的边际技术替代率都相同。

最后,在完全竞争市场上,由于产量的价格等于其边际成本,因而两种产品的边际转换率等于相应的价格比。再从消费的角度来看,任何消费者实现效用最大化时选择的这两种商品的边际替代率也等于两种商品的价格比,即 $MRS_{1,2} = MRT_{1,2} = \dfrac{p_1}{p_2}$。由此可见,完全竞争市场的一般均衡符合帕累托最优条件,即完全竞争市场是有效率的。

5. 西方微观经济学是如何论证"看不见的手"原理的?

答案要点:从亚当·斯密开始,经济学家就认为在完全竞争的市场经济中,市场机制像一只"看不见的手",时刻调整着人们的经济行为,从而使整个经济社会的资源配置达到帕累托最优状态。

(1)产品市场。①对消费者而言,其行为目标是追求最大效用。消费者在追求最大效用的过程中,由于"看不见的手"的作用,最终将用有限的收入在商品中进行选择而获得最大效用,从而得到一条向右下方倾斜的需求曲线,曲线上的点都是消费者最大效用的均衡点。②对生产者而言,其行为目标是利润最大化。生产者在追求最大利润的过程中,必然导致他们能以最优的生产要素组合,从而以最低的成本生产,最终得到一条向右上方倾斜的供给曲线。供给曲线上的点都是市场上最大利润的均衡点。③产品需求曲线和供给曲线的共同作用决定了产品市场的均衡价格和均衡数量。这时,消费者最大限度地满足了自己的欲望,厂商获得了最大的利润。

(2)要素市场。①对厂商而言,为了追求最大利润,厂商以边际产品价值等于边际要素成本的原则来使用生产要素。根据这个原则,可以得到一条向右下方倾斜的要素需求曲线。②对要素供给者即消费者而言,为了追求效用最大化,在一定的要素价格水平下,要素供给者必然要使"要素供给"资源的边际效用等于"保留自用"资源的边际效用,根据这个原则,可以得到一条向右上方倾斜的要素供给曲线。③要素供给曲线和需求曲线的交点决定了最优的要素价格和最优的要素使用量。

(3)一般均衡理论。前面对产品市场和要素市场的分析,都是以单个的市场为基础的,市场均衡状态是局部均衡。此时,一种产品或者生产要素的价格只受到自身的需求条件和供给条件的影响,其他商品和要素的价格被视为不变。在一般均衡理论中,所有商品或者生产要素的价格是相互影响的。依据一定的假定条件,完全竞争市场存在一般均衡,此时,所有的产品和生产要素市场同时达到均衡状态。

(4)福利经济学。前面的论述只是说明了"看不见的手"的作用导致整个经济处于均衡状态,这种均衡状态是否具有经济效率呢?福利经济理论提出了判断福利水平的帕累托标准。由于完全竞争市场的一般均衡是帕累托最优的,因而所有人都没有了在不影响他人的条件下改进福利的可能。

所以，在完全竞争的资本主义市场经济中，人们在追求自己的私人目的的时候，会在一只"看不见的手"的指导下，实现增进社会福利的社会目的。

四、计算与证明

纯交换经济符合帕累托最优状态的条件是什么？证明你的结论。

答案要点：纯交换经济符合帕累托最优状态的条件：任意两个消费者 A 和 B 消费任意两种商品 1 和 2 时的边际替代率都相等，即 $MRS_{1,2}^A = MRS_{1,2}^B$。如果上述条件得不到满足，在两种商品的总量既定的条件下，两个消费者还可以通过相互交换，至少使得一个人的境况得到改善，而另一个人境况至少不会变坏。

假定 $MRS_{1,2}^A = 2$，而 $MRS_{1,2}^B = 1$。这表明，在第一个消费者看来，1 单位第一种商品可以替换 2 单位第二种商品；而在第二个消费者看来，1 单位第一种商品可以替换 1 单位第二种商品。这时，如果第二个消费者放弃 1 单位第一种商品，他需要 1 单位的第二种商品，即可以与原有的效用水平相等。把 1 单位的第一种商品给予 A，这时 A 愿意拿出 2 单位第二种商品。这样，把其中的 1 个单位补偿给 B，则在 A 和 B 保持原有效用水平不变的条件下，还有 1 单位第二种商品可供 A 和 B 分配。因此，存在一个帕累托改进的余地。这说明，只有两个消费者在对任意两种商品的边际替代率都相等时，才会实现帕累托最优状态。如图 2.6.2 所示。

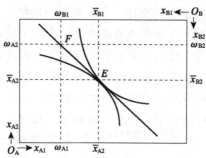

图 2.6.2 纯交换经济的一般均衡

第七章 市场失灵和微观经济政策

大纲重、难点提示

本章的重点和难点问题是市场失灵的含义、原因、各种表现形式以及应对的经济政策。

大纲习题解答

一、单项选择题

1. 市场失灵是指（　　）。
   A. 市场不能有效配置稀缺资源　　　　B. 市场完全失效
   C. 收入分配不均　　　　D. 资源在私人部门和公共部门配置不均

   答案要点：本题正确选项为 A。解析：市场失灵是指市场机制不能有效地配置资源。导致市场失灵的原因：垄断、外在性、公共物品、不完全信息等因素。本题源自《西方经济学》第七章 229 页。

2. 导致市场失灵的原因有（　　）。
   ①垄断。②外在性。③公共物品。④不完全信息。⑤经营管理。
   A. ①②③④　　　　B. ①③④⑤
   C. ①②④⑤　　　　D. ②③④⑤

   答案要点：本题正确选项为 A。解析：导致市场失灵的原因有垄断、外在性、公共物品、不完全信息等。本题源自《西方经济学》第七章 230 页。

3. 垄断产生的副作用是（　　）。
   ①导致资源配置缺乏效率。②导致管理松懈。③导致研究与开发支出降低。④导致寻租。⑤导致收入分配不公平。
   A. ①②③④⑤　　　　B. ①③④⑤
   C. ①②④⑤　　　　D. ②③④⑤

   答案要点：本题正确选项为 A。解析：垄断产生的副作用是，①导致资源配置缺乏效率；②导致管理松懈；③导致研究与开发支出降低；④导致寻租；⑤导致收入分配不公平。本题源自《西方经济学》第七章第一节 230 页。

4. 解决外部性的政策是（　　）。
   ①税收与津贴。②外部影响内部化——合并。③规定财产权。④披露信息。
   A. ①②③④　　　　B. ①③④
   C. ①②④　　　　D. ①②③

   答案要点：本题正确选项为 D。解析：解决外部性的政策是，①税收与津贴；②外部影响内部化——合并；③规定财产权。本题源自《西方经济学》第七章第二节232页。

5. 如果上游工厂污染了下游居民的饮水，按科斯定理（　　），问题就能够妥善解决。
  A. 不管产权是否明确，只要交易成本为零
  B. 只要产权明确，且交易成本为零
  C. 只要产权明确，不管交易成本多大
  D. 不论产权是否明确，交易成本是否为零

答案要点：本题正确选项为B。解析：产权是法律规定的对某一资源的所有及其使用方式。测控技术产权界定是明确的，那么通过市场交易解决外在性问题是可行的。因此，科斯提出的方案是，在交易费用为零时，只要产权初始界定清晰，并允许经济当事人进行谈判交易，那么无论初始产权赋予谁，市场均衡都是有效率的。本题源自《西方经济学》第七章第二节233页。

6. 政府通过征税或者补贴来矫正经济当事人的私人成本，被称为（　　）方案。
  A. 洛伦兹曲线　　　　　　　B. 科斯定理
  C. "庇古税"　　　　　　　D. 基尼系数

答案要点：本题正确选项为C。解析：纠正外在性的传统方法主要有征税或补贴以及外部影响内部化的主张。征税或补贴方案是政府通过征税或者补贴来矫正经济当事人的私人成本。由于该方案是由庇古在1920年出版的《福利经济学》一书中加以阐述的，故又被称为"庇古税"方案。本题源自《西方经济学》第七章第二节232页。

7. 在交易费用为零（或者很小）时，只要产权初始界定清晰，并允许经济当事人进行谈判交易，那么无论初始产权赋予谁，市场均衡都是有效率的。这一方案称为（　　）。
  A. 洛伦兹曲线　　　　　　　B. 科斯定理
  C. "庇古税"　　　　　　　D. 基尼系数

答案要点：本题正确选项为B。解析：在交易费用为零（或者很小）时，只要产权初始界定清晰，并允许经济当事人进行谈判交易，那么无论初始产权赋予谁，市场均衡都是有效率的。这一方案所体现的基本思想后来被斯蒂格勒命名为"科斯定理"。本题源自《西方经济学》第七章第二节233页。

8. 市场不能供给纯粹公共物品是由于（　　）。
  A. 公共物品不具有竞争性　　　B. 公共物品不具有排他性
  C. 消费者都想免费搭车　　　　D. 以上三种状况都是

答案要点：本题正确选项为D。解析：公共物品通常具备非排他性和非竞争性。所谓商品的排他性，是指商品的生产者或者购买者可以很容易地把他人排斥在获得该商品带来的利益之外。商品的竞争性是指消费商品的数量与生产这一数量的成本有关。既然每个消费者都是理性的经济人，而公共物品又具有非排他性，那么每一个消费者都将会利用免费乘车这一点，在不支付费用的条件下享受商品效用。本题源自《西方经济学》第七章第三节233页。

9. 低质量产品将高质量产品驱逐出市场的现象，经济学中称之为（　　）。
  A. 信息不对称　　　　　　　B. 代理成本
  C. 道德风险　　　　　　　　D. 逆向选择

答案要点：本题正确选项为 D。解析：低质量产品将高质量产品驱逐出市场的现象，经济学中称之为"逆向选择"。本题源自《西方经济学》第七章第四节 235 页。

10. 有信息优势的一方，在签订合同后，有可能采取有悖于合同规定的行为，以最大化自己的利益，同时损害另一交易方的利益，这就是（　　）。

A. 信息不对称　　　　　　　　B. 代理成本
C. 道德风险　　　　　　　　　D. 逆向选择

答案要点：本题正确选项为 C。解析：有信息优势的一方，在签订合同后，有可能采取有悖于合同规定的行为，以最大化自己的利益，同时损害另一交易方的利益，这就是所谓的"道德风险"。本题源自《西方经济学》第七章第四节 236 页。

二、名词解释

1. **市场失灵**：指市场机制不能有效地配置资源。市场失灵有狭义和广义之分。狭义的市场失灵是指完全竞争市场所假定的条件得不到满足而导致的市场配置资源的能力不足从而缺乏效率的表现。广义的市场失灵还包括市场机制在配置资源过程中所出现的经济波动以及按市场分配原则而导致的收入分配不公平现象。微观经济学通常使用狭义的市场失灵。导致市场失灵的主要原因：垄断、外在性、公共物品和不完全信息。

2. **公共物品**：通常把不具备排他性或（和）竞争性，一旦生产出来就不可能把某些人排除在外的商品称为（纯）公共物品。所谓商品的排他性，是指商品的生产者或者购买者可以很容易地把他人排斥在获得该商品带来的利益之外；商品的竞争性是指消费商品的数量与生产这一数量的成本有关。

3. **免费乘车者问题**：指经济中不支付即可获得消费满足的人及其行为。产生这种现象的原因是商品的非排他性。由于商品的这种特征，拥有或消费这种商品的人不能或很难把他人排除在获得该商品带来满足的范围之外。这一特征及其相应的问题被形象地称为免费乘车者问题。

4. **外在性**：又称外部经济影响，指一个经济行为主体的经济活动对另一个经济主体的福利所产生的效应，但这种效应并没有通过市场交易反映出来。外在性有正负之分，或称为外在经济和外在不经济。

5. **科斯定理**：是科斯为解决外在性问题而提出的一个方案。其内容可以表述为：只要财产权是明确的，并允许经济当事人进行自由谈判，那么在交易成本为零或者很小的条件下，无论在开始时产权赋予谁，市场均衡的最终结果都是有效率的。这一结论包含三个要素：①交易费用为零；②产权界定清晰；③自由交易。由此引申出来的第二定理：在交易费用不为零的条件下，不同的产权制度会影响到资源配置的效率。科斯定理现已成为制度经济学的一个重要结论。

6. **逆向选择**：指在次品市场上出现的高质量产品遭淘汰而低质量产品留存下来的现象。处于信息劣势的一方，往往按平均水平推测产品的质量，从而导致高质量产品的交易价格偏低，交易数量较少，甚至可能导致只有次品才能成交的逆向选择。

7. **道德风险**：不完全信息导致市场失灵的另外一个例子是道德风险问题。在特定条件下确立的交易，由于事后具有信息优势的一方采取"不道德的"行为而使得另外一方蒙受损失。道德风险是导致市场失灵的一个重要原因。

三、论述题

1. 市场为什么会出现失灵？政府应该采取哪些措施？

答案要点： 市场失灵是完全竞争市场所假定的条件得不到满足而导致的市场配置资源的能力不足从而缺乏效率的表现，指市场机制未能实现帕累托最优状态。导致市场失灵的原因是多方面的，包括垄断、外在性、公共物品、不完全信息等。政府所采取的措施主要包括：①政府往往对垄断行业进行管制。价格管制或者价格及产量同时管制是政府通常采取的手段。为了提高垄断厂商的生产效率，政府试图使得价格等于边际成本，从而使得产量达到帕累托最优水平。②纠正外在性的传统方法主要有征税或补贴以及外部影响内部化的主张。征税或补贴方案是政府通过征税或者补贴来矫正经济当事人的私人成本。另一种方法是合并企业，以使得外在性问题内部化。③为了解决公共物品导致的市场失灵，经济学家们建议利用非市场的决策方式得到消费者对公共物品的真实偏好。④对于信息不完全问题，政府所采取的政策往往是保护信息劣势一方。例如，上市公司的信息披露制度、二手车市场上的强制保修制度等。

2. 结合垄断厂商的均衡，论述垄断的效率及政府对策。

答案要点：（1）垄断厂商的均衡。在成本和需求既定的条件下，在短期，垄断厂商的均衡条件是 $MR = MC$；在长期，均衡条件是 $MR = LMC$。垄断厂商在边际收益等于边际成本的交点上选择均衡产量，并在需求曲线即平均收益线上索要价格。

（2）垄断的效率损失。依照帕累托最优标准，垄断市场是缺乏效率的。从社会的意义上讲，价格反映了消费者的边际福利，而边际成本则反映了社会为生产这一单位产品的成本。但在垄断市场的均衡状态下，价格高于生产的边际成本，因而存在着帕累托改进的可能。

为了说明垄断对社会福利的影响，假定垄断厂商的平均成本等于边际成本，从而平均成本曲线和边际成本曲线是一条直线。

厂商根据需求曲线 D 对应的边际收益曲线 MR 与边际成本线决定产量 y_m，并索要价格 p_m。如果该厂商处于完全竞争市场上，则在边际成本线与需求曲线的交点上确定产量 y_c 和价格 P_c。通过比较垄断市场和完全竞争市场的生产，可以发现完全竞争市场条件下社会的净福利比垄断条件下多，多出的部分恰好是曲边三角形 FE_mE_c 的面积。因此，曲边三角形 FE_mE_c 的面积度量了垄断造成的社会损失。如图 2.7.1 所示。

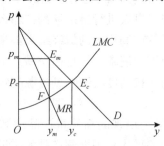

图 2.7.1 垄断厂商的均衡

垄断不仅导致资源配置缺乏效率，而且也产生了其他不利影响。首先，垄断可能导致管理松懈。其次，垄断可能导致研究与开发支出降低。最后，垄断可能导致寻租。此外，垄断利润也被看成一种不公平的收入分配。基于上述原因，经济学家们通常主张政府应该采取反垄断措施。

(3) 政府对策。针对不同形式的垄断，政府可以分别或同时采取行业的重新组合、对垄断行为进行制止、执行反垄断法、对垄断管制以及其他措施。

①行业的重新组合。如果一个垄断的行业被重新组合成包含许多厂商的行业，那么厂商之间的竞争就可以把市场价格降下来。被重新组合的行业竞争程度越高，市场价格就越接近于竞争性价格。政府采取的手段可以是分解原有的垄断厂商或扫除其他厂商进入垄断行业的障碍并为进入厂商提供优惠条件。

②对垄断行为进行制止。在现实经济生活中，防止垄断的产生更为重要。如果一个行业不存在进入障碍，那么一般说来垄断厂商不会在长期内获得超额利润。因此，已经取得垄断地位的厂商总试图设置进入障碍，或者采取不正当的竞争手段排挤竞争者，以维护自身的市场支配力。为了防止这种行为的出现，政府可以利用各种处罚手段加以制止。制止垄断行为可以借助于行政命令、经济处罚或法律制裁等手段。

③执行反垄断法。反垄断法又称反托拉斯法，是政府反对垄断及垄断行为的重要法律手段，也是规范市场经济中各个经济主体行为的根本大法，因此也被称为经济宪法。

④对垄断的政府管制。对于垄断所采取的另一种可供选择的校正手段是对垄断厂商实行管制。管制的措施主要包括价格控制或者价格和产量的双重控制、税收或补贴以及国家直接经营。

3. 试述外在性对经济效率的影响及应对对策。

答案要点： 无论是消费的外在性还是生产的外在性，无论是正向外在性还是负向外在性，它们产生的影响都是在完全竞争条件下，资源配置将偏离帕累托最优状态。换句话说，即使整个经济仍然是完全竞争的，但由于存在着外部影响，整个经济的资源配置也不可能达到帕累托最优状态。

外在性之所以产生这样严重的后果，其主要原因是外在性导致决定社会最优的边际收益和边际成本与决定私人最优的边际收益和边际成本出现不同。以生产中出现负向外在性为例，假定某私人厂商对经济社会中的他人产生负向的外部经济影响，并且该厂商并未在其决策中考虑这一点，则社会边际成本大于私人边际成本。在需求既定从而边际收益既定的条件下，私人厂商将会按 $MC=MR$ 决定产量，而社会最优的产量则取决于 $SMC=MR$。因此，社会需要的产量小于私人的最优产量，即在负向外在性存在的条件下，完全竞争市场的供给过剩。同样的道理，在存在正向外在性的条件下，与社会最优产量相比，私人厂商的生产量不足。由此可见，外在性的存在导致资源配置失当。

为了纠正由于外在性所造成的资源配置不当，政府通常可以采取以下政策：

(1) 使用税收和津贴。对造成外部不经济的企业，国家应该征税，其数额应该等于该企业给社会其他成员造成的损失，从而使该企业的私人成本恰好等于社会成本。

(2) 使用企业合并的方法。把产生外部经济影响的经济单位与受到外部影响的经济单位合并在一起，则外部影响就变成一个单位的内部问题了。合并后的单个企业按边际成本等于边际收益进行生产，将会符合社会要求的社会边际成本等于社会边际收益决定的量，即此时资源配置达到帕累托最优状态。

(3) 使用规定财产权的办法。在许多情况下，外部影响之所以导致资源配置失当，是由于财产权不明确。如果财产权是完全确定的并得到充分保障，则有些外部影响就可能会通过产权的交易得到解决。这一思想体现在科斯定理之中：只要产权明晰，那么在交易成本为零的条件下，无论初始产权的规定如何，市场均衡的最终结果都是有效率的。对外在性问题，只要规定产生外在性的经济单位有权制造它，或者规定受到外在性影响的单位有权拒绝它，则通过这项权利的自由交换，经济当事人会以最低的成本寻求解决方案。以上纠正外在性的方法可以在实践中针对不同的情况加以使用。

4. 信息不完全何以会造成市场失灵？

答案要点：完全信息是完全竞争模型的一个重要假定，但是现实经济中，信息常常是不完全的，信息不对称问题尤为突出。

信息不对称导致市场失灵的两个重要例子是次品市场上的逆向选择和保险市场上的道德风险。

在次品市场上，卖者往往比买者拥有更多的信息。在无法准确获得质量信息的条件下，买者会按照市场上的平均质量来选择商品。这将导致高质量的产品相对价格较低、成交数量较小，从而使得高质量产品退出。伴随着高质量产品退出市场，买者就会调整市场的平均质量，这会进一步使得市场价格降低，高质量产品的成交量减少。这就是说，市场上存在倾向于低质量产品的逆向选择。极端的情况是，只有低质量的产品才能成交，即用低的价格购买"货真价实"的低质品。很显然，次品市场上的信息不对称导致高质量产品无法留存，从而出现市场失灵。

道德风险是由于事后的信息不对称而导致市场失灵的情况。最典型的道德风险出现在保险市场上，按既定的平均出险概率确定的保费使得市场均衡。但是，当双方签订保险合同之后，由于投保人不努力避险的现象并不能被保险公司准确把握，因而出现事后的信息不对称。正是这种信息不对称，使得投保人可以采取不努力的措施。结果，出险的可能性增大，导致保险公司蒙受损失。对于这种情况，保险公司可以采取的策略是提高保费，这时逆向选择再次出现，不容易出险的投保人退出该市场，从而使市场再次失灵。

对于信息不完全问题，市场机制可以部分地加以解决。例如，为了自身的利益，厂商会试图了解消费者的偏好。但市场机制并不能解决全部的问题，这时就需要政府的干预。对此，政府所采取的政策往往是保护信息劣势一方。例如，上市公司的信息披露制度、二手车市场中的强制保修制度等。

第八章 宏观经济活动与宏观经济学

大纲重、难点提示

本章的重点和难点问题是国内生产总值的概念和估算。

大纲习题解答

一、单项选择题

1. 宏观经济学研究社会总体的经济行为及其后果，对经济运行的整体，包括（　　）进行分析。

　　①经济单位行为及后果。②整个社会的产量、收入、价格水平。③就业水平。

　　A. ①②③　　　　　　　　　　　　B. ①③
　　C. ②③　　　　　　　　　　　　　D. ①②

答案要点：本题正确选项为 C。解析：宏观经济学研究社会总体的经济行为及其后果，即对经济运行的整体，包括整个社会的产量、收入、价格水平和就业水平进行分析。本题源自《西方经济学》第八章第一节 238 页。

2. 宏观经济学由于以收入和就业分析为中心，因而又被称为（　　）。

　　①收入理论。②价格理论。③就业理论。④生产理论。

　　A. ①②③　　　　　　　　　　　　B. ①③
　　C. ②③　　　　　　　　　　　　　D. ①②

答案要点：本题正确选项为 B。解析：宏观经济学由于以收入和就业分析为中心，因而又被称为收入理论或就业理论。本题源自《西方经济学》第八章第一节 238 页。

3. 宏观经济学的研究方法是（　　）。

　　A. 动态分析法　　　　　　　　　　B. 均衡分析法
　　C. 总量分析方法　　　　　　　　　D. 实证分析法

答案要点：本题正确选项为 C。解析：宏观经济学研究社会总体的经济行为及其后果，即对经济运行的整体，包括整个社会的产量、收入、价格水平和就业水平进行分析。因此，宏观经济学的研究方法是总量分析方法。本题源自《西方经济学》第八章第一节 238 页。

4. 宏观经济学的中心理论是（　　）。

　　A. 价格决定理论　　　　　　　　　B. 工资决定理论
　　C. 国民收入决定理论　　　　　　　D. 汇率决定理论

答案要点：本题正确选项为 C。解析：微观经济学以价格分析为中心，因而被称为价格理论；而宏观经济学由于是以收入和就业分析为中心，因而被称为收入理论或就业理论。本题源自《西方经济学》第八章第一节238页。

5. 表示一国在一定时期内生产的所有最终产品和劳务的市场价值的总量指标是（　　）。

A. 国民生产总值　　　　　　　　B. 国内生产总值
C. 名义国民生产总值　　　　　　D. 实际国民生产总值

答案要点：本题正确选项为B。解析：国内生产总值是指经济社会（一国或一个地区）在一定时期内运用生产要素所生产的全部最终产品及其劳务的市场价值总和。本题源自《西方经济学》第八章第二节239页。

6. 国内生产总值是（　　）的市场价值总和。

A. 一定时期内一国（地区）境内生产的所有最终产品与服务
B. 一定时期内一国（地区）境内交换的所有最终产品与服务
C. 一定时期内一国（地区）境内生产的所有产品与服务
D. 一定时期内一国（地区）境内交换的所有产品与服务

答案要点：本题正确选项为A。解析：国内生产总值是指经济社会（一国或一个地区）在一定时期内运用生产要素所生产的全部最终产品及其劳务的市场价值总和。本题源自《西方经济学》第八章第二节239页。

7. 如果一国（或地区）的国民生产总值小于国内生产总值，说明该国公民从外国取得的收入（　　）外国公民从本国取得的收入。

A. 大于　　　　　　　　　　　　B. 小于
C. 等于　　　　　　　　　　　　D. 可能大于也可能小于

答案要点：本题正确选项为B。解析：一个外籍公民在中国境内获得利息收入和工资收入，应该计入国内生产总值，但不能计入国民生产总值。同样，一个中国公民在国外获得工资或利息收入将计入中国的国民生产总值，但不能计入中国的国内生产总值。如果一国（或地区）的国民生产总值小于国内生产总值，说明该国公民从外国取得的收入小于外国公民从本国取得的收入。本题源自《西方经济学》第八章第二节239页。

8. 支出法核算国内生产总值时，进行核算的角度为（　　）。

A. 货物和服务的生产　　　　　　B. 货物和服务的分配
C. 货物和服务的使用去向　　　　D. 货物和服务的进出口

答案要点：本题正确选项为C。解析：支出法核算国内生产总值是从最终使用的角度反映一个国家一定时期内生产活动最终成果的一种方法。支出方法核算，可以得出：$GDP = C + I + G + (X - M)$。本题源自《西方经济学》第八章第二节239页。

9. 支出法核算GDP时，总支出中不包含如下哪个选项？（　　）

A. 消费　　　　B. 投资　　　　C. 货币　　　　D. 净出口

答案要点：本题正确选项为C。解析：支出法核算GDP时，总支出中包含消费支出（C）、固定资产投资（I）、政府支出（G）、产品和劳务的净出口（$X-M$）。本题源自《西方经济学》第八章第二节239页。

10. 收入法核算GDP时，纳入核算的项目为（　　）。

①工资。②利润。③间接税。④租金。

A. ①②③④　　　B. ①②③　　　C. ②③④　　　D. ①③④

答案要点：本题正确选项为 A。解析：收入法核算 GDP 时，核算项目包含工资、利息、租金、非公司企业主收入、公司税前利润、间接税、资本折旧等。本题源自《西方经济学》第八章第二节 239 页。

11. 实际 GDP 等于（　　）。

A. 价格水平除以名义 GDP
B. 名义 GDP 除以价格水平
C. 名义 GDP 乘以价格水平
D. 价格水平乘以潜在 GDP

答案要点：本题正确选项为 B。解析：实际 GDP = 名义 GDP/GDP 折算指数，GDP 折算指数通常是指价格总水平。本题源自《西方经济学》第八章第二节 240 页。

12. 从国内生产总值减去下列哪个项目成为国内生产净值？（　　）

A. 折旧
B. 原材料支出
C. 直接税
D. 间接税

答案要点：本题正确选项为 A。解析：国内生产净值（NDP）是指从 GDP 中扣除资本折旧后的净值。本题源自《西方经济学》第八章第二节 240 页。

13. 从国民生产净值减去下列哪个项目成为国民收入？（　　）

A. 折旧
B. 原材料支出
C. 直接税
D. 间接税

答案要点：本题正确选项为 D。解析：国民收入（NI）是指按生产要素报酬计算的国民收入。从国民生产净值中扣除间接税和企业转移支付，再加上政府补助金，就得到了一国生产要素在一定时期内提供生产性服务所得报酬即工资、利息、租金和利润的总和。本题源自《西方经济学》第八章第二节 240 页。

14. 如果个人收入为 3 000 元，个人所得税为 150 元，个人消费为 2 000 元，个人储蓄为 850 元，则个人可支配收入为（　　）。

A. 3 000 元
B. 2 850 元
C. 2 000 元
D. 1 000 元

答案要点：本题正确选项为 B。解析：个人可支配收入（DPI）是税后的个人收入，即个人收入（PI）扣除个人所得税，即 3 000 − 150 = 2 850。本题源自《西方经济学》第八章第二节 240 页。

15. 如果经济中有政府的活动并且存在对外经济活动，那么正确表示的国民收入核算恒等式是（　　）。

A. $I + G = S + T$
B. $I + G + (X − M) = S + T$
C. $C + I = G + X$
D. $I = S$

答案要点：本题正确选项为 B。解析：如果经济中有政府的活动并且存在对外经济活动，那么 $C + I + G + (X − M) = C + S + T$，即 $I + G + (X − M) = S + T$。本题源自《西方经济学》第八章第二节 240 页。

16. 如果 A 国经济在 2000 年（基期）的 GDP 为 2 000 亿元，在 2001 年 GDP 折算指数增加了一倍，而实际 GDP 增加了 50%，那么 2001 年的名义 GDP 等于（　　）。

A. 3 000 亿元
B. 4 000 亿元
C. 6 000 亿元
D. 8 000 亿元

答案要点：本题正确选项为 C。解析：实际 GDP = 名义 GDP/GDP 折算指数，可得，名义 GDP = 实际 GDP × GDP 折算指数。基期是对比的基础，是一个参照基数，基期的 GDP 折算指数为 1，2001 年的 GDP 折算指数增加了一倍就是 2，2001 年实际 GDP = 2 000 × (1 + 50%) = 3 000。所以 2001 年的名义 GDP = 3 000 × 2 = 6 000。本题源自《西方经济学》第八章第二节 240 页。

17. 在国民收入核算账户中，计入 GDP 的政府支出是指（　　）。
   A. 政府购买物品的支出
   B. 政府购买物品和劳务的支出
   C. 政府购买物品和劳务的支出加上政府的转移支付之和
   D. 政府工作人员的薪金和政府转移支付

答案要点：本题正确选项为 B。解析：在国民收入核算账户中，计入 GDP 的政府支出是政府对物品和劳务的支出。本题源自《西方经济学》第八章第二节 239 页。

18. GDP 与 NDP 之间的差别是（　　）。
   A. 直接税 　　　　　　　　B. 折旧
   C. 间接税 　　　　　　　　D. 净出口

答案要点：本题正确选项为 B。解析：国内生产净值（NDP）是指从 GDP 中扣除资本折旧后的净值。本题源自《西方经济学》第八章第二节 240 页。

19. 按最终使用者类型，将最终产品和劳务的市场价值加总起来计算 GDP 的方法是（　　）。
   A. 支出法 　　　　　　　　B. 收入法
   C. 生产法 　　　　　　　　D. 增加价值法

答案要点：本题正确选项为 A。解析：经济中所有用于最终产品的总支出就是该社会 GDP 的市场价值，社会用于支出的部分包含消费、投资、政府购买以及外国人用于本国的支出。即 GDP = $C + I + G + (X - M)$。本题源自《西方经济学》第八章第二节 239 页。

20. 用收入法计算的 GDP 等于（　　）。
   A. 消费 + 投资 + 政府支出 + 净出口
   B. 工资 + 利息 + 地租 + 利润 + 间接税
   C. 工资 + 利息 + 中间产品成本 + 间接税 + 利润
   D. 厂商收入 − 中间产品成本

答案要点：本题正确选项为 B。解析：用收入法计算 GDP 即最终产品的市场价值等于所有这些产品的生产成本。它包括：工资、利息和租金等生产要素收入，非公司企业主收入，公司税前利润，企业转移支付及企业间接税，资本折旧等。本题源自《西方经济学》第八章第二节 239 页。

21. 在统计中，社会保险税增加对（　　）项有影响。
   A. GDP 　　　　　　　　　B. NDP
   C. NI 　　　　　　　　　　D. PI

答案要点：本题正确选项为 D。解析：个人收入（PI）是从国民收入中减去公司未分配利润、公司所得税及社会保险税，再加上政府给个人的转移支付得到的收入。本题源自

《西方经济学》第八章第二节 240 页。

22. 同一组产品和劳务在各年的价格同它在某一基年价格相除得到的比率,这是( )。

A. 通货膨胀率 B. 价格指数
C. 消费指数   D. 生产指数

答案要点:本题正确选项为 B。解析:价格指数是同一组产品和劳务在各年的价格同它在某一基年价格相除得到的比率。常用的指数有消费价格指数和生产价格指数。本题源自《西方经济学》第八章第三节 241 页。

23. 假设 2017 年为当年,2017 年的 CPI 为 120%,上一年即 2016 年的 CPI 为 100%,则 2017 年的通货膨胀率为( )。

A. 12%   B. 16.7%
C. 20%   D. 26.7%

答案要点:本题正确选项为 C。解析:通货膨胀率是价格总水平的增长率。因此,2017 年的通货膨胀率为:120%(2017 年的 CPI)- 100%(2016 年的 CPI)= 20%。本题源自《西方经济学》第八章第三节 241 页。

24. 失业率是指( )。

A. 失业人数占劳动力总数的百分比
B. 失业人数占整个国家人口数的百分比
C. 失业人数占就业人口数的百分比
D. 失业人数占劳动力资源的百分比

答案要点:本题正确选项为 A。解析:失业率是指失业人数在劳动力人数中所占的比重。本题源自《西方经济学》第八章第四节 242 页。

25. 在既定的价格水平下,一个经济的总需求是指( )。
①消费需求。②投资需求。③政府需求。④来自国外的需求。

A. ①②③   B. ①③④
C. ②③④   D. ①②③④

答案要点:本题正确选项为 D。解析:在既定的价格水平下,一个经济的总需求由消费需求、投资需求、政府需求和来自国外的需求构成。本题源自《西方经济学》第八章第五节 242 页。

26. 在既定的价格水平下,作为总供给的消费品和投资品供给则表现为( )。
①消费。②投资。③储蓄。④税收。

A. ①②③   B. ①③④
C. ②③④   D. ①②③④

答案要点:本题正确选项为 B。解析:在既定的价格水平下,作为总供给的消费品和投资品供给则表现为持有这些商品和劳务的所有者的消费、储蓄和税收。本题源自《西方经济学》第八章第五节 242 页。

二、名词解释

1. 国内生产总值(GDP):经济体(一个国家或一个地区)在一定时期内运用生产要素所生产的全部最终产品及其劳务的市场价值总和。注意:GDP 按一定时期测算,通常是一年，GDP 只包含最终产品。它是一个市场价值概念，因而只涉及市场活动。GDP 是一个流量而不是存量，它通常用支出法和收入法来核算。

2. 国民生产总值（GNP）：一个国家的所有常住居民在一定时期内运用生产要素所生产的全部最终产品和劳务的市场价值总和。GNP 是一个流量而不是存量，通常用支出法和收入法来核算。

3. 个人可支配收入（DPI）：可供个人支配的收入。个人收入减去个人所得税及非税支付，即为个人可支配收入。

4. 失业率：失业人数在总劳动力中所占的比重，是反映经济社会中失业状况的一个指标，是经济社会重要的宏观经济指标。

5. 名义的和实际的国民收入：前者是按物品和劳务的当年价格计算的国民收入，后者是用以前某一年作为基年，按基年价格即不变价格计算的国民收入，或者说是用价格指数折算之后的国民收入。引入这两个概念的目的在于弄清国民收入变动是由产量变动还是由价格变动引起的。

三、简述题

1. 使用收入方法和支出方法进行国民收入核算时应注意哪些问题？

答案要点：(1) 国内生产总值是以一定时间为条件的，因而当期发生的其他时期的产品支出或收入不应计入本期的 GDP 中；国内生产总值是最终商品及劳务的市场价值，因而中间投入不应计算在内，即避免重复计算。

(2) 核算出的国内生产总值是以货币量表示的，因而有名义的和实际的国内生产总值之分。在理论分析中，核算的目的在于说明经济中生产量的大小，即产品和劳务的实际价值。因而，以当期价格测算的 GDP 要经过价格指数的折算：实际 GDP = 名义 GDP/GDP 折算指数。作为 GDP 折算指数的通常是价格总水平。

2. 国民收入核算与总需求和总供给分析的关系如何？

答案要点：国民收入核算是对一国经济在一定时期内经济运行的一个结算。它可以运用支出法和收入法来衡量。从事后的角度来看，如果忽略统计误差，用支出法与收入法核算的国民收入必然恒等。经济运行的结果就是核算的结果，支出与收入恒等所对应的国民收入越大，经济运行越好。从另一个角度来看，为了说明经济运行结果，则可以考察经济运行之外的支出和收入状况。这样，国民收入核算恒等式恰好反映了最初的支出与收入相互作用的均衡条件。

基于上述分析，对应于任意给定的一个价格总水平，一国经济的总需求则由消费需求、投资需求、政府需求和来自国外的需求构成；作为总供给的消费品和投资品供给则表现为持有这些商品和劳务的所有者的消费、储蓄和税收。也就是说，构成经济均衡条件的两种力量事先以计划的形式加以考察，而后再演变为分析中的总需求和总供给。

第九章 简单国民收入决定理论

大纲重、难点提示

本章的重点和难点问题是国民收入各个组成部分的概念、相互关系以及乘数理论。

大纲习题解答

一、单项选择题

1. 按照凯恩斯主义的理论，在宏观经济中，（　　）是决定家庭消费的最主要的因素。
   A. 商品价格　　　　　　　　　B. 消费者偏好
   C. 收入水平　　　　　　　　　D. 消费信贷

   答案要点：本题正确选项为 C。解析：按照凯恩斯主义的理论，在宏观经济中，收入是决定家庭消费的最主要的因素。本题源自《西方经济学》第九章第一节 243 页。

2. 在任一收入水平上消费在收入中所占的比重是指（　　）。
   A. 边际储蓄倾向　　　　　　　B. 平均储蓄倾向
   C. 平均消费倾向　　　　　　　D. 边际消费倾向

   答案要点：本题正确选项为 C。解析：平均消费倾向（APC）是指任一收入水平上消费在收入中所占的比重，用公式表示为 $APC = C/Y$。本题源自《西方经济学》第九章第一节 243 页。

3. 根据消费函数，引起消费增加的因素是（　　）。
   A. 价格水平下降　　B. 收入增加　　C. 储蓄增加　　D. 利率提高

   答案要点：本题正确选项为 B。解析：按照凯恩斯主义的理论，在宏观经济中，收入是决定家庭消费的最主要的因素，因此收入增加会引起消费增加。本题源自《西方经济学》第九章第一节 243 页。

4. 消费函数的斜率取决于（　　）。
   A. 边际消费倾向　　　　　　　B. 与可支配收入无关的消费总量
   C. 平均消费倾向　　　　　　　D. 由于收入变化而引起的投资的总量

   答案要点：本题正确选项为 A。解析：凯恩斯消费函数的形式为 $C = \alpha + \beta Y$，其中，C 代表消费，α 代表自发性消费，β 代表边际消费倾向，Y 代表收入。因此，该函数的斜率取决于边际消费倾向，即消费增量与可支配收入增量的比值。当消费和收入之间呈线性关系时，边际消费倾向是一个常数，消费函数就是一条向右上方倾斜的直线。本题源自《西方经济学》第九章第一节 244 页。

5. 在增加 1 单位收入中消费所占的比重是指（　　）。
   A. 边际储蓄倾向　　　　　　　B. 平均储蓄倾向
   C. 平均消费倾向　　　　　　　D. 边际消费倾向

答案要点：本题正确选项为 D。解析：边际消费倾向（MPC）是指增加 1 单位收入中消费所占的比重，用公式表示为 $MPC = \Delta C/\Delta Y$。本题源自《西方经济学》第九章第一节 244 页。

6. 在任一收入水平上储蓄在收入中所占的比重是指（　　）。

　　A. 边际储蓄倾向　　　　　　　　B. 平均储蓄倾向
　　C. 平均消费倾向　　　　　　　　D. 边际消费倾向

答案要点：本题正确选项为 B。解析：平均储蓄倾向（APS）是指任一收入水平上储蓄在收入中所占的比重，用公式表示为 $APS = S/Y$。本题源自《西方经济学》第九章第一节 244 页。

7. 增加一单位收入中储蓄所占的比重是指（　　）。

　　A. 边际储蓄倾向　　　　　　　　B. 平均储蓄倾向
　　C. 平均消费倾向　　　　　　　　D. 边际消费倾向

答案要点：本题正确选项为 A。解析：边际储蓄倾向（MPS）是指增加一单位收入中储蓄所占的比重，用公式表示为 $MPS = \Delta S/\Delta Y$。本题源自《西方经济学》第九章第一节 245 页。

8. 边际消费倾向（MPC）是指增加 1 单位收入中消费所占的比重，根据定义，边际消费倾向（　　）。

　　A. 可能大于 1　　　　　　　　　B. 总大于零而小于 1
　　C. 等于 1　　　　　　　　　　　D. 可能小于零

答案要点：本题正确选项为 B。解析：边际消费倾向（MPC）是指增加 1 单位收入中消费所占的比重，根据定义，边际消费倾向总大于零而小于 1。本题源自《西方经济学》第九章第一节 244 页。

9. 平均消费倾向（APC）是指任一收入水平上消费在收入中所占的比重，根据定义，平均消费倾向（　　）。

　　①可能大于 1。②总大于零而小于 1。③可能等于 1。④可能小于 1。

　　A. ①③　　　B. ②　　　C. ③④　　　D. ①③④

答案要点：本题正确选项为 D。解析：平均消费倾向（APC）是指任一收入水平上消费在收入中所占的比重，根据定义，平均消费倾向可能大于、等于或小于 1。本题源自《西方经济学》第九章第一节 244 页。

10. 当消费和收入之间呈线性关系时，边际消费倾向是一个常数，消费函数是一条向（　　）倾斜的直线。

　　A. 右上方　　　B. 左上方　　　C. 右下方　　　D. 左下方

答案要点：本题正确选项为 A。解析：当消费和收入之间呈线性关系时，边际消费倾向是一个常数，消费函数是一条向右上方倾斜的直线。本题源自《西方经济学》第九章第一节 244 页。

11. 消费函数与储蓄函数的关系可以归结为（　　）。

　　①$C + S = Y$。②$APC + APS = 1$。③$APC + APS = 0$。④$MPC + MPS = 1$。

　　A. ①③　　　B. ②　　　C. ③④　　　D. ①②④

答案要点：本题正确选项为 D。解析：消费函数与储蓄函数的关系可以归结为，①$C+S=Y$；②$APC+APS=1$；③$MPC+MPS=1$。本题源自《西方经济学》第九章第一节245页。

12. 边际消费倾向与边际储蓄倾向之和（　　）。

A. 大于 1　　　　　　　　　　　　B. 等于 1

C. 小于 1　　　　　　　　　　　　D. 与 1 无关

答案要点：本题正确选项为 B。解析：边际消费倾向（MPC）是指增加 1 单位收入中消费所占的比重，用公式表示为 $MPC=\Delta C/\Delta Y$。边际储蓄倾向（MPS）是指增加 1 单位收入中储蓄所占的比重，用公式表示为 $MPS=\Delta S/\Delta Y$。而 $Y=C+S$，所以 $MPC+MPS=\Delta C/\Delta Y+\Delta S/\Delta Y=(\Delta C+\Delta S)/\Delta Y=\Delta Y/\Delta Y=1$。本题源自《西方经济学》第九章第一节245页。

13. 在简单凯恩斯模型中，储蓄增加使投资（　　）。

A. 不变　　　　　　　　　　　　　B. 增加

C. 减少　　　　　　　　　　　　　D. 不确定

答案要点：本题正确选项为 B。解析：从逻辑上讲，储蓄增加，会让投资增加。因为凯恩斯认为，储蓄是投资的根本。主要投资金额来自储蓄。当然，两者的增加量不一定相等。本题源自《西方经济学》第九章第二节246页。

14. 若其他情况不变，所得税的征收将会使（　　）。

A. 支出乘数和税收乘数都增大

B. 支出乘数和税收乘数都变小

C. 支出乘数增大，税收乘数变小

D. 支出乘数变小，税收乘数增大

答案要点：本题正确选项为 B。解析：其他条件不变，所得税的征收会使支出乘数和税收乘数都变小。税收乘数是指因政府增加（或减少）税收而引起的国民生产总值或国民收入减少（或增加）的倍数。由于税收是对纳税人收入的一种扣除，税收高低会影响到投资并进而影响到国民收入。税收变动与国民收入呈反方向变化，即税收减少，国民收入增加；税收增加，国民收入减少。因此，税收乘数是负值。税收乘数又指收入变动与引起这种变动的税收变动的比率。本题源自《西方经济学》第九章第四节249页。

15. 收入变动与引起这种变动的政府购买支出变动的比率是（　　）。

A. 税收乘数　　　　　　　　　　　B. 政府购买乘数

C. 平衡预算乘数　　　　　　　　　D. 政府转移支付乘数

答案要点：本题正确选项为 B。解析：政府购买乘数是指收入变动与引起这种变动的政府购买支出变动的比率。本题源自《西方经济学》第九章第四节248页。

16. 收入变动与引起这种变动的税收变动的比率是（　　）。

A. 税收乘数　　　　　　　　　　　B. 政府购买乘数

C. 平衡预算乘数　　　　　　　　　D. 政府转移支付乘数

答案要点：本题正确选项为 A。解析：税收乘数（定量税情况）是指收入变动与引起这种变动的税收变动的比率。本题源自《西方经济学》第九章第四节249页。

17. 收入变动与引起这种变动的政府转移支付变动的比率是（ ）。
   A. 税收乘数   B. 政府购买乘数
   C. 平衡预算乘数   D. 政府转移支付乘数
   答案要点：本题正确选项为 D。解析：政府转移支付乘数是指收入变动与引起这种变动的政府转移支付变动的比率。

18. 政府的购买支出与税收以相等数量增加和减少时，国民收入变动与政府收支变动的比率是（ ）。
   A. 税收乘数   B. 政府购买乘数
   C. 平衡预算乘数   D. 政府转移支付乘数
   答案要点：本题正确选项为 C。解析：平衡预算乘数是指政府的购买支出与税收以相等数量增加和减少时，国民收入变动与政府收支变动的比率。本题源自《西方经济学》第九章第四节 249 页。

二、名词解释

1. 消费函数：随着收入的增加，消费也会增加，但是消费的增加不及收入增加得多。消费和收入的这种关系被称为消费函数或消费倾向，用公式表示为：$C = C(Y)$。

2. 边际消费倾向：指增加 1 单位收入中增加的消费所占的比重，用公式表示为，$MPC = \dfrac{\Delta C}{\Delta Y}$。通常，边际消费倾向服从递减规律，且总大于 0 而小于 1。边际消费倾向与平均消费倾向从不同角度反映了消费与收入之间的关系。

3. 储蓄函数：储蓄是收入中未被消费的部分，因而它取决于收入。储蓄和收入之间的关系被称为储蓄函数或储蓄倾向，用公式表示为：$S = S(Y)$。

4. 边际储蓄倾向：指增加 1 单位收入中增加的储蓄所占的比重。用公式表示为：$MPS = \dfrac{\Delta S}{\Delta Y}$，其总大于 0 而小于 1。如果边际消费倾向递减，那么边际储蓄倾向递增。平均储蓄倾向是指任一收入水平上储蓄在收入中所占的比重，即 $APS = \dfrac{S}{Y}$。边际储蓄倾向和平均储蓄倾向从不同角度反映了储蓄与收入之间的关系。

5. 投资乘数：在其他条件不变的情况下，假定自主投资增加 1 个单位，那么均衡国民收入将增加 $\dfrac{1}{1-\beta}$ 倍。即如果投资增加 ΔI，则均衡国民收入增加量为：$\Delta Y = \dfrac{\Delta I}{1-\beta}$。这一结论被称为投资乘数定理。

6. 税收乘数：在其他条件不变的情况下，假定定量税收增加 1 个单位，那么根据均衡收入决定的条件，均衡国民收入将增加 $\left(-\dfrac{\beta}{1-\beta}\right)$ 倍。如果税收增加 ΔT，则均衡国民收入增加量为：$\Delta Y = \left(-\dfrac{\beta \Delta T}{1-\beta}\right)$。这一结论被称为税收乘数定理。

7. 平衡预算乘数：在保持政府财政预算平衡的条件下，政府收入和支出同时以相等的数量增加或减少时国民收入变动相对于收支变动的比率。如果政府购买支出和税收同时增加1个单位，支出增加1，那么国民收入增加$\frac{1}{1-\beta}$；税收增加1，那么国民收入增加$\left(\frac{-\beta}{1-\beta}\right)$。因此，政府支出及税收同时变动$\Delta G$（或$\Delta T$）时，均衡国民收入的变动量为：$\Delta Y = \frac{\Delta G}{1-\beta} - \frac{\beta \Delta T}{1-\beta} = \Delta G$（$=\Delta T$）。这一结论被称为平衡预算乘数定理。

三、简述题

1. 为什么说投资等于储蓄（$I=S$）是简单的国民收入决定理论的基本均衡条件？国民收入的变动机制是什么？

答案要点：简单的国民收入决定理论是指仅包括产品市场的分析。经济中的均衡国民收入由社会的总支出与总收入均等时所决定。在社会总收入既定的条件下，当社会总需求变动时，会引起产量变动。经济社会的产量或国民收入决定于总支出或总需求，总需求决定的产出就是均衡产出。当产出水平等于总需求水平时，企业生产就会稳定下来。

在两部门经济中，总支出（或总需求）由消费和投资构成，若用AE表示总支出，Y表示收入，C和I分别表示消费和投资，则均衡产出可用公式表示为：$AE=C+I$。在两部门经济中，总收入可由消费和储蓄构成，即$Y=C+S$。因此，收入与支出相等的均衡条件可以表示为：$AE=Y$，即$I=S$。由此可见，投资等于储蓄是均衡条件的基本形式。

国民收入变动的机制是指在经济非均衡时，企业通过调整存货和产量，以适应总需求的机制。若社会的收入超过需求，企业存货增加，就会减少生产；反之，若社会的收入低于社会总需求，企业库存减少，就会增加生产。因此，企业根据社会总需求来安排生产，最终将导致社会处于总收入等于总支出的均衡状态。

2. 简述产品市场的均衡条件并加以简要评论。

答案要点：在国民收入中，总支出由消费支出和投资支出构成。AE表示总支出，那么$AE=C+I$。总收入Y有两个用途：消费C和储蓄S，所以$Y=C+S$。产品市场均衡条件是总支出等于总收入，于是$C+I=C+S$，投资等于储蓄，即$I=S$。只要这个均衡条件得到满足，产品市场的实现问题就能解决，社会总产品的流通就能顺利进行。

这一均衡条件并没有真正触及社会总资本再生产和流通的关键问题。资本主义再生产的关键是第一部类和第二部类的生产比例。同时，产品市场的均衡条件混淆了储蓄和资本积累。资本积累是剩余价值的资本化，它发生在企业内部而不是发生在家庭。信用制度固然打破了企业货币资本量的限制，但在信贷关系相当发达的现代资本主义条件下，投资仍然主要源于资本积累，家庭储蓄不过是补充。此外，产品市场均衡条件中的投资和储蓄，是经济主体依据自己的心理规律进行决策的结果，因而它们都是捉摸不定的东西，很难对二者真正加以讨论。

3. 在简单国民收入决定模型中加入政府变动将如何影响均衡国民收入的决定？

答案要点：加入政府部门之后，经济的总支出和总收入的构成都会发生变动。

从总支出角度看，总支出包含消费、投资和政府购买。首先，假定政府购买是政府控制量，在决定国民收入时是一个常数，即$G=G_0$。其次，政府的税收影响了居民的可支配收入，因而对私人消费产生影响。政府的税收可以是比例税，也可以是定量税。为了简单化,假定政府只对收入征收定量税,定量税为 T_0,于是消费者的个人可支配收入 $Y_d = Y - T_0$。由此,消费函数为: $C = \alpha + \beta Y_d = \alpha + \beta(Y - T_0)$。进而,由计划支出与计划收入的均衡所决定的国民收入可以由下列条件得到: $C + I + G = \alpha + \beta(Y - T_0) + I_0 + G_0 = Y$,即 $\overline{Y} = \dfrac{(\alpha - \beta T_0 + I_0 + G_0)}{(1 - \beta)}$。

从均衡结果不难看出,投资和政府购买增加将导致均衡收入增加,而税收增加将导致均衡收入减少。

4. 简述凯恩斯的乘数理论,并指出其发挥作用的条件。

答案要点:乘数理论说明了经济中各种支出变动对国民收入变动的影响,其中支出的变动既包括私人投资和政府购买的变动,也包括税收和政府转移支付的变动。这里以投资乘数定理来说明这一点。

投资乘数指在其他条件不变的情况下,假定投资增加 1 个单位,那么根据均衡收入决定的条件,均衡国民收入将增加 $\dfrac{1}{1-\beta}$ 倍。如果投资增加 ΔI,则均衡国民收入增加量为: $\Delta Y = \dfrac{\Delta I}{1-\beta}$。式中: β 为家庭部门的边际消费倾向,即国民收入的改变量与引起这种改变的投资改变量成正比,与边际储蓄倾向成反比。

投资乘数说明在其他条件不变的情况下,当经济中投资增加后,由于总需求增加会导致产出量的增加,这种增加还易引起连锁反应。收入的增加又会引起消费者消费数量的增加,从而进一步增加总需求,最终将会使得总收入成倍增加。总之,乘数理论揭示了现代经济的特点,即由于经济中各部门之间的密切联系,某一部门支出(需求)的增加不仅会使该部门的生产和收入相应增加,而且会引起其他部门的生产、收入和支出的增加,从而使国民收入增加量数倍于最初增加的支出。

乘数理论发挥作用的条件是其他影响资源均衡的条件不变以及经济中的资源没有得到充分利用。当经济中的资源已得到充分利用时,即没有可利用的闲置资源时,支出的变动只会导致价格水平上升,而不会使产出水平上升。有时经济中的大部分资源没有得到充分利用,但由于某一种或几种重要资源处于瓶颈状态,也会限制乘数理论发挥作用。此外,乘数理论是在产品市场分析中得到的,因而并没有考虑到货币市场特别是利息率的影响。因此,现实中乘数理论并不一定能发挥如此大的作用。

四、计算与证明

已知消费函数为: $C = 100 + 0.6Y$,投资为自主投资, $I = 60$。试求:

(1) 均衡的国民收入 Y 为多少?

(2) 均衡的储蓄量 S 为多少?

(3) 如果充分就业的国民收入水平 $Y_f = 1\,000$,那么,为使该经济达到充分就业的均衡状态,投资量应如何变化?

(4) 本题中投资乘数 K 为多少?

答案要点:(1) 根据产品市场的均衡条件,可以得到 $Y = C + I$,从而 $Y = 100 + 0.6Y + 60$,解得 $Y = 400$。

（2）$S=I$ 时市场处于均衡，因而均衡的储蓄量 $S=60$。

（3）如果充分就业的国民收入水平 $Y_f=1\,000$，则投资量应该达到下列条件所满足的数量，即 $Y_f=100+0.6Y_f+I$，从而 $I=300$。

（4）投资乘数 $K=\dfrac{1}{1-\beta}=\dfrac{1}{1-0.6}=2.5$。

第十章 产品市场和货币市场的一般均衡

大纲重、难点提示

本章的重点和难点问题是产品市场均衡的概念和 IS 曲线、货币市场均衡的概念和 LM 曲线以及 IS – LM 模型。

大纲习题解答

一、单项选择题

1. IS 曲线是描述（　　）。

A. 产品市场达到均衡时，国民收入与利率的关系

B. 货币市场达到均衡时，国民收入与利率的关系

C. 产品市场达到均衡时，国民收入与价格的关系

D. 货币市场达到均衡时，国民收入与价格的关系

答案要点：本题正确选项为 A。解析：IS 曲线是指将满足产品市场均衡条件的收入和利率的各种组合的点连接起来而形成的一条曲线。它是反映市场均衡状态的一幅简单的图像。它表示的是任意给定利率水平上都有相对应的国民收入水平，在这样的水平上，投资恰好等于储蓄。本题源自《西方经济学》第十章第二节 252 页。

2. 以下对 IS 曲线的经济含义表述正确的是（　　）。

①描述产品市场达到宏观均衡，即 $I = S$ 时，总产出与利率之间的关系。②总产出与利率之间存在着反向变化的关系，即利率提高时总产出水平趋于减少，利率降低时总产出水平趋于增加。③处于 IS 曲线上的任何点位都表示 $I = S$，偏离 IS 曲线的任何点位都表示没有实现均衡。④如果某一点位处于 IS 曲线右边，表示 $I < S$，即现行的利率水平过高，从而导致投资规模小于储蓄规模。如果某一点位处于 IS 曲线的左边，表示 $I > S$，即现行的利率水平过低，从而导致投资规模大于储蓄规模。

A. ①②③　　　　　　　　　　　　B. ①②④

C. ②③④　　　　　　　　　　　　D. ①②③④

答案要点：本题正确选项为 D。解析：IS 曲线的经济含义是，①描述产品市场达到宏观均衡，即 $I = S$ 时，总产出与利率之间的关系。②总产出与利率之间存在着反向变化的关系，即利率提高时总产出水平趋于减少，利率降低时总产出水平趋于增加。③处于 IS 曲线上的任何点位都表示 $I = S$，偏离 IS 曲线的任何点位都表示没有实现均衡。④如果某一点位处于 IS 曲线右边，表示 $I < S$，即现行的利率水平过高，从而导致投资规模小于储蓄规模。如果某一点位处于 IS 曲线的左边，表示 $I > S$，即现行的利率水平过低，从而导致投资规模大于储蓄规模。本题源自《西方经济学》第十章第二节 252 页。

3. IS 曲线不满足（　　）关系。
   A. 收入－支出均衡　　　　　　　B. 总供给和总需求均衡
   C. 储蓄和投资均衡　　　　　　　D. 以上都对

   答案要点：本题正确选项为 B。解析：IS 曲线意味着产品市场均衡，而产品市场均衡意味着收入－支出均衡与储蓄和投资均衡。同时产品市场均衡并不意味着供给与需求均衡，因为 IS 曲线只会影响 AD 曲线，并不影响 AS 曲线，故选 B。本题源自《西方经济学》第十章第二节 252 页。

4. 如果投资增加，假定利息率下的均衡收入增加，IS 曲线会向（　　）移动。
   A. 右上方　　　　　　　　　　　B. 左上方
   C. 右下方　　　　　　　　　　　D. 左下方

   答案要点：本题正确选项为 A。解析：投资增加，假定利息率下的均衡收入增加会导致 IS 曲线向右上方移动。本题源自《西方经济学》第十章第二节 253 页。

5. IS 曲线上满足 $I = S$ 的收入和利率的组合点有（　　）。
   A. 无数个　　　　　　　　　　　B. 一个
   C. 一个或无数个　　　　　　　　D. 一个或无数个都不可能

   答案要点：本题正确选项为 A。解析：产品市场处于均衡时，以纵轴代表利率，横轴代表收入，得到的反映利率和收入之间相互关系的曲线就是 IS 曲线。这条曲线上任何一点都代表一定的利率和收入的组合，在这些组合下，投资和储蓄是相等的，即 $I = S$。本题源自《西方经济学》第十章第二节 252 页。

6. 自发投资支出增加 10 亿元，会使 IS 曲线（　　）。
   A. 右移 10 亿元　　　　　　　　　B. 左移 10 亿元
   C. 右移支出乘数乘以 10 亿元　　　D. 左移支出乘数乘以 10 亿元

   答案要点：本题正确选项为 C。解析：如果在同样利率水平上投资需求增加了，那么投资需求曲线向右上方移动。于是 IS 曲线也会向右上方移动，其移动的量等于投资需求曲线的移动量乘以乘数。本题源自《西方经济学》第十章第二节 253 页。

7. 货币需求的动机是（　　）。
   ①交易动机。②谨慎或预防动机。③货币的动机。④投机动机。
   A. ①②③　　　　　　　　　　　B. ①②④
   C. ②③④　　　　　　　　　　　D. ①②③④

   答案要点：本题正确选项为 B。解析：货币需求有三类动机，第一，交易动机，指个人和企业需要货币是为了进行正常的交易活动；第二，谨慎或预防动机，指为预防意外支出而持有一部分货币的动机；第三，投机动机，指人们为了抓住有利的购买有价证券的机会而持有一部分货币的动机。本题源自《西方经济学》第十章第三节 254 页。

8. 利息率提高时，货币的投机需求将（　　）。
   A. 增加　　　　　　　　　　　　B. 不变
   C. 减少　　　　　　　　　　　　D. 不确定

   答案要点：本题正确选项为 C。解析：货币需求的投机动机引起的货币需求取决于利息率，并且与利息率呈反方向变动。当利息率提高时，货币的投机需求减少。本题源自

《西方经济学》第十章第三节 254 页。

9. 货币供给曲线是一条（   ）。

A. 向右下方倾斜的曲线   B. 向右上方倾斜的曲线
C. 与利息率轴平行的直线   D. 与利息率轴垂直的直线

答案要点：本题正确选项为 C。解析：通常认为，货币供给量是由国家用货币政策来调节的，因而是一个外生变量，其大小与利息率高低无关。因此，货币供给曲线是一条垂直于横轴的直线，即与纵轴（利息率轴）平行。本题源自《西方经济学》第十章第三节 255 页。

10. LM 曲线是一条用来描述（   ）的曲线。

A. 产品市场达到均衡时，国民收入与利率的关系
B. 货币市场达到均衡时，国民收入与利率的关系
C. 产品市场达到均衡时，国民收入与价格的关系
D. 货币市场达到均衡时，国民收入与价格的关系

答案要点：本题正确选项为 B。解析：LM 曲线是一条用来描述在货币市场均衡状态下国民收入和利率之间相互关系的曲线。LM 曲线表示在货币市场中，货币供给等于货币需求时收入与利率的各种组合的点的轨迹。LM 曲线的数学表达式为 $L_1(Y) + L_2(r) = m$，它的斜率为正值。本题源自《西方经济学》第十章第四节 257 页。

11. LM 曲线向右下方移动是由于（   ）。

A. 货币供给量减少   B. 货币供给量增加
C. 自发总支出增加   D. 自发总支出减少

答案要点：本题正确选项为 B。解析：如果货币供给增加，LM 曲线向右下方移动。本题源自《西方经济学》第十章第四节 258 页。

二、名词解释

1. 资本的边际效率：指一种贴现率，这种贴现率正好使一项资本品在使用期内各预期收益的贴现值之和等于该项资本品的供给价格或重置成本。以 R_0 表示一项资本品的价格；$R_1, \cdots, R_n$ 分别为该项资本品在某期内的本利和；r_c 为该项资本品的边际效率。用下式表示：

$$R_0 = \frac{R_1}{1+r_c} + \frac{R_2}{(1+r_c)^2} + \cdots + \frac{R_n}{(1+r_c)^n}$$

在实践中，资本的边际效率也被称为预期利润率。

2. 投资函数：以资本的边际效率不变为条件，投资取决于利息率，并且是利息率的减函数。用公式表示为：$I = I(r)$。投资与利息率呈反方向变动关系。

3. IS 曲线：将产品市场处于均衡的收入与利息率的组合描述出来的曲线。在两部门经济中，如果经济中的储蓄函数为 $S = S(Y)$，投资函数为 $I = I(r)$，那么 IS 曲线为 $S(Y) = I(r)$。由于均衡收入与利息率之间呈反方向变动，因而 IS 曲线向右下方倾斜。

4. 流动偏好：人们持有货币的偏好。由于货币是流动性最大的资产，故人们会对货币产生偏好。引起这种偏好的动机可以区分为交易动机、谨慎或预防动机和投机动机。前两种动机引起的货币需求与收入同方向变动，表示为 $L_1(Y)$；而投机动机引起的货币需求

则与利息率呈反方向变动，表示为 $L_2(r)$。这样，货币需求可以概括为：$L = L_1(Y) + L_2(r)$。

5. 流动偏好陷阱：当利息率极低时，有价证券的价格处于高点，这时人们就会纷纷出售有价证券而持有货币，以免证券价格下跌时蒙受损失，此时，人们对货币的需求量趋向于无穷大。

6. LM 曲线：描述货币市场处于均衡的利息率和国民收入的组合曲线。在货币市场上，对应于特定的收入，货币需求与货币供给相等决定均衡利息率。但不同收入水平对应着不同的货币需求，从而决定不同的均衡利息率。收入与均衡利息率的对应关系就是 LM 曲线。用公式表示为：$L_1(Y) + L_2(r) = m$。它是一条向右上方倾斜的曲线。

三、简述题

1. 简述货币市场的均衡条件并加以简要评论。

答案要点：根据凯恩斯主义理论，在货币市场上，当货币的供给等于货币的需求时，市场处于均衡，并相应地决定均衡的利息率水平。通常，货币供给被认为是由一国的货币当局发行并调节的一个外生变量，其大小与利息率无关，表示为 m。故在以利息率为纵坐标，货币量为横坐标的坐标系内，货币供给曲线是一条垂直于横轴的直线。凯恩斯主义的货币需求理论是建立在凯恩斯的流动偏好基础上的。交易、谨慎和投机三种动机引起货币需求。其中，交易和谨慎动机所引起的货币需求与收入有关，并且随着收入的增加而增加，表示为 $L_1(Y)$；而投机动机引起的货币需求与利息率呈反方向变动，表示为 $L_2(r)$。这样，货币需求可表示为：$L = L_1(Y) + L_2(r)$。于是，市场的均衡条件可以表示为：$L_1(Y) + L_2(r) = m$，在已知收入水平的情况下，上述均衡条件决定了均衡的利率水平。

凯恩斯的货币需求理论在一定程度上发展了庇古的货币数量论，特别是明确指出投机动机而突出了利息率的作用。但正如有些西方学者所指出的，凯恩斯的货币理论只注意到利息率和收入对货币需求的影响，而忽略了人们对财富的持有量也是决定货币需求的重要因素。此外，西方学者认为，凯恩斯把财富的构成看得过于简单，好像在现实的社会中，只有货币和债券两种资产可供人们选择，这些都是有待改进的。

2. 简述凯恩斯的货币理论。

答案要点：凯恩斯的货币理论主要是货币需求理论。凯恩斯认为，人们对货币的需求是出于货币在所有的资产形式中具有最高的流动性，具体表现为交易动机、谨慎或预防动机和投机动机。交易动机是指个人和企业需要货币是为了进行正常的交易活动。谨慎或预防动机是指预防意外支出而持有一部分货币的动机。投机动机是指人们为了抓住有利的购买有价证券的机会而持有一部分货币的动机。凯恩斯认为，交易动机和谨慎动机主要取决于收入。这种货币需求量和收入的关系可表示为：$L_1 = L_1(Y)$。对于投机动机所导致的对货币的需求，凯恩斯认为主要取决于利率，这可表示为：$L_2 = L_2(r)$。

因此，在凯恩斯看来，对货币的总需求是人们对货币的交易需求、谨慎或预防需求和投机需求的总和，于是货币的总需求可表示为：$L = L_1(Y) + L_2(r)$，其中 L_1 是收入 Y 的增函数，L_2 是利率 r 的减函数。

3. 凯恩斯是如何解释资本主义经济的有效需求不足的？他所引申出的政策结论是什么？

答案要点：按照凯恩斯的理论，在资本主义经济中，国民收入主要取决于社会的总需求，而社会的总需求由消费和投资构成。正是消费和投资的不足导致在总供给和总需求达到均衡状态时的社会需求不足以实现充分就业，即有效需求不足。对于消费不足和投资不足，凯恩斯运用三个基本规律，即边际消费倾向递减规律、资本边际效率递减规律以及流动性偏好来加以解释。

（1）边际消费倾向递减规律。虽然人们的消费随收入的增加而增加，但在所增加的收入中用于增加消费的部分越来越少，凯恩斯认为边际消费倾向递减规律是由人类的储蓄天性所决定的。由于这一规律的作用，出现消费不足。

（2）资本边际效率递减规律。资本边际效率是使得预期收益现值之和等于资本品价格的贴现率，它反映了厂商增加投资的预期利润率。资本边际效率递减意味着厂商增加投资时预期利润率递减。凯恩斯认为，投资需求取决于资本边际效率与利率的对比关系。对应于既定的利息率，只有当资本边际效率高于这一利息率时才会有投资。但是，在凯恩斯看来，由于资本边际效率在长期中是递减的，除非利率可以足够低，否则会导致经济社会中投资需求不足。

引起资本边际效率递减的原因主要有两个：①投资的不断增加必然会引起资本品供给价格的上升，而资本品供给价格的上升意味着成本增加，从而会使投资的预期利润率下降；②投资的不断增加，会使所生产出来的产品数量增加，而产品数量增加会使其市场价格下降，从而投资的预期利润率也会下降。资本边际效率递减往往使资本家对未来缺乏信心，从而引起投资需求的不足。

（3）流动性偏好，是指人们持有货币的心理偏好。凯恩斯认为人们之所以产生对持有货币的偏好，是由于货币是流动性或者说灵活性最大的资产，可随时做交易之用，可随时用于应付不测，可随时用作投机，因而人们有持有货币的偏好。当利息率降低到一定程度之后，人们预计有价证券的价格已经达到最大，从而愿意多持有货币，以致对货币的需求趋向于无穷大。结果，无论货币供给有多大，货币市场的利息率都不会再下降。

由于这种心理规律的作用，利息率居高不下，当预期利润率低于或接近利息率时，厂商就不愿意进行投资，从而也导致投资需求不足。

从以上三个规律中可以看到，有效需求不足是导致资本主义社会出现经济萧条与失业的关键。由此，凯恩斯主张，为保持充分就业，需要用国家消费和国家投资来弥补社会中私人消费和私人投资的不足，刺激有效需求，在政策上政府应通过财政手段，如举债、增加政府购买支出、增加转移支出、减少税收等措施来刺激有效需求。凯恩斯论证了国家干预住房市场的必要性。

四、计算与证明

已知消费函数为：$C = 100 + 0.6Y$。投资函数为：$I = 520 - r$。货币需求为：$L = 0.2Y - 4r$。货币的供给为：$m = 120$。（利率 r 单位为"1‰"）

（1）写出 IS 曲线方程。

（2）写出 LM 曲线方程。

（3）写出 IS－LM 模型的具体方程并求解均衡的国民收入 Y 和均衡的利息率 r 各为多少。

（4）如果自主投资由 520 增加到 550，均衡国民收入会如何变动？你的结果与乘数定理的结论相同吗？请给出解释。

答案要点：（1）通过消费函数求解储蓄函数 $S = Y - C$，并代入 $I = S$ 中。得到 IS 曲线方程为：$520 - r = 0.4Y - 100$，解得 $Y = 1\,550 - 2.5r$。

（2）把已知条件代入 $L = m$ 中，得到 LM 曲线方程为：$0.2Y - 4r = 120$，解得 $Y = 600 + 20r$。

（3）把 IS 曲线和 LM 曲线的方程联立，可以得到产品和货币市场均衡时的国民收入和利息率：$520 - r = 0.4Y - 100$，$Y = 600 + 20r$。

解得 $r = 42.22$，$Y = 1\,444.44$。

（4）投资由 520 增加到 550 时，$\Delta I = 30$，国民收入 Y 由 $1\,444.44$ 增加到 $1\,511.11$，$\Delta Y = 66.67$，$K = \dfrac{\Delta Y}{\Delta I} = 2.22$（倍）。这一结果小于乘数定理的结论。根据乘数原理，在简单模型中的投资乘数应是 $\dfrac{1}{1-0.6} = 2.5$，自主投资增加 30 带来的收入增加是 75。两者不一致的原因：IS - LM 模型中允许利率变化，当自主投资支出增加导致收入增加时，收入增加导致货币需求增加，从而导致利率上升，投资减少，挤掉了投资支出增加的效应，这就是所谓的挤出效应。

第十一章 宏观经济政策

大纲重、难点提示

本章的重点和难点问题是财政政策和货币政策的概念、工具和作用。

大纲习题解答

一、单项选择题

1. 一般认为宏观经济政策的目标有（　　）。
①充分就业。②价格稳定。③经济持续均衡增长。④国际收支平衡。
   A. ①②④　　　　　　　　　　　　　B. ①③④
   C. ②③④　　　　　　　　　　　　　D. ①②③④

   答案要点：本题正确选项为 D。解析：一般认为宏观经济政策有充分就业、价格稳定、经济持续均衡增长和国际收支平衡四大目标。本题源自《西方经济学》第十一章第一节 262 页。

2. 失业一般是指（　　）。
①摩擦失业。②强制失业。③自愿失业。④非自愿失业。
   A. ①②④　　　　　　　　　　　　　B. ①③④
   C. ②③④　　　　　　　　　　　　　D. ①②③

   答案要点：本题正确选项为 B。解析：失业一般分为三类，分别为摩擦失业、自愿失业和非自愿失业。本题源自《西方经济学》第十一章第一节 262 页。

3. 在生产过程中由于难以避免的摩擦造成的短期、局部性失业是指（　　）。
   A. 摩擦失业　　　　　　　　　　　　B. 强制失业
   C. 自愿失业　　　　　　　　　　　　D. 非自愿失业

   答案要点：本题正确选项为 A。解析：摩擦失业是指在生产过程中由于难以避免的摩擦造成的短期、局部性失业。本题源自《西方经济学》第十一章第一节 263 页。

4. 工人不愿意接受现行工资水平而形成的失业是指（　　）。
   A. 摩擦失业　　　　　　　　　　　　B. 强制失业
   C. 自愿失业　　　　　　　　　　　　D. 非自愿失业

   答案要点：本题正确选项为 C。解析：自愿失业是指工人不愿意接受现行工资水平而形成的失业。本题源自《西方经济学》第十一章第一节 263 页。

5. 愿意接受现行工资但仍找不到工作的失业是指（　　）。
   A. 摩擦失业　　　　　　　　　　　　B. 强制失业
   C. 自愿失业　　　　　　　　　　　　D. 非自愿失业

答案要点：本题正确选项为 D。解析：非自愿失业是指愿意接受现行工资但仍找不到工作的失业。本题源自《西方经济学》第十一章第一节 263 页。

6. 充分就业允许存在的失业有（　　）。

①摩擦失业。②强制失业。③自愿失业。④非自愿失业。

A. ①②④　　　B. ①③④　　　C. ②③④　　　D. ①③

答案要点：本题正确选项为 D。解析：充分就业允许存在的失业有摩擦失业、自愿失业。本题源自《西方经济学》第十一章第一节 263 页。

7. 根据凯恩斯主义理论，LM 曲线可以呈现出（　　）形状。据此，可以把曲线划分为萧条或凯恩斯区域、中间区域和"古典"区域。

①水平。②递减。③递增。④垂直。

A. ①②④　　　B. ①③④　　　C. ②③④　　　D. ①③

答案要点：本题正确选项为 B。解析：根据凯恩斯主义理论，LM 曲线可以呈现出水平、递增和垂直三种形状。据此，可以把 LM 曲线划分为萧条或凯恩斯区域、中间区域和"古典"区域。本题源自《西方经济学》第十一章第一节 263 页。

8. 在（　　），IS 变动对国民收入影响最大，而 LM 变动则对国民收入没有影响，因而财政政策最有效，货币政策无效。

A. 复苏区域　　　　　　　　B. 萧条区域

C. "古典"区域　　　　　　　D. 中间区域

答案要点：本题正确选项为 B。解析：在萧条区域，IS 变动对国民收入影响最大，而 LM 变动则对国民收入没有影响，因而财政政策最有效，货币政策无效。本题源自《西方经济学》第十一章第一节 264 页。

9. 在（　　），IS 变动只影响利息率，不影响均衡国民收入，而 LM 变动则对国民收入产生最大影响，因而财政政策无效，货币政策最有效。

A. 复苏区域　　　　　　　　B. 萧条区域

C. "古典"区域　　　　　　　D. 中间区域

答案要点：本题正确选项为 C。解析：在"古典"区域，IS 变动只影响利息率，不影响均衡国民收入，而 LM 变动则对国民收入产生最大影响，因而财政政策无效，货币政策最有效。本题源自《西方经济学》第十一章第一节 264 页。

10. 政府购买是指（　　）。

①购买军需品。②机关公用品。③社会福利保险。④贫困救济。⑤政府雇员报酬。

A. ①②④⑤　　　　　　　　B. ①③④⑤

C. ②③④　　　　　　　　　D. ①②⑤

答案要点：本题正确选项为 D。解析：政府购买是指政府对商品和劳务的购买，如购买军需品、机关公用品、政府雇员报酬、公共项目工程所需的支出等都属于政府购买。本题源自《西方经济学》第十一章第二节 264 页。

11. 政府转移支付是指（　　）。

①购买军需品。②机关公用品。③社会福利保险。④贫困救济。⑤政府雇员报酬。

A. ②④　　　　B. ①④　　　C. ③④　　　D. ①②

答案要点：本题正确选项为 C。解析：政府转移支付是指政府在社会福利保险、贫困救济和各种补贴等方面的支出。本题源自《西方经济学》第十一章第二节 264 页。

12. 下列能自动调节经济的财政政策是（　　）。
    A. 内在稳定器　　　　　　　　　　B. 利息率政策
    C. 市场供求调节器　　　　　　　　D. 价格调节器

答案要点：本题正确选项为 A。解析：自动稳定器，亦称内在稳定器，是指经济系统本身存在的一种会降低经济的波动幅度的机制。财政制度具有自动稳定功能，财政制度的自发稳定作用通过财政收入和支出两方面发挥作用。本题源自《西方经济学》第十一章第二节 264 页。

13. 当经济中存在通货膨胀时，应该采取的财政政策工具是（　　）。
    A. 增加政府支出和减少税收　　　　B. 减少政府支出和减少税收
    C. 减少政府支出和增加税收　　　　D. 增加政府支出和增加税收

答案要点：本题正确选项为 C。解析：当总需求过热即出现通货膨胀时，政府应削减财政支出、增加税收。本题源自《西方经济学》第十一章第二节 265 页。

14. 当经济中存在衰退时，应该采取的财政政策工具是（　　）。
    A. 增加政府支出和减少税收　　　　B. 减少政府支出和减少税收
    C. 减少政府支出和增加税收　　　　D. 增加政府支出和增加税收

答案要点：本题正确选项为 A。解析：当经济出现总需求不足即出现经济衰退时，政府应扩大政府支出、减少财政收入。本题源自《西方经济学》第十一章第二节 265 页。

15. 属于扩张性财政政策工具的是（　　）。
    A. 增加政府支出和减少税收　　　　B. 增加政府支出和增加税收
    C. 减少政府支出和减少税收　　　　D. 减少政府支出和增加税收

答案要点：本题正确选项为 A。解析：财政政策是政府变动税收和支出以便影响总需求进而影响就业和国民收入的政策。当经济出现总需求不足即出现经济衰退时，政府应通过削减税收、降低税率、增加支出或多管齐下以刺激总需求；反之，当总需求非常高即出现通货膨胀时，政府应增加税收或削减开支以抑制总需求。前者称为扩张性财政政策，后者称为紧缩性财政政策。本题源自《西方经济学》第十一章第二节 265 页。

16. 当国民收入低于充分就业的收入水平时，即使出现财政赤字，政府也应该采取（　　）财政政策。
    A. 扩张性　　　　　　　　　　　　B. 紧缩性
    C. 充分就业　　　　　　　　　　　D. 内在稳定

答案要点：本题正确选项为 A。解析：当国民收入低于充分就业的收入水平时，即使出现财政赤字，政府也应该采取扩张性财政政策。本题源自《西方经济学》第十一章第二节 265 页。

17. 当国民收入高于充分就业的收入水平时，即使出现预算盈余，政府也应该采取（　　）财政政策。
    A. 扩张性　　　　　　　　　　　　B. 紧缩性
    C. 充分就业　　　　　　　　　　　D. 内在稳定

答案要点：本题正确选项为 B。解析：当国民收入高于充分就业的收入水平时，即使出现预算盈余，政府也应该采取紧缩性财政政策。本题源自《西方经济学》第十一章第二节 265 页。

18． 为了控制财政收入和支出，政府的财政政策工具有（　　）。
①变动政府购买支出。②改变政府转移支付。③变动税收。④公债。
A．①②④　　　　　　　　　　　　B．①③④
C．②③④　　　　　　　　　　　　D．①②③④

答案要点：本题正确选项为 D。解析：为了控制财政收入和支出，政府的财政政策工具包括变动政府购买支出、改变政府转移支付、变动税收和公债等。本题源自《西方经济学》第十一章第二节 265 页。

19． 货币政策的实质是国家根据不同时期的经济发展情况而采取紧、松等不同的政策，其目的是（　　）。
①物价稳定。②充分就业。③促进经济增长。④平衡国际收支。
A．①②④　　　　　　　　　　　　B．①③④
C．②③④　　　　　　　　　　　　D．①②③④

答案要点：本题正确选项为 D。解析：货币政策的实质是国家根据不同时期的经济发展情况而采取紧、松等不同的政策，达到物价稳定、充分就业、促进经济增长和平衡国际收支等目的。本题源自《西方经济学》第十一章第三节 266 页。

20． 中央银行是（　　）。
①一国的发行银行。②银行的银行。③国家的银行。④商业银行。
A．①②④　　　　　　　　　　　　B．①③④
C．②③④　　　　　　　　　　　　D．①②③

答案要点：本题正确选项为 D。解析：中央银行是一国的发行银行、银行的银行和国家的银行。本题源自《西方经济学》第十一章第三节 266 页。

21． 中央银行的货币政策手段有（　　）。
①变动法定准备率。②变更再贴现率。③公开市场业务。④信贷配额。
A．①②④　　　　　　　　　　　　B．①③④
C．②③④　　　　　　　　　　　　D．①②③④

答案要点：本题正确选项为 D。解析：中央银行的货币政策手段有变动法定准备率、变更再贴现率、公开市场业务、信贷配额、放宽信贷条件等。本题源自《西方经济学》第十一章第三节 266 页。

22． 中央银行对商业银行及其他金融机构的放贷利率是（　　）。
A．法定存款准备金率　　　　　　　B．再贴现率
C．贴现率　　　　　　　　　　　　D．汇率

答案要点：本题正确选项为 B。解析：再贴现是中央银行对商业银行及其他金融机构的放款行为。在需要现金时，商业银行可以持合格的有价证券到中央银行进行再贴现或进行抵押贷款。本题源自《西方经济学》第十一章第三节 267 页。

23. 在总需求不足时,中央银行为了增加货币供给,降低法定准备率0.5%,使得所有商业银行的放款规模增加,这是变动(　　)的货币政策手段。

A. 法定存款准备金率　　　　B. 再贴现率

C. 贴现率　　　　　　　　　D. 汇率

答案要点:本题正确选项为A。解析:中央银行有权决定商业银行和其他存款机构的法定准备率。在总需求不足时,中央银行为了增加货币供给,就可以降低法定准备率,使得所有商业银行的放款规模增加;反之,中央银行提高法定准备率,减少商业银行的贷款规模。本题源自《西方经济学》第十一章第三节267页。

24. 在经济萧条时,中央银行买进政府债券,以增加商业银行的准备金,从而扩大商业银行的贷款规模,这是(　　)。

A. 法定存款准备金率　　　　B. 再贴现率

C. 公开市场业务　　　　　　D. 汇率

答案要点:本题正确选项为C。解析:公开市场业务是指,在经济萧条时,中央银行买进政府债券,以增加商业银行的准备金,从而扩大商业银行的贷款规模。本题源自《西方经济学》第十一章第三节267页。

二、名词解释

1. 财政制度:政府的支出和收入制度。

2. 自动稳定器:亦称内在稳定器,指经济系统本身存在的一种会自动抵御冲击、稳定经济的波动幅度的机制。西方财政制度的自动稳定器是通过财政收入、支出两方面发挥作用的。从财政收入方面来看,当经济衰退时,国民收入水平下降,个人收入减少,相应地政府税收会自动减少。税收减少导致总需求增加,因而将会促使经济回升。反之,当经济过热时,失业率下降,收入增加,税收会随个人收入增加而自动增加,从而起到抑制经济繁荣的作用。从财政支出方面来看,政府支出中的转移支付与福利支出也具有自动稳定作用。

3. 财政政策:为促进就业水平提高,减轻经济波动,防止通货膨胀,实现稳定增长而对政府支出、税收和借债水平所进行的选择,或对政府收入和支出水平所做出的决策。政府执行财政政策是斟酌使用的,是逆经济风向行事的。当经济出现总需求不足即出现经济衰退时,政府应扩大财政支出、减少财政收入;相反,当总需求过热即出现通货膨胀时,政府应削减财政支出、增加税收。财政政策工具包括变动政府购买支出、变动政府转移支付、变动税收和公债等。

4. 充分就业预算盈余:指既定的政府预算在充分就业的国民收入水平,即潜在的国民收入水平上所产生的政府预算盈余,即潜在的国民收入对应的财政收入与政府预算支出之间的差额。它是基于凯恩斯主义的功能财政而设立的。以此为标准,可以消除收入的周期性波动对预算状况的影响,从而更准确地反映财政政策态势。若充分就业预算盈余增加了或赤字减少了,财政政策就是紧缩的;反之,政策是扩张的。另外,还可以使政策制定者以充分就业为目标确定财政政策。

5. 货币政策:通过银行制度规定,指中央银行通过控制货币供给量,进而调节利率,以便影响投资和整个经济以达到经济目标的行为的政策。货币政策一般也分为扩张性的和紧缩性的。在执行过程中也是逆经济风向行事的。主要手段包括变动法定存款准备金率、变更再贴现率和公开市场业务，以及道义劝告、放宽信贷条件、放松抵押贷款数量和信贷配额等辅助性手段。

  6. **法定存款准备金制度**：法定存款准备金率是指中央银行规定的各商业银行和其他吸收存款机构必须遵守的存款准备金占其存款总额的比例。中央银行要求商业银行和其他储蓄机构将储蓄中一定的比例作为准备金，防止储蓄人兑现的时候出现流动性困难，这种制度就叫做法定存款准备金制度。由于变更法定存款准备金率不仅影响单个商业银行的贷款数量，而且影响到整个银行系统的货币创造乘数，因而被认为是最猛烈的货币政策手段。所以，一般不采用这一政策。

  7. **再贴现制度**：指中央银行对商业银行及其他金融机构的放款行为。在需要现金时，商业银行可以持合格的有价证券到中央银行进行再贴现或进行抵押贷款，这时，中央银行可以利用再贴现率执行货币政策。再贴现率提高，商业银行向中央银行借款就会减少，从而货币供给量就会减少；再贴现率降低，商业银行向中央银行借款就会增加，从而货币供给量就会增加。这种政策也是逆经济风向行事的。

  8. **公开市场业务**：指中央银行在证券市场上公开买卖政府债券以控制货币供给和利率的政策行为。在经济萧条时，中央银行买进政府债券，以增加商业银行的准备金和社会货币供应量；反之，中央银行可以卖出政府债券，以便执行紧缩性的货币政策。它是目前西方国家中央银行调节货币供应量、实现政策目标中最重要和最常用的工具。

  9. **货币创造乘数**：指一笔存款通过银行系统而对货币供给量所产生的倍数作用。根据银行体系的制度规定，商业银行吸收的存款中必须以法定存款准备金率提取一定比例留作准备金，而另一部分可以由银行向客户放款，从而进一步增加货币供给量。如此继续下去，整个银行系统中最多可以创造出的货币量为：$\Delta M = \dfrac{\Delta D}{r_d}$。式中：$\Delta D$ 为银行系统中最初增加的存款；r_d 为法定存款准备金率。

三、简述题

  1. 商业银行体系为什么能使原始存款扩大若干倍？通过什么方式扩大？

  答案要点：商业银行吸收的存款中必须以一定的比例留作准备金。这一比例是由中央银行依法规定的，故称为法定存款准备金率。法定存款准备金率使得银行体系中可以成倍地创造货币供给。

  假定法定存款准备金率为10%。若有一家商业银行增加了100元的存款，那它就可以贷款90元。客户将这90元存入自己的账户，则为他开户的银行就可以放款81元。如此，银行系统中增加的存款额为：$100 + 100 \times (1-10\%) + 100 \times (1-10\%)^2 + \cdots + 100 \times (1-10\%)^n$。

  一般地，如果银行系统中最初增加了 ΔD 的存款，那么以法定存款准备金率 r_d 留作准备金，整个银行系统中最多可以创造出的货币量为：$\Delta M = \dfrac{\Delta D}{r_d}$。当然，上述存款扩大的倍数是以所有增加的可供放贷的存款在银行系统内全额流动为条件的。

2. 按照西方学者的观点，财政政策和货币政策是如何调节宏观经济运行的？

答案要点：按照凯恩斯主义的观点，通过改变政府的收支水平以及经济中的货币供给量，可以影响总支出水平，从而实现就业、价格总水平稳定、经济增长和国际收支平衡等宏观经济运行目标。在实践中则表现为财政政策和货币政策对宏观经济的调节。

财政政策是政府为促进就业水平提高，减轻经济波动，防止通货膨胀，实现稳定增长而对政府支出、税收和借债水平所做出的决策。财政政策通过变动政府的收支，对国民收入产生乘数作用，进而达到调节宏观经济运行的目的。财政政策是逆经济风向行事的。当经济的总需求不足时，失业增加，政府可以通过削减税收、降低税率、增加支出等措施刺激总需求；反之，当总需求过热时，出现通货膨胀，政府则增加税收或削减开支以抑制总需求。

货币政策是中央银行通过控制货币供应量来调节利率，进而影响投资和整个经济以达到一定经济目标的行为。货币政策的实施也是逆经济风向行事的。货币政策手段主要有再贴现率政策、公开市场业务和变动法定存款准备金率等。具体地说，再贴现率政策是中央银行通过变动给商业银行及其他存款机构的贷款利率来调节货币供应量。再贴现率提高，商业银行向中央银行借款减少，从而货币供给量就会减少；反之，降低再贴现率，货币供给量就会增加。公开市场业务是指中央银行在证券市场上公开买卖政府债券以控制货币供给和利率的行为。变动法定存款准备金率也能够改变经济中的货币数量。随着经济中货币量的改变，影响了经济的总需求水平，进而达到影响国民收入、调节宏观经济运行的目的。

四、论述题

试论西方需求管理的政策。

答案要点：（1）需求管理是通过调节宏观经济的总需求来达到一定政策目标的宏观调控的方式。其理论基础是凯恩斯主义国民收入的总需求决定论。依照凯恩斯主义理论，经济出现萧条的关键在于总需求不足，解决宏观经济运行中出现的问题也应借助于总需求管理政策。

（2）总需求管理政策的目标一般认为是充分就业、价格稳定、经济持续均衡增长和国际收支平衡。在封闭经济中，短期目标则主要是实现充分就业和价格稳定。

（3）实现既定的宏观经济政策目标，可以借用财政政策和货币政策来实现。

财政政策是政府为促进就业水平提高，减轻经济波动，防止通货膨胀，实现稳定增长而对政府支出、税收和借债水平所做出的决策。财政政策通过变动政府的收支，对国民收入产生乘数作用，进而达到调节宏观经济运行的目的。财政政策是逆经济风向行事的。当经济的总需求不足时，失业增加，政府可以通过削减税收、降低税率、增加支出等措施刺激总需求；反之，当总需求过热时，出现通货膨胀，政府则增加税收或削减开支以抑制总需求。

货币政策是中央银行通过控制货币供应量来调节利率进而影响投资和整个经济以达到一定经济目标的行为。货币政策的实施也是逆经济风向行事的。货币政策手段主要有再贴现率政策、公开市场业务和变动法定存款准备金率等。具体地说，再贴现率政策是中央银行通过变动给商业银行及其他存款机构的贷款利率来调节货币供应量。再贴现率提高，商业银行向中央银行借款减少，从而货币供给量就会减少；反之，降低再贴现率，货币供给量就会增加。公开市场业务是指中央银行在证券市场上公开买卖政府债券以控制货币供给和利率的行为。变动法定存款准备金率也能够改变经济中的货币数量。随着经济中货币量的改变，影响了经济的总需求水平，进而达到影响国民收入、调节宏观经济运行的目的。

(4) 总需求管理的政策也存在着一系列的限制条件。①经济态势和程度判断方面的困难；②政策实施过程中的时滞；③宏观经济政策作用的不确定性。尽管西方的需求管理政策并非万能，但不可否认它对经济运行的稳定性有一定的作用。在我国社会主义市场经济条件下借鉴这些理论和政策将是有益的。

第十二章 总需求和总供给分析

大纲重、难点提示

本章的重点和难点问题是总需求和总供给的概念以及如何建立总需求和总供给的理论框架。

大纲习题解答

一、单项选择题

1. 总需求是经济社会对产品和劳务的需求总量，由（　　）构成。

①消费需求。②投资需求。③政府需求。④国外需求。

A. ①②④　　　　　　　　　　　　B. ①③④

C. ②③④　　　　　　　　　　　　D. ①②③④

答案要点：本题正确选项为 D。解析：总需求是经济社会对产品和劳务的需求总量，由消费需求、投资需求、政府需求、国外需求构成。本题源自《西方经济学》第十二章第一节 268 页。

2. 总需求曲线的斜率取决于（　　）。

①货币需求的利率弹性。②投资需求的利率弹性。③货币需求的收入弹性。④乘数。

A. ①②④　　　　　　　　　　　　B. ①③④

C. ②③④　　　　　　　　　　　　D. ①②③④

答案要点：本题正确选项为 D。解析：总需求曲线的斜率取决于，①货币需求的利率弹性；②投资需求的利率弹性；③货币需求的收入弹性；④乘数。本题源自《西方经济学》第十二章第一节 269 页。

3. 总需求曲线 AD 是一条（　　）。

A. 向右下方倾斜的曲线　　　　　　B. 向右上方倾斜的曲线

C. 水平的直线　　　　　　　　　　D. 与横轴垂直的线

答案要点：本题正确选项为 A。解析：考查总需求曲线的定义。总需求曲线表示社会的总需求量与价格总水平之间的对应关系，总需求量与价格总水平之间呈反方向变动。在曲线图中，价格总水平越高，总需求量越小；价格总水平越低，总需求量越大，即总需求曲线是向右下方倾斜的。本题源自《西方经济学》第十二章第一节 269 页。

4. 总供给曲线的移动反映了（　　）的关系。

①总供给量。②总需求量。③价格。④工资。

A. ①②④　　　　　　　　　　　　B. ①③④

C. ②③④　　　　　　　　　　　　D. ①②③④

答案要点：本题正确选项为 B。解析：总供给曲线的移动反映了总供给量、价格和工资之间的关系。本题源自《西方经济学》第十二章第二节 271 页。

5. 如果价格总水平只影响劳动的需求而不影响劳动的供给，那么价格总水平提高将使得劳动需求增加，从而均衡就业量增加，并最终导致产出量增加。这时，总供给曲线向（　　）倾斜。

　　A. 右上方　　　　　　　　　　　B. 右下方
　　C. 与横轴平行　　　　　　　　　D. 与横轴垂直

答案要点：本题正确选项为 A。解析：如果价格总水平只影响劳动的需求而不影响劳动的供给，那么价格总水平提高将使得劳动需求增加，从而均衡就业量增加，并最终导致产出量增加。这时，总供给曲线向右上方倾斜。本题源自《西方经济学》第十二章第二节 271 页。

6. 短期劳动供给曲线（　　）。

　　A. 斜率为正，实际工资率越高，劳动供给量越多
　　B. 斜率为正，名义工资率越高，劳动供给量越多
　　C. 斜率为负，实际工资率越高，劳动供给量越多
　　D. 斜率为负，名义工资率越低，劳动供给量越少

答案要点：本题正确选项为 A。解析：如果价格总水平下降，实际工资就会提高。这时，厂商意愿的劳动使用量减少，从而使得劳动供给过剩。但是，由于货币工资并不能随之做出向下的调整，结果均衡劳动量只由劳动需求所决定，即劳动使用量减少。这就是说，价格总水平与均衡劳动量从而与总产量之间呈同方向变动，即短期总供给曲线向右上方倾斜。本题源自《西方经济学》第十二章第三节 273 页。

7. 短期总供给曲线向右上方倾斜，该曲线变为一条垂直线的条件是（　　）。

　　A. 每个企业的产量都达到其生产能力
　　B. 每个企业的产量都达到其物质限制
　　C. 经济中实现了充分就业
　　D. 与总需求曲线相交

答案要点：本题正确选项为 C。解析：当产出水平达到或超过潜在产出水平时，也就是达到了充分就业，短期总供给曲线将变为一条垂直线，即接近长期总供给曲线的水平。本题源自《西方经济学》第十二章第三节 273 页。

二、名词解释

1. 总需求曲线：总需求是指经济社会对产品和劳务的需求总量，表示经济中的总需求量与价格总水平之间的对应关系的曲线就是总需求曲线。随着价格总水平的提高，经济社会中的消费需求量和投资需求量减少，因而总需求量通常与价格总水平呈反方向变动关系。总需求曲线向右下方倾斜。

2. 总供给曲线：总供给是指经济社会中可供使用的商品和劳务总量，表示经济中的总供给量与价格总水平之间的对应关系的曲线就是总供给曲线。随着价格总水平的提高，经济社会中的商品及劳务的供给量增加，因而总供给量通常与价格总水平呈同方向变动关系。总供给曲线向右上方倾斜。

3. 货币工资刚性：货币工资不随劳动需求和供给的变化而迅速做出相应的调整，特别是当劳动的需求量低于供给量时，货币工资下降出现刚性。这主要是因为劳动者存在着对货币收入的幻觉。货币工资刚性成为凯恩斯主义解释宏观经济波动的理论基础。

三、简述题

1. 主流经济学的总需求曲线（AD）是如何得到的？

答案要点：总需求是指经济社会对产品和劳务的需求总量，表示经济中的总需求量与价格总水平之间的对应关系的曲线就是总需求曲线。在两部门的经济中，总需求由消费需求和投资需求构成。通过分析消费和投资二者的需求量与价格总水平之间的关系就可以得到总需求曲线。

依照主流经济学派的观点，在既定的价格总水平下，经济中的货币量是总需求量的货币反映。在经济处于均衡状态时，这些货币被用来满足交易、谨慎以及投机需求。交易和谨慎需求构成了消费需求，而用于投机的货币则通过金融市场转化为投资需求。因此不同的价格总水平与总需求量之间的对应关系可以由 IS – LM 模型得到，即 $I(r) = S(Y)$ 与 $L_1(Y) + L_2(r) = \dfrac{M}{P}$，从中消去利息率 r，即得到总需求函数。

对应于不同的价格总水平，既定的名义货币量表示的实际货币量相应地不同，从而 LM 曲线发生变动。对应于不同 LM 曲线，产品和货币市场的均衡将决定不同的总需求量。在 IS 曲线既定的条件下，如果价格总水平提高，实际货币量减少，利息率提高，投资减少，从而经济中的总需求量减少，即总需求曲线是一条向右下方倾斜的曲线。

2. 主流经济学的 AS 曲线是如何得到的，相应的政策含义是什么？

答案要点：总供给是指经济社会中可供使用的商品和劳务总量。在生产技术等因素既定的条件下，社会的总供给量与一般价格总水平呈同方向变动。总供给曲线是表示总供给量与一般价格总水平之间的对应关系的曲线。

价格总水平影响总供给量的基本过程：价格总水平影响实际工资，实际工资影响劳动的需求和供给，从而影响劳动市场的均衡就业量，就业量通过厂商的生产影响经济中的商品和劳务的总产量。因此，总供给曲线是根据价格总水平的变动、劳动市场的均衡分析、生产函数再到总产出量的过程而得到的。

不同派别在推导总供给曲线过程中的区别在于价格总水平如何影响劳动市场。按照主流经济学派的观点，价格总水平对短期和长期的需求和供给具有不同的影响，因而总供给曲线有短期和长期之分。

（1）在短期内，由于工人具有货币幻觉，只注重货币工资，并且经济中货币工资通常具有下降刚性，即只能升高，不能降低。结果价格总水平对劳动市场的影响在充分就业前和充分就业后有着很大的不同。在货币工资既定的条件下，如果价格总水平使得实际工资高于劳动市场的均衡水平，那么，在劳动市场上，需求量小于供给量，因此，就业量低于充分就业水平。并且，如果价格总水平提高，需求量增加，从而就业量增加。这就是说，在低于充分就业状态时，价格总水平与就业量从而与总产出量呈同方向变动。

如果价格总水平决定的实际工资低于劳动市场的均衡水平，那么劳动的需求量超过充分就业量，因而势必造成货币工资提高，从而使得实际工资趋向于劳动市场的均衡水平。

这说明，当经济达到充分就业时，劳动量处于充分就业水平。

综合上述两个方面，可以得到主流经济学派的短期总供给曲线 AS 在达到充分就业的潜在产量水平前的区域内是向右上方倾斜的。如图 2.12.1 所示。

(2) 在长期内，货币工资具有完全的伸缩性。如果价格总水平提高，实际工资下降，那么厂商愿意雇用更多的劳动力，但劳动者并不愿意在这一实际工资下提供厂商所需要的劳动。结果，货币工资必然会升高，直到劳动市场再次处于均衡状态为止。如果价格总水平下降，实际工资随之提高，厂商会减少劳动使用量，从而导致失业。这时，劳动者会降低货币工资，以促使实际工资下降，直到实现充分就业为止。这表明，无论价格总水平多高，经济总处于充分就业水平，即长期总供给曲线是一条垂直于横轴的直线。如图 2.12.2 所示。

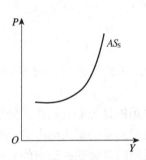

图 2.12.1　主流经济学派的短期总供给曲线　　　图 2.12.2　主流经济学派的长期总供给曲线

(3) 短期和长期总供给曲线与总需求的均衡具有明显的政策含义。在短期内，总供给曲线向右上方倾斜意味着经济可以处于低于充分就业的水平，此时增加总需求，可以使均衡产出水平增加。在长期内，总供给曲线是一条垂直于横轴的直线，增加总需求只会影响价格而不会增加总产出和均衡收入。

四、计算与证明

假定一个经济的消费函数是 $C = 800 + 0.8Y$，投资函数是 $I = 2\,200 - 100r$，经济中货币的需求函数是 $L = 0.5Y - 250r$，若中央银行的名义货币供给量 $M = 600$。求该经济的总需求函数。

答案要点： 经济中的总需求来源于 $IS - LM$ 模型，

即 $I(r) = S(Y)$ 与 $L_1(Y) + L_2(r) = \dfrac{M}{P}$ 代入已知条件，

得到 $2\,200 - 100r = Y - 800 - 0.8Y$ 与 $0.5Y - 250r = \dfrac{600}{P}$，

解得 $2Y - 15\,000 = \dfrac{1\,200}{P}$，即 $Y = 7\,500 + \dfrac{600}{P}$ 为经济的总需求函数。

第十三章 经济增长

大纲重、难点提示

本章的重点和难点问题是经济增长的概念以及新古典增长模型。

大纲习题解答

一、单项选择题

1. 哈罗德的经济增长模型和凯恩斯的有效需求原理,在分析方法上存在的区别是( )。

A. 凯恩斯采用的是短期的静态的分析方法,哈罗德采用的是长期的动态的分析方法
B. 凯恩斯采用的是短期的动态的分析方法,哈罗德采用的是长期的静态的分析方法
C. 凯恩斯采用的是长期的静态的分析方法,哈罗德采用的是短期的动态的分析方法
D. 凯恩斯采用的是长期的动态的分析方法,哈罗德采用的是短期的静态的分析方法

答案要点:本题正确选项为 A。解析:从理论上来看,凯恩斯理论侧重于分析经济小于充分就业均衡的原因及其政策,并未考虑收入随着时间变化的趋势。也就是说,凯恩斯理论是一种短期分析,它没有把经济活动如实地看成是一种时间上具有连续性的活动,从而无法说明经济活动达到均衡状态以后将如何变动。而哈罗德采用的是从经济活动长期的动态的过程进行分析的方法。本题源自《西方经济学》第十三章第一、二节 276 页。

2. 哈罗德 – 多马模型的充分就业下的稳定增长条件中,G_A、G_W 和 G_N 依次表示经济中的( )。

①实际增长率。②资本增长率。③有保证的增长率。④人口增长率。

A. ①②③ B. ①③④ C. ②③④ D. ①②④

答案要点:本题正确选项为 B。解析:哈罗德 – 多马模型的充分就业下的稳定增长条件表示为 $G_A = G_W = G_N$,其中,G_A、G_W 和 G_N 分别表示经济中的实际增长率、有保证的增长率和人口增长率。本题源自《西方经济学》第十三章第二节 277 页。

3. 在哈罗德 – 多马增长模型中,已知合意的储蓄率大于实际的储蓄率,资本家意愿的资本 – 产出比等于实际资本 – 产出比,那么有保证的增长率( )。

A. 小于实际增长率 B. 大于实际增长率
C. 等于实际增长率 D. 不确定

答案要点:本题正确选项为 B。解析:哈罗德 – 多马模型用公式表示为:$G = s/v$。模型表示:经济增长率与储蓄率成正比,与资本 – 产出比成反比。在资本家意愿的资本 – 产出比等于实际资本 – 产出比的情况下,已知合意的储蓄率大于实际的储蓄率,则有保证的增长率大于实际增长率。本题源自《西方经济学》第十三章第二节 276 页。

4. 经济增长很难保持稳定，呈现出剧烈波动的状态，这是（   ）。
   A. 哈罗德－多马模型的结论
   B. 新古典增长模型的结论
   C. 哈罗德－多马模型与新古典增长模型共同的结论
   D. 既非哈罗德－多马模型的结论，又非新古典增长模型的结论
   答案要点：本题正确选项为 A。解析：哈罗德－多马模型的稳定均衡增长是很难达到的，因此哈罗德将它形象地称为"刃锋"。本题源自《西方经济学》第十三章第二节277页。

5. 在新古典增长模型中，均衡点是指（   ）。
   A. 实际增长率等于有保证的增长率，又等于自然增长率
   B. 产量正好用来满足新增加的人口
   C. 人口的增长率为零
   D. 整个社会的积累正好用于新增加的人口
   答案要点：本题正确选项为 D。解析：如果 $sf(k)=nk$，社会的人均储蓄量在用于为新增人口 n 配备人均资本所需要的资本量 nk 后没有余额，则意味着达到了均衡点。本题源自《西方经济学》第十三章第三节278页。

6. 新古典增长模型中可以得出的结论是（   ）。
   A. 经济可以以人口增长率实现稳定增长
   B. 经济可以以资本增长率实现稳定增长
   C. 经济可以以储蓄增长率实现稳定增长
   D. 经济可以以利息增长率实现稳定增长
   答案要点：本题正确选项为 A。解析：新古典增长模型中可以得出结论，经济可以以人口增长率实现稳定增长。本题源自《西方经济学》第十三章第三节279页。

7. 新古典增长模型的假定主要有（   ）。
   ①全社会使用劳动和资本两种生产要素只生产一种产品。②劳动与资本之间可以相互替代，但并不能完全替代。③生产的规模收益不变。④储蓄率即储蓄在收入中所占的比重保持不变。⑤不存在技术进步，也不存在资本折旧。⑥人口按照一个固定速度增长。
   A. ①②③④⑤⑥   B. ①③④⑤⑥
   C. ②③④⑤⑥   D. ①②④⑤⑥
   答案要点：本题正确选项为 A。解析：新古典增长模型主要包含以下假定，①全社会使用劳动和资本两种生产要素只生产一种产品；②劳动与资本之间可以相互替代，但并不能完全替代；③生产的规模收益不变；④储蓄率即储蓄在收入中所占的比重保持不变；⑤不存在技术进步，也不存在资本折旧；⑥人口按照一个固定速度增长。本题源自《西方经济学》第十三章第三节277页。

8. 新古典增长模型实现人均产出量增加的途径有（   ）。
   ①提高技术水平。②提高储蓄率。③提高利息率。④降低人口出生率。
   A. ①②③④   B. ①③④
   C. ②③④   D. ①②④
   答案要点：本题正确选项为 D。解析：新古典增长模型实现人均产出量增加有三种途

径,一是提高总产量,即提高技术水平;二是提高储蓄率;三是降低人口出生率。本题源自《西方经济学》第十三章第三节279页。

9. ( )的基本观点是以内生技术进步、人力资本投资和知识积累等来解释经济长期增长的源泉,因而该理论也被称为"内生经济增长理论"。

  A. 新古典增长理论   B. 新经济增长理论

  C. 稳定增长理论   D. 哈罗德－多马模型

  答案要点:本题正确选项为B。解析:80年代中期以来,以美国经济学家罗默和卢卡斯为代表的一批西方学者另辟蹊径,在经济增长理论方面取得重大突破,形成"新经济增长理论"。该理论的基本观点是以内生技术进步、人力资本投资和知识积累等来解释经济长期增长的源泉,因而该理论也被称为"内生经济增长理论"。本题源自《西方经济学》第十三章第四节279页。

10. 新经济增长理论的基本观点是( )。

  ①经济增长是经济系统内部因素相互作用而不是外部力量推动的结果。②在众多的因素中,技术进步是经济增长的决定因素。③技术、知识积累和人力资本投资等都具有外部效应,使得生产呈现出规模收益递增的趋势。④经济的均衡增长率通常低于社会最优增长率。⑤影响经济当事人最优选择行为的政策可以影响经济的长期增长率。

  A. ①②③④⑤   B. ①③④⑤

  C. ②③④⑤   D. ①②④⑤

  答案要点:本题正确选项为A。解析:新经济增长理论的基本观点是,①经济增长是经济系统内部因素相互作用而不是外部力量推动的结果;②在众多的因素中,技术进步是经济增长的决定因素;③技术、知识积累和人力资本投资等都具有外部效应,使得生产呈现出规模收益递增的趋势;④经济的均衡增长率通常低于社会最优增长率;⑤影响经济当事人最优选择行为的政策可以影响经济的长期增长率。本题源自《西方经济学》第十三章第四节280页。

11. 在20世纪80年代后的新经济增长理论中,技术进步是( )。

  A. 增长的余量   B. 外生变量

  C. 内生变量   D. 引起经济增长的唯一因素

  答案要点:本题正确选项为C。解析:考查新经济增长理论的基本观点。在众多的因素中,技术进步是经济增长的决定因素。与其他推动经济增长的内生因素一样,技术进步是经济中追求利益最大化的经济当事人自主最优选择的结果,从而技术进步是由内生决定的。本题源自《西方经济学》第十三章第四节280页。

二、名词解释

1. 哈罗德－多马模型:指在20世纪40年代由哈罗德和多马相继提出的分析经济增长问题的模型。由于基本分析思路相同,因而被合称为哈罗德－多马模型。基本公式为:$G = \dfrac{s}{v}$。式中:v为资本－产出比;s为储蓄率。模型表示:经济增长率与储蓄率成正比,与资本－产出比成反比。哈罗德－多马模型得出的结论是当实际经济增长率等于资本家愿的经济增长率并且等于人口增长率时,经济才能处于稳定增长状态,但其同时认为,这一增长路径很难达到，因而哈罗德将它形象地称为"刃锋"。

2. 有保证的增长率：资本家意愿的经济增长率，它由社会的储蓄率与资本家意愿的资本－产出比所决定的，用公式表示为 $G_w = \dfrac{s}{v_w}$。式中：v_w 为资本家意愿的资本－产出比，s 为储蓄率。

3. 新古典增长模型：指在20世纪50年代由索洛等人提出的一个增长模型。由于它的基本假设和分析方法沿用了新古典经济学的思路，故被称为新古典增长模型。这一模型假定：①全社会使用劳动和资本两种生产要素只生产一种产品；②生产要素之间可以相互替代；③生产的规模收益不变；④储蓄率不变；⑤不存在技术进步和资本折旧；⑥人口增长率不变。利用人均产量形式的生产函数 $y = f(k)$ 可以得到 $sf(k) = \dot{k} + nk$，式中：s 为储蓄率；k 为人均资本占有量；n 为人口（或劳动力）增长率；$\dot{k}$ 为单位时间内人均资本的改变量，即 Δk。模型表明，一个经济社会在单位时期内（如1年）按人口平均的储蓄量被用于两个部分：一部分为人均资本的增加 $\dot{k}$，即为每一个人配备更多的资本设备；另一部分是按原有的人均资本配备为新增加的人口配备设备 nk。第一部分被称为资本的深化，而后一部分则被称为资本的广化。该模型得出的结论是经济可以处于稳定增加状态，条件是 $\dot{k} = 0$，此时经济以人口增长率增长。促进人均产出量和人均收入量增加的途径是提高技术水平、提高储蓄率和降低人口的出生率。

三、简述题

1. 哈罗德－多马模型的基本公式是什么？它包括哪些基本假设前提？其主要结论如何？

答案要点：随着对凯恩斯理论的动态比较，哈罗德和多马相继提出了基于凯恩斯理论的增长模型，后被称为哈罗德－多马模型。这一模型的基本假定主要包含以下几个方面：①全社会使用劳动和资本两种生产要素只生产一种产品；②资本－产出比保持不变；③生产规模与收益不变；④储蓄率即储蓄在收入中所占的比重保持不变；⑤不存在技术进步，也不存在资本折旧；⑥人口按照一个固定速度增长。

根据上述假定，哈罗德－多马模型得出的基本公式为：$G = \dfrac{s}{v}$。式中：v 为资本－产出比；s 为储蓄率。模型表示：经济增长率与储蓄率成正比，与资本－产出比成反比。

实现经济在充分就业下的稳定增长，需要实际经济增长率等于资本家意愿的或者有保证的经济增长率，同时等于人口增长率。因此，哈罗德－多马模型的充分就业下的稳定增长条件表示为：$G_A = G_W = G_N$。式中：G_A、G_W 和 G_N 分别为经济实际增长率、有保证的增长率和人口增长率。

然而，哈罗德－多马模型并不认为经济总能实现上述经济增长。因为，不存在一种自发的力量使得经济处于稳定增长状态，故哈罗德将上述稳定增长条件形象地称为"刃锋"。

2. 简要说明新经济增长理论的基本思想和政策含义。

答案要点：新经济增长理论是20世纪80年代中期以后在西方出现的有关经济增长的新理论。该理论产生的最直接原因是新古典增长理论存在的缺陷。该理论的基本观点是以内生技术进步、人力资本投资和知识积累等来解释经济长期增长的源泉，因而该理论也被称为"内生经济增长理论"。

新经济增长理论目前还不能用一个简单的模型加以概括，严格说来，新经济增长理论是一些持类似观点或使用相同方法的增长模型。其代表人物除了 P. 罗默和 R. 卢卡斯之外，还包括 G. 格罗斯曼、E. 赫尔普曼、R. 巴罗、P. 阿格亨、P. 克鲁格曼、A. 扬、L. 琼斯、S. 雷贝洛等人。

新经济增长理论的基本观点包括以下几个方面：①经济增长是经济系统内部因素相互作用而不是外部力量推动的结果，这些内生因素也可以实现经济的持续均衡增长；②在众多的因素中，技术进步是经济增长的决定因素，而技术进步是由内生决定的；③技术、知识积累和人力资本投资等具有外部效应，这些外部效应使得生产呈现出规模收益递增的趋势，构成了经济实现持续增长所不可缺少的条件；④由于外部效应的作用，经济的均衡增长率通常低于社会最优增长率；⑤影响经济当事人最优选择行为的政策，例如税收政策、产业政策等可以影响经济的长期增长率。

在新古典增长理论的基础上，新经济增长理论使得稳态增长率内生化的基本途径主要有两条：①在收益递增和外部性条件下考察经济增长因素中的技术因素，技术投入是由模型内生所决定的；②可积累的生产要素具有固定的报酬，则稳态增长率就是由这些生产要素的积累率所决定。

到 20 世纪 90 年代，模仿和创新等行为也被纳入经济增长模型之中。

新经济增长理论的政策含义也是明显的，由于经济增长率不仅取决于人口增长率，而且也与储蓄率和技术进步有关，因而政府采取促进积累和提高技术水平的政策对经济增长也将起到重要的作用。因此，新经济增长理论建议政府对物质资本、设备投资和基础设施增加投资，同时鼓励人力资本的积累，加大科技投入。

四、论述题

试述新古典增长模型及其对发展中国家经济增长的借鉴意义。

答案要点：鉴于哈罗德－多马模型得出了经济不稳定的结论，经济学家在各个方面对其进行了修正。索洛等人创立的新古典增长模型就是其中最为重要的一例。

新古典增长模型主要包含以下假定：①全社会使用劳动和资本两种生产要素只生产一种产品；②劳动与资本之间可以相互替代，但并不能完全替代；③生产的规模收益不变；④储蓄率即储蓄在收入中所占的比重保持不变；⑤不存在技术进步，也不存在资本折旧；⑥人口按照一个固定速度增长。

利用人均产量形式的生产函数 $y = f(k)$，新古典增长模型可以概括为：$sf(k) = \dot{k} + nk$。式中：k 为人均资本占有量；s 为储蓄率；n 为人口（或劳动力）增长率，$\dot{k}$ 为单位时间内人均资本的改变量。上述模型表明，一个经济社会在单位时期内（如 1 年）按人口平均的储蓄量被用于两个部分：一部分为人均资本的增加 $\dot{k}$，即为每一个人配备更多的资本设备；另一部分是按原有的人均资本配备为新增加的人口配备设备 nk。第一部分被称为资本的深化，而后一部分则被称为资本的广化。

基于上述模型，新古典增长理论认为，经济中自发的作用将使人均资本量维持在 $\dot{k} = 0$ 的水平上。此时，经济会因为劳动力的增加而稳定增长。因此，新古典增长模型得出的结论是经济可以处于稳定增长的状态，其增长率为人口增长率。如图2.13.1所示。

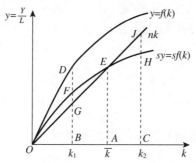

图2.13.1　新古典增长模型

新古典增长模型也具有明显的政策含义。实现人均产出量增加有三种途径：①提高总产量，即提高技术水平；②提高储蓄率，使得人均资本量增加；③降低人口出生率。这些对于发展中国家提高经济增长速度都具有一定的借鉴意义。

第十四章 通货膨胀理论

● 大纲重、难点提示

本章的重点和难点问题是通货膨胀的种类和成因。

大·纲·习·题·解·答

一、单项选择题

1. 把年物价上升率在10%以内的通货膨胀称为（　　）。
   A. 平衡的通货膨胀　　　　　　B. 超级通货膨胀
   C. 温和的通货膨胀　　　　　　D. 奔腾的通货膨胀

   答案要点：本题正确选项为C。解析：把年物价上升率在10%以内的通货膨胀称为温和的通货膨胀。本题源自《西方经济学》第十四章第一节283页。

2. 把年通货膨胀率在10%到100%之间的通货膨胀称为（　　）。
   A. 平衡的通货膨胀　　　　　　B. 超级通货膨胀
   C. 温和的通货膨胀　　　　　　D. 奔腾的通货膨胀

   答案要点：本题正确选项为D。解析：把年通货膨胀率在10%到100%之间的通货膨胀称为奔腾的通货膨胀。本题源自《西方经济学》第十四章第一节283页。

3. 通货膨胀率高于100%的通货膨胀被称为（　　）。
   A. 平衡的通货膨胀　　　　　　B. 超级通货膨胀
   C. 温和的通货膨胀　　　　　　D. 奔腾的通货膨胀

   答案要点：本题正确选项为B。解析：通货膨胀率高于100%的通货膨胀被称为超级通货膨胀。本题源自《西方经济学》第十四章第一节283页。

4. 通货膨胀的原因不包括（　　）。
   A. 需求拉动　　　　　　　　　B. 成本推动
   C. 资本推动　　　　　　　　　D. 超发货币

   答案要点：本题正确选项为C。解析：通货膨胀的原因有：①需求拉动；②成本推动；③结构型；④惯性；⑤货币发行过多；⑥混合型。本题源自《西方经济学》第十四章第二节284页。

5. "过多的货币追求过少的商品"是指（　　）。
   A. 需求拉动型通货膨胀　　　　B. 成本推动型通货膨胀
   C. 结构型通货膨胀　　　　　　D. 惯性通货膨胀

   答案要点：本题正确选项为A。解析：需求拉动型通货膨胀是指总需求增加所引起的一般价格水平的持续显著的上涨。由于总需求表现为货币数量，因而需求拉动型通货膨胀又被解释为"过多的货币追求过少的商品"。本题源自《西方经济学》第十四章第二节284页。

6. 由于工资和利润上涨而引起的价格总水平的上涨是指（　　）。
A. 需求拉动型通货膨胀　　　　B. 成本推动型通货膨胀
C. 结构型通货膨胀　　　　　　D. 惯性通货膨胀

答案要点：本题正确选项为B。解析：成本推动型通货膨胀是指在没有超额需求的情况下由于供给方面成本的提高所引起的一般价格水平持续和显著的上涨。成本推动因素主要包括工资和利润推动。无论是工资还是利润，如果超过价格总水平的上涨速度，则会对商品和劳务价格的进一步上涨形成压力。本题源自《西方经济学》第十四章第二节284页。

7. 某个生产率较低的行业中工人追逐生产率较高行业的工资也会推动通货膨胀是指（　　）。
A. 需求拉动型通货膨胀　　　　B. 成本推动型通货膨胀
C. 结构型通货膨胀　　　　　　D. 惯性通货膨胀

答案要点：本题正确选项为B。解析：成本推动型通货膨胀并不总是所有厂商或者所有要素同时增加成本所致。有时成本的增加可能是结构性的。比如，某个生产率较低的行业中工人追逐生产率较高行业的工资也会推动通货膨胀。本题源自《西方经济学》第十四章第二节285页。

8. 菲利普斯曲线是经济学家菲利普斯在1958年提出来的，它描绘的是（　　）之间的交替关系。
A. 失业率与通货膨胀率　　　　B. 失业率与就业率
C. 就业率与通货膨胀率　　　　D. 工资与利润

答案要点：本题正确选项为A。解析：菲利普斯曲线是经济学家菲利普斯提出来的，它描绘的是失业率与通货膨胀率之间的交替关系。当通货膨胀率为零时，失业率稳定在一个水平上。本题源自《西方经济学》第十四章第三节286页。

9. 根据凯恩斯主义理论，总需求增加导致经济活动和就业增加，工资率提高，通货膨胀率加剧。因此，菲利普斯曲线反映了（　　）对通货膨胀的压力。
A. 需求减少　　　　　　　　　B. 工资增加
C. 需求增加　　　　　　　　　D. 工资减少

答案要点：本题正确选项为C。解析：根据凯恩斯主义理论，总需求增加导致经济活动和就业增加，工资率提高，通货膨胀率加剧。因此，菲利普斯曲线反映了需求增加对通货膨胀的压力。本题源自《西方经济学》第十四章第三节286页。

10. 根据菲利普斯曲线，降低通货膨胀率的办法是（　　）。
A. 减少货币供给量　　　　　　B. 降低失业率
C. 提高失业率　　　　　　　　D. 增加财政赤字

答案要点：本题正确选项为C。解析：菲利普斯曲线是失业率与通货膨胀率呈反向关系的曲线，可以用一定的通货膨胀率的增加来换取一定的失业率的减少，也可以用提高失业率的方法来降低通货膨胀率。本题源自《西方经济学》第十四章第三节286页。

11. 收入政策的目的在于抑制（　　）通货膨胀。
A. 需求拉动型　　　　　　　　B. 成本推动型
C. 结构型　　　　　　　　　　D. 惯性

答案要点：本题正确选项为 B。解析：收入政策是西方政府为了降低通货膨胀率而对货币收入和价格采取的强制性或非强制性的政策。收入政策的目的在于抑制成本推动型通货膨胀。本题源自《西方经济学》第十四章第四节 288 页。

12. 以较高的失业率和较短的时间来降低通货膨胀率的办法称为（　　）方式。
A. 渐进主义　　　　　　　　　B. 激进主义
C. 热处理　　　　　　　　　　D. 冷火鸡

答案要点：本题正确选项为 D。解析：以较高的失业率和较短的时间来降低通货膨胀率的办法称为"冷火鸡"方式。本题源自《西方经济学》第十四章第四节 287 页。

二、名词解释

1. 消费物价指数：衡量通货膨胀率的一种指标，它是从消费者购买商品的角度衡量的一般价格总水平的上涨幅度。通常，消费物价指数是通过假定某些重要的消费品在基期内价格为 100，而测算出来的每一年价格上涨幅度。

2. 需求拉动的通货膨胀：是指总需求增加所引起的一般价格水平的持续和显著上涨。由于总需求表现为货币数量，因而需求拉动的通货膨胀又被解释为"过多的货币追逐过少的商品"。消费需求、投资需求、政府需求和国外需求增加以及政府政策对上述需求的刺激都会对总需求增加产生影响，并不同程度地拉动通货膨胀率上升。总需求持续增加引发需求拉动的通货膨胀。

3. 成本推动的通货膨胀：由于供给成本的提高而引起的一般价格水平的持续和显著上涨。成本推动因素主要包括工资和利润推动。无论是工资还是利润，如果超过价格总水平的上涨速度，则会对商品和劳务价格的进一步上涨形成压力。来自工会对工资增长率的要求和垄断厂商对利润的过分追求以及货币工资价格的刚性，都被认为可以促成成本推动的通货膨胀。

4. 价格调整方程：用来表示通货膨胀率与产生通货膨胀压力之间关系的方程。用公式简单地表示为：$\pi_t = \pi_t^e + h\dfrac{Y_t - Y_f}{Y_f}$。式中：$\dfrac{Y_t - Y_f}{Y_f}$ 为第 t 期总需求与潜在产出水平的偏离；π_t 为第 t 期的通货膨胀率；π_t^e 为人们对 t 期通货膨胀率的预期；h 为这种偏离对通货膨胀率的影响系数。价格调整方程表明，通货膨胀率与人们的预期呈同方向变动，并且也受到来自需求压力的正向影响。由于总需求与潜在产出水平的偏离与失业率呈反方向变动，则价格调整方程也被表示成通货膨胀率与失业率之间的交替关系。

5. 收入指数化：政府对付成本推动的通货膨胀时采取的一项措施。所谓收入指数化，是指以条文规定的形式把工资和某种物价指数联系起来，当物价上升时，工资也随之上升。比如，政府规定，工人工资的增长率等于通货膨胀率加上经济增长率。在实践中，收入指数化的作用在于降低通货膨胀在收入分配上的影响。

三、简述题

按照西方学者的观点，如何利用制造衰退来逆转通货膨胀？

答案要点：由于通货膨胀大都与过度的需求有关，因而降低通货膨胀率最有效的方法是人为地制造一次经济衰退。制造衰退一方面可以减少来自总需求对价格总水平的压力，另一方面也可以促使人们对通货膨胀的预期下降。下例说明了通过制造衰退来逆转通货膨胀的过程。

假定一个经济最初的通货膨胀率为10%，政府希望把它降下来，于是人为地制造5%的衰退。进一步假定人们习惯地按照上一年的通货膨胀率形成下年度的预期，而衰退对通货膨胀率的影响系数是0.4，那么该经济的价格调整方程可以一般地表示为：$\pi_t = \pi_{t-1} - 0.4 U_t$。式中：$\pi_t$ 为第 t 期的通货膨胀率；U_t 为第 t 期的衰退程度。

这样，在政府政策的作用下，第一年，尽管人们对通货膨胀率的预期为10%，但衰退使得通货膨胀率下降到：

$$\pi_1 = \pi_0 - 0.4 \times 5\% = 10\% - 2\% = 8\%。$$

第二年，人们对通货膨胀率的预期由原来的10%下降到8%。若政府继续人为地制造5%的衰退，则该年度的通货膨胀率为：

$$\pi_2 = \pi_1 - 0.4 \times 5\% = 8\% - 2\% = 6\%。$$

如此继续下去，政府通过每年制造5%的衰退可以在5年内把通货膨胀率降到零。

通过上述例子还可以看到，政府制造的衰退越大，通货膨胀率下降的速度就越快。这涉及政府降低通货膨胀的指导思想。通过大规模制造衰退，即以较高的失业率和较短的时间来实现低通货膨胀率的方案为激进主义，被形象地称为"冷火鸡"；通过逐渐制造衰退即以较低的失业率和较长的时间来逆转通货膨胀的做法，则被称为渐近主义。

四、论述题

试论通货膨胀的成因及其对策。

答案要点：通货膨胀是宏观经济运行过程中出现的一般价格水平的持续和显著的上涨。由于宏观经济均衡可以简要地概括为总需求和总供给的均衡，因而通货膨胀的成因也主要表现为需求拉动和成本推动。

（1）需求拉动的通货膨胀是指总需求增加所引起的一般价格水平的持续和显著的上涨。消费需求、投资需求、政府需求和国外需求增加都会对社会总需求增加产生影响。如图2.14.1所示，在总供给曲线既定的条件下，总需求增加即总需求曲线向右上方移动，导致一般价格水平上涨。

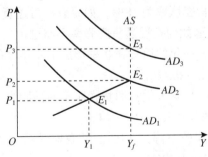

图2.14.1 需求拉动的通货膨胀

但在经济处于不同状况时，需求拉动对价格总水平的影响也不相同。在经济处于萧条时期，总需求增加对一般价格水平的影响较小；而在经济处于潜在产出或充分就业状态时，总供给增加会遇到生产能力的限制，因而总需求增加主要会增加通货膨胀的压力。

对于需求拉动的通货膨胀，可供政府采取的方案是人为地制造衰退。既然通货膨胀是由于超额总需求所导致的，那么降低总需求水平，从而增加失业、减少收入，则会使得通货膨胀率降低。制造的衰退幅度越大，通货膨胀率下降的速度也就越快。

（2）成本推动的通货膨胀是指在没有超额需求的情况下由于供给成本的提高而引起的一般价格水平的持续和显著上涨。成本推动因素主要包括工资和利润推动。无论是工资还是利润，如果超过一般价格水平的上涨速度，则会对商品和劳务价格的进一步上涨形成压力。实践中，工会对工资增长率的要求以及垄断厂商借用市场支配力索要高价都会对生产成本增加产生影响。如果要素收入的增长超过要素生产率的增长，就会产生成本推动的通货膨胀。

在总需求既定的条件下，成本推动的通货膨胀表现为总供给曲线向左上方移动，导致一般价格水平提高。

对成本推动的通货膨胀，政府主要采取收入政策逆转通货膨胀。收入政策是政府为了降低通货膨胀率而对货币收入和价格采取的强制性或非强制性的政策。收入政策往往借助于工资、价格管制，收入指数化和一定的税收政策来实现。

政府采取的工资、价格管制手段：对工资和价格进行直接控制、对工资和价格规定指导性指标、对厂商和工会进行道义劝告。通过这些手段，以期达到限制产品价格和工资上涨幅度的目的。这种手段一般短期内较为有效，但长期内会对市场机制起到限制作用。

收入指数化是以条文规定的形式把工资等收入与某种物价指数联系起来，当物价上升时，收入也随之上升。例如，政府规定，工人工资的增长率等于通货膨胀率加上经济增长率。收入指数化政策侧重于消除通货膨胀对收入的影响。

除此之外，政府也采用以税收为基础的收入政策作为补充。为了更好地使指导性的工资、价格政策有效，国家对那些执行政策的经济当事人给予一定的税收优惠，同时惩罚违规者，以便促进通货膨胀率的下降。

（3）通货膨胀的成因往往是多种因素交织在一起，因而政府逆转通货膨胀的政策也并非是单一的，往往是各种政策搭配使用。

五、计算与证明

假设某一经济最初的通货膨胀率为18%，如果衰退对通货膨胀的影响系数为 $h=0.4$，那么政府通过制造10%的衰退如何实现通货膨胀率不超过4%的目标？

答案要点：假定人们按上一年的通货膨胀率形成下一年度的预期，那么该经济的价格调整方程可以表示为 $\pi_t = \pi_{t-1} - 0.4 U_t$。

在政府作用下，第一年，尽管人们对通货膨胀率的预期为18%，但衰退使通货膨胀率下降到 $\pi_1 = 18\% - 0.4 \times 10\% = 18\% - 4\% = 14\%$。

第二年，人们的预期由18%下降到14%。若政府继续人为地制造衰退，则该年度的通货膨胀率为：$\pi_2 = 14\% - 4\% = 10\%$。

第三年为：$\pi_3 = 10\% - 4\% = 6\%$。

第四年为：$\pi_4 = 6\% - 4\% = 2\%$。

可见，按假定条件，经过4年即可实现目标。

第十五章 宏观经济学的意见分歧

大纲重、难点提示

本章的重点和难点问题是宏观经济学的各种流派及其主张。

大纲习题解答

一、单项选择题

1. "古典"宏观经济学的基本思想是围绕着（ ）展开的。

   A. 菲利普斯曲线　　　　　　　B. 凯恩斯主义理论
   C. 萨伊定律　　　　　　　　　D. 哈罗德－多马模型

   答案要点：本题正确选项为C。解析："古典"宏观经济学的基本思想是围绕着萨伊定律展开的。本题源自《西方经济学》第十五章第一节290页。

2. 萨伊定律是供给创造自己的需求。萨伊定律的内容有（ ）。

   ①生产的目的是为了消费，因而不会出现总需求不足的问题。②货币只起中介作用。③消费随需求的增加而增加。④工资价格的自发波动可以使得经济自发地处于供求相等状态，因而也就不需要政府干预。

   A. ②③　　　　　　　　　　　B. ①②④
   C. ①③④　　　　　　　　　　D. ②③④

   答案要点：本题正确选项为B。解析：萨伊定律是供给创造自己的需求。萨伊定律的内容有：第一，生产的目的是为了消费，因而不会出现总需求不足的问题；第二，货币只起中介作用；第三，工资价格的自发波动可以使得经济自发地处于供求相等状态，因而也就不需要政府干预。本题源自《西方经济学》第十五章第一节290页。

3. "古典"宏观经济学论证的基本观点有（ ）。

   ①在劳动市场上，劳动的需求来源于劳动的边际产量。②在生产领域，厂商使用劳动市场上决定的就业量有效地进行生产，从而产出量为充分就业下的产量。③货币只起交换媒介的作用，因而价格总水平与货币供给量之间呈同方向变动。④总需求与总供给的均衡决定均衡产出量和价格总水平。⑤如果经济中不仅包含消费，而且出现储蓄，那么利息率的波动会使得储蓄自动被投资所吸收。

   A. ②③④⑤　　　　　　　　　B. ①②④⑤
   C. ①③④⑤　　　　　　　　　D. ①②③④⑤

   答案要点：本题正确选项为D。解析："古典"宏观经济学论证的基本观点有，第一，在劳动市场上，劳动的需求来源于劳动的边际产量；第二，在生产领域，厂商使用劳动市场上决定的就业量有效地进行生产，从而产出量为充分就业下的产量；第三，货币只起交换媒介的作用,因而价格总水平与货币供给量之间呈同方向变动;第四,总需求与总供给的均衡决定均衡产出量和价格总水平;第五,如果经济中不仅包含消费,而且出现储蓄,那么利息率的波动会使得储蓄自动被投资所吸收。本题源自《西方经济学》第十五章第一节 290 页。

4. 新古典综合派的基本理论有（　　）。

①以马歇尔的理论为主的微观经济学。②以凯恩斯理论为核心,利用 IS－LM 分析说明经济的总需求。③以货币工资下降刚性说明向上倾斜的总供给。④以索洛的新古典增长模型说明经济增长。⑤以菲利普斯曲线说明价格调整和通货膨胀。

A. ②③④⑤　　　　　　　　　　　B. ①②④⑤
C. ①②③④⑤　　　　　　　　　　D. ①②③④⑤

答案要点：本题正确选项为 D。解析：新古典综合派的基本理论有,第一,以马歇尔的理论为主的微观经济学;第二,以凯恩斯理论为核心,利用 IS－LM 分析说明经济的总需求;第三,以货币工资下降刚性说明向上倾斜的总供给;第四,以索洛的新古典增长模型说明经济增长;第五,以菲利普斯曲线说明价格调整和通货膨胀。本题源自《西方经济学》第十五章第一节 291 页。

5. 货币主义的代表人物弗里德曼得出的结论是（　　）。

①价格总水平与货币供给量同方向变动。②价格总水平与货币供给量反方向变动。③短期内货币流通速度会受到利息率的影响,但波动是轻微的。

A. ②③　　　　　　　　　　　　　B. ①②
C. ①③　　　　　　　　　　　　　D. ①②③

答案要点：本题正确选项为 C。解析：货币主义的代表人物弗里德曼得出的结论是,第一,价格总水平与货币供给量同方向变动;第二,短期内货币流通速度会受到利息率的影响,但波动是轻微的。本题源自《西方经济学》第十五章第二节 293 页。

6. 如果政府利用发行债券来弥补财政赤字,那么就会产生挤出效应。挤出效应表现为（　　）。

①如果经济已经处于充分就业状态,那么政府增加总需求并不能最终增加总收入。②政府增加税收可以增加总需求。③政府增加支出不一定能增加总需求。④政府增加支出还伴随着利息率上升,因而也会抑制公众的投资。

A. ①②③　　　　　　　　　　　　B. ①②④
C. ①③④　　　　　　　　　　　　D. ①②③④

答案要点：本题正确选项为 C。解析：如果政府利用发行债券来弥补财政赤字,那么就会产生挤出效应。挤出效应表现为：首先,如果经济已经处于充分就业状态,那么政府增加总需求并不能最终增加总收入。其次,政府增加支出不一定能增加总需求;政府增加支出还伴随着利息率上升,因而也会抑制公众的投资。本题源自《西方经济学》第十五章第二节 294 页。

7. 新古典宏观经济学的基本假定是（　　）。

①市场出清。②非市场出清。③理性预期。④个体利益最大化。

A. ②③　　　B. ①②③　　　C. ①③④　　　D. ②③④

答案要点：本题正确选项为 C。解析：新古典宏观经济学承袭新古典经济理论的思想，以个体利益最大化、理性预期和市场出清为基本假设。本题源自《西方经济学》第十五章第三节 295 页。

8. 理性预期假说是指经济当事人对价格、利率、利润或收入等经济变量未来的变动可以做出符合理性的估计。理性预期的特征是（　　）。

①预期平均来说是正确的。②经济当事人在充分利用所有有效信息的基础上对某个经济量做出的预期。③经济当事人的每次预测都是正确的。④经济当事人做出预期时所使用的信息包含经济理论，从而得出的结果与经济模型的预测相一致。

　　A. ②③　　　　　　　　　　　　　B. ①②④
　　C. ①③④　　　　　　　　　　　　D. ②③④

答案要点：本题正确选项为 B。解析：理性预期的特征是，其一，预期平均来说是正确的；其二，经济当事人在充分利用所有有效信息的基础上对某个经济量做出的预期；其三，经济当事人做出预期时所使用的信息包含经济理论，从而得出的结果与经济模型的预测相一致。本题源自《西方经济学》第十五章第三节 296 页。

9. 新古典宏观经济学指出了凯恩斯主义经济理论的错误是（　　）。

①不合理性的预期。②在一个理论体系中个人行为不一致。③以国内生产总值作为评价政策的标准不能反映人们的福利状况。④在批判凯恩斯理论的基础上，新古典宏观经济学全盘否定宏观经济政策的有效性。

　　A. ①②③　　　　　　　　　　　　B. ①②④
　　C. ①③④　　　　　　　　　　　　D. ②③④

答案要点：本题正确选项为 A。解析：新古典宏观经济学指出了凯恩斯主义经济理论的三大错误是，①不合理性的预期；②在一个理论体系中个人行为不一致；③以国内生产总值作为评价政策的标准不能反映人们的福利状况。本题源自《西方经济学》第十五章第三节 296 页。

10. 新凯恩斯主义理论的基本假定是（　　）。

①市场出清。②非市场出清。③理性预期。④经济当事人的最大化原则。

　　A. ②③　　　　　　　　　　　　　B. ①②③
　　C. ①③④　　　　　　　　　　　　D. ②③④

答案要点：本题正确选项为 D。解析：新凯恩斯主义理论的基本假定是非市场出清和经济当事人的最大化原则与理性预期。本题源自《西方经济学》第十五章第四节 300 页。

二、名词解释

1. **货币主义**：又称货币学派，是 20 世纪 50 年代后期在美国出现的一个学派，主要代表人物是弗里德曼、沃尔特斯、帕金和弗里希等。货币主义的基本命题：①货币最要紧，货币的推动力是说明产量、就业和价格变化的最主要的因素；②货币供给量的变动是货币推动力的最可靠的度量标准；③货币当局的行为支配着货币量的变动，从而通货膨胀、经济萧条或经济增长都可以而且应当唯一地通过货币当局对货币供给量的控制来加以调节。其政策指导思想是自由放任，反对政府干预。

2. **自然率假说**：指在没有货币因素干扰的情况下，劳动市场在竞争条件下达到均衡时所决定的就业率。由于这一就业率与经济中的市场结构、社会制度、生活习惯等因素有关，因而被冠以"自然率"的名称。许多新自由主义经济学派都假定经济中存在着一个自然就业率，并运用各自的理论论证经济经常地处于这种状态。因而，自然率也被认为是一种假说。

3. 菲利普斯曲线：由英国经济学家菲利普斯首先提出，故得名。它描述了通货膨胀率与失业率之间存在的交替关系。后来被新古典综合派用于说明一般价格水平、失业率和总需求之间的关系。

4. 单一货币规则：货币主义的政策主张。为了防止货币成为经济混乱的原因，给经济提供稳定的运行环境，依照货币主义的观点，最优的货币政策是按单一的规则控制货币供给量，使货币增长速度等于经济增长率加上通货膨胀率。

5. 理性预期假说：经济当事人对价格、利率、利润或收入等经济变量未来的变动可以做出符合理性的估计。理性预期包含三个方面的特征：①预期平均来说是正确的；②经济当事人在充分利用所有有效信息的基础上对某个经济量做出预期；③经济当事人做出的预期与经济模型的预测相一致。

6. 市场出清：指无论劳动市场上的工资还是产品市场上的商品价格都具有充分的灵活性，可以根据供求情况迅速进行调整，以达到供求相等的均衡状态。有了这种灵活性，产品市场和劳动市场都不存在超额供给，每个市场都处于或趋于供求相抵的情况。

7. 新古典宏观经济学：通过对理性预期学派经济理论的发展和引申，对凯恩斯主义理论进行批判性思考。该理论的基本假设仍是个体利益最大化、理性预期和市场出清。其发展在于经济周期理论（货币经济周期和实际经济周期）和主张自由放任的经济政策。

三、简述题

简要评论新古典宏观经济学对凯恩斯主义理论的批判。

答案要点：新古典宏观经济学主要从经验检验和理论一致性两个方面对凯恩斯主义理论进行了激烈的批判。

从经验检验方面，新古典宏观经济学利用计量经济学的分析技术对菲利普斯曲线的形状进行了充分的检验，以否定凯恩斯理论。由于滞胀现象的存在，检验结果对新古典宏观经济学有利。

从理论一致性方面，首先，新古典宏观经济学指出了凯恩斯主义经济理论的三大错误：①不合理性的预期；②在一个理论体系中个人行为不一致；③以国内生产总值作为评价政策的标准不能反映人们的福利状况。

其次，在批判凯恩斯理论的基础上，新古典宏观经济学全盘否定宏观经济政策的有效性。根据理性预期假说和货币主义的自然率假说，新古典宏观经济学认为，凯恩斯主义政策的有效性是建立在欺骗公众的基础上的。经济中存在着一个由资源、制度、习惯、市场结果等因素决定的自然就业率水平，同时人们会以理性的方式形成预期，在自然因素保持不变的条件下，持续的政策效果是不可能的。不仅如此，由于政府不能预测经济当事人的行为，因而政策的后果可能是加剧经济波动。

上述结论主要来自著名的"卢卡斯批判"。卢卡斯认为，凯恩斯主义政策的有效性大多是根据参数固定不变的计量经济学模型，但经济当事人的理性预期将使得这些参数发生改变，从而使得政策并不能达到预期的效果。

四、论述题

1. 评述货币主义的基本观点。

答案要点：货币主义或货币学派，是20世纪50年代后期在美国出现的一个学派，弗里德曼是该学派公认的代表，此外还有英国的沃尔特斯、帕金和弗里希等。

（1）货币主义的基本命题：货币最要紧，货币的推动力是说明产量、就业和价格变化的最主要的因素；货币供给量的变动是货币推动力的最可靠的度量标准；货币当局的行为支配着货币量的变动，从而通货膨胀、经济萧条或经济增长都可以而且应当唯一地通过货币当局对货币的政策来加以调节。

（2）新货币数量论。货币主义论证了传统的货币数量与价格之间的关系。货币主义认为，价格总水平与货币供给量之间呈同方向变动。在短期内，货币量的变动领先于价格的变动；在长期内，这种滞后现象消失。短期内货币流通速度会受到利息率的影响，但波动是轻微的；而在长期内，货币流通速度是一个常数。于是，在短期内，由于价格变动滞后于货币变动，因而M变动可以影响Y。在长期内，M与V同时变动，因而改变货币量不会影响产出量。

（3）利用自然率假说说明货币数量的变动对通货膨胀的传导机制。货币主义认为，在没有货币因素干扰的情况下，经济中存在着一个自然的就业水平。如果政府希望提高就业率，必须以一定的通货膨胀为代价。但是，人们会根据现实的通货膨胀率不断地调整对通货膨胀的预期，从而政府旨在提高就业水平的政策只能以不断加剧的通货膨胀为代价。结果，长期中，通货膨胀率提高将不会对就业率产生太大的影响，即长期的菲利普斯曲线是一条垂直于横轴（失业率轴）的直线。

（4）在宏观经济政策方面，货币主义更显示出自由主义的本性。首先，货币主义反对相机抉择的财政政策，认为扩张性的财政政策会导致对私人总需求的挤出效应，因而是无效的。其次，货币主义也不主张采取逆经济方向行事的货币政策，因为货币政策往往存在滞后性，最终反而起到加剧经济波动的副作用。

据此，货币主义认为，尽管从长期来看，任何货币政策的效果都是相同的，但为了防止货币成为经济混乱的原因，为经济提供一个稳定的运行环境，政府应该制定单一货币规则，即货币以经济增长率加上通货膨胀率的速度增长。

（5）货币主义是在与凯恩斯理论的论战中发展起来的，透过它可以发现凯恩斯理论存在的某些缺陷。例如，财政政策的效果以及货币政策的挤出效应等都被西方经济学界所认可。此外，货币主义对通货膨胀的分析也值得我们注意。

但是，货币主义把资本主义的所有问题都归于货币，也掩盖了生产过程中所暴露的矛盾。

2. 新凯恩斯主义是如何解释价格、工资黏性的？请加以评论。

答案要点：新凯恩斯主义从不同的角度分析了价格和工资黏性的原因，主要包括：菜单成本论、交错调整价格与交错调整工资论、不完全竞争论、市场协调失灵论、劳动市场论和信贷配给论等。

（1）菜单成本论认为，菜单成本的存在阻碍厂商调整价格，所以价格有黏性。菜单成本是指厂商每次调整价格要花费的成本,包括研究和确定新价格、编印更改价目表等所花费的成本,也包括调整价格的机会成本。厂商只有在调整价格后的利润增加量大于菜单成本时,才会调价。因此,菜单成本的存在,使厂商不愿意经常地变动价格,所以价格水平有黏性。

(2)交错调整价格与交错调整工资论以理性预期为假设前提,认为经济当事人调整价格的时间是交错进行的。交错调整导致价格和工资具有惯性。因而,即使存在理性预期,政府政策仍有积极作用。

(3)不完全竞争论认为,在不完全竞争市场中,厂商利用垄断力定价时,价格通常不会随着总需求的变动而变动,价格对总需求变动不敏感,导致产量随着总需求的变动而变动。总需求变动具有外部影响,可以通过宏观经济中各经济当事人之间的相互作用而放大,导致经济波动。在不完全竞争条件下,经济不存在自发趋向于充分就业的机制,因而需要通过政府干预才能提高效率,增进社会福利。

(4)市场协调失灵论是新凯恩斯主义为解释非市场出清原因而提出的一种新理论。市场协调失灵论从市场机制不能协调众多经济当事人的行为来说明市场失灵。他们认为,在一个由许多经济当事人构成的经济体系中,尽管每个经济当事人都是理性的,他们之间的行为相互联系、相互制约,然而,每个经济人的市场力量都很小,单个经济人无力协调整个经济行为,从而导致市场失灵。市场协调失灵,使市场机制不能确保经济处于有效率的均衡状态下。只有通过国家干预,才能改变协调失灵的状况,使资源得到优化配置。

(5)劳动市场论多侧面地探讨了工资黏性和失业的原因。在新凯恩斯主义看来,隐含合同、局内人的压力、效率工资等都是工资黏性的原因。隐含合同是指风险中性的厂商与风险厌恶的工人之间存在着非正式的协议;局内人与局外人之间的差别使得厂商面临着来自厂商内部在职工人的压力;效率工资则说明,劳动的效率并不总是常数,它与厂商的工资呈正方向变动。为了保持效率,工资是以高效率工人的标准制定的。所有这些,使得实际工资出现黏性。

(6)信贷配给论认为,在不完全信息的信贷市场上,利率和配给机制都在起作用。由于信息的不对称性,供给方不完全了解风险程度,因而可能存在信贷配给。政府货币政策能成功地纠正信贷市场失灵,提高信贷市场效率,降低市场风险,增进社会福利。

总之,新凯恩斯主义注意到了市场的不完全特征,强调与各种市场失灵相联系的工资和价格黏性所导致的市场非出清,进而解释短期经济波动。新凯恩斯主义坚持凯恩斯主义的原旨,并为原有的宏观经济理论提供了更符合实际的微观基础。同时,新凯恩斯主义也为政府干预提供了理论基础。不过,新凯恩斯主义的最大问题在于对黏性原因的解释过于散乱,还没有形成统一的框架。

第3部分
国际经济学

导 论

● 大纲重、难点提示

本部分的重点和难点问题有以下几个方面：

1. 李嘉图的比较利益学说的内容；
2. H－O模型的内容与评价；
3. 列昂惕夫反论的内容与意义；
4. 国际贸易中的壁垒；
5. 国际收支的概念与国际收支表的构成；
6. 汇率决定的一般理论；
7. 国际经济一体化的进程与成果；
8. 经济全球化的演变与影响。

大·纲·习·题·解·答

一、单项选择题

1. 宏观经济目标有（　　）。

①经济增长。②充分就业。③物价稳定。④国际收支平衡。

A. ①②③④　　　　　　　　　　　B. ①②④
C. ②③④　　　　　　　　　　　　D. ①③④

答案要点：本题正确选项为 A。解析：宏观经济目标有经济增长、充分就业、物价稳定和国际收支平衡。本题源自《国际经济学》第一章第一节 325 页。

2. 国际经济学研究的重要的出发点和归宿点是（　　）。

①国际资源配置。②国际经济福利分配。③国际贸易。

A. ①②③　　　　B. ①②　　　　C. ②③　　　　D. ①③

答案要点：本题正确选项为 B。解析：国际资源配置、国际经济福利分配研究是国际经济学重要的出发点和归宿点。本题源自《国际经济学》第一章第二节 326 页。

3. 下列关于斯密绝对利益学说的有关叙述错误的是（　　）。

A. 斯密绝对利益学说批判了重商主义
B. 政府应减少对经济的干预
C. 从货币流调整机制出发，认为参与贸易的任何一方都能长期保持顺差
D. 对外贸易也是一国解决生产剩余的办法之一（剩余出口）

答案要点：本题正确选项为 C。解析：斯密绝对利益学说从货币流调整机制出发，认为对贸易顺差、逆差在实际中存在自动调节机制，使得任何一方不可能长期保持顺差，进而以此积累财富，贸易的利益应该是双方的。本题源自《国际经济学》第二章第一节 332 页。

第3部分 国际经济学

4. 绝对利益学说的提出者是（　　）。
   A．亚当·斯密　　　　　　　　B．李嘉图
   C．奥林　　　　　　　　　　　D．魁奈

   答案要点：本题正确选项为 A。解析：绝对利益学说是英国古典经济学家亚当·斯密提出来的，他认为每个国家或每个地区都有对自己有利的自然资源和气候条件，如果各国、各地区都按照各自有利的生产条件进行生产，然后将产品相互交换，互通有无，将会使各国、各地区的资源、劳动力和资本得到最有效的利用，将会大大提高劳动生产率和增加物质财富。本题源自《国际经济学》第二章第一节 330 页。

5. 比较利益学说认为国际贸易的驱动力是（　　）。
   A．劳动生产率的差异　　　　　B．技术水平的差异
   C．产品品质的差异　　　　　　D．价格的差异

   答案要点：本题正确选项为 A。解析：比较利益学说认为国际贸易的驱动力是参与贸易的各国劳动生产率的差异。本题源自《国际经济学》第二章第二节 333 页。

6. 比较利益学说的提出者是（　　）。
   A．亚当·斯密　　　　　　　　B．李嘉图
   C．奥林　　　　　　　　　　　D．魁奈

   答案要点：本题正确选项为 B。解析：李嘉图的比较利益学说建立在亚当·斯密的绝对利益学说的基础上，两者具有紧密的联系，但两者之间仍存在较大的差别。本题源自《国际经济学》第二章第二节 333 页。

7. 处于绝对优势的国家不必生产全部产品，而应该集中生产本国国内具有最大优势的产品。这一论断源自（　　）。
   A．斯密绝对利益学说　　　　　B．李嘉图比较利益学说
   C．R&D 学说　　　　　　　　　D．列昂惕夫反论

   答案要点：本题正确选项为 B。解析：李嘉图的比较利益学说认为，处于绝对优势的国家不必生产全部产品，而应该集中生产本国国内具有最大优势的产品，处于绝对劣势的国家也不必停产所有的产品，而只应该停止生产在本国国内处于最大劣势的产品，通过自由交换，参与交换的各个国家可以节约社会劳动，增加产品的消费，世界也因为自由交换而增加产量，提高劳动生产率。本题源自《国际经济学》第二章第二节 333 页。

8. 遵循"两利相权取其重，两弊相衡取其轻"原则的是（　　）。
   A．斯密绝对利益学说　　　　　B．李嘉图比较利益学说
   C．R&D 学说　　　　　　　　　D．列昂惕夫反论

   答案要点：本题正确选项为 B。解析：李嘉图的比较利益学说认为，即使一个国家生产每种产品都具有最高生产率，处于绝对优势，而另一个国家生产每种产品都处于绝对劣势，只要它们的劳动生产率在不同产品上存在区别，遵循"两利相权取其重，两弊相衡取其轻"的原则，便能从国际分工和贸易中获得利益。本题源自《国际经济学》第二章第二节 333 页。

9. 提供曲线是相互需求曲线，表明一个国家为了进口一定量的商品，必须向其他国家出口一定量的商品，因此提供曲线即对应某一进口量愿意提供的出口量的轨迹，是（　　）提出的。

A. 亚当·斯密 B. 李嘉图
C. 马歇尔和埃奇沃斯 D. 魁奈

答案要点：本题正确选项为 C。解析：提供曲线是由马歇尔和埃奇沃斯提出的，它是相互需求曲线，表明一个国家为了进口一定量的商品，必须向其他国家出口一定量的商品，因此提供曲线即对应某一进口量愿意提供的出口量的轨迹。本题源自《国际经济学》第二章第三节 341 页。

10. 提供曲线的目的在于（　　）。
A. 比较准确地找出国际商品交换的比率
B. 比较准确地找出国际商品交换的时间
C. 比较准确地找出国际商品交换的利润
D. 比较准确地找出国际商品交换的市场

答案要点：本题正确选项为 A。解析：提供曲线的目的在于比较准确地找出国际商品交换的比率，它画出是从根据生产可能性曲线和社会无差异曲线得出的贸易无差异曲线入手的。本题源自《国际经济学》第二章第三节 341 页。

11. 提供曲线的理论基础是（　　）。
A. 局部均衡 B. 一般均衡
C. 长期均衡 D. 短期均衡

答案要点：本题正确选项为 B。解析：提供曲线的理论基础是一般均衡理论，讨论的仍然是价格决定和价格变化，而非价值决定。本题源自《国际经济学》第二章第三节 343 页。

12. 出口的贫困增长主要发生在发展中国家，根源在于（　　）。
A. 出口量随生产提高而增大，进而造成贸易条件恶化
B. 出口量随生产提高而减小，进而造成贸易条件恶化
C. 出口量随生产提高而增大，进而造成贸易条件优化
D. 出口量随生产提高而减小，进而造成贸易条件优化

答案要点：本题正确选项为 A。解析：出口的贫困增长主要发生在发展中国家，根源于出口量随生产提高而增大，进而造成贸易条件恶化。本题源自《国际经济学》第二章第三节 344 页。

13. 出口贫困增长发生的条件有（　　）。
①出口国是发展中国家且为单一经济。②产品为初级产品或劳动密集型，且出口占据世界销售的很大份额，该国的任何出口增长都会导致世界市场价格的波动。③产品弹性小，不会因价格变化而促成销量的增加。④国民经济的发展高度依赖产品的出口，以致国际价格的下降需要靠更大的出口量去弥补损失。
A. ①②③④ B. ①②④ C. ①③④ D. ②③④

答案要点：本题正确选项为 A。解析：出口贫困增长发生的条件有，①出口国是发展中国家且为单一经济；②产品为初级产品或劳动密集型，且出口占据世界销售的很大份额，该国的任何出口增长都会导致世界市场价格的波动；③产品弹性小，不会因价格变化而促成销量的增加；④国民经济的发展高度依赖产品的出口，以致国际价格的下降需要靠更大的出口量去弥补损失。本题源自《国际经济学》第二章第三节 344 页。

14. 下列对 H-O 模型中的假设前提表述正确的是（　　）。
    A. 商品和要素在国际间都可以自由流动
    B. 商品在国内和国际间都可以自由流动，要素不可以
    C. 要素在国内和国际间都可以自由流动，商品不可以
    D. 商品和要素市场属于完全竞争市场，要素在一国内可以完全流动，在国际间不可以自由流动

    答案要点：本题正确选项为 D。解析：H-O 模型的假设前提之一为，商品、要素市场属于完全竞争市场，要素在一国内可以完全流动，在国际完全不流动。本题源自《国际经济学》第三章第一节 345 页。

15. H-O 模型的基本内在逻辑关系是（　　）。
    ①同样产品的价格绝对差是国际贸易的直接基础。②价格绝对差是由成本绝对差决定的。③成本的绝对差是由要素价格绝对差决定的。④要素价格绝对差是由要素存量比率不同决定的。⑤要素存量比率差异是由要素供求决定的。⑥要素的供给则是由要素禀赋决定的。

    A. ①②③④⑤⑥　　　　　　　B. ①②④⑤⑥
    C. ①③④⑤　　　　　　　　　D. ②③④⑤⑥

    答案要点：本题正确选项为 A。解析：H-O 模型的基本内在逻辑关系是，①同样产品的价格绝对差是国际贸易的直接基础；②价格绝对差是由成本绝对差决定的；③成本的绝对差是由要素价格绝对差决定的；④要素价格绝对差是由要素存量比率不同决定的；⑤要素存量比率差异是由要素供求决定的；⑥要素的供给则是由要素禀赋决定的。本题源自《国际经济学》第三章第一节 346 页。

16. 列昂惕夫反论是指（　　）。
    ①美国参加国际分工是建立在劳动密集型专业化分工基础之上的。②美国参加国际分工是建立在资本密集型专业化分工基础之上的。③美国是通过对外贸易安排剩余劳动力和节约资本的。④美国参加国际分工是劳动密集型和资本密集型的综合。

    A. ②③　　　　B. ④　　　　C. ①③　　　　D. ②

    答案要点：本题正确选项为 C。解析：列昂惕夫提出美国参加国际分工是建立在劳动密集型专业化分工基础之上的，而不是建立在资本密集型专业化分工基础之上的，即美国是通过对外贸易安排剩余劳动力和节约资本的。本题源自《国际经济学》第三章第二节 349 页。

17. 强调了科技在国际贸易优势形成中的作用，符合国际贸易发展的趋势，这是指（　　）。
    A. 人力资本学说　　　　　　　B. 信息贸易学说
    C. R&D 学说　　　　　　　　　D. 列昂惕夫反论

    答案要点：本题正确选项为 C。解析：R&D 学说认为，研究与开发也是一种生产要素。该学说强调了科技在国际贸易优势形成中的作用，符合国际贸易发展的趋势。本题源自《国际经济学》第三章第二节 350 页。

18. 外国模仿者开始向第三国出口，创新国出口受到影响，且大幅度下降。这是产品生命周期理论的（　　）。

A. 第一阶段 B. 第二阶段
C. 第三阶段 D. 第四阶段

答案要点：本题正确选项为 C。解析：在国际贸易产品生命周期理论的第三阶段，外国模仿者开始向第三国出口，创新国出口受到影响，且大幅度下降。本题源自《国际经济学》第三章第二节 351 页。

19. 国际贸易是国内贸易的延伸，因厂商首先满足的是国内熟悉的市场，这是指（　　）。
A. 战略政策贸易理论 B. 贸易扭曲理论
C. 需求偏好相似论 D. 产品生命周期理论

答案要点：本题正确选项为 C。解析：国际贸易是国内贸易的延伸，因厂商首先满足的是国内熟悉的市场；人均收入决定一个国家的需求结构，收入相似则市场之间的隔阂较小，易于发生贸易。本题源自《国际经济学》第三章第三节 353 页。

20. （　　）认为，国家间收入的相似性越大，贸易的可能性越高。
A. 新要素理论 B. 需求偏好相似论
C. 比较优势理论 D. 产品生命周期理论

答案要点：本题正确选项为 B。解析：国际贸易是国内贸易的延伸，因厂商首先满足的是国内熟悉的市场；人均收入决定一个国家的需求结构，收入相似则市场之间的隔阂较小，易于发生贸易。本题源自《国际经济学》第三章第三节 353 页。

21. 以下哪个不是当代贸易理论？（　　）
A. 战略政策贸易理论 B. 产业内贸易理论
C. 贸易扭曲理论 D. 比较利益学说

答案要点：本题正确选项为 D。解析：国际贸易的当代理论主要包括产业内贸易理论、政策贸易理论（战略政策贸易理论和贸易扭曲理论）。本题源自《国际经济学》第三章第三节 355 页。

22. 小国关税分析的重点是（　　）。
A. 征收关税后对该国福利的影响
B. 征收关税后对该国保护效应的影响
C. 征收关税后对该国关税收入的影响
D. 征收关税后对该国消费效应的影响

答案要点：本题正确选项为 A。解析：小国关税分析的重点是征收关税后对该国福利的影响。本题源自《国际经济学》第四章第一节 356 页。

23. 小国进口关税的经济效应有（　　）。
①保护效应。②消费效应。③贸易效应。④税收效应。⑤国际收支效应。
A. ①②③④⑤ B. ①②④⑤
C. ①③④⑤ D. ②③④⑤

答案要点：本题正确选项为 A。解析：小国进口关税的经济效应有保护效应、消费效应、贸易效应、税收效应和国际收支效应。本题源自《国际经济学》第四章第一节 357 页。

24. 贸易效应是（　　）。
A. 价格上升，需求下降的结果

B. 是保护效应和消费效应之和

C. 进口下降引起的对外支付降低

D. 生产者剩余增加,消费者剩余下降

答案要点:本题正确选项为 B。解析:贸易效应是保护、消费效应之和。本题源自《国际经济学》第四章第一节 357 页。

25. 国际收支效应是(　　)。

A. 价格上升,需求下降的结果

B. 是保护效应和消费效应之和

C. 进口下降引起的对外支付降低

D. 生产者剩余增加,消费者剩余下降

答案要点:本题正确选项为 C。解析:国际收支效应为进口下降引起的对外支付降低。本题源自《国际经济学》第四章第一节 357 页。

26. 经济学意义上的倾销最初是由(　　)于 20 世纪初提出的。

A. 亚当·斯密　　　　　　　　B. 李嘉图

C. 雅格布·瓦伊纳　　　　　　D. 魁奈

答案要点:本题正确选项为 C。解析:经济学意义上的倾销最初是由经济学家雅格布·瓦伊纳于 20 世纪初提出的。本题源自《国际经济学》第四章第二节 361 页。

27. (　　)曾在《国富论》一书中详细讨论过当时各国允许对出口贸易实行官方奖励的习惯做法,并将其称为倾销。

A. 亚当·斯密　　　　　　　　B. 李嘉图

C. 雅格布·瓦伊纳　　　　　　D. 魁奈

答案要点:本题正确选项为 A。解析:亚当·斯密曾在《国富论》一书中详细讨论过当时各国允许对出口贸易实行官方奖励的习惯做法,并将其称为倾销。本题源自《国际经济学》第四章第二节 361 页。

28. 经济学家雅格布·瓦伊纳认为"倾销是一商品在不同市场之间的价格歧视",并且将倾销划分为(　　)。

①偶发性倾销。②短期或间歇性倾销。③长期或连续性倾销。

A. ①②③　　　　　　　　　　B. ①②

C. ①③　　　　　　　　　　　D. ②③

答案要点:本题正确选项为 A。解析:经济学家雅格布·瓦伊纳认为"倾销是一商品在不同市场之间的价格歧视",并且将倾销划分为三种,即偶发性倾销、短期或间歇性倾销及长期或连续性倾销。本题源自《国际经济学》第四章第二节 361 页。

29. 构成倾销的条件是(　　)。

①产品以低于正常价值或公平价值的价格销售。②低价销售的行为对进口国产业造成实质性的损害。③损害出口国消费者的利益。④损害与价格之间存在因果关系。

A. ①②③　　　　　　　　　　B. ①②④

C. ①③④　　　　　　　　　　D. ②③④

答案要点:本题正确选项为 B。解析:构成倾销的条件包括,①产品以低于正常价值或公平价值的价格销售;②低价销售的行为对进口国产业造成实质性的损害;③损害与价格之间存在因果关系。本题源自《国际经济学》第四章第二节 362 页。

30. 倾销对出口国的影响有（ ）。
①挤占出口国其他企业的海外市场份额。②损害出口国消费者的利益。③扭曲进口国市场秩序。④扰乱出口国市场秩序。
　　A. ①②③　　　　　　　　　　　　　B. ①②④
　　C. ①③④　　　　　　　　　　　　　D. ②③④
答案要点：本题正确选项为 B。解析：倾销对出口国的影响有，①挤占出口国其他企业的海外市场份额；②损害出口国消费者的利益；③扰乱出口国市场秩序。本题源自《国际经济学》第四章第二节 362 页。

31. 倾销对进口国的影响有（ ）。
①阻碍进口国相应产业的发展。②扰乱出口国市场秩序。③扭曲进口国市场秩序。④威胁和抑制进口国产业结构调整和新兴产业的建立。
　　A. ①②③　　　　　　　　　　　　　B. ①②④
　　C. ①③④　　　　　　　　　　　　　D. ②③④
答案要点：本题正确选项为 C。解析：倾销对进口国的影响有，①阻碍进口国相应产业的发展；②扭曲进口国市场秩序；③威胁和抑制进口国产业结构调整和新兴产业的建立。本题源自《国际经济学》第四章第二节 363 页。

32. 无政府补贴的长期性倾销的条件有（ ）。
①出口国的企业具有一定的垄断能力。②国内外市场的弹性差异。③出口商的承诺。④出口国对国外商品设置足够高的贸易壁垒。
　　A. ①②③　　　　　　　　　　　　　B. ①②④
　　C. ①③④　　　　　　　　　　　　　D. ②③④
答案要点：本题正确选项为 B。解析：无政府补贴的长期性倾销的条件有，①出口国的企业具有一定的垄断能力；②国内外市场的弹性差异；③出口国对国外商品设置足够高的贸易壁垒。本题源自《国际经济学》第四章第二节 364 页。

33. 反倾销的措施有（ ）。
①征收反倾销税。②出口国补贴。③出口商的承诺。
　　A. ①②　　　B. ①　　　C. ①③　　　D. ②③
答案要点：本题正确选项为 C。解析：通常的反倾销措施包括征收反倾销税和出口商的承诺。本题源自《国际经济学》第四章第二节 365 页。

34. 建立保护性而非财政性、且是有条件的关税制度，这是（ ）。
　　A. 新贸易保护理论　　　　　　　　　B. 巴斯塔布尔标准
　　C. 李斯特的贸易保护理论　　　　　　D. 亚当·斯密的《国富论》
答案要点：本题正确选项为 C。解析：李斯特的贸易保护理论建立在生产力论的基础上，认为生产财富的能力比财富本身更重要，农业、原材料、科技可以自由贸易，但是工业必须得到保护，以获取未来的贸易利益。做法：建立保护性而非财政性、且是有条件的关税制度。本题源自《国际经济学》第四章第三节 367 页。

35. 某种产业由于技术不足，生产率低下，成本高于国际市场，无法竞争，在保护下，能够在自由贸易下获利，自我投资发展，即为幼稚产业。这是（ ）。

A. 肯普标准 B. 巴斯塔布尔标准
C. 穆勒标准 D. 亚当·斯密标准

答案要点：本题正确选项为 C。解析：穆勒标准（产业自理原则）是指，某种产业由于技术不足，生产率低下，成本高于国际市场，无法竞争，在保护下，能够在自由贸易下获利，自我投资发展，即为幼稚产业。本题源自《国际经济学》第四章第三节 368 页。

36. 国际收支表的经常账户包括（ ）。
①货物。②服务。③收入。④经常转移。⑤国际头寸。
A. ①②③⑤ B. ①②③④
C. ②③④⑤ D. ①②④⑤

答案要点：本题正确选项为 B。解析：经常账户包括货物、服务、收入和经常转移。本题源自《国际经济学》第五章第一节 371 页。

37. 以下对国际收支状况的含义表述正确的有（ ）。
①反映了一国经济实力和在世界经济中的地位。②决定着一国货币价格与汇率的变化方向。③决定着一国的融资能力和资信地位。④反映着一国经济结构的情况和变化。⑤影响着一国国内的经济增长和发展。
A. ①②③⑤ B. ①②③④
C. ②③④⑤ D. ①②③④⑤

答案要点：本题正确选项为 D。解析：国际收支状况的含义表示为，它反映了一国经济实力和在世界经济中的地位；决定着一国货币价格与汇率的变化方向；决定着一国的融资能力和资信地位；反映着一国经济结构的情况和变化；影响着一国国内的经济增长和发展。本题源自《国际经济学》第五章第一节 373 页。

38. 国际收支失衡调节理论有（ ）。
①弹性法。②吸收法。③证券法。④货币法。
A. ①②③ B. ①②③④
C. ②③④ D. ①②④

答案要点：本题正确选项为 D。解析：国际收支失衡调节理论有弹性法、吸收法和货币法。本题源自《国际经济学》第五章第二节 373 页。

39. 根据进出口的价格需求条件，利用本币对外汇率的变化，调整出口货物的外币价格和进口货物的本币价格，达到调整国际收支的目的，这是（ ）。
A. 证券法 B. 弹性法
C. 吸收法 D. 货币法

答案要点：本题正确选项为 B。解析：弹性法是在局部均衡分析中进行的。其核心是根据进出口的价格需求条件，利用本币对外汇率的变化，调整出口货物的外币价格和进口货物的本币价格，达到调整国际收支的目的。本题源自《国际经济学》第五章第二节 373 页。

40. 采用凯恩斯的宏观分析，将国际收支与国民收入联系起来考察，偏重于商品市场均衡，政策上倾向于需求管理，这是（ ）。
A. 证券法 B. 弹性法
C. 吸收法 D. 货币法

答案要点：本题正确选项为 C。解析：吸收法采用凯恩斯的宏观分析，将国际收支与国民收入联系起来考察，偏重于商品市场均衡，政策上倾向于需求管理。本题源自《国际经济学》第五章第二节 374 页。

41. 通过调整国内货币供给调控国内需求，进而调整国际收支的变动，这是（　　）。
A. 证券法　　　　　　　　　B. 弹性法
C. 吸收法　　　　　　　　　D. 货币法

答案要点：本题正确选项为 D。解析：货币法是随货币主义的兴起而出现的，主要从长期的角度来考虑问题，不仅照顾到经常项目，而且也考虑了资本与金融项目。其核心思想是通过调整国内货币供给调控国内需求，进而调整国际收支的变动。本题源自《国际经济学》第五章第二节 375 页。

42. 一国最佳外汇储备规模指标包括（　　）。
①保持三个月的进口支付水平的外汇。②10% 的国内生产总值。③外汇储备为外债余额的 30%。
A. ①②　　　　　　　　　　B. ②③
C. ①③　　　　　　　　　　D. ①②③

答案要点：本题正确选项为 D。解析：适度的储备资产规模是受若干因素控制的，一国最佳外汇储备规模的指标包括，①保持三个月的进口支付水平的外汇；②10% 的国内生产总值，即国内生产总值中有 10% 的沉淀作为应付外部失衡时调整之用；③外汇储备应为外债余额的 30%，可应付支付外债的需要。本题源自《国际经济学》第六章第一节 376 页。

43. 外汇标价的方法有（　　）。
①直接标价法。②间接标价法。③美元标价法。④欧元标价法。
A. ①②　　　　　　　　　　B. ②③
C. ①③　　　　　　　　　　D. ①②③

答案要点：本题正确选项为 D。解析：外汇标价的方法有直接标价法、间接标价法和美元标价法。本题源自《国际经济学》第六章第一节 377 页。

44. 根据购买力平价理论，下列说法正确的是（　　）。
A. 本国的通胀率高于外国，本币升值，外币贬值
B. 本国的通胀率高于外国，本币贬值，外币升值
C. 本国的通胀率低于外国，本币贬值，外币升值
D. 本国的通胀率低于外国，本币、外币升值或贬值都有可能

答案要点：本题正确选项为 B。解析：相对购买力平价理论认为，在一定时期内，汇率的变化是与同一时期内两国物价水平的相对变化成正比的，本国相对外国物价越高，本国货币将贬值，外国货币将升值。本题源自《国际经济学》第六章第二节 378 页。

45. 国际借贷说认为，汇率决定的基础是（　　）。
A. 两国货币的价值量之比　　　B. 国际借贷差额
C. 两国货币的购买力之比　　　D. 人们的主观心理评价

答案要点：本题正确选项为 B。解析：国际借贷说是供求说的产物。该学说认为国际借贷差额是决定汇率变动的基础，该差额是由经常项目与资本项目的差额决定的。一国债

权大于债务，国际市场对该国货币供不应求，汇率上升；反之则下降。本题源自《国际经济学》第六章第二节 377 页。

46. 汇率决定的传统理论有（　　）。
①铸币平价说。②国际借贷说。③目标汇率说。④汇兑心理说。
A. ①②③　　　　　　　　　　B. ②③④
C. ①③④　　　　　　　　　　D. ①②④

答案要点：本题正确选项为 D。解析：汇率决定的传统理论有铸币平价说、国际借贷说、传统购买力平价说和汇兑心理说。本题源自《国际经济学》第六章第二节 377 页。

47. 根据国际费雪效应，一国通货膨胀率上升，该国名义利率和货币对外价值的变化为（　　）。
A. 名义利率提高，货币对外价值降低
B. 名义利率降低，货币对外价值提高
C. 名义利率降低，货币对外价值不变
D. 名义利率不变，货币对外价值降低

答案要点：本题正确选项为 A。解析：国际费雪效应将利率关系、通货膨胀与货币价值关系结合在一起考虑。一国相对于其他国家发生通货膨胀，将会伴随该国货币价值的下降，同时伴随着该国名义利息率相对于外国利息率的提高。本题源自《国际经济学》第六章第三节 381 页。

48. 根据国际费雪效应，以下哪个说法正确？（　　）
A. 一国通胀率上升，其名义利率提高，货币对外价值下降
B. 一国通胀率上升，其名义利率降低，货币对外价值上升
C. 一国通胀率下降，其名义利率提高，货币对外价值上升
D. 一国通胀率下降，其名义利率降低，货币对外价值下降

答案要点：本题正确选项为 A。解析：通过考察利息率、通货膨胀率和货币相对价值的关系，可了解名义利息率的相对变化对一国货币对外价值的影响。一国相对于其他国家发生通货膨胀，将会伴随该国货币价值的下降，同时伴随该国名义利息率相对于外国利息率的提高。两个过程放在一起，即把利息率关系、通货膨胀与货币价值关系结合在一起的考虑，即为国际费雪效应。本题源自《国际经济学》第六章第三节 381 页。

49. 远期汇率和即期汇率的差额用升水、贴水和平价表示。一般情况下，利息率较高的货币远期汇率应（　　），利息率较低的货币远期汇率应（　　）。
A. 升水/贴水　　　　　　　　B. 贴水/升水
C. 平价/平价　　　　　　　　D. 平价/贴水

答案要点：本题正确选项为 B。解析：远期汇率和即期汇率的差额用升水、贴水和平价表示。升水意味着远期汇率比即期汇率要高，贴水则相反。一般情况下，利息率较高的货币远期汇率大多呈贴水，利息率较低的货币远期汇率大多呈升水。本题源自《国际经济学》第六章第三节 382 页。

50. 资本国际流动的动因有（　　）。
①不同国家间资本收益率的差异。②汇率变动及国际收支不平衡。③风险因素。④其他因素。

A. ①②③④ B. ②③④
C. ①③④ D. ①②④

答案要点：本题正确选项为 A。解析：资本国际流动的动因有，①不同国家间资本收益率的差异；②汇率变动及国际收支不平衡；③各种风险因素或规避风险；④其他因素（投机、规避贸易保护等）。本题源自《国际经济学》第七章第一节 383 页。

51. 下面哪一项不是资本国际流动的主要形式（　　）。

A. 国家资本输出与私人资本输出
B. 长期资本流动与短期资本流动
C. 直接投资与间接投资
D. 国际商品流动与人力资本流动

答案要点：本题正确选项为 D。解析：资本国际流动从不同的角度可以区分为国家资本的输出与私人资本的输出、长期资本的国际流动与短期资本的国际流动、直接投资与间接投资等。本题源自《国际经济学》第七章第一节 383 页。

52. 资本国际流动的主要形式包括（　　）。

①国家资本输出与私人资本输出。②长期资本流动与短期资本流动。③直接投资与间接投资。④国际商品流动与人力资本流动。

A. ①②④ B. ①③④
C. ①②③ D. ②③④

答案要点：本题正确选项为 C。解析：资本国际流动从不同角度可以区分为国家资本的输出与私人资本的输出、长期资本的国际流动与短期资本的国际流动、直接投资与间接投资等。本题源自《国际经济学》第七章第一节 383 页。

53. 国际生产折衷理论是关于国际生产的统一的、综合的理论，是由（　　）提出的。

A. 李嘉图 B. 巴斯塔布尔
C. 邓宁 D. 亚当·斯密

答案要点：本题正确选项为 C。解析：国际生产折衷理论是关于国际生产的统一的、综合的理论。由英国邓宁在 1977 年出版的《贸易、经济活动的区位与跨国企业：折衷理论的探索》一文中提出，并在 1981 年出版的《国际生产与跨国企业》一书中系统阐述。本题源自《国际经济学》第七章第一节 385 页。

54. 企业采取对外直接投资的形式从事国际经济活动的前提是（　　）。

A. 对外直接投资＝所有权特定优势
B. 对外直接投资＝所有权特定优势＋内部化
C. 对外直接投资＝所有权特定优势＋内部化＋区位特定优势
D. 对外直接投资＝内部化＋区位特定优势

答案要点：本题正确选项为 C。解析：邓宁认为企业从事国际直接投资由该企业本身所拥有的所有权特定优势、内部化和区位特定优势三大基本因素共同决定。企业若仅拥有所有权特定优势，则选择技术授权；企业若具有所有权特定优势和内部化，则选择出口；企业若同时具备以上三种优势，才会选择国际直接投资。本题源自《国际经济学》第七章第一节 385 页。

第3部分 国际经济学

55. 国际生产折衷理论认为，企业欲对外直接投资，需要的优势不包括（　　）。
　　A. 所有权特定优势　　　　　　　B. 外部化
　　C. 内部化　　　　　　　　　　　D. 区位特定优势
　　答案要点：本题正确选项为 B。解析：国际生产折衷理论认为企业欲对外直接投资，需要具备三种优势，分别是所有权特定优势、内部化和区位特定优势。本题源自《国际经济学》第七章第一节 385 页。

56. 劳动力国际流动的原因有（　　）。
　　①国民收入的国际差异。②各国劳动力供求的不平衡。③经济周期。④伴随国际贸易和跨国投资及其他国际经济活动的劳动力流动。⑤劳动力日益具有跨国流动的必要条件。
　　A. ①②④⑤　　　　　　　　　　B. ①③④⑤
　　C. ①②③④⑤　　　　　　　　　D. ②③④⑤
　　答案要点：本题正确选项为 C。解析：劳动力国际流动的直接原因主要有国民收入的国际差异、各国劳动力供求的不平衡、经济周期引起的劳动力流动、伴随国际贸易和跨国投资及其他国际经济活动而产生的劳动力国际流动，等等。各国鼓励劳动力一定程度的流动，但往往也限制高素质劳动力的过度的跨国流动，同时只有具有流动的必要、充分条件，劳动力才可能形成现实的流动。本题源自《国际经济学》第七章第二节 386 页。

57. 一国基础研究成果被另一国在应用型研究中采用，或一国应用型研究成果被另一国的生产所采用。这是指（　　）。
　　A. 水平型转移　　　　　　　　　B. 垂直型转移
　　C. 吸收型转移　　　　　　　　　D. 无偿转移
　　答案要点：本题正确选项为 B。解析：垂直型技术转移是一国基础研究成果被另一国在应用型研究中采用，或一国应用型研究成果被另一国的生产所采用。本题源自《国际经济学》第七章第三节 388 页。

58. 一国技术转移到另一国，被转移国家能够复制出该技术。这是指（　　）。
　　A. 水平型转移　　　　　　　　　B. 垂直型转移
　　C. 吸收型转移　　　　　　　　　D. 无偿转移
　　答案要点：本题正确选项为 C。解析：吸收型技术转移是一国技术转移到另一国，被转移国家能够复制出该技术。本题源自《国际经济学》第七章第三节 388 页。

59. 一国技术转移到另一国，不理会被转移国家能否复制出该技术。这是指（　　）。
　　A. 水平型转移　　　　　　　　　B. 垂直型转移
　　C. 吸收型转移　　　　　　　　　D. 简单型转移
　　答案要点：本题正确选项为 D。解析：简单型技术转移是一国技术转移到另一国，不理会被转移国家能否复制出该技术。本题源自《国际经济学》第七章第三节 388 页。

60. 两缺口模型中的两缺口指的是（　　）。
　　①储蓄缺口。②外汇缺口。③财政缺口。④技术缺口。
　　A. ①②　　　　　　　　　　　　B. ①③
　　C. ②③　　　　　　　　　　　　D. ②④
　　答案要点：本题正确选项为 A。解析：两缺口模型中的两缺口指的是储蓄缺口和外汇缺口。本题源自《国际经济学》第七章第四节 390 页。

61. 静态债务指标为（　　）。

①经济债务率。②出口债务率。③借贷债务率。④偿债率。

A．①②④　　　　B．①③④　　　　C．②③④　　　　D．②④

答案要点：本题正确选项为A。解析：静态债务指标为，①经济债务率，即未偿还外债余额/国民生产总值，应小于30%；②出口债务率，即未偿还外债余额/出口收入，应小于100%；③偿债率，即当年还本付息/出口收入，应小于20%。本题源自《国际经济学》第七章第四节392页。

62. 未偿还外债余额/国民生产总值，应小于30%，这是（　　）。

A．经济现值债务率　　　　B．经济债务率
C．出口债务率　　　　　　D．偿债率

答案要点：本题正确选项为B。解析：经济债务率是指未偿还外债余额/国民生产总值，应小于30%。本题源自《国际经济学》第七章第四节392页。

63. 未偿还债务现值/国民生产总值，80%为临界值，这是（　　）。

A．经济现值债务率　　　　B．经济债务率
C．出口债务率　　　　　　D．偿债率

答案要点：本题正确选项为A。解析：经济现值债务率是指未偿还债务现值/国民生产总值，80%为临界值。本题源自《国际经济学》第七章第四节392页。

64. 未偿还外债余额/出口收入，应小于100%，这是（　　）。

A．经济现值债务率　　　　B．经济债务率
C．出口债务率　　　　　　D．偿债率

答案要点：本题正确选项为C。解析：出口债务率是指未偿还外债余额/出口收入，应小于100%。本题源自《国际经济学》第七章第四节392页。

65. 对于出口现值债务率，当实际指标超过临界值的60%，为（　　）。

A．轻度债务国家　　　　B．低等债务国家
C．中等债务国家　　　　D．高风险债务国家

答案要点：本题正确选项为C。解析：对于出口现值债务率，当实际指标超过临界值的60%，为中等债务国家。本题源自《国际经济学》第七章第四节392页。

66. 对于出口现值债务率，当实际指标低于临界值的60%，为（　　）。

A．轻度债务国家　　　　B．低等债务国家
C．中等债务国家　　　　D．高风险债务国家

答案要点：本题正确选项为A。解析：对于出口现值债务率，当实际指标低于临界值的60%，为轻度债务国家。本题源自《国际经济学》第七章第四节392页。

67. 未偿还债务现值/出口收入，20%为临界值，这是（　　）。

A．经济现值债务率　　　　B．经济债务率
C．出口债务率　　　　　　D．出口现值债务率

答案要点：本题正确选项为D。解析：出口现值债务率是指未偿还债务现值/出口收入，20%为临界值。本题源自《国际经济学》第七章第四节392页。

68. 传导取决于一国的开放程度、贸易地位、贸易的地区结构、经济政策等是（　　）。

A．国际商品流动的非均衡传导

B. 国际资本流动的非均衡传导
C. 国际劳动力流动的非均衡传导
D. 国际信息流动的非均衡传导

答案要点：本题正确选项为 A。解析：国际商品流动的非均衡传导是指具有极大影响的商品（如能源）的价格高涨，则会影响到其他国家的国内价格；通过贸易乘数效应，贸易也会将非均衡在国家间进行传导，这种非均衡的传导取决于一国的开放程度、贸易地位、贸易的地区结构、经济政策等。本题源自《国际经济学》第八章第一节 393 页。

69. 一国的开放程度，对于信息的把握、消化都影响着非均衡的传导。这是（　　）。
   A. 国际商品流动的非均衡传导
   B. 国际资本流动的非均衡传导
   C. 国际劳动力流动的非均衡传导
   D. 国际信息流动的非均衡传导

答案要点：本题正确选项为 D。解析：信息非均衡传导主要是指示范效应的作用、各种信息交易的情况、各种信息引起的预防，等等。一国的开放程度，对于信息的把握、消化都影响着非均衡的传导。本题源自《国际经济学》第八章第一节 394 页。

70. 一国的外资结构、与他国的利差、通货膨胀差异、金融政策差异、对于风险的态度等影响着国际资本流动的作用，即非均衡的传导。这是（　　）。
   A. 国际商品流动的非均衡传导
   B. 国际资本流动的非均衡传导
   C. 国际劳动力流动的非均衡传导
   D. 国际信息流动的非均衡传导

答案要点：本题正确选项为 B。解析：国际资本流动的非均衡传导是国际借贷关系的紊乱，会造成国际金融市场的混乱，影响各国的金融稳定；各国利差会导致资金的跨国流动，国际收支的差额会造成失衡的传导，汇率的变动会因贸易变化而影响经济，大规模的资产结构转换会使资金大量流动而影响经济运行。一国的外资结构、与他国的利差、通货膨胀差异、金融政策差异、对于风险的态度等影响着国际资本流动的作用，即非均衡的传导。本题源自《国际经济学》第八章第一节 393 页。

71. 下列关于贸易乘数理论的说法正确的是（　　）。
   A. 贸易乘数与边际进口倾向呈正比
   B. 贸易乘数与边际进口倾向呈反比
   C. 贸易乘数理论表明，一国出口收入如果大部分用于进口，则对本国的经济的促进作用较大
   D. 根据贸易乘数理论，当需求倾向不变时，出口收入的增量应尽量多用于进口

答案要点：本题正确选项为 B。解析：国际贸易乘数为，$k = 1/(dS/dY + dM/dY)$。所以边际进口倾向越大，乘数越小，则出口对经济（收入增长）的促进作用就越小。因此，根据贸易乘数理论，人们应该减少出口收入增量中用于进口的支出，这样可以增加出口对经济增长的促进作用。本题源自《国际经济学》第八章第二节 396 页。

72. 边际储蓄倾向与边际进口倾向之和的倒数是指（　　）。
   A. 投资乘数　　B. 贸易乘数　　C. 税收乘数　　D. 预算乘数

答案要点：本题正确选项为 B。解析：贸易乘数是边际储蓄倾向与边际进口倾向之和的倒数。即，$dY=(dI+dX)\cdot[1/(dS/dY+dM/dY)]$。本题源自《国际经济学》第八章第二节 396 页。

73. 贸易创造的含义是（　　）。
A. 产品从生产成本较高的国内生产转向成本较低的国外的过程和现象
B. 产品从过去进口自较低生产成本国转向从较高成本国进口的过程和现象
C. 产品从生产成本较低的国内生产转向较高成本的国外的过程和现象
D. 产品从过去进口自较高生产成本国转向从较低成本国进口的过程和现象

答案要点：本题正确选项为 A。解析：在国际贸易理论与实践中，两个或两个以上国家间结成关税同盟后，因取消关税降低了贸易商品的价格，使产品从成本较高的国内生产转向成本较低的关税同盟中贸易对象国生产，本国从贸易对象国进口，这就是贸易创造。本题源自《国际经济学》第九章第一节 398 页。

74. 最优货币区理论是由（　　）提出的。
A. 李嘉图　　　　　　　　　　B. 罗伯特·蒙代尔
C. 邓宁　　　　　　　　　　　D. 亚当·斯密

答案要点：本题正确选项为 B。解析：最优货币区理论是 1999 年诺贝尔经济学奖获得者罗伯特·蒙代尔提出的。它探讨了经济一体化成员国参加单一货币区所应当具备的若干条件，分析了成员国加入单一货币区的成本及收益。本题源自《国际经济学》第九章第一节 400 页。

75. 根据最优货币区理论，最优货币区的条件为（　　）。
①要素市场融合。②价格与工资弹性。③商品市场高度融合。④国际收支顺差。⑤宏观经济协调和政治融合。⑥金融市场融合。
A. ①②④⑥　　　　　　　　　B. ①②③④⑥
C. ①②③⑤⑥　　　　　　　　D. ①③④⑥

答案要点：本题正确选项为 C。解析：最优货币区的条件包括，价格与工资弹性、要素市场融合、金融市场融合、商品市场高度融合、宏观经济协调和政治融合。本题源自《国际经济学》第九章第一节 400 页。

76. 经济一体化的基本形式有（　　）。
①贸易优惠。②关税同盟。③货币联盟。④经济联盟。
A. ①②④　　　　　　　　　　B. ①②③④
C. ①②③　　　　　　　　　　D. ①③④

答案要点：本题正确选项为 B。解析：经济一体化是指参加国为了一体化组织的共同利益，将部分经济权力让渡给一体化组织，根据共同利益，按照一定的规则来行使的过程与情况。其基本形式有：贸易优惠、关税同盟、货币联盟和经济联盟等。本题源自《国际经济学》第九章第一节 407 页。

77. 经济一体化分类，按照由低级到高级的顺序是（　　）。
①自由贸易区。②关税同盟。③共同市场。④经济联盟。⑤完全的经济一体化。
A. ①②④③⑤　　　　　　　　B. ①②③④⑤
C. ①②③⑤④　　　　　　　　D. ①③④②⑤

答案要点：本题正确选项为 B。解析：经济一体化分类，按照由低级到高级的顺序分别是自由贸易区、关税同盟、共同市场、经济联盟、完全的经济一体化。本题源自《国际经济学》第九章第一节 407 页。

二、名词解释

1. 国际经济学：国际经济学以经济学的一般理论为基础，研究国际经济活动和国际经济关系，是一般经济理论在国际经济活动范围中的应用与延伸，也是经济学体系的有机组成部分。主要研究对象有国际贸易理论与政策、国际收支理论、汇率理论、要素的国际流动、国际投资理论、开放的宏观经济均衡等。

2. 绝对利益：由亚当·斯密提出，指在某种商品生产上，一国在劳动生产率上占有绝对优势，或其生产所耗费的劳动成本绝对低于其贸易伙伴国。各国从事占绝对优势产品的生产，继而进行交换便可获得绝对的利益，世界总体福利水平也可得到提高。

3. 比较利益：由托伦斯提出、李嘉图发展的国际贸易理论。此理论认为：即使一个国家生产每种产品都具有最高生产率，处于绝对优势，而另一个国家生产每种产品都处于绝对劣势，只要它们的劳动生产率在不同产品上存在区别，遵循"两利相权取其重，两弊相衡取其轻"的原则，各国停产在本国国内具有最大劣势的产品，只生产在本国国内具有最大优势的产品，便能从国际分工和彼此的贸易中获得利益。

4. 国际分工：即各国之间的劳动分工，生产的国际专业化。它是国际贸易的基础，是社会分工从国内向国外延伸的结果。各国对于分工方式的选择以及分工的变化，反映了彼此之间经济发展水平的差异以及各国经济联系的程度。主要有产业间、产业内、垂直、水平以及不同要素密集度之间的分工等类型。

5. 贸易乘数：在开放条件下，对外贸易的增长可以使国民经济成倍增加。对外贸易乘数研究一国对外贸易与国民收入、就业之间的互相影响，描述了在开放经济体系内部促进经济增长的动态过程。其政策含义：一国出口收入应更多地购买国内产品，如果出口收入中较大部分用于进口，则对于经济的促进作用较小；反之，对于经济的促进作用较大。因此，当需求倾向不变时，出口收入的增量应尽量少用于进口，这样可以扩大出口对经济的刺激作用。

6. 一价定律：指在完全竞争的市场上，相同的交易产品或金融资产经过汇率调整后，在世界范围内其交易成本一定是相等的。这个定律在经济中是通过诸如购买力平价、利息平价、远期汇率等经济关系表现出来的。

7. 贸易创造：在国际贸易理论与实践中，指两个或两个以上国家间结成关税同盟后，因取消关税降低了贸易商品的价格，使产品从成本较高的国内生产转向成本较低的贸易对象国生产，本国从贸易对象国进口。

8. 贸易转移：在国际贸易理论与实践中，指两个或两个以上国家间的关税同盟建立后，成员国的部分进口商品将从低成本供应国（非成员国）转向高成本供应国（成员国）。这对进口国是种福利损失。

9. 流动借贷：指在国际借贷中形成了借贷关系并且进入了实际支付的那种债权债务关系。它对国际收支的平衡从而对汇率的走向有着重要的决定性影响。

10. 固定借贷：指在国际借贷中形成了借贷关系但尚未进入实际支付的那种债权债务关系。它对国际收支的平衡从而对汇率的走向无实质决定性作用，有时甚至会产生相反的现象,即债务存在时汇率反而走高。

11. 边际进口倾向:指每一单位增量国民收入中用于进口的比重。边际进口倾向越大,则每单位国民收入中用于进口的比重越大,乘数效应对经济的刺激作用就越小,反之则越大。

12. 外汇倾销:利用本币对外贬值机会,向外倾销商品和争夺市场的行为。这是因为本国货币贬值后,出口商品用外国货币表示价格降低,提高了该国商品在国际市场上的竞争力,有利于扩大出口;而因本国货币贬值,进口商品的价格上涨,削弱了进口商品的竞争力,限制了进口。外汇倾销需要一定的条件,主要是本国货币对外贬值速度要快于对内贬值速度以及对方不进行报复。

13. 幼稚产业:如果某种产业由于技术不足、劳动生产率低下、产品成本高于世界市场而无法与国外产业竞争,但在关税、补贴等保护措施下,经过一段时间的生产能够在自由贸易条件下获利,同时达到其他国家水平而自立,形成比较优势并良性发展,这类产业就是幼稚产业。

14. 外汇与汇率:外汇是货币行政当局以银行存款、财政部库券和长短期政府证券等形式保有的在国际收支出现逆差时可以用作支付使用的国际支付手段或债权。汇率是一国货币与其他货币之间的等价关系,是外汇在市场中的价格。汇率有多种表现形式,如固定汇率、浮动汇率、远期汇率、即期汇率等。

15. 倾销:海外的货物(商品)以低于同样货物(商品)同一时期在国内市场类似条件下的销售价格销售。法律上所指的倾销有三个构成条件:①产品以低于正常价值或公平价值的价格销售;②这种低价销售的行为对进口国的相关产业造成了损害;③损害与低价之间存在因果关系。

16. 关税壁垒:指通过征收各种高额进口税,形成对外国商品进入本国市场的阻碍,可以提高进口商品的成本,从而削弱其竞争能力,起到保护国内生产和国内市场的作用。它是贸易保护的主要措施之一。

17. 非关税壁垒:指除关税以外的一切限制进口的措施,可分为两类:一类是直接的非关税壁垒措施,指进口国直接对进口商品的数量或金额加以限制,或迫使出口国直接限制商品出口,如进口配额制、自动出口限制等;另一类是间接的非关税壁垒措施,指进口国对进口商品制定严格的条件和标准,间接地限制商品进口,如进口押金制、苛刻的技术标准等。

18. 开放经济:一国与国外有着经济往来,也就是对外有进出口和货币、资本的往来,本国经济与外国经济之间存在着密切的关系,如存在国际贸易、国际金融往来。

19. 经济全球化:联合国贸发会议对经济全球化的定义为,"经济全球化是世界各国在经济上跨国界联系和相互依存日益加强的过程,运输、通信和信息技术的迅速进步有力地促进了这一过程"。

国际货币基金组织为经济全球化下的定义则是:"跨国商品、服务贸易及国际资本流动规模和形式的增加,以及技术广泛、迅速地传播使世界各国经济的相互依赖性增强。"经济全球化是现代经济的一个动态过程,是社会经济发展到一定阶段的产物。

20. 提供曲线:由马歇尔和埃奇沃斯提出的相互需求曲线,表明一个国家为了进口一定量的商品,必须向其他国家出口一定量的商品,因此提供曲线即对应某一进口量愿意提供的出口量的轨迹。两个国家提供曲线的交汇点所决定的价格,就是国际商品交换的价格。

21. 贸易条件：一般指单位出口能够换回的进口，即出口商品价格与进口商品价格的比率，简称"交换比价"。一般用在一定时期（如一年）内的出口商品价格指数同进口商品价格指数对比来表示。

22. 官方储备：指一个国家的中央银行或其他官方货币机构所掌握的外币储备资产及其对外债权。包括货币、黄金、外汇和分配的特别提款权及国际货币基金组织的普通提款权。

23. 固定汇率与浮动汇率：固定汇率指战后各国货币与美元保持固定比率，汇率相对稳定的状态。固定汇率在 1973 年前后废止。浮动汇率在国际金融中指一国货币汇率根据市场供求状况，任其自由涨落，国家没有义务干预的汇率。在实践中存在着完全的自由浮动与当局一定程度干预的有管理的浮动的情况。

24. 直接标价法与间接标价法：所谓直接标价法，是以一定单位的外币为标准，用一定本币来表示其价格，简言之，外币不动本币动；所谓间接标价法，是以一定单位的本币为标准，用外币来表示本币的价格，简言之，本币不动外币动。

25. 关税同盟：结成同盟的成员国之间降低甚至免除彼此间的关税，成员国乃至关税同盟整体的经济福利会提高。对外则采取统一或逐步实行统一的对外关税，关税收入按照既定的比例进行分配。

26. 升水与贴水：在直接标价法下，远期汇率比即期汇率高的差价称为升水，低的差价称为贴水，差价为零时称为平价。一般情况下，利息较高的货币远期汇率大多为贴水，利息较低的货币则大多为升水。

27. 现值债务率：从 1995 年起，世界银行开始用现值代替名义值计算一国的债务水平。包括经济现值债务率和出口现值债务率。经济现值债务率为该债务国当年未偿还债务的现值与当年国民生产总值的比率，80% 为临界值；出口现值债务率为该债务国当年未偿还债务的现值与当年的出口收入之比，20% 为临界值。

28. 偿债率：在经济上衡量一个国家对外债务水平的指标，即该债务国当年还本付息的债务额与当年出口收入的比率。实践证明，该比率在 20% 以内为宜，30% 为警戒线。

29. 国际收支：狭义的国际收支是指一个国家在一定时期内（通常为一年），同其他国家由于贸易、劳务、资本等往来而引起的资产转移。其特点是仅计入现在或将来有外汇收支的交易。其包括两种具体形式：直接的货币收支和以货币表示的资产的转移。反映了以货币为媒介的国际的债权债务关系。

据国际货币基金组织的定义，广义的国际收支是指为系统记载的、在特定时期内（通常为一年）一个经济体与世界其他地方的全部各项经济交易，不仅包括外汇收支的国际借贷关系，还包括一定时期内的全部经济交易与往来，如无偿援助、易货贸易、捐赠等。

30. 国际收支失衡：是指经常账户、资本和金融账户的余额出现问题，即对外经济出现了需要调整的情况。

31. 贷方与借方项目：借方项目是在国际收支表中表示国家资产增加或负债减少的项目，是本国商品、劳务的进口或金融资产的流出。贷方项目是在国际收支表中表示国家资产减少或负债增加的项目，是本国商品、劳务的输出或金融资产的流入。

32. 所有权特定优势：指企业在资产和所有权方面所获得的为其他企业所没有的优势，包括产品、技术、商标、组织管理技能等。所有权优势的大小决定了企业对外直接投资的能力，可以克服在国外生产碰到的附加成本和制度风险。

三、简述题

1. 试推导贸易乘数公式。

答案要点：在开放条件下，对外贸易的增长可以使国民收入成倍增加，贸易乘数探讨对外贸易与国民收入和就业之间的关系，描述了开放经济体系内部出口促进经济增长的动态过程。

从总需求角度有 $Y = C + I + G + X$；从总供给角度有 $Y = C + S + T + M$。

令 $T = G$，变换： $C + I + X = C + S + M$

得： $I + X = S + M$

设 dI 为投资增量，dX 为出口增量，dS 为储蓄增量，dM 为进口增量，则有 $dI + dX = dS + dM$，

变形后有： $$dI + dX = \left(\frac{dS}{dY} + \frac{dM}{dY}\right)dY$$

整理得： $$dY = (dI + dX) \cdot \left[\frac{1}{\left(\dfrac{dS}{dY} + \dfrac{dM}{dY}\right)}\right]$$

即贸易乘数是边际储蓄倾向与边际进口倾向之和的倒数。

从以上分析中还可以发现，在出口增加时，边际储蓄倾向和边际进口倾向越小，国民收入最终增加的倍数就越大；反之，则越小。在现实中，边际储蓄倾向和边际进口倾向之和总小于1，即出口扩大所增加的收入中总会有一部分用于购买本国产品，这样便可循环往复地连续推动国民收入和就业量一轮一轮地增加。

2. 试画出出口贫困增长的图形并做出分析。

答案要点：如图3.1.1所示，图中生产力提高，生产可能性曲线外移，生产点从 A 移至 A'，社会无差异曲线与价格线的切点，从 C 移动至 C' 点，由于这时新的价格线 T' 较原价格线 T 更为平缓，导致了贸易条件向不利于 X 产品的方向变化，无差异曲线 Ⅱ 低于无差异曲线 Ⅰ，福利水平降低。

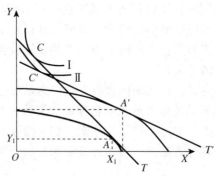

图 3.1.1 出口贫困增长图形

这种情况主要发生在发展中国家，根源在于贸易条件恶化，但并不是普遍的现象，常出现在发展中国家经济发展的一定阶段。它的发生需要具备的条件：出口国经济单一；产品为初级或劳动密集型；出口国占有极大的市场份额；产品弹性小，且国民经济高度依赖于出口，以至于国际价格的下降要用更大量的出口来弥补损失等。图中生产可能性曲线外推，说明生产能力扩大，但由于国际价格线 T 在生产扩大后发生变化，较从前平坦，对 X

出口不利，结果出口增长，价格下降，总体福利水平下降。

3. 试分析本币对外贬值对进出口的影响机制。

答案要点：（1）利用本币对外汇率的变化，可以调整出口货物的外币价格和进口货物的本币价格，达到调整国际收支的目的。

（2）当国际收支出现逆差时，利用本币贬值，使出口产品的外币价格下降，促使出口量上升，进口的本币价格上升，进口量下降，对外贸逆差进行了调整。

（3）条件：①对方不报复；②本币对外贬值要快于对内贬值（通货膨胀）；③要符合马歇尔－勒纳条件，即本国出口的价格需求弹性与本国进口的价格需求弹性之和的绝对值大于1，也即进出口变化对价格变化的反应程度较大。

（4）本币贬值，将先造成收支的继续恶化，然后才会好转。多数情况下，本币的贬值会使一国的贸易条件趋于恶化，只有在需求弹性大于供给弹性时才会改善。

4. 试推导不考虑通货膨胀条件的远期汇率及升贴水公式。

答案要点：（1）远期汇率公式推导：公式只考虑利息率和汇率的关系，设 h 代表本国，f 代表外国，R 为利息率，E 为汇率，0 与 t 为时间，Y 为货币量。

有 Y 量本币存入银行，则本利和为 $Y(1+R_h)$，R_h 为本币一年期的利息率。

如果将 Y 量本币换成外币存入银行，则本利和应为 $Y \cdot E_0(1+R_f)$，R_f 为外币一年期的利息率。

如果远期汇率为 E_t，则到期时应有 $\dfrac{Y \cdot E_0(1+R_f)}{E_t}$，即一年后将外币本利和再用当时的汇率换成本币的数量。

按照一价定律，本币一年的本利和应该与外币一年的本利和用远期汇率折算的本币数量相等，用公式表示为：$Y(1+R_h) = \dfrac{Y \cdot E_0(1+R_f)}{E_t}$；$\dfrac{E_t}{E_0} = \dfrac{(1+R_f)}{(1+R_h)}$；$E_t = \dfrac{E_0(1+R_f)}{(1+R_h)}$。$E_t$ 为所求的远期汇率。

（2）升贴水公式推导：设 Y 为存入银行的一笔钱，R_h 代表国内利率，E_0 代表即期汇率，R_f 代表外币利率，E_t 代表远期汇率，根据一价定律，有 $\dfrac{Y \cdot E_0(1+R_f)}{E_t} = Y(1+R_h)$；推出 $E_t = \dfrac{E_0(1+R_f)}{(1+R_h)}$；推出 $\dfrac{E_t}{E_0} = \dfrac{(1+R_f)}{(1+R_h)}$，两边同时减1，得 $\dfrac{(E_t - E_0)}{E_0} = \dfrac{(R_f - R_h)}{(1+R_h)}$，如果 R_h 的数值很小可忽略不计，则得出远期升水（贴水）公式为 $E_t - E_0 = E_0(R_f - R_h)$。

5. 用图形说明两国贸易价格的可能区域及利益分配（在 2×2 模型条件下）。

答案要点：（1）贸易价格即贸易条件，是指单位出口能够换回的进口数量，即商品的国际交换比率，在实际中往往用出口价格指数去比进口价格指数，是利益分配的工具。在李嘉图的比较利益学说中，没有说明贸易条件的确定。我们用2×2模型（即世界上只有 A、B 两个国家，两国均只生产 X、Y 两种产品）来说明。

（2）数字说明。如图 3.1.2 所示。

用单位劳动可以生产的 X、Y 的数量代替过去单位产品需要使用的劳动量。则：A 国的比较优势在于生产 X，B 国的比较优势在于生产 Y。A 国在贸易中用 X 换取 Y，B 国在贸易中用 Y 换取 X。

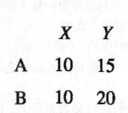

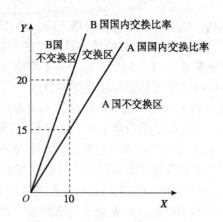

图 3.1.2　两国贸易数字说明　　　　　图 3.1.3　两国交易图形说明

A 国国内交换比率为 $10X:15Y$，B 国国内交换比率为 $20Y:10X$。若 A 国在国际市场上能够用 10 单位的 X 换取多于 15 单位的 Y，A 国便会进入国际市场；同样，B 国若能以少于 20 单位的 Y 换取 10 单位的 X，B 国便会进入国际市场。国内的交换比率便是 A、B 两国进入国际市场的上、下限。

在图 3.1.3 中，实际交换比率将处于由两国国内交换比率界定的两国交换区内，然而具体的交换比率即 $\dfrac{dY}{dX}$ 的斜率，仅从供给方面是无法说明的，需由相互需求方程式才能说明。

在由比较利益决定的两国交换比率的上、下限内，实际而且是唯一的均衡贸易条件，是由两国对于交易对手的相对需求强度决定的，即双方正好能够吸收掉对方的出口。如果对手对于本国商品的需求强度大于本国对于对手商品的需求强度，则交换比率越接近于外国国内的交换比率；反之，则越接近于本国国内的交换比率。

6. 简述幼稚产业的基本内容。

答案要点：幼稚产业是指通过政策保护，经过一段时间后，能够掌握技术，形成资本积累并最终形成成本比较优势的产业。幼稚产业的划分标准一般包括：

（1）穆勒标准。只要将来在自由贸易下能够获利就可以保护。在关税补贴等保护措施下，使技术不足、生产力低下、生产成本高于世界价格、无法与国外产业竞争的产业继续生产。未来在自由竞争条件下可以获利，这种暂时的保护就是值得的。这是一个静态标准。

（2）巴斯塔布尔标准。巴斯塔布尔标准将穆勒标准动态化，提出了现值的观念，认为保护幼稚产业所需的社会成本不能超过该产业将来利润的现值总和。

（3）肯普标准。除了以上两种标准所包含的内容外，还应考虑产业在被保护期内的外部效应，如某技术可为其他产业所获得，因而使得本产业的利润无法增加，将来利润无法补偿投资成本，国家应该予以保护。

7. 简述列昂惕夫反论的主要内容。

答案要点：列昂惕夫反论指经验证明与人们的印象（H－O 模型的原理）相反的一种情况。列昂惕夫用投入－产出模型对美国 20 世纪 40 年代和 50 年代的对外贸易情况进行了分析，考察了美国出口产品的资本－劳动比，发现美国参加国际分工是建立在劳动密集型专业化分工基础之上的（即出口产品中的资本－劳动比低于进口替代产品），而不是建立在资本密集型专业化分工基础之上，即美国是通过对外贸易安排剩余劳动力和节约资本的。这与人们的印象正好相反。

8. 试分析一国最佳外汇储备规模指标。

答案要点：储备资产是一国货币当局随时可以利用并控制的外部资产。其作用是为国际收支失衡提供融资，通过干预外汇市场影响汇率，间接地调整收支失衡及达到其他各种目的。

适度的储备资产规模是受若干因素控制的：

（1）一般要求保持三个月的进口支付水平的外汇。

（2）10%的国内生产总值，即国内生产总值中有10%的沉淀作为应付外部失衡时调整之用。

（3）外汇储备应该为外债余额的30%，即可以应付支付外债的需要。

储备资产少了，经济安全受到影响，储备资产多了，影响资金的经济效益，但随着国际融资的难易程度，国际储备的数量具有一定的灵活性。

9. 试画出技术差距论的图形并予以简要分析。

答案要点：技术差距论认为，国与国之间技术差异的存在，是国际贸易发生的基本原因。新产品总是在发达国家诞生，其他国家由于技术方面的差距，要等一段时间后才能对新产品进行模仿，从事该种产品的生产，而需求的产生会先于模仿产品的诞生。由于供给与需求之间的时间差距，贸易诞生的机会便因此而存在。在图 3.1.4 中，$T_0 \sim T_1$ 为需求滞后，取决于收入因素；$T_0 \sim T_2$ 为反应滞后，取决于模仿国的企业家精神；$T_2 \sim T_3$ 为掌握滞后，取决于技术的传导与吸收因素；$T_0 \sim T_3$ 为模仿滞后。贸易在 $T_1 \sim T_3$ 之间存在。

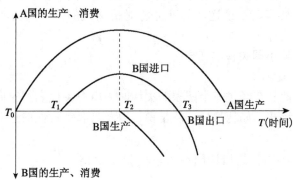

图 3.1.4 技术差距论图形

10. 试分析 J 曲线效应及其对应措施。

答案要点：（1）J 曲线效应的含义。当一国货币贬值后，最初会使贸易收支状况进一步恶化而不是改善，只有经过一段时间后，贸易收支恶化才会得到控制并好转，最终使贸易收支状况得到改善。这个过程用曲线描述出来与 J 相似，所以贬值对贸易收支改善的时滞被称为 J 曲线效应。

（2）本币贬值对国际收支状况的影响存在时滞，其原因是出口增长需要投资增加生产，因此有时滞；进口本身有惯性，在认识决策甚至找到进口货物的替代品和生产出替代品方面都需要时间,因此贬值作用很难即刻体现。

(3) 西方经济学家认为,本币贬值对贸易收支状况产生影响的时滞可划分成三个阶段:货币合同阶段、传导阶段、数量调整阶段。

①在货币合同阶段,进出口商品的价格和数量不会因贬值而发生改变,以外币表示的贸易差额就取决于进出口合同所使用的计价货币。如果进口合同以外币计价,出口合同以本币计价,那么本币贬值会恶化贸易收支。

②在传导阶段,由于存在种种原因,进出口商品的价格开始发生变化,但数量没有大变化,国际收支继续恶化。

③在数量调整阶段,价格和数量同时变化,且数量变化远大于价格变化,国际收支开始改善,最终形成顺差。

(4) J 曲线效应产生的原因在于,短期内进出口需求弹性小于1,本币贬值,贸易收支恶化,而在中长期进出口需求弹性大于1,本币贬值能改善国际收支。随着现代经济不断发展,这一过程越来越短,一般为 3~6 个月。这就要求贬值国要有一定的外汇储备来预防 J 曲线效应的影响。

11. 试说明国际贸易中要素密集度逆转的情况。

答案要点:(1) 要素密集度逆转是这样一种情况,某种商品在资本丰富的国家属于资本密集型产品,而在劳动力相对丰富的国家则属于劳动密集型产品,如小麦在非洲是劳动密集型的产品,而在美国则是资本密集型产品,也就是大机器和高效化肥生产的产品。

(2) 如果两种要素在行业间的替代弹性差异很大,以至于两种等产量曲线相交两次,那么,可能产生生产要素密集度逆转的现象。即一种产品在 A 国是劳动密集型产品,在 B 国是资本密集型产品,这种情况可能就无法根据 H-O 模式预测贸易模式了。这样可能导致两个国家出口相同的产品;也会使得 A 国出口本国要素禀赋稀缺而密集使用的产品,因为如果 B 国的要素密集度逆转的商品相对价格低的话,两国的要素价格会同向发展,而不是要素价格均等化。

12. 试用图形说明小国关税的情形。

答案要点:(1) 概念。

①关税是进出口商品在经过一个国家的关境时,由海关代表国家向进出口商征收的一种赋税。关税有各种形式,如从价税、从量税,以及具有针对性的惩罚性关税,如反倾销税、门槛税等。

②国际贸易中的小国,是指该国在市场中只是价格的接受者而非决定者。

(2) 小国关税分析的重点是征收关税后对该国福利的影响。

(3) 小国进口关税的局部均衡的图形分析。

在图 3.1.5 中,P_e 与 Q_e 是封闭条件下的均衡价格和生产、消费量。P_w、P_t 是自由贸易条件下和征收关税后的价格,Q_1Q_2 为自由贸易下的进口量,Q_3Q_4 为征收进口关税后的进口量。

(4) 小国进口关税的几种经济效应与福利分析。图

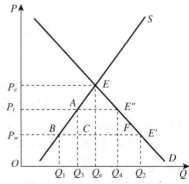

图 3.1.5 小国进口关税的局部均衡

3.1.5 中经济效应分析为：保护效应为 Q_1Q_3，是在保护下国内生产的增长，效应大小取决于供给弹性的大小；消费效应为 Q_2Q_4，是价格上升、需求下降的结果；贸易效应是保护、消费效应之和；税收效应为 $P_wP_t \cdot Q_3Q_4$，即 $ACFE''$，是政府的关税收入；国际收支效应为 $(Q_1Q_3+Q_2Q_4)OP_w$，是进口下降引起的对外支付降低。福利变化为：生产者剩余增加 P_wP_tAB，消费者剩余下降 $P_wP_tE''E'$。损失的消费者剩余中，P_wP_tAB 为生产者获得，$P_wP_t \cdot Q_3Q_4$ 为政府税收，尚有 ABC 和 $FE'E''$ 为净损失，是保护国内生产与市场限制进口时生产和消费的代价。

（5）小国进口关税一般均衡的图形说明。

对 X 产品征税后，原来优势在于 Y 生产，现因 X 产品价格上升，资源转而生产 X，生产点从 A 移至 A'，国家按国际价格交换，消费者按税后的国内价格交换，该国福利的变化由无差异曲线表示。其图形如图 3.1.6 所示，征收关税前，生产点在 A，消费点在 C。$A'F$ 的 Y 产品按国际价格能交换 FC' 的 X 产品；由于关税的存在，$A'F$ 的 Y 产品只能交换 FD 的 X 产品，DC' 为关税。税后消费点在 C' 点，福利水平下降。

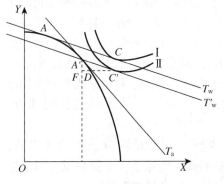

图 3.1.6　小国进口关税的一般均衡

13. 试说明国际上衡量一国外债负担的主要指标及其含义。

答案要点：（1）衡量一国外债负担的主要静态债务指标为：①偿债率。它的经济含义是当年还本付息额占出口总收入的比重，即每年出口收入中有多少被用于偿付到期的本息，应不超过 20%。②出口债务率。它的经济含义是当年外债余额与当年出口总额之比，表示所欠外债额与出口收入之间的关系，应不超过 100%。③经济债务率。它的经济含义是当年外债余额占当年国民生产总值的比重，表示所欠外债额与整体经济的关系。这一比率的安全线为 30%。

（2）从 1995 年起，世界银行开始采用现值法，即用债务的现值替代名义值来衡量一国的债务水平。①经济现值债务率，等于未偿还债务现值与一国国民生产总值的比值，80% 为临界值。②出口现值债务率，等于未偿还债务现值与当年出口总收入之比，20% 为临界值。当实际指标超过临界值的 60%，为中等债务国家，60% 以下则为轻度债务国家。

（3）除了一般指标之外，还要注意债务结构指标，即债务的币种结构、债务的期限结构、债务的来源结构及债务的利率结构。

14. 试推导吸收法的公式并说明其政策含义。

答案要点：（1）推导。在开放经济条件下，一国国民收入的均衡为：$Y=C+I+G+(X-M)$。变形后：$X-M=Y-(C+I+G)$。令 $X-M=BOP$，$C+I+G=A$（总吸收），则有 $BOP=Y-A$。可知：当 $Y>A$，即国民收入大于总支出时，国际收支为顺差；当 $Y<A$ 时，国际收支为逆差；当 $Y=A$ 时，国际收支平衡。

（2）政策含义。当国际收支处于逆差时，可以采取增加 Y 或者减少 A 的财政政策，使总供求相等，以达到内部与外部的共同平衡，实现经济的均衡发展。

（3）评价。①增加 Y 需要资源的重新配置，以提高总体生产力，这就需要有闲置的资源。②调整 A 即意味着使消费、投资和政府开支得到调整，逆差的时候压缩，顺差的时候扩张。该方法与宏观经济结合较好，但涉及资源的实际利用水平，进口生产设备提高生产力与国际收支继续恶化的矛盾，同时也存在时滞以及在理论和政策上忽视货币在国际收支调整中的作用的问题。

15. 试用图形解释三元悖论的含义。

答案要点：蒙代尔－克鲁格曼三元悖论（不可能三角定律）的主要内容包括：三角的每一边都表示一种政策选择——独立的货币政策、汇率的稳定性（实践操作中指固定汇率）以及完全的金融一体化，政策各有其吸引力。三角的任何两边可以进行组合，组合的结果分别由三角形的三个顶角表示，即完全的资本控制、货币联盟和完全的浮动汇率，然而，三边不可能同时实现。图3.1.7为三元悖论图解。

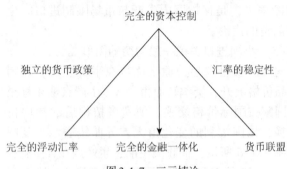

图3.1.7 三元悖论

如果一国货币政策是完全独立的，资本又是自由跨国流动的，便不能够实行固定汇率，汇率必须要浮动。也就是说，固定汇率和货币政策的独立在资本完全自由流动的条件给定以后，二者只能取其一。

16. 试说明国际收支表中经常账户的基本内容。

答案要点：国际收支表中经常账户的基本内容如下。

（1）货物。一般货物、用于加工的货物、货物修理、各种运输工具的采购、非货币黄金。

（2）服务。运输、旅游、通信、建筑、保险、金融、计算机、专有权使用费、特许费（版权等）、个人娱乐、文化服务、其他商业服务、别处未提及的政府服务。

（3）收入。职工报酬、投资收入（直接、间接投资）。

（4）经常转移。除了下面三项，即固定资产所有权的转移、与固定资产联系的收买或放弃为条件的资金转移、债权人不要回报的债务取消等之外的其他转移，如保险费、侨汇等。

四、论述题

1. 试述李嘉图比较利益学说的基本内容并予以评价。

答案要点：（1）基本内容。李嘉图的比较利益学说是建立在克服绝对利益学说的缺陷之上的，目的在于说明决定国际贸易的基础是比较利益，而不是绝对利益。即使一个国家生产每种产品都具有最高生产率，处于绝对优势，而另一个国家生产每种产品都处于绝对劣势，只要它们的劳动生产率在不同产品上存在区别，遵循"两利相权取其重，两弊相衡取其轻"的原则，便能从国际分工和贸易中获得利益。

（2）从国际贸易实际出发的评价：①比较利益学说揭示了国际贸易因比较利益而发生并具有互利性，证明了各国通过出口相对成本较低的产品，进口相对成本较高的产品就可以实现贸易互利。这是该学说的主要贡献。②该学说的假设前提过于苛刻，并不符合国际贸易的实际情况，如要素在国与国之间完全不能流动的假设，并不是经济现实。③按照该学说，比较利益相差越大，则贸易发生的可能性越大，当今的贸易便应该主要在发达国家与发展中国家间展开。但事实是今天的国际贸易主要发生在发达国家之间。④按照该学说，在自由贸易条件下，参加贸易的双方都可获利，自由贸易政策应该被普遍接受。但实际中,各国都在不同程度上实行保护主义。

(3) 从劳动价值论出发的评价:①该理论中,出现了同一商品国内价值和国际价值的差异和交换比率的不同,这违背了李嘉图自己坚持的劳动价值论。②该理论将国际贸易的功能说成是为了追求超额利润,而现实中贸易的功能是先实现成本,继而实现利润,继而实现超额利润。③按照比较利益学说,参加国际贸易会使相对落后的国家获得更大的好处。但它没有看到国际贸易具有的不等价交换和价值的流向,难以被相对落后的国家接受。

2. 试述 H-O 模型的主要内容并予以评价。

答案要点:(1) 假设条件。①两个国家、两种要素、两种产品。②两个国家在生产相同产品时,方法相同、技术水平一样、生产函数相同,即要素投入的比率相同,产量只是要素投入量的因变量。③商品、要素市场属于完全竞争市场,要素在一国内可以完全流动,在国与国之间完全不流动。④一个国家资本存量相对丰富,利息率相对较低;另一个国家劳动力存量相对丰富,工资率相对较低。⑤影响贸易的一些其他因素,如运输、需求、贸易壁垒等被排除。

(2) 三个命题。第一,每个国家用自己相对丰富的生产要素来从事商品的生产交换,就会处于比较有利的地位;相反,就会处于不利的地位。因此在国际贸易中,一个国家出口的商品总是那些用自己相对丰富的要素生产的产品,进口的总是那些需要用自己相对稀缺的要素进行生产的产品。第二,如果两个国家要素存量的比率不同,即使两国资本与劳动力的生产率完全一样,也会产生成本的差异。这是贸易发生的直接原因。第三,国与国之间的商品交换一般会使不同国家之间的工资、地租、利息等要素与国际差别缩小。

(3) 基本逻辑关系。相同种类产品的价格绝对差是国际贸易的直接基础,价格绝对差是由成本绝对差决定的,成本绝对差是由要素价格绝对差决定的,要素价格绝对差是由要素存量比率不同决定的,要素存量比率的差异是由要素供求决定的,而要素的供给则是由要素禀赋决定的。因此,要素供给的禀赋不同造成了国际贸易的产生。

(4) 与比较利益学说的不同点。从基本层面看,H-O 模型是建立在相对优势基础上的,要素流动假设也基本一致,但 H-O 模型认为一种要素无法进行生产。国内、国际贸易均为不同区域间的商品贸易,本质是相同的。李嘉图则认为国内等量劳动相交换的原则不能用于国际贸易,价值的决定只是由劳动一种要素决定的。李嘉图认为劳动生产率差异是国际贸易发生的原因,H-O 模型则将劳动生产率一致作为分析的出发点。

(5) H-O 模型的政策含义与案例分析。发挥一个国家固有的优势,从优势出发进行贸易是其政策含义。例如,马来西亚出口锡,中东国家出口石油,中国出口劳动密集型的服装、轻工产品等。

(6) 对 H-O 模型的评价。从一国基本经济资源优势解释国际贸易发生的原因,从实际优势出发决定贸易模式(产品结构、地理格局),从贸易对经济的影响分析贸易的作用是该理论有益的方面;但禀赋并非贸易发生的充分条件,同时该学说比较强调静态结果,排除了技术进步的因素以及许多实际存在的情况,影响了学说的广泛适用性。另外,对于需求因素并未给予充分的重视。

3. 试述国际贸易产品生命周期理论的主要内容并予以评价。

答案要点:(1) 国际贸易产品生命周期理论的提出与假定前提。产品生命周期指的是产品要经历投入、成长、成熟和衰退时期,国际贸易的产品生命周期,是将周期理论与国际贸易理论结合起来,使比较利益从静态发展为动态。

(2) 国际贸易产品生命周期理论的基本内容。产品生命周期的四阶段理论:第一阶段,创新国创新,并对该产品有生产和市场的垄断;第二阶段,外国开始模仿,创新国产品竞争力下降;第三阶段,外国模仿者开始向第三国出口,创新国出口大幅度下降;第四阶段,外国产品进入创新国市场,创新国开始从出口国转变为进口国。商品在创新国完成周期,而在模仿国开始其周期。该过程像接力棒的传递过程一样。

(3) 国际贸易产品生命周期理论的图形说明。图 3.1.8 中,上部分为创新国,下部分为模仿国。

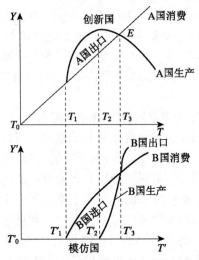

图 3.1.8　国际贸易产品生命周期理论

(4) 国际贸易产品生命周期理论的动态意义。产品生命周期理论考察了当周期发生变化时,比较利益是怎样从一个国家转移到另一个国家的,这样使得比较利益学说和 H-O 模型动态化,对于相对落后国家在国际分工中确定自己的地位和参与格局具有指导性意义,并且决定在发展过程中应该如何进行生产结构的升级、改造。

(5) 评价。产品生命周期理论使得比较利益学说和 H-O 模型从静态发展为动态,把管理、科技、外部经济因素等引入贸易模型,比传统理论进了一步。但由于经济生活中存在着各种不确定性因素,各国面临的产业发展方向和环境不同,故产品生命周期的循环并不是国际贸易普遍的、必然的现象。而且在这种动态中创新国与模仿国的地位有某种程度的固定,如美国常常被认为是创新国。

4. 试述产业内贸易理论并予以评价。

答案要点:产业内贸易理论是在不完全竞争市场条件下的贸易理论。这一理论提出的背景是因为传统国际贸易理论不能很好地解释当代国际贸易的现实,即贸易主要发生在要素禀赋相近(相对而言)的发达国家,而不是主要发生在要素禀赋差距大的发展中国家与发达国家之间,而且贸易又大量发生在相同的产业中,即同一产业(如汽车)同时存在着既进口又出口的现象。

(1) 该理论的假设前提。理论基本是从静态出发的;以不完全竞争(垄断竞争)市场而非完全竞争市场为前提;具有规模收益;考虑需求的情况。

(2) 产品的同、异质性。同一产业是指生产的产品投入要素接近，产品用途可以相互替代，但不能完全替代；产品同质性是指产品间可以完全相互替代，市场区位不同；产品的异质性是指产品间不能完全替代（尚可替代），要素投入具有相似性。

(3) 同质产品的产业内贸易。第一，国家间大宗产品，如水泥、木材和石油的贸易；第二，合作或技术因素的贸易，如银行业走出去、引进来；第三，转口贸易；第四，政府干预产生的价格扭曲，使进出口同种产品有利可图；第五，季节性产品贸易。

(4) 异质产品的产业内贸易。国际产品异质性是产业内贸易的基础，这是体现在产品牌号、规格、服务等特点上的不同，需求因特点不同产生既进口又出口的现象。

(5) 需求偏好相似论。需求偏好相似是产业内贸易发生的动因。国际贸易是国内贸易的延伸，因厂商首先满足的是国内市场；人均收入决定一个国家的需求结构，收入相似则市场之间的隔阂较小，易于发生贸易。

(6) 规模经济是贸易利益的源泉。具有相似禀赋的不同国家，其中若有一国因规模经济而使成本降低（源于固定资本分摊、专业化分工），它便会因此产生新的优势，而在贸易中受益。

(7) 评价。产业内贸易是对传统贸易理论的批判，尤其是其假定更符合实际，理论从需求角度进行了考察。规模经济是当代经济重要的内容，是对比较利益的补充，但是该理论基本是静态分析。

5. 试述国际经济学的产生、研究对象及分析方法。

答案要点：国际经济学理论渊源久远，对国际经济的研究最早可以追溯至以亚当·斯密、李嘉图为代表的古典经济学说中的国际贸易理论，其比较利益的思想是现代国际经济分析的起点。古典经济学说之后的"边际革命"在一定程度上为国际经济学的形成提供了重要方法。

现代意义上的国际经济学是在传统的国际贸易和国际金融理论的基础上发展起来的，作为一门系统的和独立的理论，它的出现大约在20世纪40年代，即以凯恩斯为代表的新古典主义学派兴起后不久。几十年来，国际经济学研究吸引了西方许多经济学者的注意力并得以不断发展，新的方法和学说层出不穷。国际经济学的一般理论包括国际贸易理论和政策（贸易基础、贸易条件以及贸易利益的分配）、国际金融理论和国家货币政策（汇率理论与制度、国际收支调节理论与政策以及国际货币体系）、国际要素流动（资本和劳动力的国际流动以及跨国公司理论）等。在克鲁格曼、弗里德曼等经济学家的推动下，国际经济学一般理论各个方面均获得了持续和富有成效的发展。

国际经济学的研究对象是国与国之间的经济活动和经济关系。具体包括国际贸易理论研究、国际贸易政策研究、国际收支研究、外汇理论研究、生产要素的国际流动研究、跨国公司研究、经济发展研究、经济一体化研究、开放的宏观调节研究等方面。

国际经济学的主要分析方法包括宏观与微观相结合、静态与动态相结合、定性与定量相结合、局部均衡与一般均衡相结合、理论与政策相结合、吸收与评价相结合。

6. 试述购买力平价说的基本内容并予以评价。

答案要点：购买力平价说是汇率决定理论之一，它的理论基础是货币数量论。

(1) 背景。第二次世界大战时，金本位制崩溃，汇率波动剧烈，铸币平价说和外汇供求说已经无法解释汇率的决定，于是瑞典人卡塞尔提出购买力平价说。

(2) 购买力平价说包括绝对购买力平价说和相对购买力平价说。绝对购买力平价说指在每一个时点上，汇率取决于两国一般物价水平之比。相对购买力平价说指当两国都有通货膨胀时，名义汇率＝过去的汇率×两国通货膨胀率之比。

（3）在甲、乙两国中，如果甲国有通货膨胀，而乙国的物价不变，那么，甲国的货币在乙国的地位下降。

（4）该学说认为，汇率决定于两国购买力之比，购买力取决于通货膨胀，通货膨胀取决于各自的货币数量。其他条件不变时，外币的汇率和本国的物价水平成正比，与外国的物价水平成反比。

（5）购买力平价说在外汇理论中占有重要地位。一国货币的对外价值是对内价值的体现。该理论在各国放弃金本位制的情况下，指出以国内外物价对比作为汇率决定的依据，说明货币的对内贬值必然引起对外贬值，揭示了汇率变动的长期原因。

但是，购买力平价说仍有缺陷：第一，从理论基础上看，购买力平价说的基础是货币数量论，卡塞尔认为两国纸币的交换，决定于纸币的购买力，因为人们是根据纸币的购买力来评价纸币的价值的，这实际上是本末倒置。事实上，纸币代表的价值不取决于纸币的购买力，相反，纸币的购买力取决于纸币代表的价值。第二，它假设所有商品都是贸易商品，忽视了非贸易商品的存在。第三，它还忽视了贸易成本和贸易壁垒。第四，它过分强调物价对汇率的影响，而汇率的变化也可以影响物价。第五，它忽视了国际资本流动对汇率所产生的冲击。第六，它只是一种静态或比较静态的分析，没有对物价如何影响汇率的传导机制进行具体分析。

7. 试述幼稚产业论的基本内容并予以评价。

答案要点：（1）幼稚产业的定义。通过政策保护，经过一段时间后，能够掌握技术，形成资本积累并最终形成成本比较优势的产业就是幼稚产业。

①穆勒标准。只要将来在自由贸易下能够获利就可以保护。在关税补贴等保护措施下，使技术经验不足、生产力低下、生产成本高于世界价格、无法与国外产业竞争的产业继续生产，未来在自由竞争条件下可以获利，这种暂时的保护就是值得的。这是一个静态标准。

②巴斯塔布尔标准。它将穆勒标准动态化，提出了现值的观念，认为保护幼稚产业所需的社会成本不能超过该产业将来利润的现值。

③肯普标准。除了以上两个标准的全部内容以外，还应考虑产业在被保护期内的外部效应，如某技术可以为其他产业所获得，因而使得本产业利润无法增加，将来利润无法补偿投资成本，国家应予以保护。

（2）政策含义与评价。对于幼稚产业的保护是必要的，在同等的游戏规则下，各国条件不一样，自由贸易可能会损害相对落后国家的利益，但保护的目的在于使受保护者得以进步，最终不需要保护，在国际市场中自我扶植，因此，不是单纯地保护落后。

8. 试推导两缺口模型并分析它的理论与实践意义。

答案要点：两缺口模型是20世纪60年代美国经济学家提出来的。该模型从理论上说明了发展中国家利用外资来弥补国内资金短缺的必要性。

（1）缺口的概念。在宏观经济学中，$S=I$，即储蓄能够顺利地转化为投资是经济增长的基本条件。但当国内资源不足以支持理想的增长速度时，便出现了缺口，引进外部资源弥补这些缺口便成为必要。

（2）两缺口模型。该模型主要考虑的是储蓄与外汇缺口。

从国民经济的基本恒等式中总需求等于总供给时可以得出：

总供给 $\qquad Y = C + S + T + M$

总需求 $\qquad Y = C + I + G + X$

若 $T = G$，则有 $\qquad S + M = I + X$ 或 $I - S = M - X$

上式左边 $I - S$ 是投资与储蓄差额，为储蓄缺口；右边 $M - X$ 是进口与出口的差额，是外汇缺口。

（3）由于投资、储蓄、进口和出口都是独立可变的，所以这两个缺口不一定能平衡。为使其达到平衡，可以有两种调节方法。①不利用外资的方法。当国内储蓄缺口大于外汇缺口时，就必须压缩投资或增加储蓄；当外汇缺口大于储蓄缺口时，就必须减少进口或增加出口。按这种方法，除非有可能增加储蓄和出口，否则，经济增长速度就会减缓。②在缺口以外寻找资金，即利用外部资源。例如，利用外资进口机器设备，一方面，这项进口暂时不用出口来抵付；另一方面，这项投资品又不需要国内的储蓄来弥补。可见，利用外资可以同时弥补两个缺口，既可以满足投资需要，又可以减轻支付进口费用的压力，从而保证经济的增长。

（4）该模型强调了发展中国家利用外部资源的必要性，它可以提高一国出口能力，使得高收入高储蓄的良性循环出现，更加合理地配置资源。国内的经济结构需要进行调整以适应引进外部资源的要求，同时应该发挥政府在调控经济活动中的作用。积极引进外部资源具有重要意义。

9. 试述汇兑心理说的主要内容并予以分析。

答案要点：汇兑心理说是汇率决定理论之一，产生于20世纪30年代。它的理论基础是主观效用论，包括以下基本内容。

（1）国际借贷说和购买力平价说是分别从量和质上说明汇率决定的，但完整的汇率决定理论必须是质和量的统一。

（2）人们需求并购买外汇是因为外汇可以购买外国的商品和服务，而外国的商品和服务有满足人们需求的效用，这个效用就是外汇的价值基础。

（3）外汇的真实价值在于它的边际效用，人们的主观心理决定边际效用，主观评价不同，就决定买或卖，外汇供求因此而发生变化，最终导致汇率的变化。

（4）汇兑心理说由质和量两个方面的因素决定。质的因素是指货币对商品有特定的购买力，用于支付债务、投机。量的因素是指国际收支大小、正负、通货膨胀、资本流入流出的情况。外汇供给增加的话，边际效用就会下降，人们的心理评价就会降低，从而导致汇率下浮。无数个人的供求构成了市场的供求，供和求的交叉点就是外汇的价格。

10. 试分析国际收支状况反映的经济含义。

答案要点：国际收支状况与一个经济体的总体经济状况密不可分，国际收支状况因此也反映着一个经济体的基本经济状况。

（1）一个经济体的国际收支状况反映了一国经济实力和在世界经济中的地位。

国际收支可以从经济总体规模和顺差、逆差的角度来反映一个国家的实力地位。从国际交易的规模来看，一个经济体如果经济规模巨大，与外界经济交易、交流的数量巨大，它在国际经济中的地位自然就会较高。因为较大的国际收支规模说明，该经济体具有较大的经济资源的吸纳能力和输出能力。这有利于其使用外界的经济要素为自己所用，经济运行和发展会比较顺利；同时也说明该经济体具有较大的经济产出和吸纳能力，可以消费世界上有益的产品并在国际市场上供给自己的产品。以上两个方面使得该经济体融入世界经济，使得该经济体可以获得更多的经济利益与竞争的推动力。反之，一个经济规模有限的经济体，它在国际收支中的流量较小，说明在世界经济中的地位有限。这样的经济体一旦对外经济出现困难，调整的余地较小，容易陷入困境。一般认为，如果一个经济体国际收支处于较大顺差的情况，该经济体的经济状况较好，在世界经济中的竞争力较强。

(2) 一个经济体的国际收支状况决定着一国货币价格与汇率的变化方向。

国际收支是不同经济体之间经济往来的全部记录，国际收支状况除了不存在外汇支付的交易外，大多会因为经济体之间交易往来的"倾斜"程度而表现为一个经济体的外汇的基本供求状况。一般来说，当一个经济体的国际收支状况表现为逆差时，经济交易进大于出，对于外汇的需求大于供给，表现为供不应求，于是便会在国际金融市场上出现本币对外币汇率的下浮趋势。反之，当一个经济体的国际收支状况表现为顺差时，经济交易出大于进，在国际金融市场上，会出现对于本币的追求，造成本币的供不应求，本币的外汇价格会因此而出现上升的趋势。

(3) 一个经济体的国际收支状况决定着一国的融资能力和资信地位。

在国际资金与资本市场上，一个经济体的借贷能力往往是与它的偿还能力成正比的，经济体的偿还能力越强，则它的借款能力也就越强，能够借款的渠道也就越多，该经济体在国际资金与资本市场上的资信也就越强。从国际收支的角度来看，一个经济体的偿还能力往往取决于该经济体的经常项目收支、资本与金融账户收支以及官方储备的状况。如果一个经济体在这些项目上有较大的盈余，该经济体在国际资本与资金市场上就能够比较容易地借入更多的资金。

(4) 一个经济体的国际收支状况反映着一国经济结构的情况和变化。

在今天的国际经济实践中，一个经济体的对外经济交易内容，既包括有形的经济产出（如商品），更包括无形的经济产出（如金融、旅游、运输、专有权等）。一般来说，经济无形产出在整个国际经济交易中的比重在不断上升，这反映着国际经济结构的变化。随着一个经济体的经济发展和对外经济往来关系的深化，经济结构中初级产品的地位在不断下降，制成品和无形产出所占的比重会有较大的提高，该经济体的对外经济交易的内容也就会出现从以初级产品为主，过渡到以制成品为主，最终过渡到有形、无形两种产出双向交流并重的局面，这表明经济的发展与成熟。

(5) 一个经济体的国际收支状况影响着一国国内的经济增长和发展。

在世界经济中，一个经济体产品的输出，往往会造成本国资源的流出，国内市场的供给也会因此而相应下降。经济产出输出收回来的外汇，往往又会增加国内的货币供给，有可能加大一个经济体内部物价上涨的压力，经济体内部货币供给增加、物价上升，一般会刺激经济的进一步发展；相反，一个经济体如果大量从外部输入经济产出，大抵会造成国内市场的供给增加，其结果与大量经济输出是相反的。

11. 试述国际收支失衡的调整。

答案要点： 国际收支失衡是指经常账户、金融与资本账户的余额出现问题，即对外经济出现了需要调整的情况。

影响：对外，国际收支失衡造成汇率、资源配置、福利提高的困难；对内，国际收支失衡造成经济增长与经济发展的困难。即对外的失衡影响到国内经济的均衡发展，因此需要进行调整。调节的若干理论如下：

（1）弹性法。该方法是在局部均衡分析中进行的，核心是根据进出口的价格需求条件，利用本币对外汇率的变化，调整出口货物的外币价格和进口货物的本币价格，达到调整国际收支的目的。如国际收支出现逆差时，利用本币贬值，使出口的外币价格下降，促进出口上升，进口的本币价格上升，进口下降，调整收支。弹性法发挥作用的条件有：对方不报复，本币对外贬值要快于对内贬值（通货膨胀），同时要符合马歇尔－勒纳条件，即本国出口的价格需求弹性与本国进口的价格需求弹性之和的绝对值大于1，也即进出口对价格变化的反应程度较大。弹性法的使用，存在着J曲线效应，即本币贬值先造成收支的继续恶化，然后才会好转。在大多数情况下，本币的贬值，会使一国的贸易条件趋于恶化，只有在需求弹性大于供给弹性时才会改善。该办法因与国民收入结合不好，属局部均衡。

（2）吸收法。该方法采用凯恩斯的宏观分析，将国际收支与国民收入联系起来考察，偏重于商品市场均衡，政策上倾向于需求管理。基本公式如下：

$$Y = C + I + G + (X - M)$$

其中，Y为国民收入，C为消费，I为投资，G为政府开支，X为出口，M为进口。

变换：
$$X - M = Y - (C + I + G)$$

设$BOP = X - M$，即设转移支付为0，并不考虑资本流动，则有：

$$BOP = Y - (C + I + G)$$

令$A = C + I + G$（总吸收），则有$BOP = Y - A$，如果A大于Y，会导致国际收支恶化，反之，国际收支则得到改善。

因此，调整国际收支从吸收法看有两种方法，或者调整国民收入，或者调整吸收。前者需要资源的重新配置，以提高总体生产力，这要求有闲置的资源。后者是使消费、投资和政府开支得到调整，逆差时压缩，顺差时扩张。该方法与宏观经济结合较好，但涉及资源的实际利用水平，进口生产设备提高生产力与国际收支继续恶化的矛盾，同时也存在时滞以及在理论和政策上忽视货币在调整国际收支中的作用的问题。

（3）货币法。该方法是随货币主义的兴起而出现的。主要从长期的角度来考虑问题，不仅照顾到经常项目，而且也考虑了资本与金融项目。其核心思想是通过调整国内货币供给控制国内需求，进而调整国际收支的变动，即国内货币供给是国际储蓄（可以视为进出口的差额）与国内信贷额之和，于是便有国际储蓄的变动（国际收支的变动）是国内货币供给减去国内信贷额的结果。如果信贷额的发行大于对货币供给的需要，国际收支便会恶化；反之，则改善。所以控制信贷发行、出售储备资产是调整国际收支的重要途径。但是，该方法的使用存在着副作用，如压低国内信贷会产生经济增长速度的下降、就业出现问题等。

（4）其他方法。①外汇管制。外汇管制是一国政府通过法令对本国对外的国际结算和外汇买卖实行管制，用以实现国际收支平衡与本国货币汇率稳定的一种制度。体现在出口所得需按照官方汇率出售给指定银行、进口用汇需得到有关当局的批准、本币出入境受到严格管理、个人用汇受到限制等方面。实行外汇管制的目的在于集中使用外汇，控制进口数量，保持国际收支的平衡。②调整国际收支失衡的其他政策措施，包括自动出口限制、进口押汇、进口许可、进口审批、卫生检疫制度、进口垄断、国内歧视性采购、征收歧视性国内税收等，目的在于当国际收支出现逆差时，鼓励出口，限制进口，从贸易角度调整国际收支。另外也可从鼓励外资流入等方面调整国际收支。

12. 试述国际生产折衷理论的基本内容及政策意义。

答案要点：（1）国际生产折衷理论的提出。该理论研究的出发点是20世纪70年代国际经济发展格局和跨国公司的高速发展。由关注资本流动对国际资源配置的影响，发展为在注重资本流动的同时，将直接投资、国际贸易、区位选择综合起来进行研究。

（2）国际生产折衷理论的基本内容。所有权特定优势、内部化、区位特定优势三者结合，决定了企业与其他企业相比较是否具有对外投资优势，或者可以通过出口、技术转移来开拓该优势。理论的具体内容为：所有权特定优势是指企业具有的组织管理能力、金融融资方面的优势、技术方面的特色和优势、企业的规模与其垄断地位及其他能力。这些优势组成了企业比投资所在国公司更大的优势，可以克服在国外生产碰到的附加成本和制度风险。内部化是指将企业所有权特定优势内部化的能力。因为外部市场不完全，企业的所有权特定优势可能会受到打击而丧失。内部化是在企业内部更好地进行资源配置，克服不利条件。但上述两种优势并不能决定企业是否必然实行直接投资（或可通过出口、技术转让获利）。因此，区位特定优势很重要，它是投资的充分条件，包括东道国的劳动力成本情况、市场条件与需求状况、关税与非关税壁垒、东道国政府的各种政策等。此后，该理论又做了动态化的发展，加入了投资发展周期的概念，认为一个国家的对外资本流动，尤其是对外投资，与该国的经济发展程度高度相关。由于一个国家在发展中的上述三个优势会发生动态变化，因此，在经济发展的不同阶段，该国与外部资本的流动也会发生净流入、流入流出并存、净流出等若干阶段，且不同阶段资本的流动对于经济发展有着不同的作用。

（3）对国际生产折衷理论的评价。该理论在较大程度上反映了新的国际经济发展格局，解释了新的经济现象，但这一理论在很大程度上是前人理论的综合与折衷，并没有很重要的理论突破。当然这并不妨碍该理论在政策上的重要程度和参考意义。

13. 试分析一国宏观经济内外均衡的过程及其政策搭配。

答案要点：（1）经济的对内与对外均衡。所谓实现经济的对内均衡，主要是指国内的总供给等于总需求，既实现资源的充分配置、物价稳定，同时可以获得有保证的经济增长。所谓实现经济的对外均衡，主要是指一国与外部经济体之间的经济流入量和流出量相等，国际收支处于平衡状态。但一国同时实现内外均衡是较为困难的。当一国经济失衡时，就需要调整，以恢复经济的对内和对外的均衡，以求经济的平稳增长。

（2）经济均衡的调整。为了达到经济的对内和对外的均衡，一个国家可以采取诸如支出调整政策、支出转换政策和经济管制的方法。具体包括：

①财政手段。通过扩大、紧缩各种财政支出，增、减各种税收，加强或削弱国家采购等做法可以调节就业量的变化和经济增长速度，也会影响一个国家的进出口。

②货币手段。通过调整利率、法定存款准备金率、再贴现率和公开市场业务等方法，可以直接控制货币供给量，进而间接调控国内市场的需求、进出口等，促进一国经济恢复均衡。

③支出转换手段。通过货币对外汇率的变化，例如，本币对外升值或贬值，影响进出口，调整国际收支失衡。

④经济管制。采用各种法律、法令、行政和管理等手段，直接控制经济的运行，以使经济向预定的方向发展。通过这些政策手段，宏观经济一般可以从失衡状态逐步恢复到均衡，达到较为理想的增长或发展状态。

（3）斯旺图与蒙代尔的政策搭配。一国在经济发展时，总是在追求经济对内与对外的同时均衡，即平稳的经济增长、物价的稳定、充分就业和国际收支平衡。但在实践中，大抵会出现四类情况：一是宏观经济对内、对外同时处于均衡状态，这是最理想的状态；二是宏观经济对内均衡，但对外不均衡，体现为充分就业、物价稳定，但国际收支失衡（顺差或逆差）；三是宏观经济对内不均衡，但对外均衡，表现为国际收支平衡，但国内就业不足或过度，物价上涨较快和出现通货膨胀；四是宏观经济对内、对外同时处于不均衡状态，这时经济必须得到调整，以恢复平稳的增长。

蒙代尔的政策搭配主张：①采用财政手段来调节国内的均衡，即当经济出现衰退时，采用扩张的财政政策治理；当经济出现通货膨胀时，采用紧缩的财政政策来治理。②采用金融手段来调控对外均衡，即当国际收支出现顺差时，采用扩张的货币政策来调整；当国际收支出现逆差时，采用紧缩的货币政策来调整。这样比较容易达到对内、对外的同时均衡，如果政策搭配不适宜，就有可能出现事与愿违的情况。

14. 试述关税同盟的内容与经济效应。

答案要点：（1）关税同盟是在自由贸易区（成员国相互取消进口关税）的基础上，实行统一的对外关税及其他贸易政策措施。它从欧洲开始，是经济一体化的组织形式之一。在实践中，关税同盟在一定程度上比自由贸易更能提高成员的福利水平。

（2）关税同盟有两种经济效应：静态效应和动态效应。静态效应有贸易创造效应和贸易转移效应。①贸易创造效应是指产品从生产成本较高的国内生产转向成本较低的贸易对象国生产，本国从贸易对象国进口产品所带来的利益。②贸易转移效应是指产品从过去生产成本较低的非成员国进口转为从成本较高的成员国进口的损失。这是参加关税同盟的代价。③当贸易创造效应大于转移效应时，意味着成员国的经济福利水平提高；反之，则意味着经济福利水平下降。

动态效应有以下几点：①促进成员国的经济发展。随着贸易和市场规模的扩大，出现规模效益，生产活动受到推动。此外，贸易障碍消除，资源配置改善，促进经济增长。②改善成员国的市场结构。关税同盟加强了竞争，也促进了联合与合并，从而提高生产集中的市场垄断程度。③刺激投资。由于成员国之间形成的市场规模大，风险下降，所以可以吸引成员国企业增加投资。④产生外溢效应。该效应是指关税同盟的建立对非成员国向成员国出口的带动。由于成员国的经济增长，进口需求也同时增长，从而推动非成员国对成员国出口的扩大。

关税同盟的经济分析包括图形分析和福利分析。

15. WTO的原则与基本内容。

答案要点：（1）WTO的前身是关贸总协定，包括以下原则，第一，非歧视原则；第二，关税减让原则；第三，任何缔约国取消数量限制原则；第四，反倾销与限制出口补贴原则；第五，透明度的原则；第六，解决争端的机制。

（2）围绕上述六项原则，WTO的主要进展有：①作为一个正式的国际组织，WTO是世界多边贸易体制的基础。②WTO进一步明确、规范了GATT的上述原则和原来不十分清楚的贸易、法律概念及条文。③扩展了多边贸易体制协调的领域，并在农产品、纺织品、知识产权、服务贸易等方面制定了过渡原则，将原 GATT 的原则、管理权限扩大到了上述领域。④强化了争端解决机制及贸易政策审议机制，并使之法律化。⑤较好地考虑了发展中国家的现实，规定或强化了差别优惠、免责条款、例外规定等。⑥成员资格比过去更具代表性，吸收了国际组织以成员或观察员身份介入 WTO 的活动。从发展趋势看，WTO 在制定游戏规则、贯彻游戏规则、调节争端、协调多边贸易政策方面将发挥越来越大的影响。

第4部分
财政学

第一章 财政职能

大纲重、难点提示

本章的重点和难点问题是财政职能的基本内容和演变。

大纲习题解答

一、单项选择题

1. 市场失灵的表现是（　　）。

①公共物品。②外部效应。③不完全竞争。④收入分配不公。⑤经济波动与失衡。

A. ①②③　　　　　　　　　　　　B. ①②④⑤
C. ②③④　　　　　　　　　　　　D. ①②④

答案要点：本题正确选项为 B。解析：市场失灵是指市场在资源配置的某些方面是无效率或缺乏效率的。市场缺陷是指市场机制本身固有的缺陷。市场失灵和市场缺陷主要表现在以下几个方面：①自然垄断；②外部效应；③公共物品；④信息不充分；⑤收入分配不公和经济波动。本题源自《财政学》第一章第一节 435 页。

2. 关于公共物品的说法，正确的是（　　）。

A. 公共物品具有排他性
B. 公共物品不具有消费上的排他性，具有消费上的竞争性
C. 公共物品具有非排他性，容易形成免费搭车现象
D. 公共物品既能够由市场提供，也能够由政府提供

答案要点：本题正确选项为 C。解析：公共物品的基本特征是非排他性和非竞争性。其中，非排他性是指无法排除他人从公共物品获得利益，因此容易形成免费搭车现象。非竞争性是指生产水平既定的情况下，增加一个消费者不会减少其他消费者的消费数量，也就是许多人可以同时消费同一种物品。而公共物品的这两大特征就决定了公共物品不能由市场提供，只能由政府提供。本题源自《财政学》第一章第一节 436 页。

3. 以下不属于财政职能基本内容的是（　　）。

①资源配置职能。②收入分配职能。③汇率调整职能。④劳动就业职能。⑤经济发展职能。⑥经济稳定职能。

A. ①②　　　　　　　　　　　　　B. ③④
C. ②④⑤　　　　　　　　　　　　D. ①②⑤⑥

答案要点：本题正确选项为 B。解析：财政职能是指财政作为一个经济范畴所固有的功能。它可以概括为四个方面，即资源配置职能、收入分配职能、经济稳定职能和经济发展职能。其中，资源配置职能是指政府主要通过税收动员社会资源，通过财政支出提供公

共物品，实现经济资源的合理流动和配置。收入分配职能是指政府通过收入－支出制度，对不同收入阶层征税或不征税、多征税或少征税，从而增加低收入阶层的支出项目，实现对市场活动产生的收入分配状况的合理调整。经济稳定职能是指政府在失业和经济萧条时期实行赤字财政，在充分就业和通货膨胀压力很大的时期实行盈余财政，熨平经济波动。经济发展职能是指政府主要通过税收优惠政策，调整支出结构，以经济增长为核心，以结构调整为重点，促进社会经济的持续发展。本题源自《财政学》第一章第二节441页。

4. 以下不属于财政职能的是（　　）。

　　A. 资源配置　　　　　　　　B. 社会保障
　　C. 收入分配　　　　　　　　D. 经济发展

　　答案要点：本题正确选项为B。解析：在社会主义市场经济条件下，财政职能可概括为资源配置职能、收入分配职能、经济稳定职能和经济发展职能。本题源自《财政学》第一章第二节441页。

5. 政府在失业和经济萧条时期实行赤字财政，在充分就业和通货膨胀压力很大的时期实行盈余财政，熨平经济波动。这是指（　　）职能。

　　A. 资源配置　　　　　　　　B. 经济稳定
　　C. 收入分配　　　　　　　　D. 经济发展

　　答案要点：本题正确选项为B。解析：经济稳定职能是指政府在失业和经济萧条时期实行赤字财政，在充分就业和通货膨胀压力很大的时期实行盈余财政，熨平经济波动。本题源自《财政学》第一章第二节441页。

6. 社会主义市场经济体制下财政的职能是（　　）。

　　A. 资源配置、筹集资金、供给资金、经济调节
　　B. 资源配置、经济调节、经济发展、收入分配
　　C. 资源配置、收入分配、经济调控、公平与效率和监督管理
　　D. 资源配置、收入分配、经济稳定、经济发展

　　答案要点：本题正确选项为D。解析：在社会主义市场经济条件下，财政职能可概括为资源配置职能、收入分配职能、经济稳定职能和经济发展职能。本题源自《财政学》第一章第二节441页。

7. 政府失灵是指（　　）。

　　A. 政府的活动或干预措施缺乏效率
　　B. 信息完全公开
　　C. 财政职能缺乏效率
　　D. 资源在私人部门和公共部门配置不均

　　答案要点：本题正确选项为A。解析：政府失灵是指政府的活动或干预措施缺乏效率，或者说，政府做出了降低经济效率的决策或不能实施改善经济效率的政策。政府失灵主要表现在短缺或过剩、信息不足、官僚主义、缺乏市场激励、政府政策的频繁变化等方面。本题源自《财政学》第一章第三节443页。

8. 政府失灵原因不包括（　　）。

　　A. 政府决策的无效率

B. 政府机构运转的无效率

C. 政府干预的无效率

D. 资源在私人部门和公共部门配置不均

答案要点：本题正确选项为 D。解析：公共选择理论认为，政府活动的结果未必能矫正市场失灵，政府活动本身也许就有问题，甚至造成更大的资源浪费。主要原因包括以下几个方面：①政府决策的无效率；②政府机构运转的无效率；③政府干预的无效率。本题源自《财政学》第一章第三节 443 页。

二、名词解释

1. 免费搭车行为：指不承担任何成本而消费或使用公共物品的行为，有这种行为的人或具有让别人付钱而自己享受公共物品收益动机的人称为免费搭车者。免费搭车现象缘于公共物品生产和消费的非排他性和非竞争性。免费搭车行为往往导致公共物品供应不足。

2. 投票规则：指通过投票进行决策的一种公共选择程序规则。投票规则有两类：一致同意规则和多数票规则。一致同意规则是指一项政策或议案，需经全体投票人一致赞同才能通过的一种投票规则。这是最符合公共利益要求的投票规则，但因其实质是一票否决制，故在现实生活中很难实施。多数票规则是指一项政策或议案，需经半数以上的投票人赞同才能通过的一种投票规则。它分为简单多数票规则和比例多数票规则。多数票规则往往导致循环投票，并且不能反映个人的偏好程度，容易造成政府失灵。

3. 寻租行为：指通过游说政府的活动获得某种垄断权或特许权，以赚取超常利润或租金的行为。政府的某些干预形式，如颁发许可证、授权书、批文、特许经营等，为寻租行为的产生创造了条件。寻租行为越多，社会资源的浪费就越大。

4. 政府失灵：指政府的活动或干预措施缺乏效率，或者说政府做出了降低经济效率的决策或不能实施改善经济效率的政策。

三、简述题

1. 简述社会公共需要的基本特征。

答案要点：社会公共需要是相对于私人个别需要而言的，指向社会提供安全、秩序、公民基本权利和经济发展的社会条件等方面的需要。社会公共需要包括政府执行其职能以及执行某些社会职能的需要，如国防、文教、卫生、生态环境保护的需要，以及基础设施、基础产业和支柱产业、风险产业的投资；广义上还包括为调节市场经济运行而采取的各种措施等。社会公共需要具有以下特征：

（1）非加总性。社会公共需要是社会公众在生产、生活和工作中的共同需要，它不是普遍意义上的人人有份的个人需要或个别需要的数学加总。

（2）无差异性。为了满足社会公共需要而提供的公共物品，可以无差别地由每个社会成员共同享用，一个或一些社会成员享用这种公共物品，并不排斥其他社会成员享用。

（3）代价的非对称性。社会成员享用为满足社会需要的公共物品，无须付出任何代价，或只支付与提供这些公共物品所耗费的不对称的少量费用。

（4）外部性。为满足社会公共需要而提供的公共物品一般具有外部效应。外部效应指的是一个消费者的消费行为或生产者的生产行为给其他消费者或生产者带来利益或损失。

外部效应往往会导致公共物品供给的过度与不足。

（5）社会剩余产品性。满足社会公共需要的物质手段只能来自社会产品的剩余部分，如果剩余产品表现为价值形态，就只能是对剩余价值部分的抽取。

2. 简述财政职能的基本内容（简述政府干预市场的主要手段）。

答案要点：财政职能是指财政作为一个经济范畴所固有的功能。20世纪70年代以前，计划经济时期的财政职能包括分配职能和监督职能。20世纪80年代至1992年，有计划商品时期的财政职能包括分配职能、监督职能和调节职能。在社会主义市场经济条件下，财政职能可概括为四个方面：资源配置职能、收入分配职能、经济稳定职能和经济发展职能。

（1）资源配置职能指政府主要通过税收动员社会资源，通过财政支出提供公共物品，实现经济资源的合理流动和配置。

（2）收入分配职能指政府通过收入-支出制度，对不同收入阶层征税或不征税、多征税或少征税，同时增加低收入阶层的支出项目，实现对市场活动产生的收入分配状况的合理调整。

（3）经济稳定职能指政府在失业和经济萧条时期实行赤字财政，在充分就业和通货膨胀压力很大的时期实行盈余财政，熨平经济波动。

（4）经济发展职能指政府主要通过税收优惠政策调整支出结构，以经济增长为核心，以结构调整为重点，促进社会经济持续发展。

财政职能之所以具有上述功能，是由于市场失灵往往会导致资源配置扭曲、收入不公、经济波动以及总量不平衡。

3. 简述政府机构运转无效率的主要原因。

答案要点：公共选择理论认为，政府机构运转无效率的原因主要表现在缺乏竞争、缺乏降低成本的激励两个方面。

（1）缺乏竞争导致的无效率。首先是政府工作人员之间缺乏竞争，因为大部分官员和一般工作人员是逐级任命和招聘的，且"避免错误和失误"成为政府官员的行为准则，故他们没有竞争的压力，也就不能高效率地工作。其次是在政府各部门之间缺乏竞争，因为政府各部门提供的服务是特定的，无法直接评估政府各部门内部的行为效率，也不能评价各部门间的运行效率，更难以设计出促使各部门展开竞争、提高效率的机制。

（2）缺乏降低成本的激励导致的无效率。从客观来看，由于政府部门的活动大多不计成本，即使计算成本，也很难做到准确，再加上政府部门具有内在的不断扩张的冲动，往往出现公共物品的过度提供，造成社会资源的浪费。从主观来看，政府各部门对其所提供的服务一般具有绝对的垄断性，正因为有这种垄断地位，也就没有提高服务质量的激励机制。此外，由于政府部门提供的服务比较复杂，他们可以利用所处的垄断地位隐瞒其活动的真实成本信息，所以无法评价其运行效率，也难以对他们进行充分的监督和制约。

四、论述题

1. 请利用无差异分析方法，分析政府部门和市场部门间的最优资源配置。

答案要点：（1）整个社会可以分为政府部门（公共部门）和市场部门（私人部门）两大部门。在社会的经济资源既定且稀缺的情况下，如何实现两大部门间的最优资源配置，不仅关系到政府经济活动的界限问题，还关系到整个社会的资源配置效率问题。

（2）假设公共部门产出和私人部门产出的边际替代率为1，在社会成员偏好格局和有效需求既定的情况下，两大部门之间的资源配置可能存在着某种最优组合。

（3）利用无差异分析方法可以找到部门间的最优资源配置点。

①社会生产可能性曲线。社会生产可能性曲线是代表整个社会的生产可能性的曲线，它表明的是在某一既定的时点上，该社会可利用的无论是在数量上还是在质量上都有限的土地、劳动和资本资源都得到充分利用时所能生产出来的私人物品和公共物品的各种组合。社会生产可能性曲线的位置越高，该社会的生产潜力就越大。

②社会无差异曲线。每一条社会无差异曲线都代表一定的社会效用水平，其曲线上每一点的斜率都表明社会对私人物品和公共物品的边际替代率。每条曲线上各点代表的是福利水平相等的私人物品和公共物品的各种组合。位置越高的社会无差异曲线，代表的福利水平越高。

③部门间的最优资源配置点。我们把社会生产可能性曲线和社会无差异曲线放在一起，见图4.1.1。在图4.1.1中，社会生产可能性曲线 R 与社会无差异曲线 S_3 相切于 A 点，私人物品生产和公共物品生产的边际替代率等于社会对这些物品消费的边际替代率，社会消费这些物品获得了最大福利。

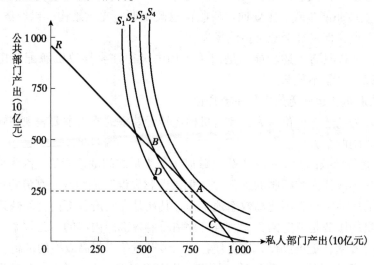

图4.1.1 部门间的最优资源配置点

④部门间的现实资源配置可能没有位于最优配置点上。在 B 点，社会资源过度集中于公共部门；在 C 点，社会资源过度集中于私人部门。但是 B、C 两点都在生产可能性曲线 R 上，都代表资源的充分利用。因而是资源充分利用但不是最优的情形。

⑤随着时间的推移，部门间的资源配置可能发生变化，可以从最优资源配置点移动到非最优资源配置点，或从非最优资源配置点移动到最优资源配置点。另外，社会生产可能性曲线 R 和社会无差异曲线 S 都可能发生变化，这就很可能形成一个新的部门间最优资源配置点。

2. 阐述公共选择理论关于政府失灵原因的分析。

答案要点：政府失灵是指政府的活动或干预措施缺乏效率，或者说政府做出了降低经济效率的决策或不能实施改善经济效率的决策。

政府失灵主要表现在以下几个方面：

（1）短缺或过剩。如果政府的干预方式是把价格固定在非均衡水平上，将导致生产短缺或者生产过剩。

（2）信息不足。政府不一定知道其政策的全部成本和收益，也不是十分清楚其政策的后果，难以进行政策评价。

（3）官僚主义。政府决策过程中也许会发生高度僵化和官僚主义严重的情形，可能存在大量的重复劳动和繁文缛节。

（4）缺乏市场激励。政府干预消除了市场的力量，或冲抵了市场的作用，还可能消除某些有益的激励。

（5）政府政策的频繁变化。如果政府干预的政策措施变化得太频繁，行业的经济效率就会蒙受损失，因为企业难以规划生产经营活动。

政府失灵的原因分析：

公共选择理论认为，政府活动的结果未必能校正市场失灵，政府活动本身也许就有问题，甚至造成更大的资源浪费。主要原因包括政府决策的无效率、政府机构运转的无效率和政府干预的无效率。

（1）政府决策的无效率。公共选择理论在用经济模型分析政府决策时指出，民主程序不一定能产生最优的政府效率。

第一，投票规则的缺陷导致政府决策无效率。投票规则有两种：一是一致同意规则，二是多数票规则。常用的投票规则是多数票规则。多数票规则也不一定是一种有效的集体决策方法。①在政策提案超过两个以上时，会出现循环投票，投票不可能有最终结果。②为了消除循环投票现象，使集体决策有最终的结果，可以规定投票程序。但是，确定投票程序的权力往往是决定投票结果的权力，谁能操纵投票程序，谁也就能够决定投票结果。③多数票规则不能反映个人的偏好程度，无论一个人对某种政治议案的偏好有多么强烈，他只能投一票，没有机会表达其偏好程度。

第二，政治市场上行为主体动机导致政府决策无效率。公共选择理论认为，政府只是一个抽象的概念，在现实中，政府是由政治家和官员组成的，政治家的基本行为动机也是追求个人利益最大化。因此，政治家追求其个人目标时，未必符合公共利益或社会目标，而使广大选民的利益受损。

第三，利益集团的存在导致政府决策无效率。利益集团又称压力集团，通常是指那些有某种共同的目标并试图对公共政策施加影响的有组织的团体。在许多情况下，政府政策就是在许多强大的利益集团的相互作用下做出的。而这些利益集团，特别是还可能拥有不正当政治权势的利益集团，通过竞选捐款、院外游说、直接贿赂等手段，对政治家产生影响，左右政府的议案和选民的投票行为，从而使政府做出不利于公众的决策。

（2）政府机构运转的无效率。公共选择理论认为，政府机构运转无效率的原因主要表现在缺乏竞争、缺乏降低成本的激励两个方面。

第一，缺乏竞争导致的无效率。首先是政府工作人员之间缺乏竞争，因为大部分官员和一般工作人员是逐级任命和招聘的，且"避免错误和失误"成为政府官员的行为准则，故他们没有竞争的压力，也就不能高效率地工作。其次是在政府各部门之间缺乏竞争，因为政府各部门提供的服务是特定的，无法直接评估政府各部门内部的行为效率，也不能评价各部门间的运行效率，更难以设计出促使各部门展开竞争、提高效率的机制。

第二，缺乏降低成本的激励导致的无效率。从客观来看，由于政府部门的活动大多不计成本，即使计算成本，也很难做到准确，再加上政府部门具有内在的不断扩张的冲动，往往出现公共物品的过度提供，造成社会资源的浪费。从主观来看，政府各部门对其所提供的服务一般具有绝对的垄断性，正因为有这种垄断地位，也就没有提高服务质量的激励机制。此外，由于政府部门提供的服务比较复杂，他们可以利用所处的垄断地位隐瞒其活动的真实成本信息，所以无法评价其运行效率，也难以对他们进行充分的监督和制约。

(3) 政府干预的无效率。为了确保正常而顺畅的社会经济秩序，政府必须制定和实施一些法律法规。但是，有些政府干预形式，如政府颁发许可证、配额、执照、授权书、批文、特许经营证等，可能同时为寻租行为创造了条件。因为在这种制度安排下，政府人为地制造出一种稀缺，这种稀缺就会产生潜在的租金，必然会导致寻租行为。寻租行为一般是指通过游说政府的活动获得某种垄断权或特许权，以赚取超常利润或租金的行为。寻租行为越多，社会资源浪费越大。

第二章 财政支出规模与结构

大纲重、难点提示

本章的重点和难点问题是财政支出的规模和结构。

大纲习题解答

一、单项选择题

1. 我国依据国家职能的划分，一般把财政支出划分为（　　）。
①经济建设费。②社会文教费。③地质勘探费。④国防费。⑤行政管理费。
   A. ①②③④　　　　　　　　　B. ①②③⑤
   C. ①②④⑤　　　　　　　　　D. ②③④⑤

   答案要点：本题正确选项为C。解析：我国依据国家职能的划分，将财政支出区分为经济建设费、社会文教费、国防费、行政管理费和其他支出五大类。本题源自《财政学》第二章第一节446页。

2. 将财政支出划分为经济建设费、社会文教费、国防费、行政管理费和其他支出，依据的是（　　）。
   A. 支出用途　　　　　　　　　B. 费用类别
   C. 支出的性质　　　　　　　　D. 国际分类

   答案要点：本题正确选项为B。解析：费用类别的"类"，指国家职能的划分，故按费用类别所做的分类，又可称为按国家职能所做的分类。我国依据国家职能的划分，将财政支出区分为经济建设费、社会文教费、国防费、行政管理费和其他支出五大类。本题源自《财政学》第二章第一节446页。

3. 以下不属于财政支出按国家职能分类的是（　　）。
   A. 经济建设费　　　　　　　　B. 购买性支出
   C. 社会文教费　　　　　　　　D. 行政管理费

   答案要点：本题正确选项为B。解析：我国依据国家职能的划分，将财政支出区分为经济建设费、社会文教费、国防费、行政管理费和其他支出五大类。本题源自《财政学》第二章第一节446页。

4. 以下财政支出不属于转移性支出的是（　　）。
   A. 补助支出　　　　　　　　　B. 购买性支出
   C. 捐赠支出　　　　　　　　　D. 债务利息支出

   答案要点：本题正确选项为B。解析：转移性支出是指政府资金无偿的、单方面的转移，主要有补助支出、捐赠支出和债务利息支出，它体现的是政府的非市场性再分配活动。本题源自《财政学》第二章第一节447页。

5. 国家物资储备支出属财政支出中的（　　）。
   A. 消费性支出　　　　　　　B. 补偿性支出
   C. 转移性支出　　　　　　　D. 购买性支出

   答案要点：本题正确选项为D。解析：购买性支出是指政府购买商品和服务的开支，主要是指购买日常政务活动所需的或是用于国家投资所需的商品和服务支出，它体现的是政府的市场再分配活动。本题源自《财政学》第二章第一节447页。

6. 按财政支出在经济上是否直接获得等价补偿为标准划分，债务支出属于（　　）。
   A. 转移性支出　　　　　　　B. 生产性支出
   C. 积累性支出　　　　　　　D. 购买性支出

   答案要点：本题正确选项为A。解析：转移性支出是指政府资金无偿的、单方面的转移，主要是补助支出、捐赠支出和债务利息支出，它体现的是政府的非市场性再分配活动。本题源自《财政学》第二章第一节447页。

7. 财政支出分购买性支出和转移性支出是按（　　）不同分类。
   A. 财政功能　　　　　　　　B. 支出用途
   C. 经济性质　　　　　　　　D. 产生效益时间

   答案要点：本题正确选项为C。解析：财政支出按经济性质可分为购买性支出和转移性支出。本题源自《财政学》第二章第一节447页。

8. 财政支出规模增长趋势似乎是市场经济国家经济发展史中的一条规律。许多经济学家研究了这一现象并提出了相应的理论。以下（　　）通常被用于理解财政支出规模增长趋势。
   ①政府活动扩张论。②梯度渐进增长论。③经济发展阶段论。④官僚行为增长论。
   A. ①③④　　　　　　　　　B. ①②
   C. ①②③④　　　　　　　　D. ③

   答案要点：本题正确选项为C。解析：财政支出规模增长趋势的理论包括政府活动扩张论、梯度渐进增长论、经济发展阶段论和官僚行为增长论。本题源自《财政学》第二章第二节448页。

9. 瓦格纳法则的研究对象是（　　）。
   A. 财政收入规模　　　　　　B. 财政收入结构
   C. 财政支出规模　　　　　　D. 财政支出结构

   答案要点：本题正确选项为C。解析：瓦格纳认为，"随着人均产出的增长，政府支出也呈不断上升的趋势"。他认为现代工业的发展会引起社会进步的要求，社会进步必然导致国家活动的增长。他把导致政府支出的因素分为政治因素和经济因素。后人称之为瓦格纳法则。因此，瓦格纳法则的研究对象是财政支出规模。本题源自《财政学》第二章第二节448页。

10. 用来描述财政支出增长规律的是（　　）。
    A. 拉姆斯法则　　　　　　　B. 瓦格纳法则
    C. 拉弗曲线　　　　　　　　D. 菲利普斯曲线

答案要点：本题正确选项为 B。解析：瓦格纳认为，"随着人均产出的增长，政府支出也呈不断上升的趋势"。他认为现代工业的发展会引起社会进步的要求，社会进步必然导致国家活动的增长。他把导致政府支出的因素分为政治因素和经济因素。后人称之为瓦格纳法则。本题源自《财政学》第二章第二节 448 页。

11. 在西方财政理论界，对财政支出增长现象的解释主要有（　　）。
①瓦格纳的"政府活动扩张论"。②皮库克和威斯曼的"公共收入增长引致论"。③马斯格雷夫和罗斯托的"经济发展阶段论"。④鲍莫尔的"非均衡增长模型"。

A．①④
B．③④
C．②③
D．①②③④

答案要点：本题正确选项为 D。解析：在西方财政理论界，对财政支出增长现象的解释主要有瓦格纳的"政府活动扩张论"、皮库克和威斯曼的"公共收入增长引致论"、马斯格雷夫和罗斯托的"经济发展阶段论"、鲍莫尔的"非均衡增长模型"。本题源自《财政学》第二章第二节 448 页。

12. 以下可用于解释财政支出规模增长趋势的理论不包括（　　）。

A．政府活动扩张论
B．梯度渐进增长论
C．经济发展阶段论
D．公共物品涨价论

答案要点：本题正确选项为 D。解析：用于解释财政支出规模增长趋势的理论包括政府活动扩张论、梯度渐进增长论、经济发展阶段论和官僚行为增长论。本题源自《财政学》第二章第二节 448 页。

13. 皮库克和威斯曼认为，公共支出的增长并不是均衡向前发展的，而是在不断稳定增长过程中不时出现一种跳跃式的发展过程。这是指（　　）。

A．政府活动扩张论
B．梯度渐进增长论
C．经济发展阶段论
D．官僚行为增长论

答案要点：本题正确选项为 B。解析：梯度渐进增长论也称内外因素论，皮库克和威斯曼认为，公共支出的增长并不是均衡向前发展的，而是在不断稳定增长过程中不时出现一种跳跃式的发展过程。这种非均衡增长是在一个较长时期内交替进行的，因而，这一理论主要是通过考察财政支出增长趋势中具有特定意义的时间形态，从这些特定的时间形态中来寻找政府支出增长的根本原因。本题源自《财政学》第二章第二节 449 页。

14. 美国著名经济学家马斯格雷夫解释财政支出增长的原因时，提出的理论是（　　）。

A．政府活动扩张论
B．经济发展阶段论
C．公共收入增长引致论
D．非均衡增长模型

答案要点：本题正确选项为 B。解析：马斯格雷夫和罗斯托解释财政支出增长的原因时，提出的理论是经济发展阶段论。本题源自《财政学》第二章第二节 449 页。

15. 随着人均收入的提高，财政支出的规模也会随之提高，这一结论指的是（　　）。

A．皮库克定律
B．马斯格雷夫定律
C．瓦格纳法则
D．罗斯托的支出增长论

答案要点：本题正确选项为 C。解析：瓦格纳认为，"随着人均产出的增长，政府支出也呈不断上升的趋势"。他认为现代工业的发展会引起社会进步的要求，社会进步必然导致国家活动的增长。他把导致政府支出的因素分为政治因素和经济因素。后人称之为瓦格纳法则。本题源自《财政学》第二章第二节 448 页。

16. 影响财政支出规模的因素不包括（　　）。
 A．经济性因素　　　　　　　　B．政治性因素
 C．信息技术因素　　　　　　　D．社会性因素
答案要点：本题正确选项为 C。解析：影响财政支出规模的因素包括经济性因素、政治性因素和社会性因素。本题源自《财政学》第二章第二节 450 页。

17. 在社会管理支出的增长率中，有合理因素，也有不合理因素，以下属于不合理因素的是（　　）。
 A．教育经费支出　　　　　　　B．行政管理支出
 C．卫生经费支出　　　　　　　D．科学技术支出
答案要点：本题正确选项为 B。解析：在社会管理支出的增长中，有合理因素，也有不合理因素。其中政府在不断加大对教育、卫生、科学等领域的投入的增长是合理的。同时，由于社会经济的发展和经济活动的日趋复杂，行政管理费用也不断增长，但这种过快的增长是不合理的。本题源自《财政学》第二章第三节 451 页。

18. 优化财政支出结构的基本思路是（　　）。
①按照社会公共需要的先后次序，合理界定财政支出范围。②按照当前的经济政策目标，在增量支出中逐渐调整好两类支出的比例关系。③比照发达国家的预算编制，调整我国的财政支出结构。④在调整我国的财政支出结构时，应该重点解决消费性支出增长过快的问题。
 A．①③④　　　　　　　　　　B．②③④
 C．①②③　　　　　　　　　　D．①②④
答案要点：本题正确选项为 D。解析：优化财政支出结构的基本思路是，①按照社会公共需要的先后次序，合理界定财政支出范围；②按照当前的经济政策目标，在增量支出中逐渐调整好两类支出的比例关系；③在调整我国的财政支出结构时，应该重点解决消费性支出增长过快的问题。本题源自《财政学》第二章第三节 452 页。

19. 研究财政支出结构的经济效应具有重要的意义，因其对宏观经济变量产生直接影响。以下不属于财政支出结构的经济效应的是（　　）。
①增长效应。②排挤效应。③财务效应。④储蓄效应。⑤组织效应。⑥消费效应。
 A．①③④　　　　　　　　　　B．②④⑥
 C．③⑤⑥　　　　　　　　　　D．①③⑥
答案要点：本题正确选项为 C。解析：财政支出结构的经济效应一般包括财政支出结构的增长效应、财政支出结构的排挤效应和财政支出结构的储蓄效应。本题源自《财政学》第二章第三节 452 页。

20. 对每个备选的财政支出方案进行经济分析时，只计算备选方案的有形成本，而不用货币计算备选方案支出的社会效益，并以成本最低为择优的标准的是（　　）。
 A．"成本－效益"分析法　　　　B．最低费用选择法
 C．"公共劳务"收费法　　　　　D．"利率"分析法

答案要点：本题正确选项为 B。解析：最低费用选择法是指对每个备选的财政支出方案进行经济分析时，只计算备选方案的有形成本，而不用货币计算备选方案支出的社会效益，并以成本最低为择优的标准。本题源自《财政学》第二章第四节 454 页。

21. 最低费用选择法适用于对（　　）效益的评价。
   A. 投资性支出　　　　　　　　B. 行政性支出
   C. 城市公用事业支出　　　　　D. 生产性支出

答案要点：本题正确选项为 B。解析：最低费用选择法是指对每个备选的财政支出方案进行经济分析时，只计算备选方案的有形成本，而不用货币计算备选方案支出的社会效益，并以成本最低为择优的标准。这种方法适用于对行政性支出效益的评价。本题源自《财政学》第二章第四节 454 页。

22. 公共定价包括两个方面，即（　　）。
   A. 纯公共定价和价格管制　　　B. 政府定价与市场定价
   C. 管制定价和市场定价　　　　D. 政府定价与企业定价

答案要点：本题正确选项为 A。解析：公共定价包括纯公共定价和管制定价（或称价格管制）。本题源自《财政学》第二章第四节 454 页。

23. 公共定价的方法不包括（　　）。
   A. 平均成本定价法　　　　　　B. 组合定价法
   C. 二部定价法　　　　　　　　D. 负荷定价法

答案要点：本题正确选项为 B。解析：公共定价的方法包括平均成本定价法、二部定价法和负荷定价法。本题源自《财政学》第二章第四节 455 页。

24. 公共定价的方法有（　　）。
   ①平均成本定价法。②二部定价法。③差别定价法。④负荷定价法。
   A. ①③④　　　　　　　　　　B. ②④
   C. ③　　　　　　　　　　　　D. ①②④

答案要点：本题正确选项为 D。解析：公共定价的方法包括平均成本定价法、二部定价法和负荷定价法。本题源自《财政学》第二章第四节 455 页。

25. 政府采购制度的程序一般为（　　）。
   ①确定采购要求。②竞标并签订采购合同。③管理执行采购合同。④评估采购合同。
   A. ①③④　　　　　　　　　　B. ②④
   C. ①②③　　　　　　　　　　D. ①②④

答案要点：本题正确选项为 C。解析：政府采购制度的程序一般分为三个阶段，分别是确定采购要求、竞标并签订采购合同和管理执行采购合同。本题源自《财政学》第二章第四节 456 页。

二、名词解释

1. 购买性支出：把财政支出按照经济性质分类，可以分为购买性支出和转移性支出。购买性支出是指政府购买商品和服务的开支，包括购买进行日常政务活动所需的或用于国家投资所需的商品和服务的支出，它体现的是政府的市场再分配活动。在财政支出中，购买性支出所占的比重越大，财政活动对生产和就业的直接影响就越大，通过财政所配置的资源的规模也就越大。购买性支出占较大比重的财政活动，执行资源配置的职能较强。

2. 转移性支出：把财政支出按照经济性质分类，可以分为购买性支出和转移性支出。转移性支出指政府资金无偿的、单方面的转移。主要有补助支出、捐赠支出和债务利息支出，它体现的是政府的非市场性再分配活动。在财政支出总额中，转移性支出所占的比重越大，财政活动对收入分配的直接影响就越大。转移性支出占较大比重的财政活动，执行收入分配的职能较强。

3. 政府采购制度：以公开招标、投标为主要方式选择供应商，从国内外市场上为政府部门或所属团体购买商品或服务的一种制度。它具有公开性、公正性、竞争性，其中公平竞争是政府采购制度的基石。

4. 成本-效益分析法：指针对政府确定的建设目标，提出若干实现建设目标的方案，详列各种方案的全部预期成本和全部预期效益，通过分析比较，选出最优的政府投资项目。成本-效益分析法包含了两个过程：第一个过程是政府确定备选项目和备选方案；第二个过程是政府选择方案和项目的过程。成本-效益分析法的运用，最关键的问题是如何确定项目的效率、成本和贴现率。在项目选择的过程中，一般的原则是选择支出既定情况下的净社会效益最大的项目。成本-效益分析法往往运用于政府投资项目的评价。

5. 最低费用选择法：一般不用货币单位来计量备选的财政支出项目的社会效益，只计算每项备选项目的有形成本，并以成本最低为择优的标准。运用最低费用选择法时，首先要提出多种备选方案，计算出备选方案的有形费用，并按照费用的高低排出顺序，以供决策者选择。这种方法适用于事业单位的支出评价。

6. 公共定价法：指政府对公共企业生产的商品和服务的定价或政府对私人部门定价的管制。公共定价法包括两个方面：一是纯公共定价法，即政府直接制定自然垄断行业的价格；二是管制定价或价格管制，即政府规定竞争性管制行业（如金融、农业、教育和保健等行业）的价格。政府使用公共定价法，目的不仅在于提高整个社会资源的配置效率，更重要的是使这些物品和服务得到最有效的使用，提高财政支出的效率。公共定价法包括平均成本定价法、二部定价法和负荷定价法。

三、简述题

1. 简述财政支出按费用类别分类的基本内容。

答案要点：按费用类别分类，又称按国家职能分类。根据国家职能的划分，将财政支出分为经济建设费、社会文教费、国防费、行政管理费和其他支出五大类。

按国家职能对财政支出进行分类，能够揭示国家执行了怎样一些职能以及侧重于哪些职能；对一个国家的支出结构做时间序列分析，能够揭示该国的国家职能发生了怎样的演变，对若干国家在同一时期的支出结构做横向分析，则可以揭示各国国家职能的差别。

我国不论是改革开放前还是改革开放后，经济建设费都是最大的财政支出项目。但是，改革开放以来，经济建设费占财政支出的比重不断下降，而社会文教费、行政管理费所占比重一直在稳定上升。这说明国家的经济建设职能正在向社会管理职能转变。

2. 简述政府采购制度是如何提高财政支出效益的。

答案要点：政府采购制度是以公开招标、投标为主要方式选择供应商，从国内外市场上为政府部门或所属团体购买商品或服务的一种制度。它具有公开性、公正性、竞争性，其中公平竞争是政府采购制度的基石。

政府采购制度在三个层次上有利于财政支出效益的提高：

第一，从财政部门自身的角度看，政府采购制度有利于政府强化支出管理，硬化预算约束，在公开、公正、公平的竞争环境下，降低交易费用，提高财政资金的使用效率。

第二，从政府部门的代理人角度看，通过招标竞价方式，优中选优，具体的采购实体将尽可能地节约资金，提高所购货物、工程和服务的质量，提高政府采购制度的实施效率。

第三，从财政部门代理人与供应商之间的关系角度看，由于政府采购制度引入了招标、投标的竞争机制，使得采购实体与供应商之间的"合谋"型博弈转化为"囚徒困境"型博弈，大大减少了他们之间的共谋和腐败现象，在很大程度上避免了供应商和采购实体是最大利益者而国家是最大损失者的问题。

四、论述题

1. 如何认识和调整我国目前的财政支出结构？

答案要点：（1）我国目前的财政支出结构。

财政支出结构是指各类财政支出占总支出的比重，也称财政支出构成。财政支出结构直接关系到政府动员社会资源的程度，财政支出结构对市场经济运行的影响可能比财政支出规模的影响更大。一国财政支出结构的现状及其变化，表明了该国政府正在履行的重点职能以及变化趋势。

政府职能可以简化为两大类：经济管理职能和社会管理职能。财政支出也就相应地形成了经济管理支出和社会管理支出。随着社会主义市场经济体制的确立，政府的经济管理职能逐渐弱化，社会管理职能日益加强。我国的财政支出结构也随之发生变化，经济建设支出占财政支出总额的比重从改革开放前的平均60%下降到"九五"期间的平均40%。

改革开放以来，我国经济建设支出下降的原因：一是流动资金支出下降；二是基本建设支出下降。

社会管理支出增长中的合理与不合理因素：①社会文教费的增长是合理的。②行政管理费的增长不尽合理。③行政支出内部结构发生不合理变化，主要表现在个人经费增长快于公用经费增长。

（2）财政支出结构的调整。

判断一国财政支出结构是否合理，至少应从两个方面来分析：一是该国所处的经济发展阶段以及在该阶段政府所追求的主要经济政策目标；二是财政支出各项目间的相对增长速度。

我国目前的财政支出结构不尽合理：①我国处于社会主义初级阶段，经济增长是政府追求的主要经济政策目标。从财政支出的角度看，实现可持续发展的主要财政政策工具是财政投资。可十几年来，我国财政投资规模虽然增加，但所占比重在不断下降，这种趋势必将抑制经济的快速增长。②在财政支出总额中，消费性支出的比重过大，而且其增长速度大大超过生产性支出的增长速度。

优化财政支出结构的基本思路：一方面，按照社会公共需要的先后次序，合理界定财政支出范围；另一方面，根据当前的经济政策目标，在增量支出中逐步调整和理顺生产性支出与消费性支出的比重关系。

在调整财政支出结构过程中，适当提高财政投资支出比重的同时，重点应放在控制消费性支出的快速增长上。主要措施是在明确政府职能的前提下，精简机构，控制行政事业单位人员，削减消费性支出。

2. 试述财政支出规模增长趋势的理论解释。

答案要点：财政支出增长似乎是市场经济国家经济发展中的一条规律。社会主义国家的财政支出占 GDP 的比率在改革开放以前呈现出扩张的趋势；改革时期财政支出比率有所下降，是因为政府在努力摆脱包得过多、统得过死的情况。一旦经济体制迈上市场经济的运行轨道并达到一定阶段以后，上述下降趋势理应逆转，改革之初财政支出比重下降的趋势可能会在某一时期中止，转而趋于回升，并达到适度水平而相对停滞。

目前为止，理论界关于财政支出规模增长趋势的理论解释有以下四种：

（1）政府活动扩张论，也称瓦格纳法则。其是指随着人均收入的提高，财政支出的相对规模也随之提高。瓦格纳把导致政府支出增长的因素分为政治因素和经济因素。所谓政治因素，是指随着经济的工业化，正在扩张的市场与这些市场中的当事人之间的关系会更加复杂，市场关系的复杂化引起了对商业法律和契约的需要，并要求建立司法组织，执行这些法律，这样，就需要把更多的资源用于提供治安和法律设施。所谓经济因素，是指工业的发展推动了都市化的进程，人口的居住将密集化，由此将产生拥挤等外部性问题，也需要政府进行管理与调节。

（2）梯度渐进增长论，也称内外因素论。英国经济学家皮库克与威斯曼提出了导致公共支出增长的内在因素与外在因素，并认为，外在因素是说明公共支出增长超过 GDP 增长速度的主要原因。正常情况下，经济发展，收入水平上升。以不变的税率所征得的税收也会上升。于是，政府支出上升也会与 GDP 上升呈线性关系。这是内在因素作用的结果。但一旦发生了外部冲突，比如战争，政府会被迫提高税率，而公众在危急时期也会接受提高了的税率，即税收容忍度提高了。此时产生了所谓的"替代效应"，即在危急时期，公共支出会替代私人支出，公共支出的比重增加。但在危急时期过去以后，公共支出并不会退回到上升之前的水平。一般情况是，一个国家在结束战争之后，总有大量的国债，公共支出会持续处于很高的水平。

（3）经济发展阶段论。美国经济学家马斯格雷夫和罗斯托则用经济发展阶段论来解释公共支出增加的原因。他们认为，在经济发展的早期阶段，政府投资在社会总投资中占有较高的比重，公共部门为经济发展提供社会基础设施，如道路、运输系统、环境卫生系统、法律与秩序、健康与教育以及其他用于人力资本的投资等。在经济发展的中期阶段，政府投资还应继续进行，但这时政府投资只是对私人投资的补充。一旦经济达到成熟阶段，公共支出将从基础设施支出转向不断增加的教育、保健与福利服务的支出，且这方面支出的增长大大超过其他方面支出的增长，还会快于 GDP 的增长速度，导致财政支出规模膨胀。

（4）官僚行为增长论。按照公共选择理论的观点，官僚是指负责执行通过政治制度做出的集体选择的代理人集团，更明确地说，官僚是指负责提供公共服务的政府部门。美国经济学家尼斯克南认为，机构规模越大，官僚们的权力越大，因此官僚机构的目标是机构规模的最大化。这导致财政支出规模不断扩大，甚至使财政支出规模超出了公共物品最优产出水平所需的支出水平。此外，由于官僚机构通常拥有提供公共物品的垄断权，例如环境保护、国防、社会保险等都是由专门机构提供的。在很多情况下，官僚们独家掌握着特殊信息,这就使他们能够让政治家们相信他们确定的产出水平的社会收益比较高,从而实现预算规模最大化的产出。官僚机构通常以两种方式扩大其预算规模。第一,他们千方百计地让政府相信他们确定的产出水平是必要的。第二,利用低效率的生产技术来增加生产既定的产出量所必需的投入量,这时的效率损失来源于投入的滥用。由此可见,官僚行为从产出和投入两个方面迫使财政支出规模不断膨胀。

第三章 财政投资支出和社会保障支出

大纲重、难点提示

本章的重点和难点问题是社会保障的内容和分类。

大纲习题解答

一、单项选择题

1. 以下对我国现阶段以就业创造标准作为财政投资决策标准的理由表述错误的是（　　）。

   A. 从理论上说，劳动力是最重要的经济资源，失业的存在是对战略资源的不容宽恕的浪费；而且，就业增加一般都会增加产出

   B. 财政投资项目并非是创造就业机会的有效途径

   C. 增加就业的社会利益远远超出了增加产出的意义

   D. 财政投资的就业创造标准还有助于改善收入分配状况

   答案要点： 本题正确选项为B。解析：我国现阶段以就业创造标准作为财政投资决策标准的理由有以下四点，①从理论上说，劳动力是最重要的经济资源，失业的存在是对战略资源的不容宽恕的浪费；而且，就业增加一般都会增加产出。②我国劳动力资源丰富，政府必须从全局战略考虑这一资源的充分利用，财政投资项目是创造就业机会的有效途径。③即使不考虑产出增加，也有很多理由表明增加就业是必要的，原因之一是失业的不良社会影响。许多社会问题可能就源于大量失业的存在：无所事事、到处流浪、犯罪、社会秩序混乱，甚至出现有组织的暴乱。从这个意义上说，增加就业的社会利益远远超出了增加产出的意义。④财政投资的就业创造标准还有助于改善收入分配状况。本题源自《财政学》第三章第一节458页。

2. 都强调资本这种稀缺要素在经济增长过程中的重要性和贡献的财政投资的决策标准是（　　）。

   ①资本 - 产出比率最小化标准。②资本 - 劳动力比率最大化标准。③就业创造标准。④财政投资收益最大化标准。

   A. ①②　　　　　　　　　　　　B. ②③

   C. ①②③　　　　　　　　　　　D. ③④

   答案要点： 本题正确选项为A。解析：资本 - 产出比率最小化标准又称稀缺要素标准，是指政府在确定投资项目时，应当选择资本 - 产出比率最低的投资项目，或者说选择单位资本投入产生最大产出的投资项目。主张理由是，即使一国在一定时期内的储蓄率是既定的，但资本 - 产出比率是可变的，在生产过程中，只要提高资本周转率或产出 - 资本

比率，就可以使产出最大化，实现预期增长率。资本－劳动力比率最大化标准是指政府投资支出应当选择使边际人均投资额最大化的投资项目。主张这种标准的理由是，资本－劳动力比率越高，说明资本技术构成越高，劳动生产率越高，经济增长越快。因此，这种标准强调政府应投资于资本密集型项目。这两种标准有一个共同的特点，即都强调资本这种稀缺要素在经济增长过程中的重要性和贡献，所以要求政府在确定投资项目时，要尽可能地选择节省资本（资本－产出比率最小化标准）或增加资本（资本－劳动力比率最大化标准）的项目。本题源自《财政学》第三章第一节457页。

3. 经济基础设施投资的一般特点是（　　）。
①投资成本巨大，且比维护成本和经营成本大很多。②投资中的沉没成本高。③有较长的债务偿还周期。④投资的进入成本或者退出成本很高。

  A. ①②③   B. ①③④
  C. ①②④   D. ①②③④

答案要点：本题正确选项为D。解析：经济基础设施投资具有以下特点，①投资成本巨大，且比维护成本和经营成本大很多；②投资中的沉没成本高；③有较长的债务偿还周期；④投资的进入成本或者退出成本很高。本题源自《财政学》第三章第一节459页。

4. 政府对于市区道路、上下水道、过街天桥等经济基础设施这类最基本的投资方式是指（　　）。

  A. 建设—经营—转让投资方式
  B. 财政投资方式
  C. 政府直接投资，无偿提供方式
  D. 政府直接投资，非商业性经营方式

答案要点：本题正确选项为C。解析：政府直接投资，无偿提供方式是指政府直接进行基础设施投资，并由政府弥补全部生产成本，向公众免费提供，资金来源主要是税收。这是一种最基本的基础设施投资方式。这类基础设施有市区道路、上下水道、过街天桥等。本题源自《财政学》第三章第一节459页。

5. 财政投资的主要特点是（　　）。
①有偿性。②无偿性。③公共性。④服务性。⑤非营利性。⑥统筹性。⑦灵活性。⑧社会性。

  A. ①③④⑤⑦   B. ①③⑤⑥⑦
  C. ①②④⑤⑥   D. ①②③④⑤⑥⑦⑧

答案要点：本题正确选项为B。解析：财政投资的主要特点包括有偿性、公共性、非营利性、统筹性和灵活性。本题源自《财政学》第三章第一节460页。

6. 政府鼓励和吸引私人投资者特别是外国直接投资者对发电厂、高速公路、能源开发等基础设施进行投资的方式是指（　　）。

  A. 建设—经营—转让投资方式
  B. 财政投资方式
  C. 政府直接投资，无偿提供方式
  D. 政府直接投资，非商业性经营方式

答案要点：本题正确选项为 A。解析：建设—经营—转让投资方式是指政府将一些拟建基础设施建设项目通过招商转让给某一财团或公司，由其组建一个项目经营公司进行建设经营，并在双方协定的一定时期内，由该项目公司通过经营该项目偿还债务、收回投资，协议期满，项目产权转让给政府，如发电厂（站）、高速公路、能源开发等基础设施的投资。本题源自《财政学》第三章第一节 460 页。

7. 以下对我国政府必须加大农村和农业的财政投入的理由表述错误的是（　　）。

A. 农村人口众多，农村各项事业的发展相对落后

B. 农业是国民经济的基础，也是我国最亟待发展的产业

C. 农业部门生产率高，自身可以产生足够的积累

D. 一些大型农业投资项目只适合于政府来进行投资

答案要点：本题正确选项为 C。解析：我国政府必须加大农村和农业的财政投入的原因有以下四点，①农村人口众多，农村各项事业的发展相对落后；②农业是国民经济的基础，也是我国最亟待发展的产业；③农业部门生产率较低，自身难以产生足够的积累；④许多农业投资项目只适合于由政府来进行投资。本题源自《财政学》第三章第一节 460 页。

8. 农业是国民经济的基础，这主要通过（　　）体现出来。
①农业不仅为非农业部门提供劳动力。②提供食品和原料。③能够扩大国内市场规模。④农产品出口能够赚取宝贵的外汇。

A. ①② B. ①④

C. ②③ D. ①②③④

答案要点：本题正确选项为 D。解析：农业是国民经济的基础，农业不仅为非农业部门提供劳动力，提供食品和原料，而且还能够扩大国内市场规模，农产品出口能够赚取宝贵的外汇。本题源自《财政学》第三章第一节 461 页。

9. "十五"时期以来，我国财政加大"三农"投入的主要措施是（　　）。
①深化以税费改革为中心的农村综合改革。②实行农业人口政策。③大力支持国外资本参与生产能力投入。④着力建立农村义务教育经费保障机制。⑤加大农村基本医疗、公共卫生和社会保障投入。⑥大力推进农村综合开发投资参股经营试点，带动社会资金投入农业和农村综合开发。

A. ①②③④⑤⑥ B. ①②④⑤⑥

C. ①④⑤⑥ D. ②③④⑤⑥

答案要点：本题正确选项为 C。解析："十五"时期以来，我国财政加大"三农"投入的主要措施有，①深化以税费改革为中心的农村综合改革；②实行"三补贴"政策；③大力支持农业综合生产能力建设；④着力建立农村义务教育经费保障机制；⑤加大农村基本医疗、公共卫生和社会保障投入，促进城乡基本公共服务均等化；⑥大力推进农村综合开发投资参股经营试点，带动社会资金投入农业和农村综合开发。本题源自《财政学》第三章第一节 462 页。

10. 政府提供社会保障的主要经济原因（　　）。

A. 政府失灵 B. 政府干预

C. 保险市场失灵 D. 市场管制

答案要点：本题正确选项为 C。解析：政府提供社会保障的主要经济原因是保险市场的失灵。本题源自《财政学》第三章第二节 463 页。

11. 社会保障制度的核心是（　　）。

A．社会救济　　　　　　　　B．社会保险

C．社会福利　　　　　　　　D．社会优抚

答案要点：本题正确选项为 B。解析：我国社会保障制度由四个方面的内容构成，即社会保险、社会救济、社会福利和社会优抚。社会保险是社会保障制度的核心，由五项组成：养老保险、失业保险、医疗保险、工伤保险和生育保险。本题源自《财政学》第三章第二节 463 页。

12. 根据我国目前的现实情况，我国养老保险制度的筹资模式不包括（　　）。

A．现收现付制　　　　　　　B．完全基金制

C．部分基金制　　　　　　　D．财政拨款解决

答案要点：本题正确选项为 D。解析：养老保险制度的筹资方式可以分为三种模式，即完全基金制、现收现付制和部分基金制。本题源自《财政学》第三章第二节 464 页。

13. 社会保障体系的最高层次为（　　）。

A．社会保险　　B．社会救济　　C．社会优抚　　D．社会福利

答案要点：本题正确选项为 A。解析：我国社会保障制度由四个方面的内容构成，即社会保险、社会救济、社会福利和社会优抚。社会保险是社会保障制度的核心，由五项组成：养老保险、失业保险、医疗保险、工伤保险和生育保险。本题源自《财政学》第三章第二节 463 页。

14. 以下属于我国社会保险内容的是（　　）。

①养老保险。②失业保险。③医疗保险。④工伤保险。⑤生育保险。

A．①②　　　B．①②③　　　C．①②④　　　D．①②③④⑤

答案要点：本题正确选项为 D。解析：社会保险是社会保障制度的核心，由养老保险、失业保险、医疗保险、工伤保险和生育保险五项组成。本题源自《财政学》第三章第二节 463 页。

15. 一般来说，可供选择的社会保险筹资模式有（　　）。

①完全基金制。②现收现付制。③部分基金制。④社会保障税。

A．①②　　　B．①②③　　　C．①②④　　　D．①②③④

答案要点：本题正确选项为 B。解析：在社会保险制度中，养老保险是最重要的。养老保险制度的筹资方式可以分为三种模式：完全基金制、现收现付制和部分基金制。本题源自《财政学》第三章第二节 464 页。

16. 我国现行的养老保险制度是（　　）制度。

A．传统型（由国家、雇主和雇员三方负担）

B．福利型（来源于国家税收）

C．统账结合（社会统筹和个人账户）

D．国家型（由国家和用人单位负担）

答案要点：本题正确选项为 C。解析：我国现行的养老保险制度是统账结合制度，统

账结合是社会统筹与个人账户相结合的简称，即社会统筹部分和个人账户部分共同组成我国城镇职工的基本养老保险制度。本题源自《财政学》第三章第二节464页。

17. 我国社会养老保险基金采用的筹资方式为（　　）。
A. 现收现付制　　　　　　　　B. 完全基金制
C. 部分基金制　　　　　　　　D. 预收预付制

答案要点：本题正确选项为C。解析：我国现行的社会养老保险制度是"统账结合"制度，这种制度类似于部分基金制，即现收现付和将来支付两种方式相结合。本题源自《财政学》第三章第二节465页。

18. 用过去积累的缴款所挣取的利息收入提供保险金的制度是指（　　）。
A. 现收现付制　　　　　　　　B. 完全基金制
C. 部分基金制　　　　　　　　D. 财政拨款解决

答案要点：本题正确选项为B。解析：完全基金制是用过去积累的缴款所挣取的利息收入提供保险金的制度。本题源自《财政学》第三章第二节464页。

19. 用当期的缴款提供保险金的制度是指（　　）。
A. 现收现付制　　　　　　　　B. 完全基金制
C. 部分基金制　　　　　　　　D. 财政拨款解决

答案要点：本题正确选项为A。解析：现收现付制是用当期的缴款提供保险金的制度。本题源自《财政学》第三章第二节464页。

二、名词解释

1. 就业创造标准：指政府财政投资的衡量尺度，它要求政府选择单位投资额能够动员最大数量劳动力的项目。这种标准要求政府不仅要在一定程度上扩大财政投资规模（外延增加就业机会），而且要优先选择劳动密集型技术的项目（内涵增加就业机会）。

2. 财政投融资：指以国家的信用为基础，通过多种渠道筹措资金，有偿地投资于具有公共性的领域。它是一种政策性投融资，既不同于一般的财政投资，也不同于一般的商业性投资，而是介于这两者之间的一种新型的政府投资方式。财政投融资具有有偿性、公共性、非营利性、统筹性和灵活性等特点。

3. 建设—经营—转让投资方式：指政府将一些拟建的基础设施建设项目通过招商转让给某一财团或公司，由其组建一个经营公司进行建设经营，并在双方协定的一定时期内，由该项目公司通过经营该项目偿还债务、收回投资并盈利，协议期满，项目产权转让给政府。这种基础设施投资方式在近些年来比较盛行，它最大的特点在于鼓励和吸引私人投资者特别是外国直接投资者对发电厂（站）、高速公路、能源开发等基础设施进行投资。

4. 社会保障：指政府通过专款专用税筹措资金，向老年人、无工作能力的人、失去工作机会的人、病人等提供基本生活保障的计划。

三、简述题

1. 简述我国现阶段的财政投资决策标准。

答案要点：财政投资追求的是社会收益最大化而非私人利益最大化，投资资金的取得是无偿的而非有偿的。因此，财政投资的决策标准不同于私人部门，而且政府最终依据怎样的投资决策标准，取决于政府在不同时期所要实现的政策目标。一般而言，政府进行财政投资的决策标准有以下几种：

（1）资本－产出比率最小化标准，又称稀缺要素标准，指的是政府进行投资决策时，应当选择资本－产出比率最低的投资项目，也就是要选择单位资本投入产生最大产出的投资项目。这一标准适用于发展中国家资本资源相对短缺的情形。

（2）资本－劳动力比率最大化标准，指的是政府投资支出应当选择使边际人均投资额最大化的投资项目。这主要是因为资本－劳动力比率越高，资本技术构成越高，因而劳动生产率越高，经济增长越快。该标准强调政府投资的重点在资本密集型项目。

（3）就业创造标准，指的是政府应当选择单位投资额能够动员最大数量劳动力的项目。该标准不仅要求考虑财政投资支出的直接就业影响，还要考虑间接就业影响，即财政投资项目带动的其他投资项目所增加的就业机会。总体说来，该标准强调劳动力这一生产要素，要求侧重增加就业，减少失业。

在这三种标准中，资本－产出比率最小化标准和资本－劳动力比率最大化标准都强调了资本在经济增长过程中的重要性和贡献，要求政府在选择投资项目时，尽可能选择节省资本（资本－产出比率最小化标准）或增加资本（资本－劳动力比率最大化标准）的项目。就业创造标准则强调劳动力这一生产要素，在选择投资项目时，尽可能选择能增加就业机会、减少失业的项目。因为增加就业机会、减少失业是财政投资项目的目标。

（4）我国现阶段应以就业创造标准作为财政投资决策标准，理由如下：

第一，从理论上说，劳动力是最重要的经济资源，失业的存在是对战略资源的不容宽恕的浪费，而且，就业增加，一般都会增加产出。

第二，我国劳动力资源十分丰富，政府必须从全局战略考虑这一资源的充分利用，财政投资项目是创造就业机会的有效途径。

第三，即使不考虑产出增加，也有很多理由表明增加就业是必要的，原因之一是失业的不良社会影响。许多社会问题可能就源于大量失业的存在，从这个意义上说，增加就业的社会效益远远超出了增加产出的意义。

第四，财政投资的就业创造标准还有助于改善收入分配状况。要增加贫困家庭的收入，根本措施还在于增加就业。而增加就业规模首先要增加就业机会。增加贫穷者就业机会的一个途径是扩大财政投资，特别是增加经济落后地区的财政投资。这对整个社会的收入分配公平、福利水平的提高具有重大意义。

2. 简述政府对农村和农业投资的重点。

答案要点：为了尽快有效地解决"三农"（农村、农业、农民）问题，全面建成小康社会，必须加大对农村和农业的财政投入。但政府对农业和农村的投资是有限的，要提高国家投资的效率，就要正确选择财政投资的重点。

（1）农村和农业基础设施的投资。农村基础设施投资主要有农村基础教育、卫生设施的投资以及交通道路、电网建设的投资。农业基础设施投资主要是进一步加强大江、大河、大湖的综合治理，集中资金兴建一批具有综合效益的大中型水利工程，以改善农业生产条件，提高农业综合生产能力。

（2）农业生态环境领域的投资。政府应增加绿化、水土保持和防护林建设的投入，加大改善农业生态环境的投资力度。

(3) 农业研发和科技推广领域的投资。农业发展的根本途径在于改造传统农业，提高农业劳动生产率，这就需要政府增加农业研发和科技推广领域的投资。例如，扶持农业科研单位开展农业科学研究，推动新品种和新技术的开发，增加农业技术推广投入，增加农业部门的教育和培训的经费投入等。

3. 简述养老保险制度的三种筹资模式。

答案要点：养老保险制度是社会保险制度中最重要的组成部分。养老保险制度从筹资方式来说可以分为三种模式：

(1) 完全基金制，即完全用过去积累的缴款所挣取的利息收入提供保险金的制度。具体来说，就是一个人在就业期间或寿命内的政府管理的基金缴款，该基金随着时间的推移不断生息增值，当这个人退休后，其所获养老金来自该基金的利息收入。

(2) 现收现付制，指用当期的缴款提供保险金的制度。即支付给当期接受者的保险金来自现在工作的人缴纳的税收。

(3) 部分基金制，指既具有完全基金制的部分特征，又具有现收现付制部分特征的混合制度。社会保障税的一部分用于支付当期接受者的保险金，剩余部分投资于政府管理的相关基金以支付将来的保险金。

4. 简述"十五"时期以来我国财政加大"三农"投入的主要措施。

答案要点："十五"时期以来，财政部门认真贯彻落实国家对"三农"投入的政策精神，连续采取多项措施，不断加大对"三农"的投入。

2006年，中央提出加强社会主义新农村建设，并明确要求加快建立以工促农、以城带乡的长效机制，全方位协调推进农村经济、政治、文化、社会和党的建设，尤其是提出全面取消农业税，终结了中国延续数千年的农业税历史。

2007年，中央强调培育现代农业经营主体，大力发展农民专业合作组织，要求在全国建立农村最低生活保障制度。

2008年，中央首次提出建立新型农村社会养老保险制度，强调保障农民土地权益。

2009年，为了应对国际金融危机，政府较大幅度增加农业补贴，提高政府对粮食最低收购价格的水平，增加政府农产品的储备，加强农产品进出口调控，加大力度解决农民工就业问题，将农村民生建设重点投向农村电网、乡村道路、饮水安全、沼气、危房改造等领域。

2010年，中央提出以城乡统筹破解"三农"难题，协调推进工业化、城镇化和农业现代化。文件明确要求推动资源要素向农村配置，首次提出促进农业发展方式转变，突出把农田水利作为农业基础设施建设的重点、良种培育作为农业科技创新的重点、主产区作为粮食生产支持政策的重点，提出深化户籍制度改革等系列举措。

2013年，中央首次提出发展家庭农场、建立严格的工商企业租赁农户承包耕地的准入和监管制度，强调建立归属清晰、权能完整、流转顺畅、保护严格的农村集体产权制度。

2014年，中央提出建立农产品目标价格制度、最严格的食品安全监管制度、粮食主产区利益补偿与生态补偿机制、农业可持续发展长效机制等重要举措，系统提出农村土地产权改革的要求，确定了开展村庄人居环境整治、推进城乡基本公共服务均等化等重点工作。

2015年，中央提出推进农村一二三产业融合发展，明确推进农村集体产权制度改革与农村土地制度改革试点等工作，首次提出完善农产品价格形成机制，加强农村法治建设。

2016年，中央一号文件首次提出推进农业供给侧结构性改革，要求着力构建现代农业产业体系、生产体系、经营体系，实施藏粮于地、藏粮于技战略，提出推进"互联网+"现代农业、加快培育新型职业农民、推动农业绿色发展、培育壮大农村新产业、新业态等创新措施。

四、论述题

1. 我国现阶段应当采取哪种财政投资决策标准？为什么？

答案要点：财政投资与民间私人投资不一样，它追求的是社会效益最大化，使用的是无偿获得的税收。一般而言，政府的财政投资决策标准有资本－产出比率最小化标准、资本－劳动力比率最大化标准和就业创造标准。就我国现阶段而言，应以就业创造标准作为财政投资决策标准。这是因为：

（1）从理论上说，劳动力是最重要的经济资源，失业的存在是对战略资源的浪费。而且，就业增加一般都会增加产出。

（2）我国劳动力资源十分丰富，政府必须从全局战略考虑这一资源的充分利用，财政投资项目是创造就业机会的有效途径。

（3）即使不考虑产出的增加，也有必要增加就业。在某种意义上说，增加就业的社会效益远远超出了增加产出的意义。

（4）财政投资的就业创造标准还有助于改善收入分配状况。虽然政府可以通过税收和转移支付等缓解收入分配不公平的状况，但是往往受制于政府和社会因素。解决贫困和收入分配不公的根本途径是增加就业。这个任务相当部分应由政府财政投资来完成，因为私人投资主要考虑回报，不考虑就业问题。因此增加投资，特别是增加落后地区的财政投资，对整个社会的收入分配公平、福利水平的提高具有重大意义。

2. 从解决"三农"问题的角度，谈谈政府加大对农村和农业财政投资的必要性和重点。

答案要点：为了尽快有效解决"三农"（农村、农业、农民）问题，全面建成小康社会，我国政府必须加大对农村和农业的财政投入，主要原因有：

（1）我国农村人口众多，农村各项事业的发展相对落后。我国要全面建成小康社会，关键在于解决"三农"问题，而解决这一问题的主要措施是加快农村城镇化、农业产业化和增加农民收入。鉴于我国农村和农业的发展现状，不加大政府的财政投入，上述措施就难以落到实处。

（2）农业是国民经济的基础，也是国民经济的薄弱环节。农业不仅为非农业部门提供劳动力，提供食品和原料，而且能够扩大国内市场规模，赚取外汇。

（3）农业部门生产率较低，自身难以产生足够的积累。我国农业生产受自然条件制约，同时产品附加值不高，因此农业生产者的资本积累速度慢，农业很难吸引资金，甚至连农业自身的资源也会向收益较高的其他行业转移。

（4）许多农业投资项目只适于由政府来进行。如大型水库和各种灌溉工程等，其特点是投资量大、投资期限长、牵涉面广、投资以后产生的效益不易分割，而且投资的成本及其效益之间的关系不十分明显。

在了解农村和农业财政投资的必要性的同时，还要注重提高国家投资的效率，特别是在国家投资有限的情况下，更要正确选择财政投资的重点。

（1）农村和农业基础设施的投资。农村基础设施投资主要有农村基础教育、卫生设施的投资以及交通道路、电网建设的投资。农业基础设施投资主要是进一步加强大江、大河、大湖的综合治理，集中资金兴建一批具有综合效益的大中型水利工程，以改善农业生产条件，提高农业综合生产能力。

（2）农业生态环境领域的投资。政府应增加绿化、水土保持和防护林建设的投入，加大改善农业生态环境的投资力度。

（3）农业研发和科技推广领域的投资。农业发展的根本途径在于改造传统农业，提高农业劳动生产率，这就需要政府增加农业研发和科技推广领域的投资。例如，扶持农业科研单位开展农业科学研究，推动新品种和新技术的开发，增加农业技术推广投入，增加农业部门的教育和培训的经费投入等。

第四章 税收原理

大纲重、难点提示

本章的重点和难点问题是税收原则和效率。

大纲习题解答

一、单项选择题

1. 以下对税收的基本特征表述正确的是（　　）。
①强制性。②无偿性。③公开性。④公平性。⑤固定性。⑥灵活性。
A. ①②③④⑤⑥　　　　　　　　B. ①②④
C. ①②⑤　　　　　　　　　　　D. ①④⑤

答案要点：本题正确选项为 C。解析：税收的基本特征包括强制性、无偿性和固定性三个方面。本题源自《财政学》第四章第一节 466 页。

2. 税收的基本特征为（　　）。
A. 强制性、无偿性、固定性　　　B. 强制性、公共性、调节性
C. 无偿性、公共性、灵活性　　　D. 调节性、公共性、灵活性

答案要点：本题正确选项为 A。解析：税收的基本特征包括强制性、无偿性和固定性三个方面。这三种特性是税收区别于其他财政收入的基本特征，不同时具备这三种特征的财政收入不能称其为税收。本题源自《财政学》第四章第一节 466 页。

3. 税法规定的负有纳税义务的单位和个人是（　　）。
A. 纳税客体　　　　　　　　　　B. 纳税主体
C. 课税标准　　　　　　　　　　D. 课税基础

答案要点：本题正确选项为 B。解析：纳税人又称纳税主体，是税法规定的负有纳税义务的单位和个人。本题源自《财政学》第四章第一节 467 页。

4. 税法规定的征税的目的物是（　　）。
A. 纳税客体　　　　　　　　　　B. 纳税主体
C. 课税标准　　　　　　　　　　D. 课税基础

答案要点：本题正确选项为 A。解析：纳税对象又称纳税客体，是税法规定的征税的目的物，是征税的根据。本题源自《财政学》第四章第一节 467 页。

5. 规定了一个税种的征收范围，反映征税广度的是（　　）。
A. 税源　　　　　　　　　　　　B. 税率
C. 税目　　　　　　　　　　　　D. 起征点

答案要点：本题正确选项为 C。解析：税目是课税对象的具体项目的具体划分，规定

了一个税种的征收范围，反映了征税的广度。本题源自《财政学》第四章第一节467页。

6. 体现国家税收政策，反映征税深度的是（　　）。
A. 税源　　　　　　　　　　B. 税率
C. 税目　　　　　　　　　　D. 起征点

答案要点：本题正确选项为B。解析：税率是国家税征的比率，是国家税收制度的核心，反映了征税的深度，体现了国家的税收政策。本题源自《财政学》第四章第一节467页。

7. 按税收与价格的关系，可将税收分为（　　）。
A. 从价税与从量税　　　　　B. 价内税与价外税
C. 直接税与间接税　　　　　D. 国内税与涉外税

答案要点：本题正确选项为B。解析：以税收与价格的关系为标准，可将税收划分为价内税和价外税。凡税金构成价格组成部分的，称为价内税；凡税金作为价格之外附加的，称为价外税。本题源自《财政学》第四章第一节470页。

8. 按课税标准，可将税收分为（　　）。
A. 从价税与从量税　　　　　B. 价内税与价外税
C. 直接税与间接税　　　　　D. 国内税与涉外税

答案要点：本题正确选项为A。解析：按照课税标准分类，可将税收划分为从量税和从价税。按课税对象的数量、重量、容量或体积等计算的税种是从量税；按课税对象的价格计算的税种称为从价税。本题源自《财政学》第四章第一节469页。

9. 下列属于直接税的税种的是（　　）。
A. 营业税　　　　　　　　　B. 增值税
C. 个人所得税　　　　　　　D. 关税

答案要点：本题正确选项为C。解析：凡是税负不能转嫁的税种，归属于直接税，如所得税、财产税。本题源自《财政学》第四章第一节469页。

10. 税法中规定的直接负有纳税义务的单位和个人是（　　）。
A. 纳税人　　　　　　　　　B. 负税人
C. 扣缴义务人　　　　　　　D. 纳税担保人

答案要点：本题正确选项为A。解析：纳税人又称纳税主体，是税法规定的负有纳税义务的单位和个人。本题源自《财政学》第四章第一节467页。

11. 下列不属于法律形式上的税率形式的是（　　）。
A. 比例税率　　　　　　　　B. 定额税率
C. 实际税率　　　　　　　　D. 累进税率

答案要点：本题正确选项为C。解析：比例税率、定额税率、累进税率是法律形式上的税率形式，即税法中可能采用的税率。本题源自《财政学》第四章第一节468页。

12. 将税收分为价内税和价外税的依据是（　　）。
A. 征税的依据　　　　　　　B. 税收与价格的关系
C. 税收的隶属关系　　　　　D. 税收负担能否转嫁

答案要点：本题正确选项为B。解析：以税收与价格的关系为标准，可将税收划分为价内税和价外税。凡税金构成价格组成部分的，称为价内税；凡税金作为价格之外附加的，称为价外税。本题源自《财政学》第四章第一节470页。

13． 最早比较明确提出税收原则的是（　　）。
   A．德国经济学家尤斯蒂
   B．古典政治经济学家亚当·斯密
   C．英国财政学家托马斯·霍布斯
   D．德国社会政策学派阿道夫·瓦格纳

答案要点：本题正确选项为C。解析：最早比较明确提出税收原则的是英国重商主义前期的财政学家托马斯·霍布斯。本题源自《财政学》第四章第二节470页。

14． 从经济自由主义立场出发，提出了平等、确实、便利、最小征收费用四大税收原则的是（　　）。
   A．德国经济学家尤斯蒂
   B．古典政治经济学家亚当·斯密
   C．英国财政学家托马斯·霍布斯
   D．德国社会政策学派阿道夫·瓦格纳

答案要点：本题正确选项为B。解析：从经济自由主义立场出发，提出平等、确实、便利、最小征收费用四大税收原则的是古典政治经济学家亚当·斯密。本题源自《财政学》第四章第二节471页。

15． 财政政策、国民经济、社会公正、税务行政的税收原则是由（　　）提出来的。
   A．威廉·配第　　　　　　B．亚当·斯密
   C．阿道夫·瓦格纳　　　　D．凯恩斯

答案要点：本题正确选项为C。解析：与其他税收原则相比，发展得最为完备的税收原则是德国社会政策学派代表人物阿道夫·瓦格纳提出的税收原则，即财政政策原则、国民经济原则、社会公正原则和税务行政原则。本题源自《财政学》第四章第二节471页。

16． 与其他税收原则相比，发展得最为完备的税收原则是（　　）提出的。
   A．德国经济学家尤斯蒂
   B．古典政治经济学家亚当·斯密
   C．英国财政学家托马斯·霍布斯
   D．德国社会政策学派阿道夫·瓦格纳

答案要点：本题正确选项为D。解析：与其他税收原则相比，发展得最为完备的税收原则是德国社会政策学派代表人物阿道夫·瓦格纳提出的税收原则，即财政政策原则、国民经济原则、社会公正原则和税务行政原则。本题源自《财政学》第四章第二节471页。

17． 避免或减少超额负担的方法不包括（　　）。
   A．对供求弹性为零的商品征税
   B．对所有的商品等量（从价）征税
   C．对以税金作为价格以外的附加部分征税
   D．对所得征税

答案要点：本题正确选项为C。解析：为避免或减少税收的超额负担的方法包括对供

求弹性为零的商品征税、对所有的商品等量（从价）征税以及对所得征税。本题源自《财政学》第四章第二节473页。

18. 衡量税收制度效率状况的指标包括（　　）。
A. 收入指标　　　　　　　　　B. 质量指标
C. 利润指标　　　　　　　　　D. 时限指标

答案要点：本题正确选项为B。解析：税收的制度效率是指税收制度的运行效率，其衡量指标包括质量指标、成本指标。本题源自《财政学》第四章第二节473页。

19. 衡量税收制度效率的质量指标不包括（　　）。
A. 集中性指标　　　　　　　　B. 侵蚀性指标
C. 政治性指标　　　　　　　　D. 时滞性指标

答案要点：本题正确选项为C。解析：衡量税收制度效率的质量指标一般是从税种结构、税基大小、时滞长短以及执行程度方面考察，分别归类为集中性指标、侵蚀性指标、时滞性指标以及执行性指标。本题源自《财政学》第四章第二节473页。

20. 衡量税收制度效率的成本指标不包括（　　）。
A. 征税成本　　　　　　　　　B. 服务成本
C. 政治成本　　　　　　　　　D. 纳税成本

答案要点：本题正确选项为B。解析：衡量税收制度效率的成本指标一般是指政府设计的税收制度能在统筹充分的收入基础上使税务成本最小化。分别归类为征税成本、纳税成本以及政治成本。本题源自《财政学》第四章第二节474页。

21. 税收制度如何对待福利水平不同的人，这是指税收的（　　）。
A. 能力原则　　　　　　　　　B. 受益原则
C. 横向公平原则　　　　　　　D. 纵向公平原则

答案要点：本题正确选项为D。解析：纵向公平原则是说，税收制度如何对待福利水平不同的人。比如说，所得税实行累进税率是实现纵向公平的制度保障。本题源自《财政学》第四章第二节474页。

22. 税收负担分配的"能力原则"要求应该根据他们的支出能力衡量税收数量，那么衡量支付的标准为（　　）。
①所得标准。②支出标准。③遗产标准。④财富标准。
A. ①②③　　　　　　　　　　B. ①②④
C. ①③④　　　　　　　　　　D. ②③④

答案要点：本题正确选项为B。解析：能力原则要求纳税人应当按照他们的支付能力纳税，他们缴纳的税收数量要与他们的支付能力成正比。由于财富主要由所得、支出和财产构成，所以能力测定标准可分为所得标准、支出标准和财富标准。本题源自《财政学》第四章第二节476页。

23. 通常可以通过（　　）避免或减少税收的超额负担。
①对供求弹性为零的商品征税。②对供求弹性为零的商品免税。③对所有商品等量（从价）征税。④对所得征税。
A. ①②③　　B. ②③④　　C. ①②④　　D. ①③④

答案要点：本题正确选项为 D。解析：为避免或减少税收的超额负担的方法包括，对供求弹性为零的商品征税、对所有的商品等量（从价）征税以及对所得征税。本题源自《财政学》第四章第二节 473 页。

24. 商品供求弹性是影响税负转嫁的因素之一，下列各项中，（　　）的商品不易转嫁税负。

   A. 供给弹性大、需求弹性也大　　　B. 供给弹性大、需求弹性小
   C. 供给弹性小、需求弹性大　　　　D. 供给弹性小、需求弹性也小

   答案要点：本题正确选项为 C。解析：供给弹性较大、需求弹性较小的商品的课税较易转嫁；供给弹性较小、需求弹性较大的商品的课税不易转嫁。本题源自《财政学》第四章第三节 479 页。

25. 纳税人通过压低进货的价格以转嫁税负的方式是（　　）。

   A. 前转　　　　　　　　　　　　　B. 后转
   C. 消转　　　　　　　　　　　　　D. 税收资本化

   答案要点：本题正确选项为 B。解析：后转又称为逆转，指在纳税人无法实现前转时，通过压低进货的价格以转嫁税负的方式，如对汽车销售商的课税，如无法提高售价，只好压低汽车进货价格，将税款全部或部分地转嫁给汽车制造者，则为后转。后转往往通过厂商和销售商以谈判的方式解决。本题源自《财政学》第四章第三节 478 页。

26. 在下列税种中税负不易转嫁的税种是（　　）。

   A. 增值税　　　　　　　　　　　　B. 公司所得税
   C. 消费税　　　　　　　　　　　　D. 营业税

   答案要点：本题正确选项为 B。解析：税负转嫁的条件之一就是税种的性质不同。商品课税如增值税、消费税、关税等较易转嫁，所得课税一般不能转嫁。本题源自《财政学》第四章第三节 479 页。

27. 税负转嫁的方式有（　　）。

   ①前转。②后转。③消转。④税收资本化。

   A. ②③④　　　　　　　　　　　　B. ①③④
   C. ②④　　　　　　　　　　　　　D. ①②③④

   答案要点：本题正确选项为 D。解析：税负转嫁是指商品交换过程中，纳税人通过提高销售价格或压低购进价格的方法，将税负转移给购买者或供应者的一种经济现象。其转嫁方式包括：①前转；②后转；③消转；④税收资本化。本题源自《财政学》第四章第三节 478 页。

28. 以下关于拉弗曲线的表述中错误的是（　　）。

   A. 表明税率和税收收入的函数关系
   B. 高税率一定取得高收入
   C. 取得同样多的税收，可采取不同的税率
   D. 从理论上讲，税率与税收收入之间存在最优结合

   答案要点：本题正确选项为 B。解析：拉弗曲线说明的是税率和税收收入之间的函数关系。其基本内容为：①高税率不一定取得高收入；②取得同样多的税收，可采取不同的

税率；③从理论上讲，税率与税收收入之间存在最优结合。本题源自《财政学》第四章第四节481页。

29. 按照最适课税理论，最适所得税税率曲线应该呈现倒"U"形，这意味着（　　）。

A. 中等收入者的边际税率可适当提高，而低收入者和高收入者应适用相对较低的税率

B. 中等收入者的边际税率可适当提高，而低收入者的边际税率可适当降低

C. 中等收入者的边际税率可适当低些，而高收入者的边际税率可适当提高

D. 高收入者的边际税率可适当提高，而低收入者和中等收入者应适用相对较低的税率

答案要点：本题正确选项为A。解析：最适所得税税率应当呈倒"U"形。即中等收入者的边际税率可适当提高，而低收入者和高收入者应适用相对较低的税率。本题源自《财政学》第四章第四节483页。

二、名词解释

1. 累进税率：按课税对象数额的大小划分为若干等级，每个等级由低到高规定相应的税率，课税对象数额越大、税率越高，数额越小、税率越低。累进税率根据具体操作方法的不同又分为超额累进税率和全额累进税率。

2. 价内税与价外税：根据税收与价格的关系对税收进行的分类。凡税金构成价格组成部分的，称为价内税，该计税依据为含税价格；凡税金作为价格之外附加的，称为价外税，该计税依据为不含税价格。

3. 税收中性：指政府课税不扭曲市场机制的运行，或者说不影响私人部门原有的资源配置状况。

4. 税负转嫁：指在商品交换过程中，纳税人通过提高销售价格或压低购进价格的方法，将税负转移给购买者或供应者的一种经济现象。税负转嫁与价格的升降直接相关，是税收负担在各经济主体之间的重新分配，也是纳税人维护和增加自身利益的自主行为。

5. 拉弗曲线：美国供给学派代表人物阿瑟·拉弗提出的关于税率和税收收入以及经济增长之间的函数关系（图形参见简述题部分的图4.4.2）的思想。拉弗曲线反映了如下一些经济思想：①高税率不一定取得高收入，高税收不一定就是高效率；②取得同样多的税收可以采取不同的税率，其中低税率从长远看可以促进生产的发展；③从理论上说明了税率与税收存在最优组合。

三、简述题

1. 简述税收的基本特征。

答案要点：税收的基本特征包括三个方面。

（1）税收的强制性。国家凭借政治权力，颁布法令实施，任何单位和个人都不得违抗。

（2）税收的无偿性。国家征税以后，税款即为国家所有，既不需要偿还，也不需要对纳税人付出任何代价。

（3）税收的固定性。征税前国家就以法律的形式规定了征税对象以及统一的税率比例或数额，并只能按预定的标准征税。

2. 借助图形解释税收的超额负担。

答案要点：马歇尔－哈伯格超额负担理论。该理论是哈伯格首先利用马歇尔的基数效用理论作为超额负担的基本理论说明，后来称之为马歇尔－哈伯格超额负担理论。图4.4.1说明的是一种商品的市场，D 是这种商品的需求曲线，S 是供给曲线。征税前的均衡点是 E，产量为 OG，价格为 OB。假定政府对这种商品课征 FD 的从量税，供给曲线 S 将向左上方移动至 $S+T$，税后市场均衡点为 F，产量减少至 OH，价格上升至 OA。这种税的税收收入是 CD（销售量）乘以 DF（税率），即 $ACDF$ 的面积。消费者因课税而损失的消费者剩余是 $ABEF$ 的面积，生产者因课税而损失的生产者剩余是 $BCDE$ 的面积。这两种损失合计为 $ACDEF$ 的面积，显然大于政府的税收收入（$ACDF$ 的面积）。二者间的差额 FDE 就是课税的超额负担。这说明，纳税人不仅向政府纳税 $ACDF$，而且因商品价格上升、产量（消费者）减少，消费者可能要转向消费其他商品，使消费者在商品间的选择受到扭曲。税收的经济效率就是要求政府在征税过程中尽量使 FDE 这个"哈伯格三角"的面积最小化。

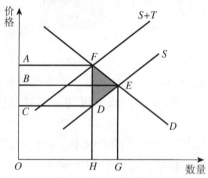

图 4.4.1 税收的超额负担

为此，可通过以下三种方法避免或减少超额负担：①对供求弹性为零的商品征税；②对所有商品等量（从价）征税；③对所得征税。

3. 简述税负转嫁的条件。

答案要点：税负转嫁是指在商品交换过程中，纳税人通过提高销售价格或压低购进价格的方法，将税负转嫁给购买者或供应者的一种经济现象。在价格可以自由浮动的前提下，税负转嫁的程度，还受诸多因素的制约，主要有：

（1）供求弹性的大小。供给弹性较大、需求弹性较小的商品的课税较易转嫁；供给弹性较小、需求弹性较大的商品的课税不易转嫁。

（2）税种的性质不同。商品课税较易转嫁，所得课税一般不能转嫁。税负转嫁的最主要方式是变动商品的价格，因而，以商品为课税对象，与商品价格关系密切的增值税、消费税、关税等比较容易转嫁，而与商品及商品价格关系不密切或距离较远的所得课税往往难以转嫁。

（3）课税范围的宽窄。课税范围宽广的商品较易转嫁，课税范围狭窄的商品难以转嫁。因为课税范围宽，消费者就难以找到应税商品的替代品，只能购买因征税而加了价的商品。

（4）税负转嫁与经营者利润的增减关系。经营者利润目标与税负转嫁也有一定关系。经营者为了全部转嫁税负，必须把商品售价提高到一定水平，而售价提高就会影响销量，进而影响经营总利润。此时，经营者必须比较税负转嫁所得与商品销售量减少的损失，若后者大于前者，则经营者宁愿负担一部分税款以保证商品销售量。

4. 用拉弗曲线简要说明税率与税收收入之间的关系。

答案要点：拉弗曲线是美国供给学派代表人物阿瑟·拉弗提出的关于税率和税收收入以及经济增长之间关系的一种思想。拉弗曲线所反映的税率与税收收入之间的关系（如图4.4.2所示）有以下几种：

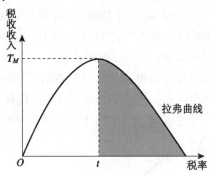

图4.4.2 拉弗曲线

（1）高税率不一定意味着高收入，高税收也不一定是高效率。过高的税率会损害生产者和经营者的积极性，阻碍生产的发展，减少税基。高税率往往会带来过多的减免和优惠，造成税制不公平。

（2）取得既定的税收可以采取两种不同的税率。相比而言，低税率是可取的，因为从长远看，它可以促进生产，扩大税基，反而有利于税收收入的增长。

（3）税率与税收以及经济增长之间的最优结合虽然在实践中是少见的，但从理论上证明是可能的，它是税制设计的理想目标模式，即最佳税率。

四、论述题

1. 如何理解征税中的公平与效率？

答案要点：（1）税收应以公平为本，公平合理是税收的基本原则和税制建设的目标。税收公平一般包括两个方面：①普遍征税，即征税遍及税收管辖之内的所有法人和自然人，换言之，所有有纳税能力的人都应毫无例外地纳税。②平等征税，即国家征税的比例或数额与纳税人的负担能力相称。具体有两个方面的含义：纳税能力相同的人同等纳税，即所谓"横向公平"；纳税能力不同的人纳税不同，即所谓"纵向公平"。纳税能力一般是以所得为标准来衡量的。

（2）征税必须考虑效率的要求，征税不仅应是公平的，而且应是有效率的。这里的效率包括两层意义：一是指征税过程本身的效率，即较少的征收费、便利的征收方法等；二是指征税对经济运行效率的影响，征税必须有利于促进经济效率的提高，有效地发挥税收调节经济的功能。

（3）税收的公平与效率是密切相关的。从总体上讲，税收的公平与效率是互相促进、互为条件的统一体：①效率是公平的前提，如果税收活动阻碍了经济发展，影响了GDP的增长，尽管是公平的，也是没有意义的。②公平是效率的必要条件，尽管公平必须以效率为前提，但失去了公平的税收也不会是高效率的。因为税收不公平必然会挫伤企业和个人的积极性，甚至还会引起社会矛盾，从而使社会生产缺少劳动力和活力，自然也就无效率可言。③同时兼顾公平与效率两个方面的税制才是最好的税制，但就具体的税种来说，往往不是低效率、高公平，就是高效率、低公平，高效率、高公平的最优结合是少有的。④"效率型"税制更适合发展中国家，"公平型"税制更适合发达国家。发展中国家实行"效率型"税制比之实行"兼顾型"税制更能促进本国经济腾飞；发达国家实行"公平型"税制更有益于社会安定。总之，把税制的设计同本国的具体情况和长远发展战略结合起来，显然是对公平与效率二者更深层次和更高层次的兼顾。

2. 什么是最适课税理论？该理论的主要内容有哪些？

答案要点：（1）最适课税理论是以资源配置的效率性和收入分配的公平性为准则，对构建经济合理的税制体系进行分析的理论。理想的最优课税理论是假定政府在建立税收制度和制定税收政策时，对纳税人的信息（包括纳税能力、偏好结构等）是无所不知的，而且政府具有无限的征管能力。但现实中政府对纳税人和课税对象等的了解并不完全，征管能力也有限，在这种信息不对称的情况下，最适课税理论研究的是政府如何征税才能既满足效率要求，又符合公平原则。

最适课税理论的基石包括三个方面：①个人偏好、技术（一般可获得连续规模效益）和市场结构（通常是完全竞争的）要明确地表现出来。②政府必须通过一套管理费用低廉的有限的税收工具体系来筹措既定的收入。其中，纳税义务与其经济决策无关的一次总付税一般不予考虑，而且，在对经济做出某些假定的情况下，税收工具的任何选择都将与个人的消费情况相关。③在多人模型中，以效用的社会福利函数（对个人的效用水平进行加总，用来测定社会福利）作为标准函数，计算出各种结果，据此在有限的税收工具体系中选择最适税制。

（2）最适课税理论的主要内容。最适课税理论的观点主要体现在直接税与间接税的搭配理论、最适商品课税理论和最适所得课税理论上。最适课税理论的内容主要包括以下几个方面：

①直接税与间接税应当是相互补充的而非相互替代的，因为这两大税系各自都有优缺点。

②税制模式的选择取决于政府的政策目标。如果政府的政策目标以分配公平为主，就应选择以所得税为主体税种的税制模式；如果政府的政策目标以经济效率为主，就应选择以商品税为主体税种的税制模式。

③逆弹性命题，也称为拉姆斯法则，指在最适商品课税体系中，当各种商品的需求相互独立时，对各种商品课征的各自的税率必须与该商品自身的价格弹性呈反比。

④最适商品课税要求开征扭曲性税收，这是因为政府在大多数情况下不能获得完全的信息，而且征税能力受到限制。因此，按拉姆斯法则课征商品税不能保证生产高效率，还必须课征其他扭曲性税收。同时，要使商品税具有再分配功能，也必须征收扭曲性商品税。

⑤所得税的边际税率不能过高。为使社会福利函数最大化，社会完全可以采用较低累进程度的所得税来实现收入再分配，过高的边际税率不仅会导致效率损失，而且对公平分配目标的实现也无益。

⑥最适所得税税率应当呈倒"U"形。从社会公平与效率的总体角度来看，中等收入者的边际税率可适当高些，而低收入者和高收入者应适用相对较低的税率。

第五章 税收制度

大纲重、难点提示

本章的重点和难点问题是税制体系的内容和特征。

大纲习题解答

一、单项选择题

1. 税制结构是指一国各税种的总体安排，具体而言，税制结构的决定因素主要有以下哪几种？（　　）

①经济发展水平。②征收管理能力。③财政支出结构。④税收政策目标。⑤相邻国家的示范效应。

A. ①②③④　　　　　　　　　　B. ②③④⑤
C. ①②④⑤　　　　　　　　　　D. ①②③④⑤

答案要点：本题正确选项为 D。解析：税制结构的决定因素主要有以下几种，①经济发展水平；②征收管理能力；③财政支出结构；④税收政策目标；⑤相邻国家的示范效应。本题源自《财政学》第五章第一节 485 页。

2. 在下列项目中属于商品课税的特点的是（　　）。

A. 税负比较公平　　　　　　　　B. 具有促进社会节约的效能
C. 以流转额为计税依据　　　　　D. 课税弹性较差

答案要点：本题正确选项为 C。解析：商品课税的一般特征有，①课征普遍；②以商品和非商品的流转额为计税依据；③实行比例税率；④计征简便。本题源自《财政学》第五章第二节 486 页。

3. 商品课税的一般特征是（　　）。

①课征普遍。②税负轻。③以流转额为计税依据。④实行比例税率。⑤课税弹性较差。⑥计征简便。

A. ①②③④　　　　　　　　　　B. ②③④⑤
C. ①②④⑤　　　　　　　　　　D. ①③④⑥

答案要点：本题正确选项为 D。解析：商品课税的一般特征有，①课征普遍；②以商品和非商品的流转额为计税依据；③实行比例税率；④计征简便。本题源自《财政学》第五章第二节 486 页。

4. 以下属于增值税优点的是（　　）。

①避免重复征税。②计征简单。③可以减少或杜绝偷漏税。④保证税收稳定。

A. ①②③④　　　　　　　　　　B. ②③④
C. ①②④　　　　　　　　　　　D. ①③④

答案要点：本题正确选项为 D。解析：增值税的优点有，①避免重复征税；②税额不受流转环节影响；③可以减少或杜绝偷漏税；④保证税收稳定；⑤鼓励外向型经济的发展。本题源自《财政学》第五章第二节 486 页。

5. 增值税的类型可以分为（　　）。

①生产型。②消费型。③流转型。④收入型。

A．①②③　　　　　　　　　　B．②③④

C．①②④　　　　　　　　　　D．①③④

答案要点：本题正确选项为 C。解析：增值税的类型有生产型、消费型、收入型。本题源自《财政学》第五章第二节 487 页。

6. 在下列项目中不属于所得课税特点的是（　　）。

A．税负相对公平　　　　　　　B．一般不存在重复征税问题

C．有利于维护国家的经济权益　D．课税无弹性

答案要点：本题正确选项为 D。解析：所得课税的一般特征有，①税负相对公平；②一般不存在重复征税的问题，不影响商品的相对价格；③有利于维护国家的经济权益；④课税有弹性。本题源自《财政学》第五章第二节 487 页。

7. 采用比例税率，并以课源法征收的税种是（　　）。

A．商品税　　　　　　　　　　B．分类所得税

C．综合所得税　　　　　　　　D．消费型增值税

答案要点：本题正确选项为 B。解析：分类所得税一般采用比例税率，并以课源法征收。这种税制的优点是征收简便、税源易控，可有效地防止逃税行为，但其缺点是不能按纳税能力原则课征。本题源自《财政学》第五章第二节 488 页。

8. 以下哪些属于个人所得税范围？（　　）

①薪资所得。②个体经营所得。③股息所得。④租赁所得。

A．①②③　　　　　　　　　　B．②③

C．①②③④　　　　　　　　　D．②③④

答案要点：本题正确选项为 C。解析：根据《个人所得税法》，个人所得税的征收范围包括工资、薪金所得；个体工商户的生产、经营所得；对企事业单位的承包经营、承租经营所得；劳务报酬所得；稿酬所得；特许权使用费所得；利息、股息、红利所得；财产租赁所得；财产转让所得；偶然所得；经国务院财政部门确定征税的其他所得。本题源自《财政学》第五章第二节 488 页。

9. 我国 1994 年进行的税制改革的内容不包含（　　）。

A．推行规范化的增值税

B．对内资企业实行统一的企业所得税，取消原来设置的税种

C．统一个人所得税

D．公平税负，促进公平竞争

答案要点：本题正确选项为 D。解析：我国 1994 年进行的税制改革的内容包括，①推行规范化的增值税；②对内资企业实行统一的企业所得税，取消原来设置的税种；③统一个人所得税；④调整、撤并和开征一些其他税种。本题源自《财政学》第五章第三节 492 页。

10. 我国1994年进行的税制改革的基本思路不包括（　　）。
A. 宽税基　　　　　　　　　B. 低税率
C. 多税种　　　　　　　　　D. 差别待遇

答案要点：本题正确选项为C。解析：我国1994年进行的税制改革的基本思路可以归纳为宽税基、低税率、差别待遇和严格管理。本题源自《财政学》第五章第三节493页。

二、名词解释

1. 税制类型：指一国征收一种税还是多种税的税制。在一个税收管辖权范围内，只征收一种税的税制称为单一税制，同时征收两种以上税种的税制称为复合税制。

2. 税制结构与税制模式：税制结构是指一国各税种的总体安排，只有在复合税制类型条件下才有税制结构问题。在税制结构中，不同税种的相对重要性差异很大，形成了不同的税制模式。税制模式是指在一国的税制结构中以哪类税作为主体税种。税制结构特别是其中的主体税种（税制模式），决定着税制系统的总体功能。

3. 分类所得税：指把纳税人的各种应纳税所得分为若干类别，不同类别（或来源）的所得适用不同的税率，分别课征所得税。例如，把应税所得分为薪给报酬所得、服务报酬所得、利息所得、财产出租所得、盈利所得等，根据这些所得类别，分别规定高低不等的税率，分别依率计征。分类所得税一般采用比例税率，并以课源法征收。这种税制的优点是征收简便、税源易于控制，可有效地防止逃税行为；其缺点是不能按纳税能力原则课征。此税制首创于英国，但目前实行纯粹分类所得税的国家已不多见。

4. 综合所得税：指对纳税人个人的各种应税所得（如工薪收入、利息、股息、财产所得等）综合征收。这种税制多采用累进税率，并以申报法征收。其优点是能够量能课税，公平税负。但这种税制需要纳税人纳税意识强、服从程度高，征收机关征管手段先进、工作效率高。综合所得税最先出现于德国，现已为世界各国普遍采用。

5. 税制改革：通过税制设计和税制结构的边际改变来增进社会福利的过程。税制改革可能有很多形式，既有税率、纳税档次、起征点或免征额的升降和税基的变化，又有新税种的出台和旧税种的废弃，还有税种搭配组合的变化。

三、简述题

1. 简述税制结构的决定因素。

答案要点：税制结构是指一国各税种的总体安排。只有在复合税制类型条件下才有税制结构问题。税制结构中的主体税种决定着税制系统的总体功能。从世界各国税制结构的历史演变和现状来看，决定税制结构的主要因素可以概括为经济发展水平、征收管理能力、财政支出结构、税收政策目标以及周边国家的示范效应等。

（1）经济发展水平。经济发展水平越高（低），人均收入越高（低），所得税和社会保障税的收入占税收收入总额的比重越高（低）。这在很大程度上说明了为什么工业化国家以所得税为主，而大多数发展中国家以商品税为主。

（2）征收管理能力。会计制度越完善，征收管理手段越先进，诚信纳税程度越高，所得税的收入比重越高。商品税的收入比重在发展中国家比较高，其中的一个重要原因是商品课税在管理上要比所得课税更容易些。

(3) 财政支出结构。财政支出结构对税制结构的影响，主要体现在专税专用的情况下，如果某项财政支出的需求较大且所占份额较高，那么，为此融资的相应税种的收入比重也会随之较高。最典型的例子就是社会保障税。

(4) 税收政策目标。理论上一般认为，间接税比所得税更有利于经济增长，而所得税比间接税更有利于公平收入分配。所以，旨在促进经济增长的发展中国家，一般是以间接税为主的税制结构；旨在公平收入分配的发达国家，一般是以所得税和社会保障税为主的税制结构。

(5) 周边国家的示范效应。一国的税制结构在一定程度上也受周边国家税制结构的影响，这种示范效应涉及资本、劳动力、商品在相邻国家间的流动。

随着世界各国经济的发展，税制结构表现出趋同的趋势。在经济发达国家的税制结构中，所得税占的比重下降，商品和服务税的比重上升。而在发展中国家，所得税收入所占的比重缓慢提高，间接税的比重则有所下降。

2. 简述所得税的类型。

答案要点：所得税是对所有以所得额为课税对象的税种的总称。所得税具有四个特征：税负相对公平；不存在重复征税，不影响商品的相对价格；有利于维护国家的经济权益；课税有弹性。所得税可以分为分类所得税、综合所得税和分类综合所得税三种。

(1) 分类所得税是把纳税人的各种应纳税所得分为若干类别，不同类别（或来源）的所得适用不同的税率，分别课征所得税。分类所得税一般采用比例税率，并以课源法征收。这种税制的优点是征收简便、税源易于控制，可有效地防止逃税行为；其缺点是不能按纳税能力原则课征。此种税制首创于英国，但目前实行纯粹分类所得税的国家已不多见。

(2) 综合所得税是对纳税人个人的各种应税所得（如工薪收入、利息、股息、财产所得等）综合征收。这种税制多采用累进税率，并以申报法征收。其优点是能够量能课税，公平税负。但这种税制需要纳税人纳税意识强、服从程度高，征收机关征管手段先进、工作效率高。综合所得税最先出现于德国，现已为世界各国普遍采用。

(3) 分类综合所得税是把分类所得税与综合所得税综合起来，采用并行征收制。先按分类所得税课征，然后再对个人全年总所得超过规定数额以上的部分进行综合加总，另按累进税率计税。这种税制既能量能课税，又使征收简便，不失为一种较好的选择。

3. 简述增值税的优点。

答案要点：增值税是就商品价值中增值额课征的一个税种，是我国现行税制中最重要的一个税种。它的优点表现在：

(1) 在就一种商品多次课征中避免重复征税。

(2) 增值税采取道道课税的课征方式，并以各企业新创造的价值为计税依据，可以使各关联企业在纳税上互相监督，减少乃至杜绝偷税漏税的现象。

(3) 增值税的课征与商品流转环节相适应，但税收额的大小又不受流转环节多少的影响。

(4) 企业的兼并和分立都不影响增值税额，可以保证收入的稳定。

(5) 对于出口需要退税的商品可以实行零税率，将商品在国内已缴纳的税收一次全部退还给企业,比退税不彻底的一般流转税更能鼓励外向型经济的发展。

四、论述题

试论述我国1994年税制改革的基本原则和主要内容。

答案要点:(1)税制改革是通过税制设计和税制结构的边际改变来增进社会福利的过程。税制改革可能有很多形式,既有税率、纳税档次、起征点或免征额的升降和税基的变化,又有新税种的出台和旧税种的废弃,还有税种搭配组合的变化。

(2)我国税制改革遵循的基本原则:

①加强税收的宏观调控功能,主要调整税种布局,确定合理税率,理顺国家、企业、个人的分配关系,适度提高财政收入占国内生产总值的比重。同时,合理划分中央税种和地方税种,为理顺中央与地方分配关系创造条件。

②公平税负,促进公平竞争,主要是统一企业所得税,完善流转税,改变按不同所有制、不同地区设置不同的税种和税率的做法,并使各类企业之间的税负大体公平,为平等竞争创造条件。

③发挥税收对个人收入和地区发展的调节作用,使个人收入分配保持合理差距,促进地区协调发展,实现共同富裕。

④贯彻国家的产业政策,有利于经济结构的合理调整,促进国民经济的持续、快速、健康发展。

⑤简化、规范税制,主要是取消与经济发展不相适应的税种,合并重复的税种,开征必要的新税种。

⑥保持原有的税负总水平,既不增加企业总体税负,又不减少国家财政收入。但一些地方、部门、企业以及个人的利益发生结构性的变化是不可避免的,因为税制改革理应是利益关系和分配格局的调整。

⑦严格控制优惠减免,规定除税法、税收条例所列的减税免税项目外,在执行中不准随意减税免税。

(3)1994年税制改革主要涉及四个方面的内容:

①以推行规范化的增值税为核心,相应设置消费税、营业税,建立新的流转税体系,对外资企业停止征收原工商统一税,统一实行新的流转税制。

②对内资企业实行统一的企业所得税,取消原来分别设置的国有企业所得税、国有企业调节税、集体企业所得税和私营企业所得税。同时,国有企业不再执行企业承包上缴所得税的包干制。

③统一个人所得税,取消原个人收入调节税和城乡个体工商户所得税,对个人收入和个体工商户的生产经营所得统一实行修改后的个人所得税法。

④调整、撤并和开征其他一些税种。如调整资源税、城市维护建设税和城镇土地使用税;取消集市交易税、牲畜交易税、烧油特别税、奖金和工资调节税;开征土地增值税、证券交易税;盐税并入资源税,特别消费税并入消费税等。

1994年进行的全面税制改革,建立了适应社会主义市场经济运行的税制体系,形成了比较完整的税制框架。但该税制在运行过程中也出现了很多问题,需要进一步按照宽税基、低税率、差别待遇、严格管理的思路继续深化税制改革。

第六章 国债理论与管理

● **大纲重、难点提示**

本章的重点和难点问题是国债的概念和功能。

大纲习题解答

一、单项选择题

1. 国债的功能是指（ ）。

①弥补财政赤字。②筹集建设资金。③转移财政支付。④调节经济。

A. ①②③   B. ①②④
C. ①③④   D. ②③④

答案要点：本题正确选项为 B。解析：国债的功能包括，①弥补财政赤字；②筹集建设资金；③调节经济。本题源自《财政学》第六章第一节 494 页。

2. 国债负担包括（ ）。

①债权人负担。②债务人负担。③纳税人负担。④代际负担。

A. ①②③④   B. ①②④
C. ①③④   D. ②③④

答案要点：本题正确选项为 A。解析：国债负担包括债权人负担、债务人负担、纳税人负担和代际负担。本题源自《财政学》第六章第一节 495 页。

3. 国债的限度一般是指国家债务规模的最高额度或国债的适度规模。债务规模包括（ ）。

①历年累积债务的总规模。②当年发行的国债总额。③当年到期需还本付息的债务总额。④计划发行的债务。

A. ①②③④   B. ①②④
C. ①③④   D. ①②③

答案要点：本题正确选项为 D。解析：债务规模包括三层意思，一是历年累积债务的总规模；二是当年发行的国债总额；三是当年到期需还本付息的债务总额。本题源自《财政学》第六章第一节 495 页。

4. 衡量国债限度的指标主要有（ ）。

①国债负担率。②国债依存度。③国债规模。

A. ②③   B. ①②
C. ①③   D. ③

答案要点：本题正确选项为 B。解析：衡量国债限度的指标主要有两个，一是国债负担率，即国债余额占 GDP 的比率；二是国债依存度，即当年国债发行额占当年财政支出的比率。本题源自《财政学》第六章第一节 495 页。

5. 国债的发行指国债售出或被个人和企业认购的过程。国债发行主要有（　　）。
①固定收益出售方式。②公募拍卖方式。③连续经销方式。④直接推销方式。⑤综合方式。

  A．②③④⑤　　　　　　　　　　　　B．①②③④
  C．①③④⑤　　　　　　　　　　　　D．①②③④⑤

答案要点：本题正确选项为 D。解析：国债发行方式主要有固定收益出售方式、公募拍卖方式、连续经销方式、直接推销方式和综合方式五种。本题源自《财政学》第六章第二节 496 页。

6. 国债到期之后，就要依发行时的规定，按期如数还本。国债偿还方式主要有（　　）。
①分期逐步偿还法。②抽签轮次偿还法。③到期一次偿还法。④市场购销偿还法。⑤以新替旧偿还法。

  A．②③④⑤　　　　　　　　　　　　B．①②③④
  C．①③④⑤　　　　　　　　　　　　D．①②③④⑤

答案要点：本题正确选项为 D。解析：国债偿还方式主要有分期逐步偿还法、抽签轮次偿还法、到期一次偿还法、市场购销偿还法和以新替旧偿还法五种。本题源自《财政学》第六章第二节 496 页。

7. 还本资金来源一般有（　　）。
①设立偿债基金。②依赖财政盈余。③通过预算列支。④举借新债。

  A．②③④　　　　　　　　　　　　　B．①②③④
  C．①③④　　　　　　　　　　　　　D．①②④

答案要点：本题正确选项为 B。解析：还本资金来源一般有设立偿债基金、依赖财政盈余、通过预算列支和举借新债四种。本题源自《财政学》第六章第二节 496 页。

8. 国债发行价格有（　　）。
①平价发行。②折价发行。③溢价发行。④中间价发行。

  A．②③④　　　　　　　　　　　　　B．①②③
  C．①③④　　　　　　　　　　　　　D．①②④

答案要点：本题正确选项为 B。解析：国债发行价格有三种，分别是平价发行、折价发行、溢价发行。本题源自《财政学》第六章第二节 497 页。

二、名词解释

1. 国债限度：指国家债务规模的最高额度或国债的适度规模。所谓债务规模包括三层意思：①历年累积债务的总规模；②当年发行的国债总额；③当年到期需还本付息的债务总额。衡量国债限度的指标主要有两个：一是国债负担率，即国债余额占 GDP 的比率；二是国债依存度，即当年国债发行额占当年财政支出的比率。

2. 国债发行市场：指国债发行场所，又称国债一级市场或初级市场，是国债交易的初始环节，一般是政府与证券承销机构如银行、金融机构和证券经纪人之间的交易，通常由证券承销机构一次全部买下发行的国债。

3. 国债流通市场：又称国债二级市场，是国债交易的第二阶段。一般是国债承销机构与认购者之间的交易，也包括国债持有者与政府或国债认购者之间的交易。它又分证券交易所交易和场外交易两类。证券交易所交易指在指定的交易所营业厅从事的交易；不在交易所营业厅从事的交易即为场外交易。

三、简述题

1. 简述国债的功能。

答案要点：（1）弥补财政赤字。通过发行国债弥补财政赤字是国债产生的主要动因，也是当今世界各国的普遍做法。以发行国债的方式弥补财政赤字，一般不会影响经济发展，可能产生的副作用也较小。因为：第一，发行国债只是部分社会资金的使用权的暂时转移，一般不会导致通货膨胀；第二，国债的认购通常遵循自愿的原则，基本上是社会资金运动中游离出来的资金，一般不会对经济发展产生不利的影响。当然，对国债弥补财政赤字的功能不能绝对化。因为：第一，财政赤字过大，债台高筑，最终会导致财政收支的恶性循环；第二，社会的闲置资金是有限的，国家集中过多，往往会侵蚀经济主体的必要资金，从而降低社会的投资和消费水平。

（2）筹集建设资金。首先，政府发行公债有明确的目的和用途，公债资金用于经济建设。比如，我国 1987 年开始发行重点建设债券和重点企业建设债券以及 1998 年实施积极财政政策中增发的国债，都是用于重点项目的建设。其次，即使政府为弥补财政赤字而发行的公债没有具体规定用于经济建设上，但财政赤字本身可能具有生产性。因为财政赤字通常是由资本预算不平衡造成的，也就是由资本性支出超支造成的。

（3）调节经济运行。国债是国家财政的重要组成部分，是对 GDP 的再分配，反映了社会资源的重新配置。国债资金用于投资或消费，就会改变社会积累与消费的比例关系，国债发行规模也具有稳定宏观经济的作用。

2. 如何理解国债负担？

答案要点：国债负担可以从四个方面来理解。

（1）债权人负担。国债作为认购者收入使用权的让渡，这种让渡虽是暂时的，但对他的经济行为会产生一定的影响，所以国债发行必须考虑认购人的实际负担能力。

（2）债务人负担。政府借债是有偿的，到期要还本付息，尽管政府借债时获得了经济收益，但偿债却体现为一种支出，借债的过程也就是国债负担的形成过程。所以，政府借债要考虑偿还能力，只能量力而行。

（3）纳税人负担。不论国债资金的使用方向如何、效益高低如何，还债的收入来源最终还是税收，也就是当政府以新债还旧债的方式难以继续时，最终是以税收来还本付息的。马克思所说的国债是一种延期的税收，就是指国债与税收的这种关系。

（4）代际负担。由于有些国债的偿还期较长，连年以新债还旧债并不断扩大债务，就会形成这一代人借的债务转化为下一代甚至几代人负担的问题。如果转移债务的同时为后代人创造了更多的财富或奠定了创造财富的基础，则债务负担转移在某种意义上可认为正常；如果国债收入被用于当前的消费，或者使用效率低下，则留给后代的只能是净债务，并因此影响其生产和生活。

3. 简述国债市场的作用。

答案要点：(1) 实现国债的发行和偿还。国家可以采取固定收益出售方式和公募拍卖方式在国债市场的交易中完成发行和偿还国债的任务。

(2) 调节社会资金的运行。在国债市场中，国债承销机构和国债认购者以及国债持有者与证券经纪人从事的直接交易，国债持有者和国债认购者从事的间接交易，都是社会资金的再分配过程，最终使资金需要者和国债需要者得到满足，使社会资金的配置趋向合理。若政府直接参与国债交易活动，以一定的价格出售或收回国债，就可以发挥诱导资金流向和活跃证券交易市场的作用。

(3) 在现代社会，主要发达国家的国债大都是通过国债市场发行的，并有相当一部分是通过国债市场偿还的。近年来，随着国债规模扩大和对社会资金运行调节的必要性增强，发展中国家也开始重视国债市场的作用，并逐步建立起适应本国国情的证券市场和国债市场。

第七章 国家预算与预算管理体制

大纲重、难点提示

本章的重点和难点问题是国家预算的概念、组成和原则。

大纲习题解答

一、单项选择题

1. 国家预算的原则是指国家选择预算形式和体系应遵循的指导思想,是制定政府财政收支计划的方针,一般包括(　　)。

①公开性。②可靠性。③完整性。④统一性。⑤年度性。

A. ①②③④⑤ B. ①②③⑤
C. ①③④⑤ D. ①②④⑤

答案要点:本题正确选项为A。解析:国家预算的原则一般包括公开性、可靠性、完整性、统一性和年度性。本题源自《财政学》第七章第一节499页。

2. 分税制改革的主要内容有(　　)。

①中央与地方的事权和支出划分。②中央与地方的收入划分。③中央财政对地方税收返还数额的确定。④原体制中央补助、地方上解及有关结算事项的处理。⑤过渡期转移支付制度。

A. ①②③④⑤ B. ①②③⑤ C. ①③④⑤ D. ①②④⑤

答案要点:本题正确选项为A。解析:分税制改革的主要内容有,①中央与地方的事权和支出划分;②中央与地方的收入划分;③中央财政对地方税收返还数额的确定;④原体制中央补助、地方上解及有关结算事项的处理;⑤过渡期转移支付制度。本题源自《财政学》第七章第四节504页。

3. 完善转移支付制度的途径有(　　)。

①选择目标模式。②微调纵向转移。③推进省(区)以下转移支付制度的建立和完善。

A. ①②③ B. ①② C. ①③ D. ③

答案要点:本题正确选项为A。解析:完善转移支付制度的途径有,①选择目标模式;②微调纵向转移;③推进省(区)以下转移支付制度的建立和完善。本题源自《财政学》第七章第四节506页。

二、名词解释

1. 国家预算:政府的基本财政收支计划,它的功能首先是反映政府的财政收支状况。国家预算包括多种预算形式和预算方法;国家预算一般由中央预算和地方预算组成。

2. "收支两条线"管理：指国家机关、事业单位、社会团体及其他组织，按照国家有关规定依法取得的政府非税收入全额缴入国库或者财政专户，支出通过财政部门编制预算进行统筹安排，资金通过国库或者财政专户收缴和拨付的管理制度。

3. 国家预算法：国家预算管理的法律规范，是组织和管理国家预算的法律依据。它的主要任务是规定国家立法机关和政府执行机关、中央与地方、总预算和单位预算之间的权责关系和收支分配关系。

4. 预算调整：预算执行的一项重要程序，是指经过批准的各级预算，在执行中因特殊情况需要增加支出或者减少收入，使总支出超过总收入或使原举借债务的数额增加等部分来改变原预算。

5. 预算外资金：指按国家财政制度规定不纳入国家预算的、允许地方财政部门和由预算拨款的行政事业单位自收自支的资金。简单地说，预算外资金是属于不纳入国家预算的一种财政性资金。

6. 预算管理体制：指处理中央和地方以及地方各级政府之间的财政关系的各种制度的总称。它是国家预算编制、执行、决算以及实施预算监督的制度依据和法律依据，是财政管理体制的主导环节。

三、简述题

1. 简述国家预算的基本原则。

答案要点：（1）国家预算的基本原则是指国家选择预算形式和体系应遵循的指导思想，是制定政府财政收支计划的方针。

（2）国家预算的基本原则主要有五条：

第一，公开性。国家预算及其执行情况必须采取一定的形式公之于众，让民众了解财政收支情况，并将预算置于民众的监督之下。

第二，可靠性。每一收支项目的数字指标必须运用科学的方法，依据充分，资料确定，不得假定、估算，更不能任意编造。

第三，完整性。该列入国家预算的一切财政收支都要反映在预算中，不得造假账、不得在预算外另列预算。国家允许的预算外收支，也应在预算中有所反映。

第四，统一性。尽管各级政府都设有各级财政部门，也有相应的预算，但这些预算都是国家预算的组成部分，所有地方政府预算连同中央预算一起共同组成统一的国家预算。这就要求设立统一的预算科目，每个科目都要严格按统一的口径、程序计算和填列。

第五，年度性。任何一个国家预算的编制和实现，都要有时间上的界定，即所谓预算年度。它是指预算收支起讫的有效期限，通常为一年。

2. 简述我国预算法的指导思想。

答案要点：（1）国家预算法是国家预算管理的法律规范，是组织和管理国家预算的法律依据。它的主要任务是规定国家立法机关和政府执行机关、中央与地方、总预算和单位预算之间的权责关系和收支分配关系。

（2）我国预算法主要体现以下指导思想：

第一，强化预算的法律约束力，使预算收支真正成为法令性的刚性指标。

第二，规范预算管理程序，明确预算管理职权。

第三，把加强预算管理与促进改革和发展经济紧密结合起来。

第四，把法律的科学性和可行性结合起来。

3. 如何积极稳妥地推行税费改革？

答案要点：（1）税费改革必须与规范收费同时并举。税收和收费是财政收入的两种形式，是不能相互替代的。在深化税制改革的同时，必须整顿收费秩序，建立规范的收费制度。

（2）税费改革应从中央政府做起。收费主要是地方财政的收入来源，而在中央财政收入中，收费理应是少量的，但目前我国中央各部门却存在大量收费项目，而且非规范的收费最初也是由中央各部门兴起的。从这个角度看，首先应将中央各部门的收费项目纳入税费改革中。

（3）先清理，后规范，分步纳入国家预算。当务之急是摸清各级政府的收费项目和收费数额，区分出符合规定且合理的收费和不符合规定且不合理的收费，坚决取缔不符合规定且不合理的收费。

4. 简述划分收支的基本依据。

答案要点：（1）社会公共需要的层次性。公共需要的层次性包含两个方面的内容：一方面是从支出角度分析，按受益范围为标准区分的层次性；另一方面则是为满足公共需要提供收入来源的层次性。从中央和地方收支运行的结果看，总是要对称的，只有收支对称才能维持财政收支的平衡。从这个意义上说，收入划分受支出划分的制约，也就是受公共需要受益范围的制约。但是，由于各地方支出需要和收入能力是不对称的，需要靠中央转移支付来调节这种不对称，所以划分收入需要遵循另外的标准。

（2）集权与分权关系。公共需要的层次性作为划分收支的标准，是市场经济国家分级预算体制的一般标准，通用于所有市场经济国家。但各国的收支划分是不同的，有的差别还很大，这主要取决于由各国的政治体制和本国国情决定的集权与分权关系。所以，集权与分权关系也是划分收支的基本标准之一。

5. 简述分级分税预算管理体制的基本内容。

答案要点：（1）一级政权、一级预算主体、各级预算相对独立，自求平衡。

（2）在明确市场经济中政府职能边界的前提下，划分各级政府职责（即事权）范围，在此基础上划分各级预算支出职责（即财权）范围。

（3）收入划分实行分税制。在收入划分比例上中央预算居主导地位，保证中央的调控权和调控力度。在税收划分方法上，有的按税种划分，有的对同一税种按不同税率分配，有的实行分成或共享制。

（4）预算调节制度，即所谓转移支付制度，有纵向调节（或纵向转移）和横向调节（或横向转移）两种形式。纵向调节的典型是中央政府对地方政府的补助金制度。

（5）各国的分级预算体制是适应本国的政治经济制度和历史传统长期形成的，就体制整体而言是相对稳定的，只是集权与分权关系及其相应的调节方法可以有经常的调整。

四、论述题

试述我国进一步完善分税制的基本思路。

答案要点：（1）进一步明确各级政府的事权范围和各级预算主体的支出职责。

第一,总体上政府与市场的关系,也就是政府职能的转变问题,对实行分级预算体制来说需要将原则具体化。

第二,对于各级政府事权的划分,规范的分级预算体制要求以法律形式具体化,力求分工明确,依法办事。

第三,各级预算主体支出职责的划分,一般而言,应遵循事权与财权相一致原则,但在具体事项上则不一定完全一致。

(2) 规范收入划分。

第一,分税制与税制是密切相连的,若税制调整了,分税及其相应的收入划分也必须随之调整。

第二,按税种划分收入和按行政隶属关系划分收入的分税效应是完全不同的,现行分税制的企业所得税仍是按行政隶属关系划分的,改为分率分成或比例分成将是必然的选择。

第三,凡属于税源普及全国或具有高度调节功能的税种划归中央税是分税制的通则,我国现行税制的个人所得税和固定资产投资方向调节税均属于这类税种,而分税制将这两种税划归为地方税种,只能视为权宜做法。

第四,通过税制调整健全地方税系应列为税制进一步完善的一项重要目标。

(3) 调整集权与分权关系。分级预算体制的集权与分权关系,主要体现在收支划分上面。从支出方来看,多数支出项目是由接近基层并熟悉居民偏好的地方来执行和管理的,所以地方支出在总支出中占较大的比重。但从收入方来看则应是相反的,即为了均衡横向不平衡,贯彻中央的宏观政策,中央财政收入应占主导地位。这也是各国实行分级预算体制通行的分配格局,几乎没有例外。

(4) 完善转移支付制度是完善分税制的重点。完善转移支付制度的基本途径,首先是进一步明确转移支付的目标模式,然后通过增量与存量并举的微调方式向目标模式接近。即:①选择目标模式;②微调纵向转移;③推进省(区)以下转移支付制度的建立和完善。

第八章 财政平衡与财政赤字

大纲重、难点提示

本章的重点和难点问题是财政平衡和财政赤字的概念,其中最重要的考点是财政不平衡的原因及其经济影响。

大·纲·习·题·解·答

一、单项选择题

1. 财政平衡是指国家预算收支在量上的对比关系。这种收支对比关系是指（　　）。
①收大于支,有结余。②支大于收,有逆差,即赤字。③收支相等。

A. ①②③　　　　　　　　　　B. ①②
C. ①③　　　　　　　　　　　D. ③

答案要点:本题正确选项为 A。解析:财政平衡是指国家预算收支在量上的对比关系。这种收支对比关系是指:①收大于支,有结余;②支大于收,有逆差,即赤字;③收支相等。本题源自《财政学》第八章第一节 506 页。

2. 财政不平衡的原因有（　　）。
①财政不平衡具有必然性。②外部冲击。③无弹性税制。④国有企业的经营状况。⑤意外事件。

A. ②③④　　　　　　　　　　B. ①②④⑤
C. ①③⑤　　　　　　　　　　D. ①②③④⑤

答案要点:本题正确选项为 D。解析:财政不平衡的原因有,①财政不平衡具有必然性;②外部冲击;③无弹性税制;④国有企业的经营状况;⑤意外事件。本题源自《财政学》第八章第一节 507 页。

3. 进出口商品价格的变动、外债成本的变动、国外援助规模的变动等,都是财政不平衡的（　　）。

A. 必然性　　　　　　　　　　B. 意外事件
C. 外部冲击　　　　　　　　　D. 经营状况

答案要点:本题正确选项为 C。解析:外部冲击指对一国国民收入有很大影响,但本国不能左右的外部事件;它是来自国际的影响因素,是不可控变量。比如,进出口商品价格的变动、外债成本的变动、国外援助规模的变动等,都会影响本国财政的收支状况。本题源自《财政学》第八章第一节 508 页。

4. 在某一财政年度,计划的财政收支是平衡的,而在预算执行过程中,由于主客观不可预测性因素的影响,致使决算出现支出大于收入的差额,是指（　　）。

A. 赤字　　　　　　　　　　　B. 财政赤字

C. 预算赤字　　　　　　　　　D. 赤字财政

答案要点：本题正确选项为B。解析：财政赤字是指在某一财政年度，计划的财政收支是平衡的，而在预算执行过程中，由于主客观不可预测性因素的影响，致使决算出现支出大于收入的差额。本题源自《财政学》第八章第二节508页。

5. 在某一财政年度，政府计划安排的总支出超过经常性收入并存在于决算中的差额，是指（　　）。

A. 赤字　　　　　　　　　　　B. 财政赤字

C. 预算赤字　　　　　　　　　D. 赤字财政

答案要点：本题正确选项为C。解析：预算赤字是指在某一财政年度，政府计划安排的总支出超过经常性收入并存在于决算中的差额。本题源自《财政学》第八章第二节509页。

6. 政府根据经济形势的发展变化，有意识扩大预算赤字的政策措施，是指（　　）。

A. 赤字　　　　　　　　　　　B. 财政赤字

C. 预算赤字　　　　　　　　　D. 赤字财政

答案要点：本题正确选项为D。解析：赤字财政是指政府有意识、有计划地利用预算赤字，以熨平经济波动，是一种扩张性财政政策。它是政府根据经济形势的发展变化，有意识扩大预算赤字的政策措施。本题源自《财政学》第八章第二节509页。

7. 赤字的排挤效应一般是指财政赤字或支出增加导致私人消费和投资支出减少的影响，一般分为（　　）。

①完全排挤效应。②部分排挤效应。③零排挤效应。

A. ②③　　　　　　　　　　　B. ①②

C. ①③　　　　　　　　　　　D. ①②③

答案要点：本题正确选项为D。解析：赤字的排挤效应一般是指财政赤字或支出增加导致私人消费和投资支出减少的影响，一般分为完全排挤效应、部分排挤效应和零排挤效应。本题源自《财政学》第八章第二节511页。

二、名词解释

1. 财政平衡：指国家预算收支在量上的对比关系。这种收支对比关系不外乎三种结果：一是收大于支，有结余；二是支大于收，有逆差，即赤字；三是收支相等。

2. 预算赤字：指在某一财政年度，政府计划安排的总支出超过经常性收入并存在于决算中的差额。这个概念包括以下两层意思：①赤字不仅表现在预算的执行结果上，而且政府在安排国家预算时，就已有计划、有目的地留下赤字缺口。②这种赤字虽然是计划安排的，但这种赤字计划可能是有目的地要实施一种扩张性财政政策，也可能是由于支出具有强烈的刚性，在税收上不去的情况下，被迫留下的赤字缺口。

3. 赤字依存度和赤字比率：赤字依存度是指财政赤字占财政支出的比例，说明一国在当年的总支出中有多大比例是依赖赤字支出实现的；赤字比率是指财政赤字占国内生产总值（GDP）的比例，说明一国在当年以赤字支出方式动员了多大比例的社会资源。这是衡量财政赤字规模的两个指标。

三、简述题

1. 如何理解财政平衡？

答案要点：（1）财政平衡是指国家预算收支在量上的对比关系。这种收支对比关系不外乎三种结果：一是收大于支，有结余；二是支大于收，有逆差，即赤字；三是收支相等。

（2）对财政平衡不能做绝对的理解。第一，在实际生活中，略有结余应属基本平衡，略有赤字也应视为基本平衡，二者都是财政平衡的表现形式，因而财政平衡追求的目标是基本平衡或大体平衡。第二，研究财政平衡要有动态平衡的观点，不能局限于静态平衡。第三，研究财政平衡还要有全局观点，不能就财政平衡论财政平衡，要与国民经济总量平衡相联系。第四，国家财政收支平衡要将中央预算平衡和地方预算平衡分别考察。

2. 简述财政平衡与总量平衡的关系。

答案要点：（1）财政平衡是社会总供求平衡中的一个组成部分。必须就国民经济的整体平衡来研究财政平衡，就财政本身来研究财政平衡难以得出全面、正确的结论。

（2）财政平衡是实现社会总供求平衡的一种手段。国民经济整体平衡的目标是社会总供求的大体平衡，财政平衡不过是其中的一个局部平衡，因而对社会总供求平衡而言，财政平衡本身不是目的，而是一种手段。

（3）财政平衡可以直接调节社会总需求。国民收入决定因素中的消费、储蓄、投资以及进出口属于个人和企业的经济行为，是通过市场实现的；而财政收支属于政府行为，因而财政收支平衡是由政府掌握的进行宏观调控的手段。财政平衡可以直接调节社会总需求，间接调节社会总供给。

3. 简述造成财政不平衡的主要原因。

答案要点：（1）财政收支正好相等是偶然的，财政不平衡具有必然性。造成财政不平衡的原因很多，既有经济原因，也有制度原因；既有客观因素，也有人为因素。

（2）外部冲击。外部冲击指对一国国民收入有很大影响，但本国不能左右的外部事件；它是来自国际的影响因素，是不可控变量。比如，进出口商品价格的变动、外债成本的变动、国外援助规模的变动等，都会影响本国财政的收支状况。

（3）无弹性税制。税收的收入弹性小于1的税制称为无弹性税制。在无弹性税制情况下，随着生产发展，国民收入增加，税收收入占 GDP 的比率无疑会下降，而财政支出一般不但不会减少，反而还要增加。所以，相对减少的税收收入与绝对增加的财政支出不相匹配，最终导致财政不平衡，或继续增加财政赤字规模。

（4）国有企业的经营状况。在我国，国有企业的经营状况是影响财政平衡与否的重要因素。这不仅是因为国有企业的生产经营活动在整个国民经济中占重要地位甚至是主导地位，还因为国有企业的财政收入在财政收入总额中占很高的比重。国有企业生产经营状况的好坏，直接关系到国家财政的平衡状况。

（5）意外事件。一旦发生意外事故（如某地发生强烈地震或闹水荒、旱灾），增支减收之事是合情合理的，当年财政甚至以后年度的财政平衡与否都要受到影响。

四、论述题

谈谈财政赤字规模的社会经济制约因素。

答案要点：（1）经济增长率的提高程度。如果经济持续增长率比较高，即使政府以较大规模的财政赤字用于发展经济，对国民经济也没有危害，或危害很小。这是因为，本国经济的吸纳能力随着国民收入的大幅度提高而相应加强，价格水平不会出现明显上涨。

（2）货币化部门的增加程度。在商品货币经济不断发展的情况下，一个国家当中的非货币化部门将不断地转化为货币化部门，这一进程就是这里所说的货币化。货币化进程减轻了由赤字引起的"额外货币供给"造成的通货膨胀压力。

（3）国民经济各部门能力的未利用程度。如果在国民经济中特别是农业和工业部门存在着大量的未利用或利用不足的资源和能力，那么预算赤字可能会使闲置的资源和能力动员起来，得到充分的利用，增加本国的生产水平，而不会对价格水平产生上抬的压力。

（4）赤字支出的投资项目性质。如果通过预算赤字筹集的资金，用于周期短、见效快的建设项目，生产的增加或多或少地抵消了公众持有货币购买力增加的影响，通货膨胀的压力就会在一个短暂的时滞之后被产量的增加所抵消。

（5）国际贸易的逆差程度。如果一国的国际收支是逆差，该国的赤字财政就可能是非通货膨胀性的。

（6）政府自身的管理能力。一般来说，财政赤字只要出现，就有产生通货膨胀压力的可能。重要的是，政府有无适当而有力的管理措施和廉洁的管理机构来防止以至消除赤字财政造成的通货膨胀压力。政府的这种管理能力主要表现在两个方面，即举债能力与征税能力、工资和价格控制能力。

（7）公众的牺牲精神。赤字融资安全限度的确定还不能忽视这样一个因素，即广大民众的理解和牺牲精神。一般而言，赤字融资有可能增加实际产出，但是资源动员和产品供给的时滞要求社会在或长或短的时间内保持一定程度的耐心，克服收入与生活水平预期过高的心理，甚至要忍受一下实际收入下降之苦。

第5部分
货币银行学

第一章 货币供求理论

● 大纲重、难点提示

本章的重点和难点问题是货币需求各学说的内容、$IS-LM$ 模型的经济与政策含义。

● 大纲习题解答

一、单项选择题

1. 货币的具体形态表现为（　　）。
①商品。②纸币。③硬币。④贵金属。
A. ②③　　　　　　　　　　　B. ①④
C. ④　　　　　　　　　　　　D. ①②③④

答案要点：本题正确选项为 B。解析：货币的具体形态表现为商品和贵金属。本题源自《货币银行学》第一章第一节 528 页。

2. 中央银行在建立现代货币统计体系，确定货币供给统计口径时以金融资产的（　　）为标准。
A. 稳定性　　　　　　　　　　B. 收益性
C. 风险性　　　　　　　　　　D. 流动性

答案要点：本题正确选项为 D。解析：中央银行在建立现代货币统计体系，确定货币供给统计口径时以金融资产的流动性为标准。本题源自《货币银行学》第一章第一节 528 页。

3. 国际货币基金组织统计货币的口径不包括（　　）。
A. 通货　　　　　　　　　　　B. 货币
C. 表征货币　　　　　　　　　D. 准货币

答案要点：本题正确选项为 C。解析：国际货币基金组织采用三个口径，即通货、货币和准货币。"通货"采用一般定义；"货币"等于存款货币以外的通货加私人部门的活期存款之和，相当于各国通常采用的 $M1$；"准货币"相当于定期存款、储蓄存款与外币存款之和，即包括除 $M1$ 之外可以称之为货币的各种形态。"准货币"加"货币"相当于各国通常采用的 $M2$。本题源自《货币银行学》第一章第一节 528 页。

4. （　　）相当于定期存款、储蓄存款与外币存款之和。
A. 通货　　　　　　　　　　　B. 货币
C. 准货币　　　　　　　　　　D. $M1+M2$

答案要点：本题正确选项为 C。解析：准货币亦称"准通货"，可随时兑换成货币，准货币相当于定期存款、储蓄存款与外币存款之和。从货币层次上看，准货币 $=M2-M1$。

本题源自《货币银行学》第一章第一节 528 页。

5. 我国 $M1$ 层次的货币口径是（　　）。

   A. $M1$ = 流通中现金

   B. $M1$ = 流通中现金 + 活期存款

   C. $M1$ = 流通中现金 + 活期存款 + 储蓄存款

   D. $M1$ = 流通中现金 + 活期存款 + 农村存款 + 机关团体部队存款

   答案要点：本题正确选项为 B。解析：目前我国人民银行的货币统计体系是，$M0$ 为流通中现金；$M1$ 为 $M0$ + 活期存款；$M2$ 为 $M1$ + 准货币［定期存款 + 储蓄存款 + 其他存款（含证券公司存放在金融机构的客户保证金）］。本题源自《货币银行学》第一章第一节 529 页。

6. 影响商业银行存款货币的总量的直接因素是（　　）。

   A. 现金漏损　　　　　　　　　B. 存款准备率

   C. 原始存款　　　　　　　　　D. 信用货币

   答案要点：本题正确选项为 B。解析：影响商业银行存款货币的总量的直接因素为存款准备率。本题源自《货币银行学》第一章第一节 530 页。

7. 原始存款来源于（　　）。

   A. 中央银行　　　　　　　　　B. 商业银行

   C. 个人客户　　　　　　　　　D. 机构客户

   答案要点：本题正确选项为 A。解析：在现代信用货币制度下，原始存款唯一的来源是中央银行。本题源自《货币银行学》第一章第一节 531 页。

8. 货币的三种形态不包括（　　）。

   A. 现金　　　　　　　　　　　B. 商业银行在中央银行的存款准备金

   C. 基础货币　　　　　　　　　D. 存款货币

   答案要点：本题正确选项为 C。解析：整个社会的货币共有三种形态，分别为现金、商业银行在中央银行的存款准备金、存款货币。本题源自《货币银行学》第一章第一节 532 页。

9. 基础货币是指（　　）。

   A. 基础货币（B）= 现金（C）+ 存款货币（D）

   B. 基础货币（B）= 流通中现金 + 活期存款

   C. 基础货币（B）= 现金（C）+ 商业银行在中央银行的存款准备金（R）

   D. 基础货币（B）= 现金（C）+ 商业银行在中央银行的存款准备金（R）+ 存款货币（D）

   答案要点：本题正确选项为 C。解析：货币供应的完整模型为，基础货币（B）= 现金（C）+ 商业银行在中央银行的存款准备金（R）；货币供应量（M）= 现金（C）+ 存款货币（D）。本题源自《货币银行学》第一章第一节 532 页。

10. 法定准备率，即 RR/D 是由（　　）决定的。

    A. 利率水平　　　　　　　　　B. 客户提款额

    C. 中央银行　　　　　　　　　D. 基础货币

    答案要点：本题正确选项为 C。解析：法定准备率又称准备率，是货币政策的三大工具之一，它是中央银行为保护存款人和商业银行本身的安全，控制或影响商业银行的信用扩张，以法律形式所规定的商业银行及其他金融机构提取的存款准备金的最低比率。本题源自《货币银行学》第一章第一节533页。

11. 在影响货币供应的因素中，商业银行能控制的是（　　）。

  A. 基础货币　　　　　　　　　B. 法定准备率

  C. 超额准备率　　　　　　　　D. 现金比率

  答案要点：本题正确选项为C。解析：在影响货币供应的主要因素中，法定准备率（RR/D）由中央银行决定。商业银行超额准备率（ER/D）由商业银行根据经济形势、客户提款预测、利率水平等因素决定。基础货币（B）受商业银行的经营状况与经济增长周期、财政收支状况、国际收支状况等因素的影响。故商业银行能控制的是商业银行超额准备率（ER/D）。本题源自《货币银行学》第一章第一节533页。

12. 货币供给的内生性和外生性的争议，其本质是讨论（　　）能否独立控制货币供应量。

  A. 商业银行　　　　　　　　　B. 商业企业

  C. 中央银行　　　　　　　　　D. 信用联社

  答案要点：本题正确选项为C。解析：所谓货币供给的内生性和外生性的争论，实际上是讨论中央银行能否"独立"控制货币供应量。内生性指的是货币供应量是在一个经济体系内部由多种因素和主体共同决定的，中央银行只是其中的一部分，因此，中央银行并不能单独决定货币供应量。外生性指的是货币供应量由中央银行在经济体系之外独立控制的。本题源自《货币银行学》第一章第一节533页。

13. 货币数量论主要研究货币数量与物价之间的关系，以下属于传统货币数量论的学说的是（　　）。

  A. 凯恩斯的流动性偏好理论　　B. 弗里德曼理论

  C. 费雪的现金交易说　　　　　D. 托宾的投机性货币需求

  答案要点：本题正确选项为C。解析：传统货币数量论的学说包括费雪的现金交易说、剑桥学派的现金余额说。本题源自《货币银行学》第一章第二节535页。

14. 在凯恩斯的货币需求理论的关于货币需求的三大动机中，主要取决于利率水平的是（　　）。

  A. 投机动机　　　　　　　　　B. 交易动机

  C. 谨慎动机　　　　　　　　　D. 消费动机

  答案要点：本题正确选项为A。解析：凯恩斯认为货币需求的三个动机为交易动机、谨慎动机和投机动机。其中，交易动机和谨慎动机主要取决于收入水平，投机动机主要取决于利率水平。投机活动的货币需求大小取决于三个因素：当前利率水平、投机者心目中的正常利率水平以及投机者对未来利率变化趋势的预期。本题源自《货币银行学》第一章第二节536页。

15. 强调（　　）是弗里德曼货币需求理论的一个特点。

  A. 永久收入的作用　　　　　　B. 货币供应量的作用

  C. 利率的作用　　　　　　　　D. 汇率的作用

  答案要点：本题正确选项为A。解析：永久收入是弗里德曼分析货币需求中所提出的概念，可以理解为预期未来收入的折现值，或预期的长期平均收入。货币需求与它正相关。强调永久收入对货币需求的重要作用是弗里德曼货币需求理论的一个特点。本题源自《货币银行学》第一章第二节538页。

16. 对于货币需求，提出了著名的"规则货币供应"（"单一规则"）的政策主张的是（ ）。

A. 弗里德曼　　　　　　　　B. 费雪
C. 凯恩斯　　　　　　　　　D. 庇古

答案要点：本题正确选项为A。解析：对于货币需求，弗里德曼最具有概括性的论断是，由于永久收入的波动幅度比现期收入小得多，且货币流通速度（永久收入除以货币存量）也相对稳定，因而，货币需求是比较稳定的，据此得出了著名的"规则货币供应"（"单一规则"）的政策主张。本题源自《货币银行学》第一章第二节538页。

17. 货币主义学派提出的"单一规则"货币政策包括（ ）。

①永久收入的波动幅度远小于现期收入。②稳定的通货膨胀率有助于提升社会福利。③长期来看，货币数量只影响名义变量而不影响真实产量。④货币流通速度相对稳定。

A. ①③　　　B. ①④　　　C. ②③　　　D. ②④

答案要点：本题正确选项为B。解析：货币主义学派的代表——弗里德曼，对于货币需求，其最具有概括性的论断是：由于永久收入的波动幅度比现期收入小得多，且货币流通速度（永久收入除以货币存量）也相对稳定，因而，货币需求是比较稳定的，据此得出了著名的"规则货币供应"（"单一规则"）的政策主张。本题源自《货币银行学》第一章第二节538页。

18. 以下对货币均衡与市场均衡间的关系表述正确的是（ ）。

①总供给决定货币需求，但是同等的总供给可能会引起偏大或者偏小的货币需求。②货币需求引出货币供给，数额等量。③货币供给成为总需求的载体。④总需求的偏大、偏小不会对总供给产生影响。⑤总需求的偏大、偏小也可以通过紧缩或者扩张的政策予以调节，但是单纯控制需求也难以保证实现均衡的目标。

A. ①②④　　　　　　　　　B. ②④
C. ①③⑤　　　　　　　　　D. ②③④

答案要点：本题正确选项为C。解析：货币均衡与市场均衡间的关系表现为，①总供给决定货币需求，但是同等的总供给可能会引起偏大或者偏小的货币需求；②货币需求引出货币供给，但是数额绝非等量；③货币供给成为总需求的载体；④总需求的偏大、偏小会对总供给产生巨大的影响；⑤总需求的偏大、偏小也可以通过紧缩或者扩张的政策予以调节，但是单纯控制需求也难以保证实现均衡的目标。本题源自《货币银行学》第一章第三节541页。

二、名词解释

1. 基础货币：中央银行所发行的现金货币和商业银行在中央银行的准备金存款的总和。基础货币直接表现为中央银行的负债，它是由中央银行资产业务创造的，并且是信用货币的源头。

2. 货币层次：各国中央银行在确定货币供给的统计口径时，以金融资产流动性的大小作为标准,并根据自身政策目的的特点和需要,划分了货币层次。其粗略的分类为:M0——现金流通量;M1——M0 + 各种活期存款;M2——M1 + 各种定期存款。货币层次的划分有利于中央银行进行宏观经济运行监测和货币政策操作。

3. 流动性偏好:凯恩斯在分析影响货币需求的因素时认为,货币需求主要由个人对收入支配的心理因素决定。个人对收入支配有消费和储蓄两种形式。其中储蓄部分是以现金货币形式持有还是以有价证券形式持有,取决于人们对金融资产流动性的偏好程度,即流动性偏好。凯恩斯认为影响流动性的偏好程度(即影响货币需求)的因素主要包括交易动机、预防动机和投机动机。

4. 倒逼机制:在中国目前的经济体制下,大量的国有企业和地方政府,出于自身利益,往往压迫商业银行不断增加贷款,从而迫使中央银行被动地增加货币供应,形成所谓的倒逼机制。

三、简述题

1. 简要说明货币供给的内生性与外生性。

答案要点:货币供给的内生性与外生性的争论,实际上是讨论中央银行能否完全独立控制货币供应量。

内生性指的是货币供应量是在一个经济体系内部由多种因素和主体共同决定的,中央银行只是其中的一部分,因此,并不能单独决定货币供应量。因此,微观经济主体对现金的需求程度、经济周期状况、商业银行、财政和国际收支等因素均影响货币供应。

外生性指的是货币供应量由中央银行在经济体系之外独立控制。其理由是,从本质上看,现代货币制度是完全的信用货币制度,中央银行的资产运用决定负债规模,从而决定基础货币数量,只要中央银行在体制上具有足够的独立性,不受政治因素等的干扰,就能从源头上控制货币数量。

事实上,无论从现代货币供应的基本模型,还是从货币供给理论的发展来看,货币供给在相当大的程度上是内生性的,而外生性理论则依赖过于严格的假设。

2. 简要比较费雪方程与剑桥方程。

答案要点:费雪方程为 $MV = PY$,其中,M 为货币数量,V 为货币流通速度,P 为价格水平,Y 为产出。费雪方程表明,由一定水平的名义收入引起的交易水平决定了人们的货币需求,它是收入的函数。

剑桥方程为 $M_d = kPY$,其中,PY 是名义收入,它可以体现在多种资产形式上,货币是其中的一种。因此,货币需求是名义收入的比率为 k 的部分,k 的大小则取决于持有货币的机会成本,或者说取决于其他类型金融资产的预期收益率。

两个方程的比较:

相同点:①形式相同,其中 k 与 V 是倒数关系;②结论相同,都说明货币数量决定物价水平。

不同点:①分析的侧重点不同。费雪方程从货币的交易功能着手;而剑桥方程则从货币的价值储藏手段功能着手,从个人资产选择的角度进行分析。②费雪方程把货币需求与支出流量相联系,重视货币支出的数量和速度;而剑桥方程则从货币形式保有资产存量的角度考虑货币需求,重视这个存量占收入的比例。所以费雪方程也称为现金交易说,而剑桥方程则称为现金余额说。③两个方程所强调的货币需求决定因素有所不同。费雪方程是从宏观角度出发，认为货币需求仅为收入的函数，利率对货币需求没有影响；而剑桥方程则从微观角度出发，将货币需求看作是一种资产选择的结果，这就隐含地承认了利率会影响货币的需求，这种看法极大地影响了以后的货币需求研究。

3. 简要说明货币主义"单一规则"货币政策的理论基础。

答案要点：（1）单一规则概念。弗里德曼认为，控制货币供给量的最佳选择是公开宣布并长期采用一个固定不变的货币供给增长率，货币供给增长率与经济增长率大体相适应，而且该增长率一经确定和公布，在年内和季内不应任意变动。

（2）理论基础。弗里德曼按照微观经济学需求函数分析方法，主要考虑收入与持有货币的各项机会成本，构建了一个描述性的货币需求函数，该函数可以简化为 $\frac{M_d}{P} = f(Y_p, w; r_m, r_b, r_e, \frac{1}{P} \cdot \frac{dP}{dt}; u)$，其中，$\frac{M_d}{P}$ 为对真实货币余额的需求，Y_p 为永久收入，w 为非人力财富占个人总财富的比率，r_m、r_b、r_e 分别为货币、债券、股票的预期回报率，$\frac{1}{P} \cdot \frac{dP}{dt}$ 为预期通货膨胀率。

（3）结论。弗里德曼认为：①在货币需求中，利率的影响很小，因为利率变化后，r_m、r_b、r_e 和 $\frac{1}{P} \cdot \frac{dP}{dt}$ 发生相应的变动，相互之间有抵消作用，或者说，货币需求函数中的各项机会成本会保持相对稳定。

②由于利率对货币需求没有影响，因此，货币的流通速度是稳定的、可以预期的。依据经验，它与收入水平保持"正的一致性"。

③永久收入是货币需求的决定因素。所谓永久收入，指预期未来年度的平均收入，它是一个相对稳定的变量，在很大程度上不受短期经济周期波动的影响。因此，弗里德曼认为货币需求函数也是相对稳定的，并且据此得出了著名的"规则货币供应"（单一规则）的政策主张。

四、论述题

1. 试述货币需求理论发展的内在逻辑。

答案要点：（1）西方货币需求理论沿着货币持有动机和货币需求决定因素这一脉络，经历了传统货币数量学说、凯恩斯学派货币需求理论（凯恩斯的货币需求理论）和货币学派理论（货币主义的现代货币数量论）的主流沿革。

（2）西方早期的货币需求理论为传统货币数量说，主要研究货币数量对物价水平和货币价值的影响。代表性理论为费雪的现金交易说和剑桥学派的现金余额说。两个理论的结论和方程的形式基本相同，都认为货币数量决定物价水平。但是，两者分析的出发点不同。费雪理论认为货币需求仅包括交易媒介的货币；剑桥学派认为货币需求是以人们手中保存的现金余额来表示的，不仅包括交易媒介的货币，还包括贮藏货币。因此，前者注重的是货币的交易功能，关心的是社会公众使用货币的数量和速度。后者强调的是货币的资产功能，把货币需求当成保存资产或财富的一种手段，因此，货币需求量决定于货币资产的边际收益和其他资产边际收益的比较。费雪理论重视影响货币流通速度的金融和经济制度等技术因素；剑桥学派重视资产的选择，即持有货币的成本与满足程度之间的比较，强调人的主观意志及心理因素的作用,这一观点和方法对后来的各学派经济学家都有很大影响。传统货币数量说的缺陷是没有分析货币数量对产出量的影响,对影响货币持有量的效用和成本的因素没有详细分析。

(3)凯恩斯的流动性偏好货币需求理论。该理论沿着现金余额分析的思路,同样以货币作为一种资产的角度开始分析,指出货币需求就是人们在特定时期能够而且愿意持有的货币量,这种货币需求量的大小取决于流动性偏好心理。而人们的流动性偏好来源于三种动机:交易动机、预防动机和投机动机。这三种动机可归结为 L_1(交易动机和预防动机)、L_2(投机动机),L_1 取决于收入,与收入成正比;L_2 取决于市场利率,与市场利率成反比。由于短期内人们的投机动机需求极不稳定,导致市场利率波动,影响投资,进而影响产出量和经济增长量。凯恩斯的货币需求理论虽然突破了传统货币数量说认为货币量不影响货币流通速度和产出量的理论局限,但由于过度强调需求管理而忽视了货币供给量变动对物价的影响。此外,凯恩斯的货币需求理论是短期分析,认为影响货币需求的收入和利率变量都是短期变量,因而得出货币需求不稳定的结论。

(4)凯恩斯的货币需求理论的发展。第一,鲍莫尔对交易性货币需求的修正,深入分析了交易性货币需求与利率之间的关系。第二,托宾对投机性货币需求的修正。托宾讨论了在利率预期不确定的前提下,作为风险回避者的投资者最优金融资产的组合的,以及人们的调整资产组合的行为对货币投机需求的影响。第三,新剑桥学派对凯恩斯的货币需求动机理论的发展。新剑桥学派将货币需求动机扩展为七个,把凯恩斯的三大货币需求动机具体化,并提出了公共权利动机,即政府实施扩张性需求政策所产生的扩张性货币需求动机。

(5)货币主义的现代货币数量论。以弗里德曼为首的货币主义,一方面采纳凯恩斯将货币作为一种资产的思想,采纳了相同的需求动机和影响因素的分析方法,并利用它把传统的货币数量论改写为货币需求函数;另一方面又基本肯定货币数量论的结论,即货币量的变动影响物价水平。但由于其把凯恩斯的短期分析变为长期分析,提出了有别于凯恩斯短期收入变量的恒久收入变量,并认为恒久收入是一个稳定的变量,同时用实证分析指出货币需求对利率缺乏弹性,进而得出重要结论,即影响货币需求的各因素是稳定的变量,所以,货币需求是一个稳定的函数。中央银行能够客观准确地制定货币供应量增长目标,实施稳定的货币政策。货币主义反对凯恩斯需求管理的政策主张,将管理的重点放在货币供给上,主张通过控制货币供给量使供给与需求相一致,以保证经济的稳定发展,控制通货膨胀。

2. 试述现代经济中信用货币的供应与扩展过程。

答案要点:现代经济中的信用货币是以中央银行为核心的银行体系通过信贷扩张过程被供应和扩展的。因而可以通过对银行体系信贷机制的实证分析,揭示信用货币供应和扩展的过程。具体体现在以下两个相互联系的过程中:

(1)中央银行信用创造与基础货币供应的过程。由于中央银行是一国唯一的货币发行机构,因而经济活动中的新增货币供给量首先是由中央银行根据经济增长的需要发行出来的。其基本过程是:当经济活动主体需要更多的货币时,会增加对信贷资金的需求;当商业银行的信贷不能满足这一需求时,商业银行就会将客户贴现和抵押的资产,如汇票、抵押凭证、外汇等抵押给中央银行,以取得贷款;同时当财政出现赤字时,也会从中央银行透支，或中央银行从政府债券二级市场上回购政府债券。这样中央银行的各项资产就会增加，从而使商业银行的存款增加，商业银行可以据此增发贷款，同时增加其在中央银行交纳的存款准备金。最终，整个商业银行体系的存款准备金总和在数量上等于商业银行在中央银行的存款。此外，商业银行在经营中需要面对客户提取现金的需要，因此，中央银行的存款准备金进一步分解为准备金存款和流通中的现金两部分，我们把这两部分的总和称作基础货币。中央银行货币发行的过程可简单概括为中央银行资产增加使其负债——基础货币供应增加的过程。

（2）商业银行的信用扩张与派生存款的创造过程。在中央银行扩张基础货币的同时，商业银行也在扩张其信贷，并创造出存款货币增量。这一过程可概括为商业银行体系通过其获得的原始存款发放贷款，通过原始存款在体系内的辗转存贷，从而成倍创造派生存款的过程。

在上述两个过程中，商业银行的原始存款来源于中央银行的新增基础货币发行，它表现为中央银行资产增加使其负债——基础货币供应增加的过程，基础货币的增加成为商业银行成倍扩张信用货币的基础。当商业银行的原始存款正好等于其在中央银行的存款准备金时，商业银行的信贷扩张能力达到最大。这一过程可用公式表示为：$M_s = KB$。其中，B 为基础货币，表明中央银行对信用货币的扩张；K 为货币乘数，表示商业银行扩张货币量的倍数。

3. 试述货币均衡和市场均衡间的关系。

答案要点：货币均衡与市场均衡间的关系表现：①总供给决定货币需求，但同等的总供给可有偏大或偏小的货币需求。②货币需求引出货币供给，但也绝非是等量的。③货币供给成为总需求的载体，同样，同等的货币供给可有偏大或偏小的总需求。④总需求的偏大、偏小会对总供给产生巨大的影响：总需求不足，则总供给不能充分实现；总需求过多，在一定条件下有可能推动总供给增加，但并不一定可以因此消除差额。⑤总需求的偏大、偏小也可以通过紧缩或扩张的政策予以调节，但单纯控制需求也难以保证实现均衡的目标。

如果以 M_s、M_d、AS、AD 分别代表货币的供与求、市场的供与求，它们的关系可表示为图 5.1.1。它们之间的作用都是相互的，箭头不过是表示其主导的方向。

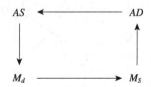

图 5.1.1 市场供求与货币供求的关系

由图 5.1.1 可以看出，货币均衡与市场均衡有着紧密的联系，货币均衡有助于市场均衡的实现。但是，二者之间又有明显的区别，即货币均衡并不必然意味着市场均衡。原因在于以下两点。

第一，市场需求是以货币为载体，但并非所有的货币供给都构成市场需求。满足交易需求而作为流通手段（包括流通手段的准备）的货币，即现实流通的货币，形成市场需求；而作为保存价值的现实不流通的货币则不构成市场需求，或者说它是潜在的需求，而不是当期的需求。这种差别可表示如下：

货币供给 = 现实流通的货币 + 现实不流通的货币

市场需求 = 现实流通的货币 × 货币流通速度

第二，市场供给要求货币使之实现或使之出清，因此提出对货币的需求。但这方面的货币需求也并非对货币需求的全部。对积蓄财富所需的价值保存手段并不单纯取决于市场供给，或至少不单纯取决于当期的货币供给——用于保存财富的货币显然有很大一部分是多年的积累。这种差别可表示如下：

市场供给 ÷ 货币流通速度 = 对现实流通货币的需求

货币需求 = 对现实流通货币的需求 + 对现实不流通货币的需求

如果简单理解，可以说市场总供需的均衡关系是与处在现实流通状态的货币的供需关系一一地对应着的。但也应该注意，现实流通的货币与现实不流通的货币之间是可以而且事实上也是在不断转化的。

4. 试述货币供给的产出效应及其扩张界限。

答案要点：在货币量能否推动实际产出的论证中，现在已被广泛认可的是联系潜在资源、可利用资源的状况进行分析的方法。

（1）只要经济体系中存在着现实可用作扩大再生产的资源，且其数量又比较充足，那么，在一定时期内增加货币供给就能够提高实际产出水平而不会推动价格总水平的上涨。

（2）待潜在资源的利用持续一段时期而且货币供给仍在继续增加后，经济中可能出现实际产出水平同价格水平都在提高的现象。

（3）当潜在资源已被充分利用但货币供给仍在继续扩张时，经济体系中就会产生价格总水平上涨但实际产出水平不变的情况。

这三个阶段可用图 5.1.2 表示。

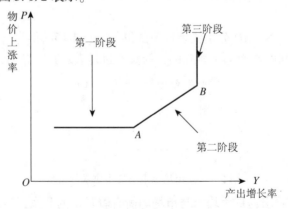

图 5.1.2 货币供给的产出效应及其扩张界限

在图 5.1.2 中，横轴代表产出增长率，纵轴代表物价上涨率，A 和 B 两个拐点分别代表由货币供给增加形成的产出增长率和物价上涨率不同组合阶段的界限。A 是货币供给增加只具有实际产出效应而无物价上涨效应的临界点；B 是货币供给增加既有实际产出效应又有物价上涨效应阶段的终点，也是货币供给增加只具有物价上涨效应而无实际产出效应阶段的起点。

B 点实际上是一定时期产出增长的极限点。达到这一点，意味着经济体系中的现实可利用资源都得到了充分利用；如果没有达到，则可以表述为，在实际 GNP 水平与潜在 GNP 水平之间还存在缺口。一般说来，存在实际 GNP 和潜在 GNP 之间的缺口是对多数国家经济成长状态的描述。换言之，在现实生活中，实际经济增长率很难达到使潜在资源被全部利用的程度，因此，总会存在一定的潜在 GNP 损失。之所以如此的一个重要原因是，当货币供给扩张的作用超越了 A 点之后，由于在产出增加的同时还伴随着物价的上涨，公众对物价上涨的心理承受力等因素就会对政策选择产生重要的影响。

第二章 利率理论

大纲重、难点提示

本章的重点和难点问题是利息的本质。

大纲习题解答

一、单项选择题

1. 现代西方经济学把利息理解为投资人让渡资本使用权而索要的补偿，有（　　）。
①机会成本的补偿。②资本得利的补偿。③风险的补偿。

A. ①②
B. ②③
C. ①③
D. ①②③

答案要点：本题正确选项为 C。解析：现代西方经济学把利息理解为投资人让渡资本使用权而索要的补偿。补偿由两部分组成：对机会成本的补偿和对风险的补偿。本题源自《货币银行学》第二章第一节 545 页。

2. 带动和影响其他利率的利率是（　　）。

A. 名义利率
B. 实际利率
C. 差别利率
D. 基准利率

答案要点：本题正确选项为 D。基准利率是指带动和影响其他利率的利率，也叫中心利率，变动基准利率是货币政策的主要手段之一，是各国利率体系的核心。本题源自《货币银行学》第二章第一节 545 页。

3. 在多种利率并存的条件下起决定作用的利率是（　　）。

A. 名义利率
B. 实际利率
C. 差别利率
D. 基准利率

答案要点：本题正确选项为 D。基准利率是指带动和影响其他利率的利率，也叫中心利率，变动基准利率是货币政策的主要手段之一，是各国利率体系的核心。中央银行改变基准利率，直接影响商业银行借款成本的高低，从而对信贷起着限制或鼓励的作用，同时影响其他金融市场的利率水平。所以，基准利率是起决定作用的利率。本题源自《货币银行学》第二章第一节 545 页。

4. 关于名义利率和实际利率的说法错误的是（　　）。

A. 名义利率是包含了通货膨胀因素的利率
B. 名义利率扣除通货膨胀率即可视为实际利率
C. 名义利率对经济起实质性影响
D. 一般价格水平不变时，名义利率与实际利率是等量的

答案要点：本题正确选项为 C。解析：名义利率是借款契约和有价证券上载明的利息

率,也就是金融市场上的市场利率。由于利息的支付和计算是以货币额来表示的,货币本身的价值变动必然会影响利息收益的实际价值。名义利率包括了物价变动的预期和货币增贬值的影响。当一般价格水平不变时,名义利率与实际利率是等量的。在名义利率不变的情况下,物价水平的波动会导致实际利率的反方向变动,关系式为:名义利率 = 实际利率 + 通货膨胀率。本题源自《货币银行学》第二章第一节 546 页。

5. 金融市场上的市场利率是（　　）。
   A. 名义利率　　　　　　　　B. 实际利率
   C. 差别利率　　　　　　　　D. 基准利率
   答案要点:本题正确选项为 A。名义利率是借款契约和有价证券上载明的利息率,也就是金融市场上的市场利率。本题源自《货币银行学》第二章第一节 546 页。

6. 货币利息理论是由（　　）提出的。
   A. 费雪　　　　　　　　　　B. 希克斯
   C. 凯恩斯　　　　　　　　　D. 约翰·洛克
   答案要点:本题正确选项为 D。货币利息理论于 17 世纪末由英国哲学家约翰·洛克提出。该理论是一种短期利息理论,认为利息是借钱和出售证券的成本,同时也是贷款和购买证券的收益。货币利息率决定于货币的供求。本题源自《货币银行学》第二章第二节 547 页。

7. 古典利率理论认为（　　）。
   A. 利率由投资需求与储蓄意愿的均衡所决定
   B. 利率由可贷资金的供求决定
   C. 利率决定于货币供求
   D. 利率是剩余价值的转化形式
   答案要点:本题正确选项为 A。解析:古典利率理论的主要思想为,利率由投资需求与储蓄意愿的均衡所决定。投资是对资金的需求,随利率上升而减少,储蓄是对资金的供应,随利率的上升而增加,利率就是资金需求和供给相等时的价格。本题源自《货币银行学》第二章第二节 548 页。

8. 可贷资金利率理论认为（　　）。
   A. 利率由投资需求与储蓄意愿的均衡所决定
   B. 利率由可贷资金的供求决定
   C. 利率决定于货币供求
   D. 利率是剩余价值的转化形式
   答案要点:本题正确选项为 B。解析:可贷资金利率理论认为,利率由可贷资金的供求决定。可贷资金的供给包括:总储蓄 S;银行新创造的货币量 ΔM。可贷资金的需求包括:总投资 I;因投机动机而发生的休闲货币所储存金额的增加 ΔH。而利率会使资金供需相等,即:$I + \Delta H = S + \Delta M$。本题源自《货币银行学》第二章第二节 549 页。

9. 根据流动性偏好利率理论,货币需求分为（　　）。
   ①交易性货币需求。②预防性货币需求。③投机性货币需求。
   A. ①②　　　　B. ②③　　　　C. ①③　　　　D. ①②③

答案要点：本题正确选项为 D。解析：根据流动性偏好利率理论，货币需求分为三部分，分别为交易性货币需求、预防性货币需求和投机性货币需求。本题源自《货币银行学》第二章第二节 550 页。

10. 以下对于流动性偏好利率理论与可贷资金利率理论的区别表述错误的是（　　）。
    A. 前者是短期货币利率理论，后者是长期实际利率理论
    B. 前者分析名义利率，而后者分析实际利率
    C. 前者的货币供求是存量，而后者注重对某一时期货币供求的流量变化
    D. 前者分析短期市场利率，而后者分析实际利率的长期波动

答案要点：本题正确选项为 B。解析：流动性偏好利率理论与可贷资金利率理论的区别为，①前者是短期货币利率理论，后者是长期实际利率理论；②前者的货币供求是存量，而后者注重对某一时期货币供求流量变化的分析；③前者分析短期市场利率，而后者分析实际利率的长期波动。本题源自《货币银行学》第二章第二节 550 页。

二、名词解释

1. 收益的资本化：由于利息已转化为收益的一般形态，于是任何有收益的事物，即使它并不是一笔贷放出去的货币，甚至不是真正有一笔实实在在的资本存在，也可以通过收益与利率的对比而反过来算出它相当于多大的资本金额。这被习惯地称为收益的资本化。

2. 名义利率与实际利率：名义利率是以名义货币表示的利率，是借贷契约和有价证券上载明的利息率，也就是金融市场表现出的利率；实际利率是指名义利率剔除了物价变动（币值变动）因素之后的利率，是债务人使用资金的真实成本。两种利率的关系：实际利率＝名义利率－通货膨胀率。

3. 基准利率：指带动和影响其他利率的利率，也叫中心利率。基准利率主要表现为中央银行的再贴现率，即中央银行向其借款的银行收取的利率。基准利率的变动是货币政策的主要手段之一，是各国利率体系的核心。中央银行一般通过改变该利率来影响银行的借贷成本，进而影响市场利率。

4. 利率与收益率：利率是利息与本金的比率，但这不能准确衡量在一定时期内投资人持有证券所能得到的收益状况。能准确衡量在一定时期内投资人持有证券所能得到的收益状况的指标是收益率，即向证券持有者支付的利息加上以购买价格百分比表示的价格变动率。持有证券从时间 t 到时间 $t+1$ 的收益率公式为：$RET = \dfrac{(C + P_{t+1} - P_t)}{P_t}$。其中，$P_t$ 为 t 时该证券的价格；P_{t+1} 为 $t+1$ 时该证券的价格；C 为息票利息。

5. 短期利率与长期利率：金融市场上的利率种类根据期限可分为短期利率和长期利率。短期利率是指时间在一年以内的利率，反映的是货币市场上的各种借贷利率；长期利率是指时间在一年以上的利率，反映的是资本市场上的各种借贷利率。因此利率在两个市场上形成不同的利率水平，短期利率一般低于长期利率。但是，由于两个市场是密切联系的，利率的变动会导致资金在各个市场间的流动，同时资金的流动又会引起利率的变动，因而，利率在两个市场是被联系在一起的，短期利率和长期利率同时升降。但短期利率一般都低于长期利率，而且波动幅度往往大于长期利率。

三、简述题

1. 简要说明古典利率理论的主要内容。

答案要点:古典学派强调资本供求对利率的决定作用,认为在实物经济中,资本是一种生产要素,利息是资本的价格。利率的高低由资本供给(即储蓄水平)和资本需求(即投资水平)决定。储蓄是利率的增函数,投资是利率的减函数,均衡利率取决于投资流量和储蓄流量的均衡,即储蓄等于投资为均衡利率条件。由于古典利率理论强调实际因素而非货币因素决定利率,同时该理论还是一种流量和长期分析,所以,该理论又被称为长期实际利率理论。

2. 简要说明可贷资金利率理论的主要内容。

答案要点:可贷资金利率理论是古典利率理论和流动性偏好利率理论的综合,研究长期实际经济因素(储蓄、投资流量)和短期货币因素(货币供求流量)对利率的决定,认为利率是由可贷资金的供求来决定的。可贷资金供给包括总储蓄和短期新增货币供给量;可贷资金需求包括投资和因人们投机动机而发生的休闲货币所储存金额增加的货币需求量。在可贷资金需求不变的情况下,利率将随可贷资金供给量的增加(或下降)而下降(或上升);反之,在可贷资金供给量不变的情况下,利率随可贷资金需求的增加(或下降)而上升(或下降)。均衡利率取决于可贷资金供求的平衡。由此可见,可贷资金利率理论与凯恩斯流动性偏好利率理论的区别在于,可贷资金利率理论注重流量和货币供求的变化量的分析,并强调了长期实际经济变量对利率的决定作用。但可贷资金利率理论与凯恩斯流动性偏好利率理论之间并不矛盾,流动性偏好利率理论中货币供求构成了可贷资金利率理论的一部分。

3. 简要说明流动性偏好利率理论的主要内容。

答案要点:凯恩斯的流动性偏好利率理论由货币供求解释利率决定。凯恩斯认为货币是一种最具有流动性的特殊资产,利息是人们放弃流动性取得的报酬,而不是储蓄的报酬。因此,利息是货币现象,利率决定于货币供求,由交易需求、预防需求和投机需求决定的流动性偏好,和由中央银行货币政策决定的货币供给量是利率决定的两大因素。同时,货币供给量表现为满足货币需求的供给量,即货币供给量等于货币需求量是均衡利率的决定条件。在货币需求一定的情况下,利率取决于中央银行的货币政策,并随货币供给量的增加而下降。但当利率下降到一定程度时,中央银行再增加货币供给量利率也不会下降,人们对货币的需求无限大,形成"流动性陷阱"。凯恩斯把利率看成是货币现象,认为利率与实际经济变量无关。同时,他对利率的分析还是一种存量分析,因而,其理论属于货币利率理论或短期利率理论。

四、论述题

1. 试述新古典综合学派对于利率决定的分析。

答案要点:(1) IS-LM 模型中利率的决定。

①当代西方经济学家较多运用 IS-LM 经济模型来分析宏观经济运行中利率水平的决定。用该模型分析宏观经济时,是将国民经济的均衡看成是实物方面和货币方面的整体均衡,即市场被划分为产品市场和货币市场。IS 曲线表示产品市场供求均衡时的利率与收入组合;LM 曲线表示货币市场供求均衡时的利率与收入组合;IS 曲线与 LM 曲线的交点就

是同时使产品市场和货币市场均衡时的利率与收入组合。该点所决定的利率为均衡利率,所决定的收入为均衡收入,在均衡利率和均衡收入支配下,整个国民经济实现了均衡。

②IS 曲线表示产品市场的均衡,即 $I=S$;LM 曲线表示货币市场的均衡,即 $L=M$。将这两条曲线放在同一坐标系内,两条曲线相交的均衡点 E 同时满足两个条件:$I=S$,$L=M$。因此,只有在 E 点上两个市场才能同时达到均衡,此点决定的利率 i 是同时满足两个市场均衡条件的均衡利率;Y 是同时考虑两个市场均衡条件下的均衡国民收入。

③当 IS、LM 总水平变化时,两曲线会发生位置的移动,均衡利率必然也会变化:如果货币供求水平扩大或缩小,LM 曲线会右移或左移,因而均衡利率会下降或上升;如果储蓄和投资水平扩大或缩小,IS 曲线会右移或左移,使均衡利率上升或下降。

(2) 决定利率水平的因素分析。

在该模型中,非利率变量的变动都将引起均衡利率的变化,而影响这些变量变化的主要因素也是决定和影响利率水平变动的主要因素。具体有以下因素:①资本的边际效率。在利率水平一定的情况下,资本的边际效率提高,投资的预期收入会增加,投资需求增大。此时,由投资需求增加所导致的货币需求增大。如果没有相应的货币供应量的增加,则必然引起利率水平的上升。②货币供求。在货币需求一定时,货币供应量的增减会相应导致利率的下降或提高;同样,在货币供应量一定时,货币需求的增减也会引起利率的上升或下降。③通货膨胀。通货膨胀对利率的影响主要表现为货币本身的增值或贬值。通常,通货膨胀率越高,名义利率也就越高。④中央银行的再贴现率。中央银行的再贴现率是政府宏观调控的手段之一。改变再贴现率首先影响的是商业银行的贷款成本,从而对信贷起限制或鼓励作用,并同时影响其他市场利率。⑤国民生产总值。国民生产总值的增加或减少意味着经济的增长或衰退,因此,利率必然会随之发生变动。⑥财政政策。财政政策对利率的影响主要是增减财政支出和税收变动。政府增加支出会引起利率水平的上升;在收入既定的条件下,政府增加税收会导致国民收入下降,并同时减少货币需求,在货币供应量不变时使利率下降,即税收增减往往与国民收入和利率水平呈反方向变化。⑦在实际经济生活中,上述决定利率的因素都不可能单独地发挥作用,它们总是在同一经济条件下,以各自特有的方式,对利率发挥程度不同、方向各异的作用。

2. 利率对一国经济会产生怎样的影响?其制约条件是什么?

答案要点:(1) 利率是金融活动中的一个重要变量。它的变化可以通过影响借贷双方的利益影响经济活动的其他变量,进而对经济活动产生影响,具体表现为:

①利率对消费和储蓄的影响。由于利率是储蓄者提供生息资产的收益,因此,当利率较高时,储蓄会增加,消费会减少;当利率较低时,储蓄会减少,消费会增加。

②利率对投资的影响。利率是企业投资的成本,利率越高,成本越大,生产和投资收益越低,投资规模会缩小;反之,低利率则会减少投资成本,使投资量增加。

③利率对通货膨胀的影响。在一个市场化程度较高的社会中,高利率可抑制通货膨胀;当经济萧条时,低利率则可防止过度紧缩。

④利率与金融机构。当利率变动后,金融机构的资产会随着利率的变动而做出相应的调整,通常是在发放贷款和政府债券之间转移。这使得中央银行利用利率作用调控宏观经济成为可能。

⑤利率与对外经济活动。利率变动对一国对外经济活动的影响表现在两个方面：一是对进出口的影响；二是对资本输出和输入的影响。当利率水平较高时，企业生产成本增加，出口竞争能力下降，从而引起一国对外贸易的逆差；相反，降低利率会增加出口，改善一国对外贸易收支状况。从资本输出和输入看，在高利率的吸引下，外国资本会迅速流入，特别是短期套利资本，这虽然可以暂时缓解国际收支状况，但也存在负面影响，如输入通货膨胀等。

⑥利率对经济的调控和影响作用由于其决定因素的复杂多样性而难以用以上几个方面给予全面解释，只能择其要点而概之。

（2）制约利率发挥作用的条件。

以上利率作用的发挥及作用的大小取决于是否具备或在多大程度上具备利率有效发挥作用的条件。这些条件是复杂的，可以概括为以下方面：①一国经济中微观主体的独立性程度及其对利率的敏感程度；②一国金融市场的发达程度是利率能否在各市场间迅速传导并引导资金流动的前提；③利率种类的多少、利率决定的市场化程度以及中央银行是否以利率作为宏观调控的工具等因素也会影响利率作用的发挥。

第三章 通货膨胀与通货紧缩

◉ 大纲重、难点提示

本章的重点和难点问题是通货膨胀和通货紧缩的概念、成因与治理。

大纲习题解答

一、单项选择题

1. 度量通货膨胀程度所采用的指数有（　　）。

①居民消费物价指数。②核心价格指数。③批发物价指数。④国民生产总值或国内生产总值冲减指数。

A. ①②④ 　　　　　　　　　B. ②③④
C. ①③④ 　　　　　　　　　D. ①②③④

答案要点：本题正确选项为 D。解析：度量通货膨胀程度所采用的指数主要有三个，分别是居民消费物价指数、批发物价指数和国民生产总值或国内生产总值冲减指数。此外还有核心价格指数等。本题源自《货币银行学》第三章第一节 553 页。

2. 综合反映一定时期内居民生活消费品和服务项目价格变动的趋势和程度的价格指数是（　　）。

A. 生产品价格指数　　　　　　B. 批发物价指数
C. 居民消费物价指数　　　　　D. 核心价格指数

答案要点：本题正确选项为 C。居民消费物价指数是综合反映一定时期内居民生活消费品和服务项目价格变动的趋势和程度的价格指数。本题源自《货币银行学》第三章第一节 553 页。

3. 反映工业企业原材料和燃料动力价格变动程度和趋势的是（　　）。

A. 生产品价格指数　　　　　　B. 批发物价指数
C. 居民消费物价指数　　　　　D. 核心价格指数

答案要点：本题正确选项为 A。反映工业企业原材料和燃料动力价格变动程度和趋势的是生产品价格指数。本题源自《货币银行学》第三章第一节 554 页。

4. 把剔除了能源价格和食品价格之后的物价指数称为（　　）。

A. 生产品价格指数　　　　　　B. 批发物价指数
C. 居民消费物价指数　　　　　D. 核心价格指数

答案要点：本题正确选项为 D。人们把剔除了能源价格和食品价格之后的物价指数称为核心价格指数，并用这种经过处理后的指数来度量物价变动和通货膨胀的程度。本题源自《货币银行学》第三章第一节 554 页。

5. 认为由物价上涨造成的收入再分配是通货膨胀的（   ）。
   A. 强制储蓄效应　　　　　　　　　B. 收入分配效应
   C. 资产结构调整效应　　　　　　　D. 财富分配效应

   答案要点：本题正确选项为 B。解析：收入分配效应是指，由于社会各阶层收入来源极不相同，因此，在物价总水平上涨时，有些人的实际收入水平会下降，有些人的实际收入水平反而会提高。这种由物价上涨造成的收入再分配，就是通货膨胀的收入分配效应。本题源自《货币银行学》第三章第二节555页。

6. 政府如果通过向中央银行借债，从而引起货币增发这类办法筹措建设资金，就会强制增加全社会的投资需求，结果将是物价上涨。这是（   ）。
   A. 强制储蓄效应　　　　　　　　　B. 收入分配效应
   C. 资产结构调整效应　　　　　　　D. 财富分配效应

   答案要点：本题正确选项为 A。解析：强制储蓄效应是指政府如果通过向中央银行借债，从而引起货币增发这类办法筹措建设资金，就会强制增加全社会的投资需求，结果将是物价上涨。在公众名义收入不变的条件下，按原来的模式和数量进行的消费和储蓄，两者的实际额均随物价的上涨而相应减少，其减少的部分大体相当于政府运用通货膨胀实现政府收入的部分。如此实现的政府储蓄是强制储蓄。本题源自《货币银行学》第三章第二节554页。

7. 由物价上涨所带来的家庭财产不同构成部分的价值有升有降的现象是（   ）。
   A. 强制储蓄效应　　　　　　　　　B. 收入分配效应
   C. 资产结构调整效应　　　　　　　D. 资源配置效应

   答案要点：本题正确选项为 C。解析：资产结构调整效应也称为财富分配效应，是指由物价上涨所带来的家庭财产不同构成部分的价值有升有降的现象。本题源自《货币银行学》第三章第二节555页。

8. 在"滞胀"情况下，菲利普斯曲线为（   ）。
   A. 一条垂直于横轴的直线
   B. 一条向右上方倾斜的曲线
   C. 一条向右下方倾斜的曲线
   D. 一条不规则曲线

   答案要点：本题正确选项为 B。解析：最早的菲利普斯曲线是由菲利普斯提出，认为失业率与货币工资之间存在着此消彼长的关系，货币工资变化率（货币工资膨胀率）上升的时候，失业率下降；货币工资变化率下降的时候，失业率上升。由于价格的上涨与工资提高之间存在紧密的相关关系，也就是说通货膨胀与"工资膨胀"之间存在紧密的相关关系，所以其他的经济学家从货币工资膨胀率与失业率之间的关系推导出通货膨胀率与失业率之间的关系，将原来的菲利普斯曲线转换成现在的菲利普斯曲线。但上面两种菲利普斯曲线都是一条向右下方倾斜的曲线。而"滞胀"即经济过程呈现的并不是失业和通货膨胀之间的相互"替代"，而是经济停滞和通货膨胀相伴随，高的通货膨胀率与高的失业率相伴随。此时的菲利普斯曲线便是一条向右上方倾斜的曲线。本题源自《货币银行学》第三章第二节556页。

9. 对于需求拉上型通货膨胀的治理政策不包括（　　）。
A. 紧缩性货币政策　　　　　　　B. 紧缩性财政政策
C. 紧缩性收入政策　　　　　　　D. 增加有效供给

答案要点：本题正确选项为 C。解析：治理需求拉上型通货膨胀就要减少总需求。具体可以采取如下措施：财政政策方面，减少财政支出，减少公共项目建设；货币政策方面，减少货币投放量，提高利率使投资需求减少；消费政策方面，限制消费信贷增长，增加有效供给，减少消费需求。本题源自《货币银行学》第三章第三节 558 页。

10. 拉中有推，推中有拉是（　　）。
A. 需求拉上型通货膨胀　　　　　B. 成本推动型通货膨胀
C. 利润推动型通货膨胀　　　　　D. 供求混合推动说

答案要点：本题正确选项为 D。解析：供求混合推动说的论点是将供求两个方面的因素综合起来，认为通货膨胀是由需求拉上和成本推动共同起作用而引发的。这种观点认为，在现实经济社会中，通货膨胀的原因究竟是需求拉上还是成本推动很难分清，既有来自需求方面的因素，又有来自供给方面的因素，即所谓"拉中有推，推中有拉"。本题源自《货币银行学》第三章第三节 559 页。

二、名词解释

1. 菲利普斯曲线：表示失业率与通货膨胀率之间交替关系的曲线，短期是向右下方倾斜的曲线，长期是一条垂直线。后来被新古典综合派用于说明一般价格水平、失业率和总需求之间的关系。

2. 通货膨胀：在纸币流通条件下，因货币供给大于货币实际需求，也即现实购买力大于产出供给，导致货币贬值，而引起的一段时间内一般价格水平持续而显著地上涨的现象。其实质是社会总需求大于社会总供给。

3. 居民消费物价指数：综合反映一定时期内居民生活消费品和服务项目价格变动的趋势和程度的价格指数。由于直接与公众的日常生活相联系，这个指数在检验通货膨胀效应方面有其他指数难以比拟的优越性。

4. 强制储蓄效应：政府如果通过向中央银行借债，从而引起货币增发这类办法筹措建设资金，就会强制增加全社会的投资需求，结果将是物价上涨。在公众名义收入不变的条件下，按原来的模式和数量进行的消费和储蓄，两者的实际额均随物价的上涨而相应减少，其减少的部分大体相当于政府运用通货膨胀实现政府收入的部分。如此实现的政府储蓄是强制储蓄。

5. 收入分配效应：由于社会各阶层收入来源极不相同，因此，在物价总水平上涨时，有些人的实际收入水平会下降，有些人的实际收入水平反而会提高。这种由物价上涨造成的收入再分配，就是通货膨胀的收入分配效应。

6. 滞胀：全称为停滞性通货膨胀，在西方经济学中，特指经济停滞与高通货膨胀、失业以及不景气同时存在的经济现象。

7. 资产结构调整效应：也称财富分配效应，指由物价上涨所带来的家庭财产不同构成部分的价值有升有降的现象。

三、简述题

1. 简述需求拉上型通货膨胀的成因及其治理对策。

答案要点：(1) 需求拉上型通货膨胀的形成过程可以从以下两个方面进行分析。

①短期（静态）分析。在总供给 S 既定的条件下，如果货币供给量 M_S 超过了货币必要量 M_b，就意味着总需求 D 迅速增加，与相对不变的 S 相比，D 处在过度增长状态。这时，意味着开始出现短期性的需求拉上型通货膨胀，其程度依 M_S 超过 M_b 的程度而定。

②长期（动态）分析。在增长极限内，a. 如果离增长极限点较远，$M_S > Y^* > R_{in}$。b. 随着接近增长极限点，$M_S > R_{in} > Y^*$，且 $Y^* \to 0$。这时，需求拉上型通货膨胀非常典型。c. 由于在初始阶段存在 $M_S > Y^* > R_{in}$ 的关系，就给人以错觉，以为较多的 M_S 能带来较大的 Y^*。这是需求拉上型通货膨胀恶化的重要诱因。

（2）治理对策：①针对需求拉上型通货膨胀的成因，治理对策无疑是宏观紧缩政策，包括紧缩性货币政策和紧缩性财政政策；②面对需求拉上型通货膨胀，增加有效供给也是治理之途。

2. 简述成本推动型通货膨胀的成因及其治理对策。

答案要点：（1）成本推动型通货膨胀也称成本推进型通货膨胀，其成因可以归结为两点。

①工资推进型通货膨胀。它是以存在强大的工会组织，从而存在不完全竞争的劳动力市场为假定前提的。当工资是由工会和雇主集体议定时，这种工资则会高于竞争的工资。面对高工资，企业就会因人力成本的加大而提高产品价格，以维持盈利水平。这就是从工资提高开始而引发的物价上涨。工资提高引发物价上涨，物价上涨又引起工资的提高，在西方经济学中将此称为工资－价格螺旋上升。

②利润推进型通货膨胀。其前提条件是存在着物品和服务销售的不完全竞争市场，厂商垄断使利润过度增长，过高利润引起成本上升、价格上涨。

（2）治理对策。

①针对工资推进型通货膨胀的成因，治理对策是紧缩性的收入政策：确定工资－物价指导线并据以控制每个部门工资增长率；管制或冻结工资；按工资超额增长比率征收特别税等。

②针对利润推进型通货膨胀的成因，不少工业发达国家制定反托拉斯法以限制垄断高价。

四、论述题

试述通货紧缩的经济效应。

答案要点：通货紧缩通常是指一般价格水平持续地、显著地下降。

（1）对投资的影响。

通货紧缩会使得实际利率有所提高，社会投资的实际成本随之增加，从而产生减少投资的影响。同时在价格趋降的情况下，投资项目预期的未来重置成本会趋于下降，就会推迟当期的投资。这对许多新开工项目所产生的制约较大。

另外，通货紧缩使投资的预期收益下降。在通货紧缩情况下，理性的投资者预期使市场商品价格进一步下降，公司的预期利润也将随之下降。这就使投资倾向降低。

通货紧缩还经常伴随着证券市场的萎缩。公司利润的下降使股价趋于下探，而证券市场的萎缩又反过来加重了公司筹资的困难。

（2）对消费的影响。

物价下跌对消费有两种效应：一是价格效应。物价的下跌使消费者可以用较低的价格得到同等数量和质量的商品和服务，而将来价格还会下跌的预期促使他们推迟消费。二是收入效应。就业预期和工资收入因经济增幅下降而趋于下降，收入的减少将使消费者缩减消费支出。

（3）对收入再分配的影响。

通货紧缩时期的财富分配效应与通货膨胀时期正好相反。在通货紧缩情况下，虽然名义利率很低，但由于物价呈现负增长，实际利率会比通货膨胀时期高出许多。更高的实际利率有利于债权人，不利于债务人。

（4）对工人工资的影响。

在通货紧缩情况下，如果工人名义工资收入的下调滞后于物价下跌，那么实际工资并不会下降；如果出现严重的经济衰退，往往会削弱企业的偿付能力，也会迫使企业下调工资。

（5）通货紧缩与经济成长。

大多情况下，物价疲软、下跌与经济成长乏力或负增长是结合在一起的，但也非必然，如中国就曾存在通货紧缩与经济增长并存的现象。

第四章 金融中介体系

大纲重、难点提示

本章的重点和难点问题是金融中介机构的概念和种类。

大纲习题解答

一、单项选择题

1. 西方金融中介体系是众多银行与非银行金融机构并存的格局,其中银行居支配地位。其特点是以（　　）为核心。
   A. 中央银行　　　　　　　　B. 存款货币银行
   C. 基金组织　　　　　　　　D. 专业银行

   答案要点：本题正确选项为 A。解析：西方金融中介体系是众多银行与非银行金融机构并存的格局,其中银行居支配地位。其特点是以中央银行为核心。银行机构主要有中央银行、存款货币银行和各式各样的专业银行三大类。非银行机构主要有保险公司、投资公司、基金组织等。本题源自《货币银行学》第四章第一节 561 页。

2. 中华人民共和国金融中介体系的诞生标志是（　　）。
   A. 没收官僚资本银行　　　　B. 农村信用合作社
   C. 改造私人银行与钱庄　　　D. 中国人民银行的建立

   答案要点：本题正确选项为 D。解析：1948 年年底中国人民银行的建立,标志着中华人民共和国金融中介体系的诞生。本题源自《货币银行学》第四章第一节 562 页。

3. 我国目前已形成了以（　　）为中心,国有商业银行为主体,多种金融机构并存,分工协作的金融中介机构体系格局。
   A. 专业银行　　　　　　　　B. 农村信用合作社
   C. 基金组织　　　　　　　　D. 中国人民银行

   答案要点：本题正确选项为 D。解析：我国目前已形成了以中国人民银行为中心,国有商业银行为主体,多种金融机构并存,分工协作的金融中介机构体系格局。本题源自《货币银行学》第四章第一节 562 页。

4. 最早建立的进行国际金融活动的政府间国际金融机构是（　　）。
   A. 国际清算银行　　　　　　B. 国际货币基金组织
   C. 国际金融公司　　　　　　D. 国际复兴开发银行

   答案要点：本题正确选项为 A。解析：最早建立的进行国际金融活动的政府间国际金融机构是 1930 年 5 月在瑞士巴塞尔成立的国际清算银行。本题源自《货币银行学》第四章第一节 562 页。

5. 布雷顿森林国际货币体系是（　　）。

①国际清算银行。②国际货币基金组织。③世界银行的国际复兴开发银行。④国际开发协会。⑤国际金融公司。

A. ②③
B. ②③⑤
C. ②③④⑤
D. ①②③④⑤

答案要点：本题正确选项为 C。解析：布雷顿森林国际货币体系是由国际货币基金组织、世界银行的国际复兴开发银行、国际开发协会和国际金融公司作为实施该体系的组织保证。本题源自《货币银行学》第四章第一节 562 页。

6. 存款货币银行的作用是（　　）。

①充当企业之间的信用中介。②充当企业之间的支付中介。③变社会各阶层的积蓄和收入为资本。④创造信用流通工具。

A. ①②④
B. ①③
C. ②③④
D. ①②③④

答案要点：本题正确选项为 D。解析：存款货币银行的作用是，①充当企业之间的信用中介；②充当企业之间的支付中介；③变社会各阶层的积蓄和收入为资本；④创造信用流通工具。本题源自《货币银行学》第四章第二节 563 页。

7. 狭义的表外业务是指（　　）。

A. 存款货币银行形成其资金来源的业务
B. 存款货币银行运用其所吸收的资金的业务
C. 未列入银行资产负债表且不影响银行资产负债总额的业务
D. 未列入银行资产负债表且不影响银行资产负债总额，但却会产生风险的业务

答案要点：本题正确选项为 D。解析：表外业务是指凡未列入银行资产负债表且不影响资产负债总额的业务。广义的表外业务是指既包括传统的中间业务，又包括金融创新中产生的一些有风险的业务，如互换、期权、期货、远期利率协议、票据发行便利、贷款承诺、备用信用证等业务。通常提及的表外业务专指后一类有风险的业务，属于狭义的表外业务。本题源自《货币银行学》第四章第二节 564 页。

8. 金融创新是指（　　）。

①规避风险的创新。②金融制度创新。③技术进步推动的创新。④规避行政管理的创新。

A. ①②④
B. ①③④
C. ②③④
D. ①②③④

答案要点：本题正确选项为 B。解析：金融创新是指规避风险的创新、技术进步推动的创新和规避行政管理的创新。本题源自《货币银行学》第四章第二节 566 页。

9. （　　）不是中央银行的职能。

A. 发行的银行
B. 银行的银行
C. 政府的银行
D. 企业的银行

答案要点：本题正确选项为 D。解析：中央银行的职能包括发行的银行、银行的银行和政府的银行三大职能。本题源自《货币银行学》第四章第三节 572 页。

10. 具有集中存款准备、最终的贷款人、组织全国的清算职能的是（　　）。
   A. 发行的银行　　　　　　　　B. 银行的银行
   C. 政府的银行　　　　　　　　D. 企业的银行
   答案要点：本题正确选项为 B。解析：中央银行作为银行的银行，其职能具体表现为集中存款准备、最终的贷款人和组织全国的清算三个方面。本题源自《货币银行学》第四章第三节 572 页。

11. 中央银行作为银行的银行，其职能表现为（　　）。
   ①集中存款准备。②最终的贷款人。③发行现钞。④组织全国的清算。
   A. ①②④　　　　　　　　　　B. ①③④
   C. ②③④　　　　　　　　　　D. ①②③④
   答案要点：本题正确选项为 A。解析：中央银行作为银行的银行，其职能具体表现为集中存款准备、最终的贷款人和组织全国的清算三个方面。本题源自《货币银行学》第四章第三节 572 页。

二、名词解释

1. 表外业务：指商业银行所从事的，按照通行的会计准则不列入资产负债表内，不影响其资产负债总额，但能影响银行当期损益，改变银行资产报酬率的经营活动。通常把这些经营活动称为或有资产和或有负债，它们是有风险的经营活动，应当在会计报表的附注中予以揭示。常见的表外业务包括：①贷款承诺；②担保；③金融衍生工具，如期货、互换、期权、远期合约、利率上下限等；④投资银行业务。

2. 资产证券化：指将已经存在的信贷资产集中起来并重新分割为证券进而转卖给市场上的投资者，从而使此项资产从原持有者的资产负债表上消失。作为直接信贷资产的主要持有者，商业银行和储蓄信贷机构最适合开展此类业务。资产证券化的本质含义是将贷款或应收账款转为可流通的金融工具的过程。

3. 最终贷款人：指在危机时刻中央银行应尽的融通责任，它应满足对高能货币的需求，以防止由恐慌引起的货币存量的收缩。

4. 存款保险制度：指一种对存款人利益提供保护、稳定金融体系的制度安排。在这一制度安排下，吸收存款的金融机构根据其吸收存款的数额，按规定的保费率向存款保险机构投保，当存款机构破产而无法满足存款人的提款要求时，由存款保险机构承担支付法定保险金的责任。

5. 全能型商业银行：又有综合性商业银行之称，它们可以经营包括各种期限和种类的存款与贷款的一切银行业务，同时可以经营全面的证券业务等。

三、简述题

1. 简述商业银行的作用。
   答案要点：（1）充当企业之间的信用中介。
   （2）充当企业之间的支付中介。
   （3）变社会各阶层的积蓄和收入为资本。
   （4）创造信用流通工具。

2. 简述商业银行的资产业务和负债业务。

答案要点：（1）商业银行的资产业务是指将自己通过负债业务所聚集的货币资金通过贴现、贷款和证券投资等方式加以运用的业务。这是取得收益的主要途径。

（2）商业银行的负债业务是指形成其资金来源的业务，包括自有资金和吸收存款等。

3. 简要说明商业银行经营模式的两种类型及其发展趋势。

答案要点：（1）按经营模式划分，商业银行分为职能分工型银行和全能型银行。所谓职能分工，其基本特点是，法律限定金融机构必须分门别类各有专司，有专营长期金融的、有专营短期金融的、有专营有价证券买卖的、有专营信托业务的，等等。职能分工体制下的商业银行与其他金融机构的最大差别在于：①只有商业银行能够吸收使用支票的活期存款；②商业银行一般以发放1年以下的短期工商信贷为其主要业务。全能型商业银行，又有综合性商业银行之称，它们可以经营包括各种期限和种类的存款与贷款的一切银行业务，同时可以经营全面的证券业务等。职能分工型模式称之为分业经营、分业监管模式；相对应地，全能型模式则称之为混业经营、混业监管模式。

（2）自20世纪70年代以来，特别是近二十多年来，伴随迅速发展的金融自由化浪潮和金融创新的层出不穷，在执行分业经营的国家中，商业银行经营日趋全能化、综合化。

四、论述题

1. 阐明引发金融创新的直接原因。

答案要点：引发金融创新的直接原因包括以下几个方面。

（1）为了规避风险而进行的创新。

从20世纪60年代开始，西方银行经营面临经济环境的巨大变化。长期的高通货膨胀率带来了市场利率的上升，并且波动剧烈。利率的剧烈波动使投资收益具有极大的不确定性。这降低了长期投资的吸引力，同时也使持有这类资产的金融机构陷于窘境。银行为了保住存款等负债业务而必须负担更多的利息支出，却面对着长期资产业务由于原定契约利率的限制而无足够的收益来支撑的困境。于是，银行通过创新，创造可变利率的债权债务工具、开发债务工具的远期市场、发展债务工具的期货交易、开发债务工具的期权市场等来规避风险。

（2）由技术进步推动的创新。

首先，技术进步引起银行结算、清算系统和支付制度的创新，进而引起金融服务的创新。

其次，新技术为日益复杂的金融工具的创新提供了技术保障条件。

最后，新技术的运用使金融交易快速地突破了时间和空间的限制，几乎使全球各个角落的交易主体都连接在一个世界性的金融市场之中。

（3）为了规避行政风险而进行的创新。

规避不合理的、过时的金融行政管理法规也推动了金融创新。

2. 试述中央银行的产生原因及职能。

答案要点：（1）中央银行产生的原因。

①统一发行银行券的必要。

②银行林立，银行业务不断扩大，债权债务关系错综复杂，票据交换及清算若不能得

到及时、合理的处置，就会阻碍经济顺畅运行。于是客观上需要建立一个全国统一而有权威的、公正的清算机构为之服务。

③在经济周期的发展过程中，商业银行往往陷于资金调度不灵的窘境，有时则会因此而破产。于是客观上需要一个强大的金融机构作为其他众多银行的后盾，在必要时为它们提供货币资金，即提供流动性的支持。

④同其他行业一样，银行业经营竞争也很激烈，而且它们在竞争中的破产、倒闭给经济造成的动荡，较之非银行行业要大得多。因此，客观上需要有一个代表政府意志的专门机构专司金融业管理、监督、协调的工作。

（2）中央银行的职能。

①发行的银行。这是指其垄断银行券的发行权，成为全国唯一的现钞发行机构。

②银行的银行。作为银行的银行，其职能具体表现在三个方面：集中存款准备；最终的贷款人；组织全国的清算。

③国家的银行。所谓国家的银行，是指中央银行代表国家贯彻执行财政金融政策，代理国库以及为国家提供各种金融服务。包括：代理国库；代理国家债券的发行；对国家财政给予信贷支持；保管外汇和黄金储备，进行外汇、黄金的买卖和管理；制定和实施货币政策；制定并监督执行有关金融管理法规。此外，中央银行还代表政府参加国际金融组织，出席各种国际性会议，从事国际金融活动以及代表政府签订国际金融协议；在国内外经济金融活动中，充当政府的顾问，提供经济、金融情报和决策建议。

第五章 金融市场

大纲重、难点提示

本章的重点和难点问题是金融市场理论和内容。

大·纲·习·题·解·答

一、单项选择题

1. 根据"请求权"的不同特征，可从多种角度对金融市场进行划分。通常，根据"请求权"的交割方式，可以将金融市场划分为（　　）。
   A. 债权市场和股权市场　　　　　　B. 现货市场和期货市场
   C. 一级市场和二级市场　　　　　　D. 货币市场和资本市场

   答案要点：本题正确选项为 B。解析：金融交易的载体是金融工具或金融资产，它是对未来现金流的"请求权"。根据"请求权"的交割方式，可以将金融市场划分为现货市场与期货市场。本题源自《货币银行学》第五章第一节 575 页。

2. 根据"请求权"的不同特征，可从多种角度对金融市场进行划分。通常，根据"请求权"是否固定，可以将金融市场划分为（　　）。
   A. 债权市场和股权市场　　　　　　B. 现货市场和期货市场
   C. 一级市场和二级市场　　　　　　D. 货币市场和资本市场

   答案要点：本题正确选项为 A。解析：金融交易的载体是金融工具或金融资产，它是对未来现金流的"请求权"。根据"请求权"是否固定，可以将金融市场划分为债权市场与股权市场。本题源自《货币银行学》第五章第一节 574 页。

3. 根据"请求权"的不同特征，可从多种角度对金融市场进行划分。通常，根据发行顺序，可以将金融市场划分为（　　）。
   A. 债权市场和股权市场　　　　　　B. 现货市场和期货市场
   C. 一级市场和二级市场　　　　　　D. 货币市场和资本市场

   答案要点：本题正确选项为 C。解析：金融交易的载体是金融工具或金融资产，它是对未来现金流的"请求权"。根据发行顺序，可以将金融市场划分为一级市场和二级市场。本题源自《货币银行学》第五章第一节 575 页。

4. 根据"请求权"的不同特征，可从多种角度对金融市场进行划分。通常，根据金融工具的交易期限，可以将金融市场划分为（　　）。
   A. 债权市场和股权市场　　　　　　B. 现货市场和期货市场
   C. 一级市场和二级市场　　　　　　D. 货币市场和资本市场

   答案要点：本题正确选项为 D。解析：金融交易的载体是金融工具或金融资产，它是对未来现金流的"请求权"。根据金融工具的交易期限，可以将金融市场划分为货币市场和资本市场。本题源自《货币银行学》第五章第一节 575 页。

5. 货币市场是一年和一年以下短期资金融通的市场，包括（　　）。

①同业拆借市场。②银行间债券市场。③大额定期存单市场。④股票市场。⑤商业票据市场。

　　A. ①②④⑤　　　　　　　　　　B. ①③④⑤
　　C. ②③④⑤　　　　　　　　　　D. ①②③⑤

答案要点：本题正确选项为 D。解析：货币市场是一年和一年以下短期资金融通的市场，包括同业拆借市场、银行间债券市场、大额定期存单市场、商业票据市场等子市场。本题源自《货币银行学》第五章第一节 575 页。

6. 下列属于资本市场的是（　　）。

　　A. 同业拆借市场　　　　　　　　B. 股票市场
　　C. 商业票据市场　　　　　　　　D. 大额定期存单市场

答案要点：本题正确选项为 B。解析：资本市场一般指期限在一年以上的市场，主要包括股票市场和债券市场，满足工商企业的中长期投资需求和政府财政赤字的需要。货币市场是指一年和一年以下短期资金融通的市场，包括同业拆借市场、银行间债券市场、大额定期存单市场、商业票据市场等子市场。本题源自《货币银行学》第五章第一节 575 页。

7. 以下哪一个市场不属于货币市场？（　　）

　　A. 同业拆借市场　　　　　　　　B. 大额定期存单市场
　　C. 股票市场　　　　　　　　　　D. 商业票据市场

答案要点：本题正确选项为 C。解析：货币市场是一年和一年以下短期资金融通的市场，包括同业拆借市场、银行间债券市场、大额定期存单市场、商业票据市场等子市场。股票市场属于资本市场。本题源自《货币银行学》第五章第一节 575 页。

8. 金融市场的功能是（　　）。

①帮助实现资金在盈余部门和短缺部门之间的调剂。②实现风险分散和风险转移。③确定价格。

　　A. ②　　　　　　　　　　　　　B. ①③
　　C. ②③　　　　　　　　　　　　D. ①②③

答案要点：本题正确选项为 D。解析：金融市场的功能是，①帮助实现资金在盈余部门和短缺部门之间的调剂；②实现风险分散和风险转移；③确定价格。本题源自《货币银行学》第五章第一节 575 页。

9. 下面不属于金融市场功能的是（　　）。

　　A. 消除风险
　　B. 帮助实现资金在盈余部门和短缺部门之间的调剂
　　C. 实现风险分散和风险转移
　　D. 确定价格

答案要点：本题正确选项为 A。解析：金融市场的功能是，①帮助实现资金在盈余部门和短缺部门之间的调剂；②实现风险分散和风险转移；③确定价格。本题源自《货币银行学》第五章第一节 575 页。

10. 在货币市场上，主要的金融工具有（　　）。

①短期国债。②可转让定期存单。③抵押贷款。④商业票据。⑤回购协议。⑥银行承兑汇票。

A. ②③④⑤ B. ①②④⑤⑥
C. ①③④⑤⑥ D. ①②③④⑤⑥

答案要点：本题正确选项为B。解析：在货币市场上，主要的金融工具有短期国债、可转让定期存单、商业票据、回购协议、银行承兑汇票等。抵押贷款属于资本市场金融工具。本题源自《货币银行学》第五章第二节576页。

11. 以下哪一个不是属于资本市场的金融工具？（　　）

A. 商业票据 B. 抵押贷款
C. 股票 D. 债券

答案要点：本题正确选项为A。解析：资本市场的主要金融工具有股票（普通股、优先股）、债券（政府债券、公司债券、金融债券）、抵押贷款等。商业票据属于货币市场金融工具。本题源自《货币银行学》第五章第二节576页。

12. 最基本的衍生金融工具主要有（　　）。

①远期。②期货。③期权。④互换协议。

A. ②③ B. ①②
C. ①③④ D. ①②③④

答案要点：本题正确选项为D。解析：最基本的衍生金融工具主要有远期、期货、期权、互换协议。本题源自《货币银行学》第五章第二节576页。

13. 在确定的未来某一时期，按照确定的价格买卖（但不在交易所集中交易）一定数量的某种资产的协议是（　　）。

A. 远期合约 B. 期货合约
C. 期权合约 D. 互换合约

答案要点：本题正确选项为A。解析：远期合约是在确定的未来某一时期，按照确定的价格买卖一定数量的某种资产的协议。与期货合约相比，远期合约的交易并不是标准的，并不在交易所集中交易。本题源自《货币银行学》第五章第二节576页。

14. 风险资本的投资过程大致分为（　　）这几个步骤。

①交易发起。②筛选投资机会。③评价。④交易设计。⑤投资后管理。

A. ②③⑤ B. ①②⑤
C. ①③④⑤ D. ①②③④⑤

答案要点：本题正确选项为D。解析：风险资本的投资过程大致分五个步骤，第一，交易发起；第二，筛选投资机会；第三，评价；第四，交易设计；第五，投资后管理。本题源自《货币银行学》第五章第三节578页。

15. 按照有效市场假说，资本市场的有效性是指市场根据新信息迅速调整证券价格的能力。当证券的价格可以反映所有公开的和不公开的信息时，是（　　）。

A. 弱有效市场 B. 中度有效市场
C. 强有效市场 D. 无效市场

答案要点：本题正确选项为 C。解析：证券的价格可以反映所有公开的和不公开的信息的市场是强有效市场。本题源自《货币银行学》第五章第四节 580 页。

16. 按照有效市场假说，资本市场的有效性是指市场根据新信息迅速调整证券价格的能力。当证券的价格反映包括历史的价格和交易信息在内的所有公开发表的信息时，是（ ）。

A. 弱有效市场　　　　　　　　B. 中度有效市场
C. 强有效市场　　　　　　　　D. 无效市场

答案要点：本题正确选项为 B。解析：证券的价格反映包括历史的价格和交易信息在内的所有公开发表的信息的市场是中度有效市场。本题源自《货币银行学》第五章第四节 580 页。

17. 按照有效市场假说，资本市场的有效性是指市场根据新信息迅速调整证券价格的能力。当证券的价格只反映过去的价格和交易信息时，是（ ）。

A. 弱有效市场　　　　　　　　B. 中度有效市场
C. 强有效市场　　　　　　　　D. 无效市场

答案要点：本题正确选项为 A。解析：证券的价格只反映过去的价格和交易信息的市场是弱有效市场。本题源自《货币银行学》第五章第四节 579 页。

二、名词解释

1. 金融工具：又称金融资产，是一种能够证明金融交易的金额、期限以及价格的书面文件，对于债权、债务双方的权利和义务具有法律上的约束意义。

2. 货币市场：指一年和一年以下短期资金融通的市场，包括同业拆借市场、银行间债券市场、大额可转让存单市场、商业票据市场和国库券市场等子市场。这一市场的金融工具期限很短，近似货币，所以称之为货币市场。货币市场是金融机构调节流动性的重要场所，是中央银行货币政策操作的基础。

3. 资本市场：一般指交易期限在一年以上的市场，主要包括股票市场和债券市场，满足工商企业的中长期投资需求和政府财政赤字的需要。由于交易期限长，资金主要用于形成实际资本，所以称之为资本市场。

4. 远期：指在确定的未来某一时期，按照确定的价格买卖一定数量的某种资产的协议。在远期和约中，交易双方约定买卖的资产称为标的资产，约定的价格称为协议价格，同意以约定的价格卖出标的资产的一方称为空头，同意以约定价格买入标的资产的一方称为多头。

5. 期货：一般指期货合约，即由期货交易所统一制定的、规定在将来某一特定的时间和地点交割一定数量标的物的标准化合约。

6. 互换：指互换双方达成协议并在一定的期限内转换彼此的货币种类、借贷利率基础及其他资产的一种交易。互换协议主要有货币互换和利率互换。货币互换指交易双方按照既定的汇率交换两种货币，并约定在将来一定期限内按照该汇率相互换回原来的货币的交易；利率互换指交易双方将自己所拥有的债权（债务）的利息收入（支出）相交换的交易。这两笔债权（债务）的本金价值是相同的，但利息支付条款却不同，通过交换可以满足双方的不同需要。

7. 期权：指在未来一定时期可以买卖的权利，是买方向卖方支付一定数量的金额

（指权利金）后拥有的在未来一段时间内（指美式期权）或未来某一特定日期（指欧式期权）以事先规定好的价格（指履约价格）向卖方购买（指看涨期权）或出售（指看跌期权）一定数量的特定标的物的权利，但不负有必须买进或卖出的义务。

三、简述题

1. 简要分析风险资本的投资过程。

答案要点：风险资本的投资过程大致分为五个步骤。

（1）交易发起，即风险资本家获知潜在的投资机会。

（2）筛选投资机会，即在众多的潜在投资机会中初选出小部分做进一步分析。

（3）评价，即对选定项目的潜在风险与收益进行评估。

（4）交易设计，包括确定投资的数量、形式和价格等。

（5）投资后管理，关键是将企业带入资本市场运作以顺利实现必要的兼并收购和发行上市。

2. 简述风险与收益的关系。

答案要点：（1）风险和收益是任何投资者决策时必须考虑的一对矛盾。风险和收益是对称的，高风险高收益，低风险低收益，所有收益都要经过风险来调整。1952年经济学家马柯维茨首先用比较精确的数学语言描述了风险与收益的关系，为资产定价乃至现代金融理论的发展奠定了基础。

（2）每个投资者在进行投资之前都要对收益进行预期，因而从数学角度分析，收益预期往往以投资的预期收益率来表示。因为投资面临着未来的不确定性，所以，预期收益率就是投资者在投资之前对未来各种不确定情况下收益率的综合估计。用数学上表示为收益率这个随机变量的数学期望值 $E(r)$。

（3）风险是指投资价值损失的可能性，它实际上反映未来收益的不确定性，可以用对预期收益的偏离来反映风险的大小。数学上可用标准差概念进行定量分析。

3. 简要分析为什么分散投资可以减少风险。

答案要点：（1）金融学的一个基本假设是投资者是风险的厌恶者，控制风险的一种有效的方法是分散投资，即投资者可以通过构建多样化投资的资产组合来降低风险，这一原理可以通过资产组合的预期收益率和资产组合的风险协方差公式来说明。

（2）资产组合的预期收益率是资产组合中所有资产预期收益率的加权平均数。在资产总数一定的情况下，单个资产占的比重越小，资产组合的预期收益率越小，风险越小，这个原理说明投资资产数量多可以降低风险。

（3）风险协方差公式说明：资产组合的风险不仅与单个资产的风险有关，是单个资产标准差的简单加权平均，而且与各种资产的相互关系有关。投资者通过选择彼此相关性小的资产进行组合时风险更小。资产组合的协方差反映组合资产共同变化的程度，因而资产组合的协方差越小，组合资产投资的风险越小。资产组合的协方差又取决于组合资产之间的相关系数，组合资产之间的相关系数越小，组合资产风险越小。这个原理说明，通过多样化投资组合可以降低风险。

4. 简述 CAPM 的基本内容。

答案要点：（1）CAPM 即资本资产定价模型，是在投资组合理论的基础上，寻求当资本市场处于均衡的状态下，各资本资产的均衡价格。基本问题：如果人们对预期收益率和风险的预测相同，并且都根据分散化原则选择最优资产组合，则达到均衡状态时，证券的风险溢价是多少？

（2）假设条件：首先假设资本市场处于均衡状态，同时假设每个投资者都根据资产组合理论进行决策，通过对投资者集体行为的分析，可以求出所有有效证券和有效证券组合的均衡价格，即资本市场线。

（3）所谓有效证券或有效证券组合，指预期收益率一定时，风险最小的证券或证券组合；风险一定时，预期收益率最大的证券或证券组合；不存在其他预期收益更高和风险更小的证券或证券组合。如图5.5.1：r_f 表示无风险借贷利率，切点 M 是市场证券组合，理论上应包括所有上市的有价证券。$r_f M$ 就是资本市场线，表示投资者在证券市场上所有的有效投资机会。尽管每个人都希望达到高于资本市场线的水平，但竞争力量将推动资产价格变动，使每个人都达到直线上的某点。

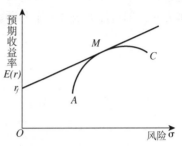

图 5.5.1 资本市场线（CML）

（4）CAPM 的基本思想：达到均衡时人们承受风险的市场报酬，由于投资者是风险厌恶者，所以，所有风险资产的风险溢价总值必然为正，以引导人们持有风险资产。

（5）单个证券的风险溢价与它对市场风险贡献程度成正比，用来衡量单个证券风险的是它的 β 值。根据 CAPM，在均衡状态下，任何资产的风险溢价等于其 β 值乘以市场投资组合的风险溢价。

（6）CAPM 运用均衡方法，为金融市场的资产定价提供了理论依据。这一模型在投资管理和公司财务实践中被广泛应用，但是也存在一些问题，主要是模型中的市场组合包括了所有的资产，在实证研究中难以准确模拟。

四、论述题

1. 试述金融市场在经济运行中的功能。

答案要点：（1）金融市场与房地产市场、劳动力市场、技术市场等共同形成了生产要素市场；金融市场是所有金融交易关系的总和，交易各方可以借助这个市场实现资金融通、交换风险，从而提高整个社会资源配置的效率。

（2）功能。①金融市场的发展促进了储蓄向投资转化的规模和效率，为金融资产提供了充分的流动性，并促进了金融工具的不断创新；②金融市场的资产定价机制能够引导资金合理流动，反馈实际经济运行状况，从而提高资源运用效率；③金融市场的发展为金融间接调控体系的建立提供了基础；④股票市场的发展提供了有效评价企业经营状况的窗口，为企业实施资本运营战略提供了场所。

2. 试述金融工程的方法论背景。

答案要点：（1）定义。自20世纪80年代以来，金融部门将现代金融理论和工程技术方法相结合，针对投资者不同的风险偏好，创造性地设计、开发和应用新的金融产品。

（2）金融工程的方法论是以现代金融理论、信息技术和工程方法为基础，将金融问题进行综合、系统研究分析，并设计出创新型的金融工具，使金融市场的功能增强。

（3）背景。①金融理论的创新——资产定价理论和无套利均衡理论。金融分析基本方法，就是将某项金融资产的头寸（即对某种资产的持有或短缺）与市场中其他金融资产的头寸组合起来，构建一个在市场均衡时不能产生不承受风险的利润的组合头寸，并由此计算该项头寸在市场均衡时的价值，即均衡价格。②现代信息技术的发展提供了必需的物质基础条件，且极大地降低了金融市场的交易成本，提高了市场的效率。③"金融工程师"们在上述理论和技术条件支持下，针对市场投资者不同的风险偏好和风险承受能力，借鉴现代工程技术方法，创造性地设计出了各种新的金融工具，使其具有特定的流动性和风险－收益组合。

第六章 金融监管体系

大纲重、难点提示

本章的重点和难点问题是金融监管体系的概念以及原则。

大纲习题解答

一、单项选择题

1. 按金融风险产生的原因分类，可以分为（　　）等基本风险。
①信用风险。②操作风险。③利率风险。④市场风险。⑤汇率风险。⑥国家风险。
   A. ②③⑤⑥　　　　　　　　　　B. ①②⑤⑥
   C. ①③⑤⑥　　　　　　　　　　D. ②④

答案要点：本题正确选项为 C。解析：按金融风险产生的原因分类，可以分为信用风险、利率风险、汇率风险和国家风险。本题源自《货币银行学》第六章第一节 585 页。

2. 由于一国宏观经济政策或政治因素如战争、内乱的变动可能造成的金融损失是指（　　）。
   A. 操作风险　　　　　　　　　　B. 国家风险
   C. 市场风险　　　　　　　　　　D. 汇率风险

答案要点：本题正确选项为 B。解析：国家风险是指由于一国宏观经济政策或政治因素如战争、内乱的变动可能造成的金融损失。本题源自《货币银行学》第六章第一节 585 页。

3. 由于金融创新带来金融衍生工具增多，如果运用不当，反而成为新的金融风险黑洞，这是指（　　）。
   A. 操作风险　　　　　　　　　　B. 国家风险
   C. 市场风险　　　　　　　　　　D. 汇率风险

答案要点：本题正确选项为 C。解析：市场风险是指由于金融创新带来金融衍生工具增多，如果运用不当，反而成为新的金融风险黑洞。本题源自《货币银行学》第六章第一节 585 页。

4. 金融企业内部直接从事金融业务操作的人员，由于违规违章操作而造成资金损失带来的风险。这是指（　　）。
   A. 操作风险　　　　　　　　　　B. 国家风险
   C. 市场风险　　　　　　　　　　D. 汇率风险

答案要点：本题正确选项为 A。解析：操作风险是指金融企业内部直接从事金融业务操作的人员，由于违规违章操作而造成资金损失带来的风险。本题源自《货币银行学》第六章第一节 585 页。

5. 金融监管的原则是（　　）。

①依法管理原则。②合理、适度竞争原则。③信息披露原则。④自我约束和外部强制相结合的原则。⑤安全稳定与经济效率相结合的原则。

　　A. ②③⑤　　　　　　　　　　B. ①②④⑤
　　C. ①③⑤　　　　　　　　　　D. ②④

答案要点：本题正确选项为 B。解析：金融监管的原则是，①依法管理原则；②合理、适度竞争原则；③自我约束和外部强制相结合的原则；④安全稳定与经济效率相结合的原则。本题源自《货币银行学》第六章第一节 585 页。

6. 通过管制来纠正或消除市场缺陷，以达到提高社会资源配置效率、降低社会福利损失的目的，这是指（　　）。

　　A. 社会利益论　　　　　　　　B. 金融风险论
　　C. 投资者利益保护论　　　　　D. 汇率风险论

答案要点：本题正确选项为 A。解析：社会利益论认为，市场缺陷的存在有必要让代表公众利益的政府在一定程度上介入经济生活，通过管制来纠正或消除市场缺陷，以达到提高社会资源配置效率、降低社会福利损失的目的。本题源自《货币银行学》第六章第一节 586 页。

7. 对信息优势方（金融机构）的行为加以规范和约束，以为投资者创造公平、公正的投资环境，这是指（　　）。

　　A. 社会利益论　　　　　　　　B. 金融风险论
　　C. 投资者利益保护论　　　　　D. 汇率风险论

答案要点：本题正确选项为 C。解析：投资者利益保护论认为，在信息不对称或信息不完全的情况下，拥有信息优势的一方可能利用这一优势来损害信息劣势方的利益，因此，有必要对信息优势方（主要是金融机构）的行为加以规范和约束，以为投资者创造公平、公正的投资环境。本题源自《货币银行学》第六章第一节 586 页。

8. 金融监管可能产生的道德风险是（　　）。

①投资者的道德风险。缺乏监督意识。②金融机构的道德风险。通过高利率吸收存款。③金融机构通过选择高收益、高风险的资产方式获利。

　　A. ②③　　　　　　　　　　　B. ①②③
　　C. ①③　　　　　　　　　　　D. ②④

答案要点：本题正确选项为 B。解析：金融监管可能产生的道德风险有，①投资者的道德风险。缺乏监督意识。②金融机构的道德风险。通过高利率吸收存款。③金融机构通过选择高收益、高风险的资产方式获利。本题源自《货币银行学》第六章第二节 587 页。

9. 《巴塞尔协议》主要考虑的是（　　）。

　　A. 操作风险　　　　　　　　　B. 国家风险
　　C. 市场风险　　　　　　　　　D. 信用风险

答案要点：本题正确选项为 D。解析：《巴塞尔协议》主要考虑的是信用风险，对市场风险和操作风险的考虑不足。本题源自《货币银行学》第六章第五节 591 页。

10. 新资本协议包括互为补充的三大支柱，其中不包括（　　）。
   A. 最低资本要求　　　　　　B. 最优提款权
   C. 监管当局的监管　　　　　D. 市场纪律

   答案要点：本题正确选项为 B。解析：《新巴塞尔协议》的三大支柱为，①第一大支柱——最低资本要求；②第二大支柱——监管当局的监管；③第三大支柱——市场纪律。本题源自《货币银行学》第六章第五节 592 页。

二、名词解释

金融监管成本：包括以下两个方面，（1）执法成本，即金融监管当局在具体实施监管的过程中产生的成本，主要是监管机关的行政预算，属于显性成本或直接成本。（2）守法成本，即金融机构为了满足监管要求而额外承担的成本损失，主要是金融机构的效率损失，属于隐性成本或间接成本。

三、简述题

1. 简要说明金融监管的基本原则。

   答案要点：（1）依法管理原则。
   （2）合理、适度竞争原则。
   （3）自我约束和外部强制相结合的原则。
   （4）安全稳定与经济效率相结合的原则。

2. 简述社会利益论关于金融监管必要性的分析。

   答案要点：社会利益论认为，市场缺陷的存在有必要让代表公众利益的政府在一定程度上介入经济生活，通过管制来纠正或消除市场缺陷，以达到提高社会资源配置效率、降低社会福利损失的目的。

3. 简述金融风险论关于金融监管必要性的分析。

   答案要点：金融风险的内在特性决定了必须有一个权威机构对金融业实施监管，以确保整个金融体系的安全与稳定。

   首先，银行业的资本只占很小的比例，大量的资产业务都要靠负债来支撑。
   其次，金融业具有发生支付危机的连锁效应。
   最后，金融体系的风险，直接影响着货币制度和宏观经济的稳定。

四、论述题

1. 试述《巴塞尔协议》的目的和主要内容。

   答案要点：（1）《巴塞尔协议》的目的。
   ①通过制定银行的资本与其资产间的比例，定出计算方法和标准，以加强国际银行体系的健康发展；②制定统一的标准，以消除国际金融市场上各国银行之间的不平等竞争。
   （2）该协议的主要内容。
   第一，关于资本的组成。把银行资本划分为核心资本和附属资本两档：第一档核心资本包括股本和公开准备金，这部分至少占全部资本的 50%；第二档附属资本包括未公开的准备金、资产重估准备金、普通准备金或呆账准备金。
   第二，关于风险加权的计算。该协议定出资产负债表上各种资产和各项表外科目的风险度量标准，并将资本与加权计算出来的风险挂钩，以评估银行资本所应具有的适当规模。

第三，关于标准比率的目标。协议要求银行经过5年过渡期逐步建立和调整所需的资本基础。到1992年年底，银行的资本对风险加权化资产的标准比率为8%，其中核心资本至少为4%。

2. 试述《新巴塞尔协议》出台的背景及三大支柱。

答案要点：（1）《新巴塞尔协议》出台的背景。20世纪90年代以来，国际银行业的运行环境和监管环境发生了很大变化，主要表现在三个方面。

①《巴塞尔协议》中风险权重的确定方法遇到了新的挑战。这主要表现为在信用风险依然存在的情况下，市场风险和操作风险等对银行业的破坏力日趋显现。而《巴塞尔协议》主要考虑的是信用风险，对市场风险和操作风险的考虑不足。

②危机的警示。亚洲金融危机的爆发和危机蔓延所引发的金融动荡，使得金融监管当局和国际金融业迫切感到重新修订现行的国际金融监管标准已刻不容缓。一方面，要尽快改进以往对资本金充足的要求；另一方面，需要加强金融监管的国际合作，以维护国际金融体系的稳定。

③技术可行性。学术界以及银行业自身都在银行业风险的衡量和定价方面做了大量细致的探索工作，建立了一些较为科学而可行的数学模型。现代风险量化模型的出现，在技术上为巴塞尔委员会重新制定新资本框架提供了可能性。

（2）《新巴塞尔协议》的三大支柱。

①第一大支柱——最低资本要求。最低资本要求由三个基本要素构成：受规章限制的资本的定义、风险加权资产以及资本对风险加权资产的最小比率。其中有关资本的定义和8%的最低资本比率没有变化。但对风险加权资产的计算问题，新协议在原来只考虑信用风险的基础上，进一步考虑了市场风险和操作风险。

②第二大支柱——监管当局的监管。这是为了确保各银行建立起合理有效的内部评估程序，用于判断其面临的风险状况，并以此为基础对其资本是否充足做出评估。监管当局要对银行的风险管理和化解状况、不同风险间相互关系的处理情况、所处市场的性质、收益的有效性和可靠性等因素进行监督检查，以全面判断银行的资本是否充足。

③第三大支柱——市场纪律。其核心是信息披露。市场约束的有效性，直接取决于信息披露制度的健全程度；只有建立健全的银行业信息披露制度，各市场参与者才可能估计银行的风险管理状况和清偿能力。为了提高市场纪律的有效性，巴塞尔委员会致力于推出标准统一的信息披露框架。

第七章 货币政策

◉ **大纲重、难点提示**

本章的重点和难点问题是货币政策的传导。

大·纲·习·题·解·答

一、单项选择题

1. 广义的货币政策目标为（　　）。

①经济增长。②充分就业。③物价稳定。④国际收支平衡。

A. ②③　　　　　　　　　　　　B. ①②③④
C. ①③　　　　　　　　　　　　D. ②④

答案要点：本题正确选项为 B。解析：从广义说，货币政策的目标为经济增长、充分就业、物价稳定和国际收支平衡。本题源自《货币银行学》第七章第一节594页。

2. 经济增长，就业增加；经济下滑，则失业增加。这说明（　　）。

A. 充分就业与经济增长两者是负相关的

B. 充分就业与经济增长两者是正相关的

C. 物价稳定与经济增长两者是正相关的

D. 充分就业与物价稳定两者是正相关的

答案要点：本题正确选项为 B。解析：充分就业与经济增长两者是正相关的，经济增长，就业增加；经济下滑，则失业增加。本题源自《货币银行学》第七章第一节594页。

3. 货币政策各项目标之间的关系极其复杂，各目标相互之间都存在着矛盾。其具体表现是（　　）。

①物价稳定与充分就业的矛盾。②物价稳定与经济增长的矛盾。③物价稳定与国际收支平衡的矛盾。④经济增长与国际收支平衡的矛盾。

A. ②③　　　　　　　　　　　　B. ①②③④
C. ①③　　　　　　　　　　　　D. ②④

答案要点：本题正确选项为 B。解析：货币政策各项目标之间的关系极其复杂，各目标相互之间都存在着矛盾。其具体表现是：①物价稳定与充分就业的矛盾。②物价稳定与经济增长的矛盾。③物价稳定与国际收支平衡的矛盾。④经济增长与国际收支平衡的矛盾。本题源自《货币银行学》第七章第一节594页。

4. 菲利普斯曲线反映了（　　）。

A. 物价稳定与充分就业的矛盾

B. 物价稳定与经济增长的矛盾

C. 物价稳定与国际收支平衡的矛盾

D. 经济增长与国际收支平衡的矛盾

答案要点：本题正确选项为 A。解析：1958 年，菲利普斯发表了有关失业与货币工资变动率之间关系的英国实例研究，得出结论，在失业率和物价上涨率之间存在着此消彼长的置换关系。他以一条曲线概括了这种现象，即人们通称的"菲利普斯曲线"。菲利普斯曲线是指用于反映通货膨胀率与失业率之间此增彼减的交替关系的曲线。本题源自《货币银行学》第七章第一节 594 页。

5. 按照菲利普斯曲线，作为中央银行的货币政策目标，在寻求物价上涨率和失业率之间的某一适当的组合点时，可能面临的选择有（　　）。

①失业率较高的物价稳定。②通货膨胀率较高的充分就业。③失业率较低的物价稳定。④在物价上涨率和失业率两极之间进行权衡或相机抉择。

A. ②③　　　　　　　　　　　B. ①②③④

C. ①③　　　　　　　　　　　D. ①②④

答案要点：本题正确选项为 D。解析：按照菲利普斯曲线，作为中央银行的货币政策目标，在寻求物价上涨率和失业率之间的某一适当的组合点时，可能面临的选择有，①失业率较高的物价稳定；②通货膨胀率较高的充分就业；③在物价上涨率和失业率两极之间进行权衡或相机抉择。本题源自《货币银行学》第七章第一节 594 页。

6. 中国人民银行所宣布的货币政策目标反映的是（　　）。

A. 多重目标　　　　　　　　　B. 单一目标

C. 通货膨胀目标　　　　　　　D. 双重目标

答案要点：本题正确选项为 B。解析：我国的中央银行即中国人民银行所宣布的货币政策目标反映在 1995 年通过的《中国人民银行法》上，它是这样确定的，"货币政策目标是保持货币币值的稳定，并以此促进经济增长"。选取的是单一稳定币值的目标。本题源自《货币银行学》第七章第一节 595 页。

7. 一国当局将通货膨胀作为货币政策的首要目标或唯一目标，迫使中央银行通过对未来价格变动的预测来把握通货膨胀的变动趋势，提前采取紧缩或扩张的政策使通货膨胀率维持在事先宣布的水平上或范围内。这是（　　）。

A. 多重目标　　　　　　　　　B. 单一目标

C. 通货膨胀目标　　　　　　　D. 双重目标

答案要点：本题正确选项为 C。解析：通货膨胀目标是一国当局将通货膨胀作为货币政策的首要目标或唯一目标，迫使中央银行通过对未来价格变动的预测来把握通货膨胀的变动趋势，提前采取紧缩或扩张的政策使通货膨胀率维持在事先宣布的水平上或范围内。本题源自《货币银行学》第七章第一节 596 页。

8. 货币政策规则的设定，主要应当考虑的因素有（　　）。

①公众对中央银行未来行动的预期。②货币政策决策如何改变市场利率。③市场预期和投机的作用。

A. ②③　　　　　　　　　　　B. ①②③

C. ①③　　　　　　　　　　　D. ①②

答案要点：本题正确选项为 B。解析：货币政策规则的设定，主要应当考虑如下因素，①公众对中央银行未来行动的预期；②货币政策决策如何改变市场利率；③市场预期和投机的作用。本题源自《货币银行学》第七章第一节 598 页。

9. 体现了中央银行的短期利率工具按照经济状态进行调整的方法是（　　）。
   A. 货币数量规则　　　　　　　　B. 泰勒规则
   C. 名义收入规则　　　　　　　　D. 目标规则

   答案要点：本题正确选项为 B。解析：泰勒规则是根据产出和通货膨胀的相对变化而调整利率的操作方法。这一规则体现了中央银行的短期利率工具按照经济状态进行调整的方法。本题源自《货币银行学》第七章第一节 598 页。

10. 属于一般性货币政策工具的是（　　）。
    A. 再贴现政策　　　　　　　　　B. 不动产信用控制
    C. 消费信用控制　　　　　　　　D. 市场信用控制

    答案要点：本题正确选项为 A。解析：一般性货币政策工具包括存款准备金政策、再贴现政策和公开市场政策三大工具，即所谓的"三大法宝"。本题源自《货币银行学》第七章第二节 599 页。

11. 可选择性货币政策工具不包括（　　）。
    A. 再贴现政策　　　　　　　　　B. 消费信用控制
    C. 优惠利率　　　　　　　　　　D. 不动产信用控制

    答案要点：本题正确选项为 A。解析：可选择性货币政策工具包括消费信用控制、证券市场信用控制、不动产信用控制、预缴进口保证金和优惠利率。本题源自《货币银行学》第七章第二节 602 页。

12. 与再贴现政策和存款准备金政策相比，公开市场业务的优越性是（　　）。
    ①主动性强。②灵活性高。③调控效果平缓，震动性小。④影响范围广。
    A. ②③　　　B. ①②③④　　　C. ①③　　　D. ①②

    答案要点：本题正确选项为 B。解析：与再贴现政策和存款准备金政策相比，公开市场业务的优越性是，①主动性强；②灵活性高；③调控效果平缓，震动性小；④影响范围广。本题源自《货币银行学》第七章第二节 602 页。

13. 当总需求大于总供给时，可以通过（　　）提高法定存款准备金比率来缓解通货膨胀。
    A. 存款准备金政策　　　　　　　B. 再贴现政策
    C. 消费信用控制　　　　　　　　D. 公开市场政策

    答案要点：本题正确选项为 A。解析：当总需求大于总供给时，可以通过存款准备金政策工具来提高法定存款准备金比率来缓解通货膨胀。本题源自《货币银行学》第七章第二节 600 页。

14. 当总需求大于总供给时，可以通过（　　）卖出证券，回笼基础货币，来缓解通货膨胀。
    A. 存款准备金政策　　　　　　　B. 再贴现政策
    C. 消费信用控制　　　　　　　　D. 公开市场政策

答案要点：本题正确选项为 D。解析：当总需求大于总供给时，可以通过公开市场政策工具卖出证券，回笼基础货币，来缓解通货膨胀。本题源自《货币银行学》第七章第二节 601 页。

15. 当总需求小于总供给时，可以通过（　　）降低再贴现率，来应对经济萧条。

   A. 存款准备金政策　　　　　　B. 再贴现政策
   C. 消费信用控制　　　　　　　D. 公开市场政策

答案要点：本题正确选项为 B。解析：当总需求小于总供给时，可以通过再贴现政策工具降低再贴现率，来应对经济萧条。本题源自《货币银行学》第七章第二节 600 页。

16. 当总需求小于总供给时，可以通过（　　）降低法定存款准备金比率，来应对经济萧条。

   A. 存款准备金政策　　　　　　B. 再贴现政策
   C. 消费信用控制　　　　　　　D. 公开市场政策

答案要点：本题正确选项为 A。解析：当总需求小于总供给时，可以通过存款准备金政策工具降低法定存款准备金比率，来应对经济萧条。本题源自《货币银行学》第七章第二节 600 页。

二、名词解释

1. 通货膨胀目标制：指一套用于货币政策决策的框架，是中央银行直接以通货膨胀为目标并对外公布该目标的货币政策制度。在通货膨胀目标制下，传统的货币政策体系发生了重大变化，在政策工具与最终目标之间不再设立中间目标，货币政策的决策依据主要依靠定期对通货膨胀的预测。政府或中央银行根据预测提前确定本国未来一段时期内的中长期通货膨胀目标，中央银行在公众的监督下运用相应的货币政策工具使通货膨胀的实际值和预测目标相吻合。

2. 货币政策时滞：指政策从制定到获得主要的或全部的效果所经历的时间。货币政策时滞是影响政策效果的主要因素。货币政策时滞由两部分组成：内部时滞和外部时滞。内部时滞可再分为认识时滞和行动时滞，外部时滞又称影响时滞。

3. 泰勒规则：指根据产出和通货膨胀的相对变化而调整利率的操作方法，又称利率规则。它是常用的简单货币政策规则之一，是由斯坦福大学的约翰·泰勒于 1993 年根据美国货币政策的实际经验，而确定的一种短期利率调整的规则。泰勒主张，保持实际短期利率稳定和中性政策立场，当产出缺口为正（负）和通货膨胀缺口超过（低于）目标值时，应提高（降低）实际利率。

三、简述题

1. 简述货币政策中介指标应具备的条件。

答案要点：（1）货币政策的中介目标必须能为货币当局加以控制。

（2）政策指标与最后目标之间必须存在稳定的关系。

（3）可测性。一是央行能及时获取有关指标的准确数据，二是有较明确的定义便于分析、观察和监测。

（4）政策指标受外来因素或非政策因素干扰程度较低。

（5）与经济体制、金融体制有较好的适应性。

2. 如何看待微观主体预期对货币政策效应的抵消作用？

答案要点：（1）微观主体的预期是影响货币政策效果的重要因素，这是因为微观主体的预期对实施的货币政策效应具有抵消作用。这种抵消作用表现在：微观主体出于对自身经济利益的考虑，会对货币政策进行合理的预期，在预期的基础上广泛地实施有利于自身经济利益的对策行为，而这些行为会对货币政策具有抵消作用，从而货币政策不能发挥预期的效应。

（2）鉴于微观主体的预期，似乎只有在货币政策的取向和力度没有或没有完全被公众知晓的情况下才能生效或达到预期效果。但实际上，社会公众的预期即使是非常准确的，要实施对策也要有个过程。这样，货币政策仍可奏效，但公众的预期行为会使货币政策效应大打折扣。

（3）抵消作用的博弈论分析。按理性预期学派的观点，如果公众预期是理性的，那么只有未被公众预期到的货币政策才能发挥效力。同理，如果政府的预期是理性的，那么只有未被政府预期到的公众行为才会对货币政策产生抵消作用。所以，政府和公众根据预期来制定其行动的过程是可以用对策论加以解释的，即存在政府和公众的博弈。

四、论述题

1. 试述三大货币政策工具及其特点。

答案要点：（1）存款准备金政策。

①存款准备金政策是指中央银行在法律所赋予的权力范围内，通过规定或调整商业银行交存中央银行的存款准备金比率，以改变货币乘数，从而控制商业银行的信用创造能力，间接地控制社会货币供应量的政策措施。

②存款准备金政策的主要内容包括：第一，规定存款准备金比率；第二，规定可充当法定存款准备金的资产种类；第三，规定存款准备金的计提基础；第四，规定存款准备金比率的调整幅度。

③该政策的作用过程：当中央银行提高法定存款准备金比率时，一方面增加了商业银行应上缴中央银行的法定存款准备金，减少了商业银行的超额存款准备金，降低了商业银行的贷款及创造信用的能力；另一方面，法定存款准备金比率的提高，使货币乘数变小，从而降低了整个商业银行体系创造信用和扩大信用规模的能力，其结果是社会的银根紧缩，货币供应量减少，利率提高，投资及社会支出相应缩减。反之，过程则相反。

④存款准备金政策对于市场利率、货币供应量、公众预期等都会产生强烈的影响，这既是它的优点，也是它的缺点。

（2）再贴现政策。

①再贴现政策是中央银行通过制定或调整再贴现率，来干预和影响市场利率以及货币市场的供给和需求，从而调节市场货币供应量的一种金融政策。

②再贴现政策的内容包括两方面：一是再贴现率的调整，二是规定何种票据具有向中央银行申请再贴现的资格。

③再贴现政策的作用过程：当中央银行认为有必要紧缩银根，减少市场货币供应量时，就提高再贴现率，使之高于市场利率。这样就会提高商业银行向中央银行再贴现的成本，于是商业银行就会减少向中央银行借款或贴现的数量，使其准备金缩减；这样商业银

行就只能收缩对客户的贷款和投资，从而减少市场货币供应量，使银根紧缩，市场利率上升，社会对货币的需求也相应减少。反之，过程相反。

④再贴现政策运用的效果：一是能影响商业银行的资金成本和超额准备金，从而影响到商业银行的融资决策，使其改变贷款和投资行为；二是能产生告示性效果，从而影响到商业银行和社会大众的预期；三是能决定对谁开放贴现窗口，可以影响商业银行的资金运用方向，还能避免商业银行利用贴现窗口进行套利的行为。

⑤再贴现政策的缺陷：一是中央银行在使用这一工具控制货币供应量时处于被动地位；二是再贴现率只能影响利率的总水平，而不能改变利率结构；三是再贴现政策缺乏弹性。

(3) 公开市场政策。

①公开市场政策就是中央银行在金融市场上公开买卖各种有价证券，以控制货币供应量，影响市场利率水平的政策措施。

②公开市场政策的作用过程：当金融市场上资金缺乏时，中央银行通过公开市场业务买进有价证券。这实际上相当于投放了一笔基础货币，这些基础货币如果流入社会大众手中，则会直接地增加社会货币供应量；如果流入商业银行，会使商业银行的超额准备金增加，并通过货币乘数作用，使商业银行的信用规模扩大，社会的货币供应量成倍数增加。反之，当金融市场上货币过多时，中央银行就可卖出有价证券，以减少基础货币，使货币供应量减少，信用紧缩。

③与前两种政策相比，公开市场政策的优越性十分明显，表现在：主动性强；灵活性高；调控效果平缓，震动性小；影响范围广。

2. 试分析货币传导机制的信用渠道。

答案要点：西方学者的研究表明，在信用市场上存在着两个基本的货币传导途径，即银行贷款渠道和资产负债表渠道。

(1) 银行贷款渠道。货币供给（M）下降，使得银行存款（D）减少，进而使得银行贷放出的贷款下降。银行贷款（L）下降，使企业投资（I）减少，从而使总产出（Y）下降。图式：$M\downarrow \to D\downarrow \to L\downarrow \to I\downarrow \to Y\downarrow$。

(2) 资产负债表渠道。资产负债表通过企业资本净值的改变来发挥货币传导的作用。货币政策能通过以下几种方式影响企业的资产负债表：①紧缩的货币政策（$M\downarrow$），引起证券价格下降（$P_e\downarrow$），这进一步使企业的资本净值下降，由于逆向选择和道德风险问题的增多，因而导致投资支出下降（$I\downarrow$）和总需求下降（$Y\downarrow$）。图式表示：$M\downarrow \to P_e\downarrow \to$逆向选择↑和道德风险↑$\to L\downarrow \to I\downarrow \to Y\downarrow$。②提高利率（$r$）的紧缩政策也会引起企业资产负债表的恶化，因为它减少了现金流。图式表示：$M\downarrow \to r\uparrow \to$现金流↓$\to$逆向选择↑和道德风险↑$\to L\downarrow \to I\downarrow \to Y\downarrow$。③通过联系货币和资产价值而起作用的货币政策传导机制。当下降的股票价格降低金融资产的价值时，对耐用消费品和住房的消费支出也将下降，因为消费者认为这类耐用消费品金融安全性差，更易遭受金融损失。图式表示：$M\downarrow \to P_e\downarrow \to$金融资产↓$\to$金融损失可能性↑$\to$耐用消费品支出和住房支出↓$\to Y\downarrow$。

3. 试述货币政策与财政政策配合的基础与模式。

答案要点：(1) 配合的基础。

财政政策与货币政策是政府宏观调控的两大政策，都是需求管理的政策。

国家干预经济的宏观调控，其焦点在于推动市场的总供给与总需求恢复均衡状态，以实现成长、就业、稳定和国际收支平衡等目标。

由于市场需求的载体是货币，所以调节市场需求也就是调节货币供给。货币政策是这样，财政政策也是这样。这就是它们两者应该配合，也可能配合的基础。

（2）配合的模式。

权衡经济中最紧迫的问题，并根据财政政策与货币政策各自适用性的特点，或采用松财政政策和紧货币政策的搭配，或采用紧财政政策和松货币政策的搭配。当然，特定的经济形势也会要求"双松"或"双紧"。

在经济疲软、萧条的形势下，要想通过扩张的宏观经济政策克服需求不足，以促使经济转热，货币政策不如财政政策。

在经济过热的形势下，要想通过紧缩的宏观经济政策抑制需求过旺，以克服通货膨胀和虚假繁荣，财政政策不如货币政策。

同时，不管是货币政策还是财政政策，在利用其积极有利的一面时，总会伴随有不可避免的消极的副作用。相互搭配使用，有可能使副作用有所缓解。

第八章 汇率理论

大纲重、难点提示

本章的重点和难点问题是汇率的概念。

大纲习题解答

一、单项选择题

1. 汇率理论研究包含（　　）内容。
①汇率决定问题。②汇率变动。③汇率制度。④汇率政策。
A. ②③　　　　　　　　　　　　B. ①②③④
C. ①③　　　　　　　　　　　　D. ①②

答案要点：本题正确选项为 B。解析：汇率理论研究包含的内容有汇率决定问题、汇率变动、汇率制度和汇率政策。本题源自《货币银行学》第八章第一节 611 页。

2. 汇率理论的发展包括（　　）。
①国际借贷说。②购买力平价说。③汇兑心理说。④货币分析说。⑤金融资产说。
A. ②③⑤　　　　　　　　　　　B. ①②③④⑤
C. ①③⑤　　　　　　　　　　　D. ①②④⑤

答案要点：本题正确选项为 B。解析：汇率理论的发展包括国际借贷说、购买力平价说、汇兑心理说、货币分析说和金融资产说。本题源自《货币银行学》第八章第一节 611 页。

3. 人们之所以需要外国货币，无非因为外国货币具有在国外购买商品的能力。而货币购买力实际上是物价水平的倒数，所以，汇率实际是由两国物价水平之比决定的。这是指（　　）。
A. 国际借贷说　　　　　　　　　B. 货币分析说
C. 购买力平价说　　　　　　　　D. 汇兑心理说

答案要点：本题正确选项为 C。解析：购买力平价说的中心思想是，人们之所以需要外国货币，无非因为外国货币具有在国外购买商品的能力。而货币购买力实际上是物价水平的倒数，所以，汇率实际是由两国物价水平之比决定的。这个比被称为购买力平价。本题源自《货币银行学》第八章第一节 611 页。

4. 当一国的流动债权多于流动负债，外汇的供给大于需求，因而外汇汇率下跌；反之，则外汇汇率上升。这是指（　　）。
A. 国际借贷说　　　　　　　　　B. 货币分析说
C. 购买力平价说　　　　　　　　D. 汇兑心理说

答案要点：本题正确选项为 A。解析：国际借贷说认为，当一国的流动债权多于流动负债，外汇的供给大于需求，因而外汇汇率下跌；反之，则外汇汇率上升。本题源自《货币银行学》第八章第一节 611 页。

5. 汇率制度的内容不包括（　　）。
   A. 确定汇率的原则和依据
   B. 维持和调整汇率的方法
   C. 管理汇率的法令、体制和政策
   D. 研究汇率理论

   答案要点：本题正确选项为 D。解析：汇率制度是货币制度的重要组成部分，是指一个国家、一个经济体、一个经济区域或国际社会对于确定、维持、调整与管理汇率的原则、方法、方式和机构等所做出的系统规定。其具体内容为：①确定汇率的原则和依据；②维持和调整汇率的方法；③管理汇率的法令、体制和政策；④制定、维持与管理汇率的机构。本题源自《货币银行学》第八章第二节 613 页。

6. 国际货币基金组织划分的汇率制度不包括（　　）。
   A. 固定汇率   B. 有管理的浮动汇率
   C. 自由浮动汇率   D. 固定汇率＋自由浮动汇率

   答案要点：本题正确选项为 D。解析：国际货币基金组织把汇率制度分为三大类，一是固定汇率；二是有管理的浮动汇率；三是自由浮动汇率。本题源自《货币银行学》第八章第二节 614 页。

二、名词解释

1. 购买力平价：由瑞典经济学家卡塞尔在 20 世纪初提出，用来解释长期汇率决定的基础。卡塞尔认为两国货币的购买力（或两国物价水平）可以决定两国货币汇率，实际是从货币所代表的价值量这个层次上去分析汇率决定的。同时该理论认为汇率的变动也取决于两国货币购买力的变动。购买力平价有两种形式：绝对形式和相对形式。绝对形式说明的是某一时点上汇率的决定；相对形式说明的是两个时点内汇率的变动。其中相对购买力平价更有实际意义。

2. 汇率制度：货币制度的重要组成部分，是指一个国家、一个经济体、一个经济区域或国际社会对于确定、维持、调整与管理汇率的原则、方式、方法和机构等所做出的系统规定。

3. 货币局制度：即从法律上隐含地承诺本国或地区货币按固定汇率兑换某种特定的外币，同时限制官方的货币发行，以确保履行法定义务，如阿根廷和我国香港特别行政区。

三、简述题

1. 简述购买力平价理论的主要贡献。

   答案要点：(1) 产生背景。金本位制的结束和纸币本位制的开始，使货币金平价开始失去意义，学者们将研究转移到汇率决定基础上。

   (2) 贡献。第一，认为两国货币的购买力（或两国物价水平）可以决定两国货币汇率，实际是从货币所代表的价值量这个层次上去分析汇率决定的，这就抓住了汇率决定的主要方面。为后人进一步分析汇率决定问题奠定了基础。第二，运用购买力平价折算不同国家的国民经济主要指标，比用现行实际汇率换算更科学和可靠。第三，购买力平价决定汇率的长期走势。第四，购买力平价把物价指数、汇率水平相联系，这实际就是从商品交易出发来讨论货币交易，对讨论一国汇率政策与发展进出口贸易的关系具有参考价值。

2．简述国际借贷说的主要思想。

答案要点：国际借贷说，也称国际收支说，是在金本位制度盛行时期流行的一种阐释外汇供求与汇率形成的理论。由于存在铸币平价，所以该学说专注于外汇供求。外汇供求状况取决于由国际商品进出口和资本流动所引起的债权债务关系——国际收支。当一国的流动债权（即外汇应收）多于流动负债（即外汇应付）时，外汇的供给大于需求，因而外汇汇率下跌；反之，外汇汇率上升。

四、论述题

1．试述西方汇率理论发展的历史脉络。

答案要点：西方汇率理论主要是汇率决定理论，即揭示汇率的决定和影响因素的理论。汇率决定理论是随着经济形势和西方经济学理论的变迁而发展演变的，主要经历了以下阶段：

（1）罗道尔波斯的"公共评价理论"。

该理论是由15世纪佛罗伦萨的经院学者罗道尔波斯提出的第一个汇率决定理论，他认为汇率决定于两国货币供求的变化，而货币供求的变化取决于人们对两国货币的公共评价，人们的公共评价又取决于两国货币所含有的贵金属成分的纯度、重量及市场价值。该理论核心实际上是论述货币供求对汇率的决定性的影响，故人们又将该理论称为"供求理论"。

（2）戈森的"国际借贷说"。

①该理论出现和盛行于金币本位制（简称金本位制）时期，由英国学者戈森于1861年提出。

②由于在金本位制下，铸币平价是汇率决定的基础，所以客观上只需要说明汇率的变动问题。该理论认为一国汇率变动是由外汇供求引起的，而外汇供求又源于国际借贷。国际借贷分为固定借贷和流动借贷。前者指借贷关系已形成，但未进入实际支付阶段的借贷；后者指已经进入实际支付阶段的借贷。只有流动借贷的变化才会影响外汇的供求。当国际借贷差额不平衡时，汇率就会发生变动。

③该理论的明显不足表现在：首先，忽视了对汇率决定基础的论证；其次，仅解释了金本位制汇率变动的主要原因，随着金本位制的瓦解，该理论的不足和局限性就更加明显了。

（3）"购买力平价说"和"汇兑心理说"。

①背景：第一次世界大战的爆发标志着金本位制全盛时期的结束和金块本位制的开始。各国货币金平价开始失去意义，学者们的注意力开始转向汇率决定问题的研究，汇率理论的研究也取得了重大突破。其中，最著名的有瑞典经济学家卡塞尔在20世纪初提出的"购买力平价说"和阿夫塔里昂等法国学者提出的"汇兑心理说"。

②"购买力平价说"（定义及贡献参见本章的名词解释和简述题）。该学说的缺陷是

自由贸易的假设前提与现实存在较大差距，忽视了资本流动因素对汇率决定的影响。

③"汇兑心理说"试图用纯心理因素来解释汇率的决定及其变化，认为人们需要外汇是因为要购买商品与劳务以满足人们的欲望，所以效用是外汇价值的基础，其真正价值是边际效用，而这又是由人们的主观心理决定的。人们的心理评价受质（货币购买力、制度、政策等）和量（各种供求）两方面因素的影响。"汇兑心理说"的贡献在于：在浮动汇率制度下，心理预期对汇率变动的影响会很大。该理论所具有的其他理论无法替代的意义就在于它促使人们开始重视心理预期因素对汇率的影响。该理论的局限性和缺陷在于，它只重视分析心理因素，忽略了对决定汇率的基础因素的分析。此外，还产生了货币分析说和金融资产说等。

从以上对于汇率理论产生和发展的回顾可以看出，汇率理论研究的深入和拓展是与经济的发展变化密切相关的，是对现实商品货币经济发展的一种反映。

2. 试述"经济论"关于汇率制度选择的分析。

答案要点：汇率制度选择的"经济论"，主要是由美国前总统肯尼迪的国际经济顾问罗伯特·赫勒提出来的，他认为，一国汇率制度的选择，主要由经济方面的因素决定。这些因素包括：①经济开放程度；②经济规模；③进出口贸易的商品结构和地域分布；④国内金融市场的发达程度及其与国际金融市场的一体化程度；⑤相对的通货膨胀率。

这些因素与汇率制度选择的具体关系：经济开放程度高，经济规模小，或者进出口集中在某几种商品或某一些国家，一般倾向于实行固定汇率制度或钉住汇率制度。经济开放程度低，进出口商品多样化或地域分布分散化，同国际金融市场联系密切，资本流出流入较为可观和频繁，或国内通货膨胀率与其他主要国家不一致的国家，则倾向于实行浮动汇率制度或弹性汇率制度。根据赫勒对一些国家汇率政策的比较，浮动汇率制明显趋于同一国进出口对 GNP 的低比率（即开放程度低）、进出口贸易商品结构和地域分布的高度多样化、相对较高的通货膨胀率以及金融国际化的高度发展相联系。

第九章 国际货币体系

大纲重、难点提示

本章的重点和难点问题是各种国际货币体系的内容与评价。

大纲习题解答

一、单项选择题

1. 国际货币体系主要是指国际间的货币安排，具体而言，包括（ ）。
①国际汇率体系。②国际收支和国际储备资产。③国别经济政策与国际经济政策的协调。

　　A. ②③　　　　　　　　　　　B. ①②③
　　C. ①③　　　　　　　　　　　D. ①②

答案要点：本题正确选项为B。解析：国际货币体系主要是指国际间的货币安排，具体而言，包括以下三个方面的内容，①国际汇率体系；②国际收支和国际储备资产；③国别经济政策与国际经济政策的协调。本题源自《货币银行学》第九章第一节618页。

2. 国际金本位体系的基础是（ ）。

　　A. 美元　　　　　　　　　　　B. 黄金
　　C. 欧元　　　　　　　　　　　D. 人民币

答案要点：本题正确选项为B。解析：金本位制是以一定成色及重量的黄金为本位货币的一种货币制度，黄金是货币体系的基础。在国际金本位制度下，黄金充分发挥世界货币的职能。本题源自《货币银行学》第九章第二节619页。

3. 国际金本位的特点不包括（ ）。

　　A. 黄金充当国际货币　　　　　B. 严格的固定汇率制
　　C. 国际贸易结算币　　　　　　D. 国际收支的自动调节机制

答案要点：本题正确选项为C。解析：国际金本位的特点包括，①黄金充当国际货币；②严格的固定汇率制；③国际收支的自动调节机制。本题源自《货币银行学》第九章第二节619页。

4. 布雷顿森林体系的主要内容有（ ）。
①建立以美元为中心的汇率平价体系（双挂钩机制）。②美元充当国际货币。③建立一个永久性的国际金融机构，即国际货币基金组织。④多种渠道调节国际收支不平衡。

　　A. ②③④　　　　　　　　　　B. ①②③④
　　C. ①③④　　　　　　　　　　D. ①②④

答案要点：本题正确选项为B。解析：布雷顿森林体系的主要内容有，①建立以美元为中心的汇率平价体系（双挂钩机制）；②美元充当国际货币；③建立一个永久性的国际金融机构，即国际货币基金组织；④多种渠道调节国际收支不平衡。本题源自《货币银行学》第九章第三节621页。

5. 牙买加协定的主要内容有（　　）。
①浮动汇率合法化。②黄金非货币化。③增强SDRs的作用，使得SDRs逐步替代美元成为主要储备资产。④提高IMF的清偿力。⑤扩大融资。
A. ②③④⑤　　　　　　　　　　B. ①②③④⑤
C. ①③④⑤　　　　　　　　　　D. ①②④⑤

答案要点：本题正确选项为B。解析：牙买加协定的主要内容有，①浮动汇率合法化；②黄金非货币化；③增强SDRs的作用，使得SDRs逐步替代美元成为主要储备资产；④提高IMF的清偿力；⑤扩大融资。本题源自《货币银行学》第九章第四节624页。

6. 牙买加体系的调节国际收支的途径有（　　）。
①国内经济政策。②汇率政策。③国际融资。④国际协调。⑤外汇储备的增减。
A. ②③④⑤　　B. ①②③④⑤　　C. ①③④⑤　　D. ①②④⑤

答案要点：本题正确选项为B。解析：牙买加体系的调节国际收支的途径有，①运用国内经济政策；②运用汇率政策；③通过国际融资平衡国际收支；④加强国际协调；⑤通过外汇储备的增减来调节。本题源自《货币银行学》第九章第四节625页。

二、名词解释

1. 国际金融体系：其本身是一个十分复杂的体系，从广义上讲，其构成要素几乎包括了整个国际金融领域，但从狭义上讲，国际金融体系主要指国际的货币安排，具体包括国际汇率体系、国际收支和国际储备体系、国别经济政策与国际经济政策的协调。

2. "特里芬难题"：美国经济学家特里芬早在1960年就指出，布雷顿森林体系下，美元承担的两个责任是矛盾的，即保证美元按官价兑换黄金以维持各国对美元的信心和提供足够的国际清偿力（即美元）是矛盾的。这个被称为"特里芬难题"的矛盾最终导致布雷顿森林体系无法维持。

3. 布雷顿森林体系：布雷顿森林协定确立了第二次世界大战后以美元为中心的固定汇率体系的原则和运行机制，因此，把第二次世界大战后以固定汇率制为基本特征的国际货币体系称为布雷顿森林体系。

三、简述题

1. 国际金本位体系的特点。

答案要点：（1）定义。金本位制是以一定成色及重量的黄金为本位货币的货币制度，黄金是货币体系的基础。在国际金本位制下，黄金充分发挥世界货币的职能。一般认为，1880—1914年为国际金本位体系的黄金时代。

（2）特点。

①黄金充当国际货币：在金本位制下，金币可自由铸造、兑换，黄金可自由进出口；国际金本位体系名义上要求黄金充当国际货币，但为避免运输、保管等风险和费用的发生，实际上大多数国家间贸易和债务支付使用主要国际贸易国的可兑现代用货币（英镑）。

②严格的固定汇率制度：在金本位制下，各国货币之间的汇率由它们各自的含金量比

例——铸币平价决定,因而,汇率为固定汇率,汇率围绕铸币平价上下窄幅波动,幅度不超过两国间黄金输送点。

③国际收支的自动调节机制:也称价格-铸币流动机制,表示为,国际收支逆(顺)差→黄金输出(输入)→国内货币供给量减少(增加)→物价和成本下降(上升)→出口扩大(缩小),进口缩小(扩大)→国际收支转为顺(逆)差→黄金输入(输出)。因此,在金本位制下,各国国际收支存在一个自动均衡调节机制。

2. 牙买加体系下国际收支如何调节?

答案要点:(1)牙买加体系的主要内容。布雷顿森林体系崩溃后,1976年,《牙买加协定》形成了新的国际货币制度,其基本内容包括:浮动汇率合法化、黄金非货币化、增强特别提款权的作用、提高IMF的清偿力、扩大融资。

(2)牙买加体系的运行特点:储备的多元化和汇率安排多样化。通过多种渠道调节国际收支:

①运用国内经济政策。国际收支平衡是宏观调控目标之一,是各国政府宏观调控的主要内容。各国政府可通过实施财政和货币等宏观政策,调节影响国际收支的各经济变量,从而消除国际收支不平衡。在实施国内经济政策调节时应注意内外均衡问题,当国内经济目标与外部均衡矛盾时,应将内部政策与汇率政策协调运用。

②运用汇率政策。通过本币贬值或升值的政策和汇率制度的选择,影响经常项目和资本项目收支,进而使国际收支趋于均衡。但在实施汇率政策时,往往会受到罗宾逊-勒纳条件的制约,所以,要辅之以外汇管制或贸易管制等行政手段。

③通过国际融资平衡国际收支。可通过向国际和区域性国际货币基金组织融资和在国际金融市场融资,解决短期国际收支不平衡。

④加强国际协调。各国可通过国际货币基金组织、西方七国首脑会议和各种世界性和区域性的政治经济组织和定期协调会议等渠道,通过政府间的协调磋商和沟通,共同采取一些有效的措施,干预和影响国际市场和各国的经济政策,以消除国际收支不平衡的不良影响,促进各国国际收支平衡。

⑤通过外汇储备的增减来调节国际收支。一国外汇储备的盈余和赤字会影响一国的货币供给结构,从而导致国际收支不平衡。因此,各国可以通过外汇储备的增减,并采用中和政策,在不影响货币供应量的情况下,相应改变货币供应结构,以调整国际收支。

四、论述题

1. 对比布雷顿森林体系与金本位体系下两种固定汇率制的异同。

答案要点:(1)两种体系下固定汇率的决定机制。①金本位制下,由于金币可自由铸造、兑换,黄金可自由进出口;各国货币之间的汇率由它们各自的含金量比例——铸币平价决定,因而,汇率为固定汇率,汇率围绕铸币平价上下窄幅波动,幅度不超过两国间黄金输送点,同时存在国际收支的自动调节机制。②布雷顿森林体系下,建立的是以美元为中心的双挂钩机制下的汇率平价体系。

(2)比较。

①相同点:一是各国对本国货币都规定有铸币平价,中心汇率是以铸币平价为确定基础的;二是外汇市场汇率相对稳定,围绕中心汇率在很小的限度内波动。

②区别：金本位制下的固定汇率是典型的固定汇率，而布雷顿森林体系下的固定汇率严格地说只能称为调整的钉住汇率制。具体表现在：一是金本位制下的固定汇率是自发形成和调整的；布雷顿森林体系下的固定汇率是人为建立起来的，各国当局通过规定虚设的铸币平价来制定中心汇率，并通过外汇干预、管制等政策措施维持汇率在人为规定的狭小的范围内波动。二是金本位制下各国货币的铸币平价不会变动，因此各国之间的汇率能够保持真正的稳定；布雷顿森林体系下各国货币的铸币平价是可调整的，当一国国际收支出现根本性失衡时，铸币平价可以经过国际货币基金组织的核准而予以改变。

2. 试述现存国际货币体系的脆弱性及其改革重点。

答案要点：（1）现存国际货币体系发端于1971年12月的《史密森协定》，其核心是以浮动汇率制度为主的国际货币安排。为了消除过度的经济波动，国际货币基金组织继续充当各国之间经济政策的协调人和危机时的最后贷款人。在这种所谓"无制度"体系下，汇率波动剧烈，资本流动日益频繁，金融危机频发，尤其是进入20世纪90年代，国际性的金融危机不断爆发，使国际经济、金融活动的风险进一步加大，暴露出现存国际货币体系的脆弱性。

（2）现存国际货币体系脆弱性的原因和表现。

原因：

①汇率制度的脆弱性；②多元化货币储备体系的不稳定性；③国际货币基金组织缺乏独立性和权威性。

表现：

①汇率制度的脆弱性。牙买加体系建立后，表面上看，世界上大多数国家以浮动汇率制取代了固定汇率制。而事实上，只有少数发达国家实施了浮动汇率制，大多数发展中国家由于经济发展的滞后性和依赖性，往往让本国货币盯住美元等国际货币。这种机制会在主要货币汇率水平发生大幅度波动时引起本国金融混乱，降低了发展中国家调节经济的能力。

②多元化货币储备体系的不稳定性。货币储备体系多元化看似解决了"特里芬难题"，但实质上加剧了金融市场的动荡。各国货币当局对本国货币政策的调整，使得储备货币的风险和收益不断变化，对于储备国而言，储备货币结构的调整会带来外汇市场上汇率的剧烈波动，并且在羊群效应的作用下，甚至会起到推波助澜的作用。此外，货币储备体系多元化加剧了发展中国家对发达国家的依赖程度。

③国际货币基金组织缺乏独立性和权威性。目前，国际货币基金组织无法通过政策监督来发现危机隐患，有时甚至会带来误导。此外，国际货币基金组织无法通过最后贷款人职能的实施来降低危机的破坏性影响，在某种程度上，已经成为大国的政治工具。

（3）改革重点。

亚洲金融危机以来，以美元为主导的现存国际货币体系的各种弊端逐渐暴露出来，改革国际货币体系的努力由此展开。这种改革主要集中在国际和地区两个层次上。

①国际货币基金组织的改革。第一，扩大资金实力：新增900亿美元的基金份额。第二，加强信息交流和发布功能，督促成员国信息披露：进一步推广关于数据公布的特殊标准，建立国际收支预警系统的政策。第三，改革资金援助的限制条件：对发展中国家实施

援助时，不再强调紧缩性的财政政策，政策指导已转向结构调整和金融机构重组。

②区域合作机制的建立。区域合作机制是国际货币基金组织的补充，目的是维护区域各国的经济和金融安全，确保经济的稳定发展。具体体现在：第一，汇率制度合作（共同钉住一揽子货币、创建共同货币）；第二，区域监督机制；第三，威慑机制（增强区域整体形象）；第四，危机防范和互助机制。

第十章 内外均衡理论

● 大纲重、难点提示

本章的重点和难点问题是蒙代尔"政策配合说"的内容和评价。

大·纲·习·题·解·答

一、单项选择题

1. 米德冲突是指（　　）。
A. 一国如果希望同时达到内部均衡与外部均衡之间的目标，则必须同时运用支出调整政策和支出转换政策
B. 要实现 n 个经济目标，必须具备 n 个政策工具
C. 在某些情况下，单独使用支出调整政策（货币政策和财政政策）追求内、外部均衡，将会导致一国内部均衡与外部均衡之间的冲突
D. 在某些情况下，同时使用支出调整政策和支出转换政策追求内外均衡，将会导致一国内部均衡与外部均衡之间的冲突

答案要点：本题正确选项为 C。解析：米德冲突是指，在某些情况下，单独使用支出调整政策（货币政策和财政政策）追求内、外部均衡，将会导致一国内部均衡与外部均衡之间的冲突。本题源自《货币银行学》第十章第一节 631 页。

2. 依据蒙代尔的"政策搭配理论"的思路，在通货膨胀和国际收支盈余时，最佳政策配合是（　　）。
A. 紧缩性财政政策、紧缩性货币政策　　B. 紧缩性财政政策、扩张性货币政策
C. 扩张性财政政策、扩张性货币政策　　D. 扩张性财政政策、紧缩性货币政策

答案要点：本题正确选项为 B。解析：依据蒙代尔的"政策搭配理论"的思路，在通货膨胀和国际收支盈余时，最佳政策配合是紧缩性财政政策、扩张性货币政策。本题源自《货币银行学》第十章第二节 635 页。

3. 依据蒙代尔的"政策搭配理论"的思路，在通货膨胀和国际收支赤字时，最佳政策配合是（　　）。
A. 紧缩性财政政策、紧缩性货币政策　　B. 紧缩性财政政策、扩张性货币政策
C. 扩张性财政政策、扩张性货币政策　　D. 扩张性财政政策、紧缩性货币政策

答案要点：本题正确选项为 A。解析：依据蒙代尔的"政策搭配理论"的思路，在通货膨胀和国际收支赤字时，最佳政策配合是紧缩性财政政策、紧缩性货币政策。本题源自《货币银行学》第十章第二节 635 页。

4. 依据蒙代尔的"政策搭配理论"的思路，在失业和国际收支盈余时，最佳政策配合是（　　）。

A. 紧缩性财政政策、紧缩性货币政策　　B. 紧缩性财政政策、扩张性货币政策
C. 扩张性财政政策、扩张性货币政策　　D. 扩张性财政政策、紧缩性货币政策

答案要点：本题正确选项为 C。解析：依据蒙代尔的"政策搭配理论"的思路，在失业和国际收支盈余时，最佳政策配合是扩张性财政政策、扩张性货币政策。本题源自《货币银行学》第十章第二节 635 页。

5. 依据蒙代尔的"政策搭配理论"的思路，在失业和国际收支赤字时，最佳政策配合是（　　）。

A. 紧缩性财政政策、紧缩性货币政策　　B. 紧缩性财政政策、扩张性货币政策
C. 扩张性财政政策、扩张性货币政策　　D. 扩张性财政政策、紧缩性货币政策

答案要点：本题正确选项为 D。解析：依据蒙代尔的"政策搭配理论"的思路，在失业和国际收支赤字时，最佳政策配合是扩张性财政政策、紧缩性货币政策。本题源自《货币银行学》第十章第二节 635 页。

二、名词解释

1. 支出调整政策：主要由凯恩斯理论所表明的需求管理政策，即财政、货币政策组成；通过实施支出调整政策可达到相对于收入而改变支出水平的目的。

2. 支出转换政策：指能够影响贸易品的国际竞争力，通过改变支出构成而使本国收入相对于支出增加的政策。汇率调整、关税、出口补贴、进口配额限制等都属于支出转换政策范畴。狭义的支出转换政策专指汇率政策。

3. 丁伯根法则：首届诺贝尔经济学奖得主，荷兰经济学家丁伯根提出"经济政策理论"。该理论指出实现一个经济目标至少需要一种有效的政策工具，由此推论实现 n 个经济目标，必须具备 n 种有效的政策工具，这一经济政策理论又被称为丁伯根法则。该法则为用不同政策配合同时实现内外均衡提供了依据。

4. 米德冲突：指在某些情况下，单独使用支出调整政策（货币政策和财政政策）追求内、外部均衡，将会导致一国内部均衡与外部均衡之间的冲突。

5. 内外均衡：指英国经济学家米德的"两种目标，两种工具"的理论模式，即一国如果希望同时达到内部均衡和外部均衡的目标，必须同时运用支出调整政策和支出转换政策两种工具。

三、简述题

简述内外均衡理论的基本思想。

答案要点：米德内外均衡理论的基本内容。

（1）内外均衡理论可以用英国经济学家米德的"两种目标，两种工具"的理论模式来概括，即一国如果希望同时达到内部均衡和外部均衡的目标，必须同时运用支出调整政策和支出转换政策两种工具。

（2）两种目标——内部均衡和外部均衡：假设一国经济划分为生产贸易品的贸易部门和生产非贸易品的非贸易部门，则内部均衡被定义为国内商品和劳务的需求足以保证非通货膨胀下的充分就业，即非贸易品市场处于供求均衡状态；外部均衡指经常项目收支平衡，即贸易品的供求平衡。

（3）两种政策工具：支出调整政策和支出转换政策。

（4）内部均衡和外部均衡的冲突——米德冲突：在某些情况下，单独使用支出调整政

策追求内、外部均衡,将会导致内部均衡和外部均衡之间的冲突。

(5) 为避免米德冲突,需要为不同的目标制定不同的政策,即满足所谓的丁伯根法则。为解决米德冲突,同时实现内外均衡,两种政策工具必须配合。

四、论述题

试分析蒙代尔"政策配合说"的主要内容。

答案要点:(1) 该理论在假定资本完全流动的情况下,分析了货币政策和财政政策在促进内外均衡中的配合效应,认为货币政策对外、财政政策对内的配合对实现内外均衡是有效的。

(2) 内外均衡的解释。①蒙代尔以总需求(AD)和充分就业产量(Y_f)的关系来说明内部均衡:当 $AD=Y_f$ 时,国内达到均衡状态;当 $AD>Y_f$ 时,存在通货膨胀;当 $AD<Y_f$ 时,需求不足,存在失业。②用国际收支经常项目余额(B)与资本流出净额(H)之间的关系来说明国际收支平衡:当 $B=H$ 时,达到外部均衡;当 $B>H$ 时,国际收支顺差;当 $B<H$ 时,国际收支逆差。

(3) 假定:①当一国出口既定时,国内支出增加会使进口增加,经常项目恶化;反之,经常项目改善。②资本流动的利率弹性较高。③短期内充分就业产量一定,国内支出仅受财政政策和货币政策的影响。

(4) 蒙代尔货币政策和财政政策在促进内外均衡中的配合效应:见图 5.10.1。

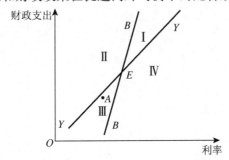

Ⅰ:国际收支盈余、通货膨胀　Ⅱ:国际收支赤字、通货膨胀
Ⅲ:国际收支赤字、失业　Ⅳ:国际收支盈余、失业

图 5.10.1　财政政策与货币政策的政策搭配

(5) 财政政策与货币政策的搭配方式及效果分析见表 5.10.1。蒙代尔认为财政政策与货币政策的搭配方式有两种:一是以财政政策对外,货币政策对内。这样搭配的结果会扩大国际收支不平衡。二是以财政政策对内,货币政策对外。这样搭配的结果能够实现良性循环,逐渐缩小国际收支不平衡。

表 5.10.1　不同失衡状态下的最佳政策配合

经济失衡状态	通货膨胀 国际收支盈余	失业 国际收支盈余	通货膨胀 国际收支赤字	失业 国际收支赤字
最佳政策配合	紧缩性财政政策 扩张性货币政策	扩张性财政政策 扩张性货币政策	紧缩性财政政策 紧缩性货币政策	扩张性财政政策 紧缩性货币政策